신교육학개론

김경현 | 김귀성 | 김헌수 | 손충기
안관수 | 이건인 | 이상기 | 장덕삼

Introduction to Education

태영출판사

머리말

저자 8명은 대학의 교육학과에서 학문공동체를 이루어 가족처럼 생활하는 가장 교육적인 구성원이라는 믿음을 지니고 있다. 우리는 교육과 교육학에 관한 많은 논의와 토론을 통하여 전개해 온 교육학 분야의 관점들을 정리해 보고자 이 책을 쓰게 되었다. 우리 저자들은 교육학은 인간학이요 인간의 삶에 관한 학문이라고 생각해 왔다. 그리하여 교육학은 교육현상을 '보는 학문'과 교육활동을 '하는 지침'이 결합된 대표적인 학문이라고 생각하며, 이 저서를 통하여 교육학에 관한 전체적인 조망과 그림을 그려보고자 하였다.

우리 저자들은 교육학을 '교육을 위한 일반학문'으로 규정하고, 교사와 예비교사들로 하여금 교육학의 기본적인 내용을 학습하는 데 도움이 될 공통영역 9개를 추출하였다. 그것은, 교육의 역사(장덕삼), 교육철학과 사상(김귀성), 인간심리의 이해(이건인), 교육과 사회와의 관계(안관수), 교육의 행정적 행위(이상기), 교육과정(손충기), 교육방법과 공학(김경현), 생활지도와 상담(김헌수), 교육평가(김헌수) 등이다. 이러한 영역을 중심으로 서론 격인 교육과 교육학(장덕삼), 결론 격인 교직과 교사(장덕삼) 등 모두 11개 장으로 이 책을 구성하였다.

흔히 교육학을 종합과학이라고 규정하거니와 교육 현상에 작용하는 요인들이 너무 다양하고 복잡하기 때문에 교육학개론서에 많은 내용을 포함시키려는 욕심을 자제하기 어려운 것이 사실이다. 이 점을 염두에 두고 우리 저자들은 이러한 욕심을 최대한 자제하고자 하였다. 교육학 총론과 각 하위 영역들인 각론 간 중복을 피하면서 총론에 포함되어야 할 중핵적인 내용을 가능한 한 쉽게 기술하려고 하였다. 이러한 의도가 얼마나 충실하게 충족되었는가는 독자들의 판단과 평가에 맡기고자 하며,

미흡한 부분은 계속 보완해 나갈 것을 다짐한다.

어려운 출판 상황임에도 불구하고 좋은 책 만들고자 하는 일념으로 출판문화를 개척해 가고 있는 태영출판사의 김현태 사장님과 편집부 여러분의 노고에 감사드린다.

2007년 1월

저자 일동

차례
Contents

CHAPTER 01 교육과 교육학

CHAPTER 02 교육철학의 이해

CHAPTER 03 교육의 역사에 대한 이해

CHAPTER 04 교육심리의 이해

CHAPTER 05 교육사회학

CHAPTER 06 교육과정의 이해

CHAPTER 10 생활지도와 상담

CHAPTER 11 교직과 교사

CHAPTER

01

교육과 교육학

제1절 교육의 개념과 기능

1. 교육의 개념

교육이란 무엇인가라는 물음에 대해서는 옛날부터 오늘날까지 인간이 교육에 관여하는 한 계속 생각해 온 물음이다. 그러나 그 회답은 시대와 장소의 교육관에 따라서 각기 다르게 표현되고 있다.

교육의 정의가 교육관에 따라 각기 다르게 표현되고 있는 것은 교육이란 현상이 너무 광범하고 복잡한 활동으로 구성되기 때문에 각자의 입장과 견해에 따라서 교육에 대한 해석과 설명이 달라질 수 있는 성격의 탓이라 믿는다.

인간은 일생 동안 교육을 필요로 하는 교육적 존재이다. 인간에게 교육이 필요한 것은 옛날이나 지금이나 그 정도의 차이는 있을지 모르지만 본질적으로 다를 바가 없다고 하겠다. 지식이 폭발적으로 증가되고 과학기술의 발달이 가속화되고 있는 현대사회에서 그 빠른 변화와 발달에 적응하기 위해서도 보다 더 적절한 교육이 절실하게 요구될 뿐만 아니라 개인적으로나 국가적인 측면에서 보더라도 날로 치열해져만 가는 국제경쟁에서 살아남기 위해서는 강력한 교육을 보다 길게 받아야 되는 긴장된 시대에 살고 있다고 하겠다.

오늘날 인간에게 교육이 베풀어지고 있는 형태는 여러 가지가 있겠으나 크게 나누면 형식적 교육과 비형식적 교육으로 구분할 수 있으며 교육의 유형을 좀더 구체적으로 나누면 학교교육, 가정교육, 사회교육, 평생교육 등으로 세분할 수 있다.

의도적이고 계획적이고 조직적인 교육을 실행하고 있는 형식적 교육기관의 대표인 학교교육이 중요한 것은 말할 필요가 없겠다. 그러나 오늘날 세계의 교육 추세는 교육의 비중이 학교교육에만 치중하던 방침을 바꾸어 가정교육과 사회교육에 그 비중이 높아가는 경향을 보이고 있으며, 근간에는 사회 전체가 교육하고 학습하는 풍토를 지향하고 있다. 또 개인적으로는 일생 동안 계속해서 학습이 필요하다는 평생교육체제의 확립이 요청되고 있다.

교육이란 한자의 어의 상 '가르치다(教)'와 '기르다(育)'의 합성어이다. '교(教)'가 지니고 있지 않은 것, 혹은 잘못되어 있는 것을 바로잡는 뜻을 지니고 있어 주로 지식과 기능을 습득시키는 일에 관련된다면 '육(育)'은 이미 어떤 형태로든지 지니고 있는 마음의 상태를 세련시키는 일에 관련된다. 즉 '교(教)'가 가르치고자 하는 대상인 학습자에게 전통적으로 유지·보존되어 온 문화유산, 풍습, 각종 기술, 기능 등을 누군가가 전달하고 깨닫도록 하며 보다 발전된 방향으로 확대·재생산하도록 하는 일임에 반하여 '육(育)'은 타고난 성질, 소질, 취미 등을 기초로 인간특성들이 바르고 순조롭게 자라나도록 기르는 것을 뜻한다. 전자가 주로 지식과 기능의 전달과 습득에 관련되고 후자가 도덕성이나 인성 등의 정신적 훈련에 관련되는 것으로 이해하는 것은 편의상의 구분일 뿐 '교(教)'와 '육(育)'은 엄밀하게 의미가 구분되는 것은 아니다. 교육이라는 개념 자체가 인간의 지적 특성이나 정의적 특성 혹은 신체·기능적 특성 중 어느 하나에 주목하는 협의 의미라기보다는 전인간적 발달을 꾀하는 광의의 의미를 지니고 있음을 강조하려는 것으로 이해하는 것이 적절하다.

한편 서양에서 '교육'을 의미하는 'Education(영)'의 어원을 살펴보면 그 의미가 드러난다. 'Education'의 어원은 라틴어의 'educo'인데 이것은 'e(ex : 밖으로)'와 'duco(draw : 꺼내다, 이끌어내다)'의 합성어로서 학습자가 지니고 있는 잠재가능성을 한정적 작용을 가함으로써 발현되거나 발달하도록 한다는 의미를 지닌다.

이와 같은 어의적 해석을 한다 하더라도 교육의 명백한 의미가 드러난 것은 아니며 교육의 의미를 규정해 보고자 하는 노력은 여러 가지 형태로 나타나고 있다.

교육에 대한 정의는 학자들의 의견이 반드시 일치하지는 않는다. 코메니우스(L. A, Comenius, 1592~1670)와 칸트(I. Kant, 1724~1804)는 "인간은 교육에 의해서만 인간이 된다"라고 하여 인격적, 도덕적인 면을 중시하여 교육을 '인간형성의 작용'으로 보았으며 쉬프랑거(E. Spranger 1888~1963)는 "비교적 성숙한 사람이 비교적 미숙한 사람을 자연의 상태에서 이상의 상태로 끌어올리기 위하여 문화재를 통하여 유의적 · 구체적 · 연속적으로 주는 문화작용"이라고 하는 문화적 측면 내지는 지식을 강조하여 교육을 문화의 번식, 즉 문화의 전달과 갱신의 과정으로 보았다. 루소(J. J. Rousseau, 1712~1779)와 케이(E. Key, 1849~1916)는 교육을 "인간의 자연 발전을 위한 모든 조성작용"이라고 하여 교육사상에 있어서는 자연주의를 주장하였으며 특히 개인의 자발적 성장에 중점을 두었다. 루소는 특히 그의 교육소설 『Emile』에서 자연을 찬미하면서 "조물주의 손에서 나올 때는 모든 것이 선하지만 인간의 손에 옮겨지면서 모든 것이 악해지고 만다"고 하여 인간의 본성은 선한 것이며 이를 자연스럽게 자연의 법칙에 따라 성숙한 자연인이 되도록 조성하는 것이 교육이라고 생각하였다.

페스탈로치(J. H. Pestalozzi, 1746~1827), 나톨프(P. Natorp, 1854~1924), 크리크(E. Kriek, 1882~1920) 등은 "교육은 사회의 연속적 개혁의 수단이다"라고 하여 사회적 입장에서 교육을 정의하고 있다.

듀이(J. Dewey, 1859~1952)는 "교육은 끊임없는 경험의 재구성이다"라고 하여 생활경험을 중요시하는 입장을 취하고 있다. 이외에도 많은 학자들의 견해가 있지만 우선 위에 들어본 것만 살펴보더라도 이들의 정의에서는 '인간형성', '문화전달', '사회개조'라고 하는 개념 등이 강조되고 있음을 볼 수 있다. 그러나 실제에 있어서 '인간', '사회', '문화'의 어느 것만을 강조하여서도 안 되고 또한 무시해서도 안 된다.

J. Dewey

교육을 '인간형성의 작용'이라고 할 때에는 그 인간은 바로 사회적 인간이요 문화적 인간이며 문화나 사회를 도외시한 인간은 아닌 것이다. 따라서 인간형성의 작용으로서의 교육은 바로 전통문화의 전수자요 새로운 문화의 창조자이며 현재 사회의 보존자요 개조자를 형성하는 것을 의미한다. 또한 형성하려는 인간은 '바람직한 인간'이어야 한다.

'바람직한 인간'이란 시대와 사회에 따라 다르겠으나 자기가 살고 있는 시대와 사회의 문화를 향유하고 자신이 소속한 사회 속에서 보다 유능하고 필요한 인간이어야 하고 또한 보람 있고 행복한 생활을 할 수 있는 인간을 말한다. 이와 같은 의미에서 본다면 교육이란 '바람직한 인간형성의 과정이며 보다나은 사회개혁의 수단이다'라고 정의를 할 수 있다.

2. 교육의 기능

교육은 인간을 변화시키는 기능을 수행한다. 국가와 사회가 정치, 경제, 사회문화 등 다양한 부문으로 구성되어 운영되고 있으나 교육은 정치를 변화시키기도 하고 경제를 변화시키기도 하며 사회문화를 변화시키기도 한다. 그러나 정치와 경제 혹은 사회문화를 직접적으로 변화시키는 것은 아니며 거기에 관여하는 '인간'을 변화시키는 기능을 갖는다. 그러므로 한 국가나 사회조직의 발전은 일찍이 수행된 교육의 결과라고 할 수도 있다.

현재의 정치나 경제가 발전하지 못한 것은 정치와 경제에 관여한 사람들의 과거 교육이 잘못되어 나타나는 현상이라고 모든 것을 교육의 책임으로 돌릴 수는 없으나 교육은 책임의 일부를 회피할 수도 없다. 이러한 의미에서 '인간'을 변화시키는 본질적 기능을 중심으로 교육의 기능을 좀더 세분하여 검토하여 보자.

신용일은 교육의 기능을 개인의 발전 조성, 인간이 지니고 있는 다양한 특성(기억, 추리, 의지, 상상, 감정 등)과 같은 훈련, 인간의 미래생활의 준비, 습관형성, 문제해결력 육성(적응), 개인과 주변 환경의 변화 유발, 성장, 청소년에게 자극을 주고 격려하며 향도하는 기능, 문화유산의 전달과 창조 그리고 사회의 존속과 혁신의 기반을 조성하는 기능 등으로 세분하여 제시하였다. 이와 같은 교육의 기능에 대한 관점은 인간의 '발전적인 변화'의 종류를 구체화한 것으로 볼 수 있다.

임창재는 교육의 기능을 ① 개인 신장의 기능, ② 경험습득의 기능, ③ 문화 창달의 기능, ④ 사회화와 사회통제 기능 등으로 구분하여 제시하였다. 앞의 두 가지 기능이 개인의 성장 발달과 관련된 교육의 기능이라면 후자의 두 가지 기능은 사회적 적응과 사회문화의 발전과 관련한 기능이라고 할 수 있다.

교육의 기능은 교육의 과정이 결과적으로 산출하게 되는 모든 것으로 규정하고 본질적 기능(혹은 내재적 기능)과 비본질적 기능(혹은 외재적 · 수단적 기능)으로 구별할 수도 있다.

본질적 기능은 교육의 고유한 기능이며 교육의 개념 자체에 내포되어 있는 기능이다. 이에 비하여 비본질적 기능은 교육의 개념에 내포된 기능은 아니지만 교육의 결과로 나타나는 것 혹은 교육을 수단으로 하여 나타나는 모든 것과 관련된다. 이 양자의 교육 기능은 어디까지나 논리적 구분일 뿐 가치개입적인 것은 아니므로 어느 기능이 더 가치롭고 다른 기능이 덜 가치롭다는 가치판단은 곤란하다. 단지 본질적인 것이 논리적으로 우선적 관심의 대상이 될 수 있을 뿐이다. 그러나 영국의 런던대학교 교육학 교수인 Peters는 교육을 본질적 기능만으로 특징지우려 한다. 또한 교육의 기능을 개인적 관점에서 볼 때 문화의 보존과 개조 및 통합 창조의 기능을 비본질적 기능으로 보는 것이 일반적인 경향이다. 그러나 개인의 성장·발달에 기초한 자아실현이라는 교육의 본질적 기능도 자아실현이나 개인의 내적 성장과 발달이라는 의미가 다양할 뿐만 아니라, 이러한 자아실현도 결국 사회문화적 맥락에서 규정되고 파악되므로 개인적 관점에서 교육의 본질적 기능을 객관적으로 설명하는 것은 어려운 일이다.

이처럼 교육이 수행하는 기능은 얼핏 생각하면 개인의 각양각색의 특성(지적, 정의적, 신체 기능적 특성 등)을 변화시킴으로써 자아실현을 가능하게 함과 동시에 정치·경제·사회·문화 등의 사회 발전에 기여하는 기능을 수행하는 2차원적 기능으로 규정할 수 있다. 즉 개인과 사회를 변화시키는 기능을 생각할 수 있다. 그러나 엄밀한 의미에서 교육은 사회를 변하시키는 것은 아니며 한 인간을 변화시키는 것을 본질적 기능으로 삼는다. 사회가 유지되고 발전적으로 변화되는 것은 결국 개개인의 사고와 능력의 발현과 발휘에 의하여 가능한 것이기 때문이다.

제2절 교육의 형태

인간에게 교육이 베풀어지는 형태는 여러 가지가 있다. 교육하면 우선 우리들의 머릿속에 떠오르는 것이 학교를 생각하게 된다. 학교에서 교사가 학생을 지도하는 등의 모든 활동도 중요한 교육에 속한다고 하겠다. 이렇게 생각할 때 교육은 학교에서만 이루어진다고 볼 수 없고 가정에서 성장해서 사회나 직장, 박물관, 도서관, 심지어는 영화관에서 등 사회 각지에서 직접 또는 간접으로 교육을 받고 있는 것이다. 그러므로 교육이 행해지고 있는 장소는 학교와 가정과 사회라 할 수 있으며 교육이 행해지는 모양과 방법도 다양하다고 하겠다.

이와 같이 인간은 출생해서 가정과 학교와 사회 각지에서 자연적, 문화적, 교육적인 각종 영향을 받아서 인간이 인간다운 인간으로 형성되는 데 그 인간형성 과정에는 여러 가지 형태의 교육이 작용한다고 볼 수 있다. 그 여러 가지 모양의 교육을 우선 형식적 교육과 비형식적 교육으로 크게 나누어서 생각해 보겠다.

1. 형식적 교육과 비형식적 교육

교육이 행해지는 형태를 크게 두 갈래로 구분하면 하나는 형식적 교육이고, 다른 하나는 비형식적 교육이다.

전문적 용어로는 형식적 교육이란 듀이(Dewey)가 'Formal Education'이라고 부름으로써 시작된 용어라 하겠는데 듀이가 형식적 교육이라 사용할 때는 비형식적 교육(Informal Education)과 대조가 되는 교육의 개념으로 사용하였다. 형식적 교육은 'Formal Education'이란 낱말이 뜻하는 일정한 형태, 형식 또는 계획과 의도가 들어 있고 조직과 체계가 있는 교육기관에 의해서 이루어지는 비교적 좁은 의미의 교육을 뜻함으로써 어떤 이는 이와 같은 유형의 교육을 협의의 교육이라고 부르기도 한다. 한편으로 비형식적 교육은 'Informal Education'을 뜻하는 것으로서, 교육에 대한 특별한 계획이나 의도, 체계 같은 것이 없이 비교적 교육기관 밖의 사회 각지에서 자연스럽게 행해지는 넓은 범위의 모든 교육을 지칭함으로써 어떤 이는 이 같은 유형의 교육을 광의의 교육이라고 부르기도 한다. 다시 말하면 인간의 형성과정에서 교육자가 학생에게 또는 성숙자가 미성숙자에게 일정한 의도와 계획을 가지고 체계 있게 교육적 영향을 주는 모든 활동을 협의의 교육, 형식적 교육 또는 의도적 교육이라 부르는 반면 인간에게 교육적 영향을 줄 일정한 계획과 의도가 들어 있지 아니하며 따라서 일정한 체계와 조직도 없는 이를테면 자연과 사회각지에서 오는 모든 교육적 영향, 감화 등을 포함시켜 그것을 광의의 교육, 비형식적 교육 또는 무의도적 교육이라 하였다. 그러나 학교가 생긴 이후 특히 중세와 근대 및 현대에 이르면서 형식적 교육이 우세할 뿐 아니라 그 사회와 문화를 지배 또는 좌우할 정도로 형식적 교육과 의도적 교육이 발달하였다. 특히 오늘에 와서는 각종 학교를 중심으로 한 형식적 교육뿐 아니라 학교 밖에서 이루어지는 광범위한 비형식적 교육도 등한시할 수 없게 되었다.

2. 가정교육, 학교교육, 사회교육

가. 가정교육

인간이 이 세상에서 최초로 교육을 받는 곳은 가정이다. 사회가 가정이란 기초단위로 구성되듯이 인간형성 과정에서 교육도 가정교육의 기초 위에 성립된다고 하겠다. 가장 계획적이고, 의도적이며, 조직적인 교육이 학교에서 이루어진다고는 하지만 그렇다고 학교교육이 교육의 의도나 계획 및 조직이 별로 없는 가정교육보다 반드시 중요하다거나 영향력이 크다고 할 수는 없다.

가정교육이나 유아교육의 중요성을 새로운 눈으로 보고 인정하기 시작한 것은 루소(Rousseau), 페스탈로치(Pestalozzi), 프뢰벨(Fröbel) 등 근대교육의 선각자들에 의해서였다. 그리고 근자에는 프로이드(Freud), 융(Jung), 애들러(Adler) 등의 정신분석학자들과 피아제(Piaget)나 에릭슨(Erikson)을 위시한 많은 발달 심리학자들의 거의 일치된 견해와 주장에 따라 "인간행동의 기본방향이 만 4~5세 이전에 형성된다"고 믿고 있다. 오늘날 이와 같은 견해와 신념에 입각해서 선진국에서는 가정교육이나 유아교육의 중요성을 매우 강조하고 있다.

가정교육은 부모형제 등 혈족관계에 의해서 사랑을 중심으로 한 친밀한 인간적 교섭과 일상생활 속에서 자연스럽게 이루어지는 교육으로서 지적인 활동을 중심으로 한 교육이라기보다는 정의의 교육이 주로 행해지는 교육이라 하겠다. 가정은 인간 성장 발달의 기초가 되는 신체적 성장 발달에 필요한 모든 요소의 공급원이 될 뿐만 아니라 사회의 기초단위로서 사회생활에서 중요시되는 인간관계를 원만하게 하는데 필요한 사회성을 비롯한 친절성, 예의, 협동성, 신뢰성, 태도, 가치관의 기초 형성에 지대한 영향을 준다. 이처럼 가정교육은 인간형성 과정에서 신체적 발달 뿐만 아니라 정의의 발달과 사고방식과 가치관 및 태도 등의 지적 발달과 성격형성에 중요한 영향을 준다고 하겠다. 이렇게 생각해 볼 때 가정교육은 인간이 일생을 살아가는데 있어서 필요한 제 요소의 기초를 형성하는 역할을 담당하고 있어 어떤 의미에서는 학교교육보다도 더 중요한 교육적인 기능을 맡고 있다고 하겠다.

오늘날 산업이 발달함에 따라서 경제구조에 변화가 생겨 부모들이 가정 밖에서 일을 하게 되자 자녀들과 같이 생활할 수 있는 시간이 줄어 가정의 교육적 기능이 점점 약화되었다.

따라서 많은 부모들이 자녀교육은 학교교육에 일임하면 된다는 생각을 갖게 되기에 이르렀다. 그러나 학교교육에는 한계가 있어서 가정교육의 기능을 충분히 보완할 수 없는 것이 현실이다. 가정교육의 중요성을 망각하고 모든 교육은 학교교육을 통해서만 이루어진다고 생각하는 경향은 대단히 위험하고 잘못된 생각이다. 오늘날 해결해야 할 중요한 교육적 문제의 대부분이 가정교육과 관련되어 있는 것이 결코 적지 않다고 생각된다. 이와 같은 관점에서 고려할 때 가정교육을 어떻게 하느냐의 문제는 교육 전체의 기초와 질을 결정하는 것으로서 중요한 의의가 있다고 생각된다.

나. 학교교육

교육을 의도적이고, 계획적이며, 짜임새 있게 실천하기 위해서 설립한 교육기관이 학교이다. 어느 사회를 막론하고 현대인은 특수한 경우 곧 학습의 능력을 전혀 갖추지 못한 사람을 제외하고는 모든 사람이 학교교육을 받고 있다. 그렇다고 해서 교육은 학교에서만 행해지고 있는 것은 아니다. 학교는 일정한 제도로서 사람에게 의식적이고 계획적으로 교육을 실천하는 기관이다.

그러나 학교는 모든 시대나 장소에 걸쳐서 오늘날과 같은 학교제도가 존재하였던 것은 아니다. 학교의 기원은 역사적으로 유한계층인 귀족들의 소일을 위해서 시작되었던 것으로 알려져 있다. 즉 고대 그리스의 귀족계급은 스스로 경작하며 생산할 필요가 없으므로 많은 여가를 가지고 있어 일정한 장소에 모여 신체를 단련하든지 예술을 즐기고 학예를 배우며 인간으로서 교양에 노력하였다. 서양의 학교를 의미하는 말로서 'school', 'schule' 등이 그리스어의 'schole'라는 '한가'를 뜻하는 말에서 비롯된 것에 비추어 보아도 학교가 생기게 된 경로를 알 수 있다.

동서양을 막론하고 학교가 성립하게 된 근본동기가 양반과 귀족계급의 자제들을 교육하기 위해서라는 점에서 일치되고 있다. 학교가 성립된 역사는 동서양과 각 나라에 따라 연도의 차이는 다소 있겠으나 상당히 오랜 역사를 지니고 있다. 가장 오래된 것은 동양에서는 중국과 인도에서였고 서양에서는 고대 그리스의 도시국가, 즉 스파르타와 아테네의 학교였다. 특히 중국에서 공자가 펴낸 유교가 학교 설립에 크게 기여했고 수·당시대에는 이미 학교제도가 상당히 발달했었다고 전하고 있다.

우리 나라에서는 고구려 소수림왕 2년(서기 372년)에 이미 국가에서 유학의 교육기관으로 태학을 세웠다. 태학은 귀족 자제에게만 실시하는 관리양성을 목적으로 하는 교육기관으로서 유교의 경전을 주로 가르쳤다. 그러나 오늘날처럼 세계의 모든 나라들이 의무교육제도가 성립되고, 초등학교나 중학교가 존재하게 된 것은 그렇게 오래된 것이 아니다. 학교가 성립된 역사적인 과정을 고찰해 볼 때 유치원이나 초등학교에서 중학교, 고등학교, 대학의 순으로, 기초교육기관에서 고등교육기관의 순으로 설립된 것이 아니라 오히려 역순으로 설립되었다. 지도자 양성기관인 대학에 해당되는 고등교육기관이 먼저 생기고 오랜 세월이 경과한 후에 대학교육의 예비학교로서 오늘의 고등학교 전신에 해당하는 문법학교(Grammar School), 김나지움(Gymnasium), 아카데미(Academy) 등의 이름으로 불리우는 학교들이 생겨났다. 오늘의 초등학교와 같은 국민 모두를 위한 의무교육기관으로서의 기초교육기관은 근대에 이르러서야 생기게 되었으며 가장 늦게 생기게 된 것이 유치원이다. 따라서 학교교육은 이와 같은 역사적 과정을 거쳐서 여러 종류의 학교가 제도화 되었다고 할 수 있다.

특히 근대학교는 근대국가들의 발전에 따라서 재래의 학교교육이 주로 종교와 관련을 맺고 사원이나 사숙에서 행하여졌던 것이 국력을 신장하는데 학교의 계획적이고 조직적인 교육의 필요가 점점 높아지면서 학교교육이 국가에 의해서 통제되고 관리되는 경향으로 진전되었다. 그리고 산업혁명의 결과로 산업이 발달하였고 국민생활이 향상됨에 따라서 사회적 지식과 기술이 긴요하게 되어 이러한 인간을 양성해야 할 학교교육의 필요성은 더욱 높아지게 되었다. 한편으로 민주주의 사상의 보급에 따라 인권존중과 함께 교육에 대한 기회균등이 제청되면서 19세기에서 20세기에 걸쳐서는 학교제도의 현저한 발전을 초래하게 되었는데 그 주된 발전 경향은 첫째, 종교와 교육의 분리 둘째, 의무교육의 보급 셋째, 여자교육과 남녀공학의 실현 넷째, 실업교육의 진흥 다섯째, 과학교육의 확대 등의 방향으로 나라마다 교육정책을 바꾸게 되었다. 그리고 서민교육의 정도도 초등교육에서 중등교육과 대학교육에까지 점진적으로 확장되게 되었다.

현대에 이르면서 실제생활과는 무관하게 지적 교육에만 치중하던 전통적인 교육은 학교교육의 성격과 기능이 실사회의 필요를 의식하게 되면서 학교와 사회는 밀접한 관계를 가지게 되었다.

학교교육과 사회의 실제생활을 연결시키려는 시도나 노력은 듀이를 비롯한 진보주의 또는 실용주의 교육학파들에 의해서 미국을 위시한 자유진영 민주국가들에게 새 교육운동으로서 보급·전파되었다.

이처럼 현대학교의 성격이 변모되는 세계적 추세에 따라 우리 나라도 8·15해방과 함께 국권이 회복되면서 우리 나라의 학교교육도 봉건사회의 전통적 교육방식을 탈피하고 민주국가의 면모를 갖추기 시작하였다. 의무교육을 비롯한 기회균등의 이념에 입각해서 초등학교를 비롯한 중·고등학교와 대학교육에 이르기까지 빠른 속도로 확대·발전되었을 뿐만 아니라 교육내용과 교육방법에서도 실사회에 유효하게 적응할 수 있는 교육으로 변화·발전되고 있다.

다. 사회교육

사회교육을 넓게 본다면 사회에서 이루어지고 있는 모든 교육이 다 포함된다고 볼 수도 있다. 그러나 통상적으로 그 범위를 좁혀서 가정교육과 학교교육에서 다루지 않는 교육으로서 주로 성인교육, 청소년교육, 직장교육 등을 그 범주로 삼고 있다.

사회교육은 학교에 다니지 않는 청소년들과 성인들을 주로 대상으로 시대의 변화, 발달에 응해서 실제생활에 속하는 여러 가지 사회적, 문화적 교양을 향상시키며 직업생활에 있어서는 새로운 지식과 기술을 향상시켜 그 능률을 높이기 위하여 계획하고 조직적으로 실천하는 교육이다. 이것을 계획하고 조직하여 실행하는 것은 정부가 주도할 수도 있지만 대부분 민간주도로서 각종 사회문화단체나 각 직장의 주도하에 사회교육이 이루어지고 있다.

사회교육의 내용과 방법도 다양해서 국·공립·사립 도서관이나 박물관, 체육관, 새마을교육연수원이나 각종 사회단체에서 운영하는 교양, 기술, 취미활동 등의 각종 교육활동이나 신문, 잡지, 라디오, 텔레비전 등의 대중매체를 이용한 광범위한 사회교육도 중요한 내용이다.

종전에는 사회교육이 학교교육의 기회를 갖지 못했거나 혹은 학교에 입학할 연령이 지난 성인들을 대상으로 하는 것으로 좁게 생각되었었다.

사회교육하면 고작 문맹퇴치나 향상된 건강생활을 위한 보건상식의 개발 등 발전된 사회에서 살아가는 데 필요한 최소한의 지식과 기술을 전수하기 위해서였다.

오늘날처럼 지식이 폭발적으로 증가되고 과학과 기술의 발달이 가속화되고 있는 시대에서는 제한된 기간의 학교교육만으로서는 그 교육적 필요의 증대를 충족시킬 수 없게 되었다. 학교를 주축으로 한 형식적 교육의 한계가 드러나면서부터 사회교육은 이제 학교교육체제의 대안으로서의 가능성을 인정받기 시작하게 되었다. 시간과 공간의 제한을 심하게 느끼게 되는 학교교육에서부터 시간과 공간의 제한을 덜 받는 사회교육이 가지는 교육적 가능성에 대한 재평가가 있게 된 것이다. 학교교육이라는 형식적 교육체제가 지니는 구조적 제한 때문에 희생되던 귀중한 교육원리들이 사회교육이 가지는 교육적 가능성을 높여 주고 있다.

이처럼 지금까지의 학교를 중심으로 한 형식교육체제에서 사회교육 또는 평생교육체제로의 전환이 요구되고 있다. 오늘의 사회가 요구하고 있는 것은 지금까지 학교가 독점하다시피 했던 교육의 많은 기능을 학교 밖의 사회와 가정으로 다시 반환해야 한다는 것을 의미한다.

모든 개인에게 필요하고 그에게 가장 적합한 교육을 실천하기 위해서는 가정교육과 학교교육 뿐만 아니라 이제는 사회 전체가 교육하고 학습하는 사회(learning society)가 되어야 한다는 것이 우리보다 앞선 선진제국들의 교육정책 방향이다.

이제 모든 개인이 잘 살기 위해서는 평생을 통해서 학습이나 교육을 계속할 준비를 하여야 한다. 이처럼 평생교육(life-long education)이라는 넓은 시야에서 교육의 현상을 고찰해 볼 때 지금까지 논의해 온 가정교육과 학교교육과 사회교육이 삼위일체가 되어 상호연관과 상호보충이 절실히 요망된다.

3. 일반교육과 특수교육

교육의 형태를 일반교육과 특수교육으로 구분할 수도 있으며 이러한 교육형태의 구분은 주로 형식적인 학교교육을 염두에 둔 것이다. 일반교육(general education)이란 모든 사람에게 공통되는 경험을 내용으로 하는 교육을 일컫는다. 모든 사람이 당면하는 개인적 · 사회적인 문제에 적절하게 대처하고 균등한 교육기회를 받도록 하는 데 특징이 있다. 그것은 전문 분야가 무엇이든간에 교육받는 사람에 공통되는 특징을 나타내는 것이다. 일반교육의 목적이나 내용에 대하여 그 철학적 기반을 어디에 두느냐에 따라서 각각 다르게 생각할 수 있다. 즉 합리주의, 신인문주의 및 자연주의 또는 도구주의는 각각 일반교육의 성격을 다르게 규정짓고 있다.

일반교육은 '교양교육(liberal education)'이라고 부를 수 있으며 전통적인 자유교육과 유사한 의미를 갖는다. 우리 나라의 초등학교에서부터 고등학교까지 학생들이 누구나 공통적으로 이수할 교과목을 중심으로 한 교육과정 편제에 의한 교육은 일반교육이라고 할 수 있으며 정상적인 인간으로서 사회생활을 건전하게 해나가는 데 요구되는 능력과 자질을 갖추는 데에 교육의 초점을 맞춘다.

특수교육은 신체적 · 정신적으로 '특별한 사람'(아동, 학생, 성인)에게 행하는 교육을 일컫는다. 여기에서 '특별한 사람'이라는 말은 장애로 인하여 혹은 특수한 재능을 지닌 것으로 판명되어 다른 사람과는 달리 특수한 교육적 조치와 서비스를 필요로 하는 사람을 일컫는다. 장애를 지닌 사람을 위한 학교에는 정신지체, 학습장애, 정서장애 학교와 예·체능 분야 및 외국어 분야, 과학분야의 특수학교가 있다.

특수학급은 초등학교와 중학교에 학교당 1~2개씩 개설되어 운영되고 있다. 이외에 특수학교에 부설된 유치원이 있으며 공식적으로 인가받지 않은 조기교육센터 등에서도 특수교육이 이루어지고 있다.

이상에서 살펴본 바와 같이 일반교육과 특수교육은 교육기관에 의한 구별이기보다는 교육받을 대상, 교육프로그램 혹은 교육과정의 특징에 의한 구별이며 특수교육의 범주를 벗어난 일체의 교육은 일반교육이라고 할 수 있다.

제3절 교육학의 성격

교육학은 교육에 관한 학문이며 교육현상을 탐구하는 학문이다. 교육이란 인간의 삶과 세계를 대상으로 하여 인간의 여러 가지 특성(행동양식)을 바람직하게 변화시키기 위한 활동이라고 할 때 교육은 인간 삶의 어느 시기나 장소에 한정되는 것이 아니라 인간 삶의 과정 혹은 생활 그 자체라고 할 수 있다. 이처럼 교육이 생활 그 자체라고 한다면 교육학은 바로 생활 혹은 삶의 과정 그 자체를 체계적으로 연구하고 탐구하는 학문이 되는 셈이다. 이 점에서 교육학은 종합과학이라는 성격을 지닌다.

모든 학문은 제각기 고유한 연구대상과 연구방법을 가지고 있다. 교육학은 교육의 학으로서 교육과는 그 뜻이 판이하게 다르며 교육학과 교육의 관계는 교육의 이론과 실제와 같다고 볼 수 있다. 그러나 이론과 실제를 혼동한 나머지 훌륭한 교사는 모두 훌륭한 교육자이고 또 훌륭한 교육자는 모두 교육을 잘할 수 있는 사람으로 착각하는 사람도 있다.

이와 같은 혼동은 교육학의 학적인 기능을 실제로 지도하는 기술로 잘못 인식한데서부터 연유한 것이라고 볼 수 있다. 교육의 기술은 교육학이 아니며 교사의 수완이고 실천적 경험인 것이다. 그러면 교육학은 어떠한 성격을 가진 학문인가.

일반적으로 교육학이란 인간의 교육을 대상으로 하는 학문으로서 인간의 바람직한 성장과 발달을 도와서 개체완성을 의도적으로 형성 도야하려는 견해에 의존하게 된다. 따라서 교육학의 목적이 올바른 교육을 실현하기 위한 이론을 연구하는데 있기 때문에 과거에는 어떠한 실천성을 가지고 다른 기초과학과 보조과학에 의거해서 성립되는 응용과학과 같이 생각되기도 하였다.

순수한 과학으로서의 교육학은 이론적 교육학과 실제적 교육학으로 구분된다. 이 구별은 예컨대, 심리학이 직업지도에 응용되는 것과 같은 관계이며 이론적 교육학이 교육의 실제에 지침을 두는 것이라면 실제적 교육학은 응용과학이라고도 할 수 있다. 이처럼 교육학은 그 대상과 연구영역이 광범위하여 의학과 더불어 종합 과학적 성격을 띄고 있다. 따라서 교육학은 교육의 실제 내지는 존재로부터 출발하여 교육현상을 과학적으로 진단, 서술하고 설명하고 해결하고 예언할 수 있는 개념과 법칙과 이론을 규명함과 동시에 교육의 당위와 이념을 이론적으로 사유하여 교육이 나아갈 방향과 그 실천을 위한 이론적 기초를 갖는 학문이라고 볼 수 있다.

즉 교육학이란 교육현상의 심층부 혹은 중심적인 대상으로서 교육과정과 교수－학습을 중심으로 하고 그 외곽에 교육사·철학, 교육심리학, 교육사회학, 교육행정학이 있으며 그 외부에 다양한 주변학(역사. 철학, 심리학, 사회학, 인류학, 생태학, 미학, 공학 등)이 동심원적으로 구성되는 학문이라고 할 수 있다.

탐구과제

1. 인간을 교육적 존재라고 주장할 수 있는 근거가 무엇인지 설명하시오.
2. 교육을 '인간행동의 계획적인 변화 과정'이라고 정의할 때 제기될 수 있는 문제점 혹은 부적합성을 기술하시오.
3. 교육의 본질적 기능과 비본질적 기능을 설명하시오.
4. 현대인의 특성과 현대사회의 특징에 비추어 형식도야이론의 타당성과 문제점에 대하여 논하시오.
5. 교육학의 학문적 구조를 개략적으로 제시해 보시오.

읽을거리

김귀성 외(2001). 『교육학개론』. 서울 : 형설출판사.
이수덕 외(1988). 『현대교육원리』. 서울 : 교육출판사.
오천균(1995). 『교육학개론』. 서울 : 재동문화사.
서울대학교 교육연구소 편(1994). 『교육학용어사전』. 서울 : 도서출판 하우.
신요영(1981). 『현대교육원리』. 서울 : 도서출판 대람.

CHAPTER

02

교육철학의 이해

제1절 교육철학의 성격

1. 교육과 철학

교육과 철학의 관계를 이해하는 데는 먼저 교육과 철학이란 무엇이며 교육현상을 이해하는데 왜 철학이 필요한가를 이해할 필요가 있다. 철학이란 무엇인가? 이 문제에 대하여 여러 가지 다양한 입장과 견해가 있는 만큼 일관된 하나의 입장을 찾기는 어렵다. 철학이라는 말에는 '愛智', 즉 지혜를 사랑한다는 의미를 함의하고 있다. 철학자들은 인간에게 가장 중요한 문제에 대한 답을 찾기 위하여 지혜를 찾은 사람들이다(L. Bonjour, A. Baker, 2005 : 1-2). 그러나 철학이라는 이런 의미를 보다 폭넓게 적용하여 P. H. Phenix는 철학의 기능을 다음과 같이 분류하고 있다(P. H. Phenix, 1958 : 441-445). (1) 언어의 분석, (2) 전제를 분명히 하고 그것을 꾸준히 비판하는 일(clarification and criticism of assumption), (3) 방법의 연구, (4) 합리적 근거에 의한 신념의 정당화(justification of belief), (5) 발견된 많은 지식의 축적을 분석적 시점 또는 통일적 시점에 입각하여 조정하는 일, (6) 규범적 이상과 전망을 밝히는 일 등으로 분류하고 있다. 한편 G. F. Kneller는 사색을 통하여 우주만물을 조직적으로 인식하게 하며, 선(善)·악(惡)·정(正)·사(邪)·미(美)·추(醜)의 기준이 되는 규준을 마련하고, 분석 비판과 개별 과학이 빠지기 쉬운 독선적 생각을 전 학문 체계의 높은 전망에서 시정하는 기능을 한다(G. F. Kneller, 1971 :

3-5)고 한다. 철학이란 무엇인가를 정의하는 방식도 이처럼 시간 공간에 따라 정의방식에 다양한 입장이 있을 수 있으나 적어도 철학의 성격을 규명하는 데 철학이 하는 일이 무엇인가? 철학이 어떤 기능을 수행하는가, 그 탐구영역을 살펴보는 것이 도움이 될 것이다.

전통적으로 철학의 탐구영역은 크게 세 가지 영역으로 구분한다. (1) 존재론(Ontology)은 우주나 인간 존재의 본질을 탐구한다. 이 점에서 철학은 근본학, 본질학이라고 볼 수 있다. (2) 인식론(Metaphysics)은 지식의 기원과 추구방식 등 지식에 관한 탐구영역이다. (3) 가치론(Axiology)은 가치와 관련된 선악미추의 준거와 관련된 탐구영역이다.

그러나 현대사회에서 철학은 이런 전통적인 철학의 탐구방식과 달리 "사실이나 관찰에 의한 실증적 접근이 아닌 이성적 사유에 의해 궁극적인 삶의 의미나 가치를 밝혀 내고 진리와 합리성의 절대적 기준을 밝혀 내는 학문"(이돈희 외, 1996 : 16)이라는 정의방식도 있다. 그렇다면 그런 결단과 판단은 철학의 고유 영역인가 하는 의문이 제기된다. 따라서 우리는 과학과 철학은 어떻게 구분되는가를 살펴볼 필요가 있다.

과학은 사실의 세계에 관한 탐구영역으로서 경험과 관찰에 의하여 객관적인 사실을 있는 그대로 밝혀 내는 학문이라면 철학은 가치나 논리 또는 의미의 세계에 관한 것으로서 이성과 사유에 의하여 탐구해 가는 학문이다. 요컨대, 과학이 사실을 탐구하는 한문이라면 철학은 가치를 탐구하는 점에서 구별된다.

그러나 과학이 하는 이런 사실적 세계에 대한 검증도 인간의 사유나 선입견 판단과 무관하게 이뤄지는 것은 아니다. 그러므로 엄격한 의미에서 과학과 철학이 구분되는 것은 아니다. 이런 의미에서 보면 철학은 그것이 과거의 것이든 또는 앞으로 미래의 일과 관련된 것이든 합리적 판단, 결단의 원리와 근거를 비판, 정립하는 과업임에 틀림이 없다.

2. 교육철학이란?

교육철학(Philosophy of education 미, Philosopie der Erziehung 독, Philosophie de l'education 불)이란 무엇인가라는 질문에 대해 관점에 따라 다양한 정의방식이 있을 수 있다. 그러나 우선 잠정적으로 교육문제를 철학적인 태도 방법으로 연구하는 학문이라고 정의해 보자. 물론 교육철학이라는 학문을 정의하는 데도 연구의 대상과 방법의 측면에서 정의할 수도 있을 것이다. 여기서 적어도 교육철학이란 무엇인가를 규정하려면 교육문제의 성격, 철학적 태도 등이 논의되어야 할 대상이 된다. 일반적으로 교육문제는 두 가지의 속성으로 얽혀진 복합구조를 띠고 있다. 그것은 사실적인 측면과 가치판단의 측면을 내포하고 있기 때문이다. 예컨대, "학생은 컴퓨터 교육을 받아야 한다"라는 명제를 들어 보자. 여기서 전자와 관련된 부분, 즉 학생, 컴퓨터 교육 등에 대한 욕구, 성향 등은 모두 사실적인 것과 관련된 것이다. 얼마나 많은 학생들이 어디서 누구에게 컴퓨터를 배우고 있으며 앞으로 배우기를 원하고 있는가? 등의 문제는 모두 사실적 문제와 관련된 것이기 때문이다. 반면에 과연 수많은 컴퓨터 학원 중에서 나는 왜 이 선생님에게 이 프로그램으로 배워야 하는가 하는 문제는 '선택, 판단, 결단'의 문제와 관련되어 있다. 이런 점에서 교육문제는 단순하게 그 어느 한 측면만을 포함하기 보다는 두 가지 내용이 복합되어 있는 이상 교육학은 이 두 가지 영역을 모두 대상으로 하는 성격을 띤다.

그렇다면 철학적인 태도, 방법이란 무엇인가? 그것은 서술적인 방법과 규범적인 방법으로 나눠 볼 수 있다. 전자는 사실에 대한 서술적이고 설명적인 방법이라면 후자는 이런 저런 교육에 대한 관점이나 시각이 어떤 점에서 왜 보다 더 가치 있다고 판단하는가의 근거와 이유를 제시하는 일이다.

한편 종래의 전통적인 관점에서 철학하는 방법을 정의하는 방식도 있을 수 있다. 현대 교육철학은 전통적인 지식체계로서 교육철학이 아닌 탐구적 기능으로서 언어의 명료성, 논리적 타당성을 분석하는 기능, 어떤 가치기준과 판단기준에 따라 이론이나 행위를 평가하는 규범적 기능, 새로운 이론이나 아이디어를 창출하는 사변적 기능을 포괄한다. 또한 존재의 문제를 다루는 형이상학의 측면에서 보면 교육철학은 가르치는 것이 무엇인가를 다루는 것이 되고, 지식의 성립 근거와 지식교육의 방법 문제를 다루는 인식론의 측면에서 그리고 가치선택의 측면에서 교육철학의 접근 방법을 생각해 볼 수도 있다. "교육적 행위가 자각되어서 이론적 구성을 하기 위해서는 철학을 필요로 하고 반대로 철학도 생의 문제를 추구하는 과정에서 교육의 문제에 직면하게 된다는 이유에서 교육학과 철학은 깊은 내적 필연성이 존재한다고 말할 수 있다"(송승석 역, 1995 : 3).

특히 분석적 교육철학에 기초하여 탐구방식으로서 교육철학을 규정하려고 노력하는 입장에서 "교육철학은 교육에 관련하여 이뤄지는 의미부여와 그 기준에 대해, 과연 그것들이 어떠한 신념과 가치관, 동기와 관심, 지식과 이론 위에서 이뤄지고 있는가를 분석하고, 그것들의 타당성을 비판적으로 음미하고 검토하는 작업이다"(이돈희 외, 1995 : 25)라고 정의한다.

요컨대, 교육철학이란 무엇인가를 정의하는 방식은 관점과 입장에 따라 다양하게 제기될 수 있지만 여기서는 그런 다양한 접근방식을 포괄하는 일반적인 정의방식으로 '교육문제를 철학적으로 접근하는 학문'으로 정의하고서 출발하기로 한다. 아마도 이런 정의방식의 저변에는 교육철학이 연구대상으로 삼는 것이 무엇이며, 어떻게 접근하는가에 주안한 것일 수 있다.

교육철학은 교사에게 필요한 것인가 ? 에 대해 몇 사람들의 견해를 들어 보자.

첫째, 합리성과 논리의 적합성을 기본적인 가치로 취급하는 오늘날의 문화 속에서 교사는 젊은이의 정확한 사고를 발전시키고 그런 사고를 수호하는 역할을 한다. 요컨대, 사고능력의 증진에 도움을 줄 수 있을 것이다.

둘째, 교사가 갖는 문제를 철학적 맥락에서 다룸으로써 교사 활동의 효율성을 제고하는데 도움을 줄 수 있을 것이다.

셋째, 교육에 관한 안목, 통찰력을 길러 준다.

넷째, 교육철학은 가르치는 일의 규범적인 윤리적 측면을 다루기 때문에 교사와 학생의 인간관계 속에서 잠재적으로 내재된 의미를 통하여 전달되는 정의적 측면의 것들을 전달하는 일에 도움을 줄 수 있다. 이상의 입장(한명희, 1983 : 35-37)과 달리 오천석은 교육철학은 교육이 내포하고 있는 중요한 문제에 대한 올바른 이해를 돕고, 인간생활과 사회 전체에 있어서 교육의 위치와 그들의 관계를 파악하며, 잡다한 교육이론을 비판적으로 검토하여 교사의 교육에 대한 신념을 확정 준비하는 데 기여하고, 교사의 지성과 비판정신을 자극하여 교육의 새로운 경지를 개척하는데 중요한 구실을 할 것이다(오천석, 1983 : 31-32).

3. 교육철학의 유형 및 방법

교육철학을 어떻게 규정하느냐에 따라 교육철학은 유형이 달라질 수 있다. 여기서는 이제껏 제기된 다양한 교육철학의 패러다임을 다음과 같이 몇 가지 유형으로 분류해 보기로 한다.

가. 개인의 신념체계(A view point of Education), 교육관으로서 교육철학

흔히 "그 교장 선생님은 투철한 교육철학을 지니신 분이다"라는 표현에서 교육철학이 갖는 의미는 '교육에 대한 체계적인 생각, 관점', 즉 일반적인 의미의 교육관과 동일한 의미로 이해되기도 한다. 비록 개인의 신념체계로서 교육철학이라고 할지라도 교육활동에 대한 이론적 내용과 아울러 교육정책을 포함한 보다 실천적인 원리를 포함할 수도 있다. 따라서 그것이 이론적인 것이든 보다 실천적인 것이든 소박한 의미로 또는 체계적이고 조직적인 의미로 사용될 수도 있다. 여하튼 이 경우 교육철학은 반드시 전문적인 지식체계를 수반할 필요는 없다.

이런 교육철학의 유형에는 두 가지 형태가 있다(이돈희, 1997 : 10).

첫째, 역사기술적인 연구로 역사상 중요한 사상가들의 교육관, 즉 교육에 관한 이론과 실천적 측면의 내용을 탐색하는 일이다. 이를 통하여 현대교육에 원리나 적용 가능성을 시사받을 수 있다. 그렇지만 역사상 중요 인물의 교육철학이 반드시 오늘날 교육문제에 그대로 적용된다고 보기 어려운 한계도 있다.

둘째, 교육에 대한 규범적인 탐구는 교육이 어떠해야 하는가를 밝히는 일이 된다. 그렇다고 해서 규범적 원리의 준거를 밝히는데 반드시 전문적인 철학적 지식이나 관점이 동원되어야 할 필요는 없다. 그런 과업이 교육철학의 방법에 의해 탐구될 필요는 있지만 교육문제의 성격상 교육철학적인 접근 외에도 다양한 접근이 가능하므로 교육철학의 전유물이 될 수는 없다.

요컨대, 개인 갖고 있는 교육에 관한 신념체계는 비록 체계화되거나 세련된 교육철학으로 정립되지 않을 수도 있고 누구에게 어디서든지 쉽게 발견할 수 있는 교육철학의 유형으로 이해될 수 있다. 그럼에도 불구하고 때로는 이런 패러다임의 교육철학이 교사나 학부모에게 요구되는 교육문제에 대한 소신이나 결단에 왜 그런 결단을 하게 되었는가에 대해 묻게 되면 개인적 신념체계가 영향을 줄 수도 있기 때문이다. 이런 교육철학은 대체로 개인의 경험체계에 기초하여 성립되는 것이므로 다양하면서도 때로는 서로 충돌이 일어날 수도 있다.

나. 철학적 이론의 연장으로서 교육철학

철학의 이론으로부터 교육에서 요구되는 원리를 추출할 수 있다는 생각에 기초한 교육철학이다. 흔히 전통적으로 철학이 탐구해 온 궁극적 존재에 대한 관심, 즉 형이상학, 인식론, 가치론 등의 과제들은 인간과 세계에 대한 의미를 규정하는 것이기에 교육원리에 대해 직접적으로 혹은 간접적으로 어떤 시사점을 제공할 수 있다. 순수철학에서 탐구의 대상이 되는 대철학자들 또는 그들로 구성된 일련의 학파의 신념체계, 즉 '~주의(ism)'를 표방하는 철학적 학설 속에서 어떤 교육원리나 시사점을 논리적 귀결로 이끌어 내려고 한다. 예컨대, 실용주의 교육철학, 실존주의 교육철학, 관념론의 교육철학 등에서 찾아볼 수 있다. 따라서 이런 유형의 교육철학은 교육철학을 철학의 하위영역인 응용철학으로 분류하기도 한다.

철학의 응용철학으로서 교육철학은 개인의 신념체계에 비해 조직적인 이론체계를 가지는 반면 다음과 같은 문제점이 있다.

순수철학의 원리들은 이론체계로서 훌륭한 설명력을 지닌다 할지라도 실천적 성향이 강한 교육에 항상 직접적인 시사를 주기에는 어려움이 있다. 그것은 철학과 교육간의 다른 차이점에 기인하기 때문이다. 즉, 철학에서 관심사나 추구하는 내용이 교육에서 그것과 다를 수 있는데서 기인한다. 사회주의 교육철학, 자본주의 교육철학, 등은 개인이 지닌 교육철학에 비해 비교적 이론체계가 정련되어 있고 많은 다수의 사람들에게 지지되어지는 교육철학에 속한다 할지라도 직접적으로 교육에 대해 언급이 없는 경우 그런 철학적 관점에서 교육원리를 추출하려는 것은 무리이다. 그리고 사회주의에 근거하여 "집단을 위한 희생과 봉사를 강요하는 집단주의"(Collectivism)를 강조하는 이념과 체제를 곧바로 교육에 응용한다 할지라도 사회주의 권역을 넘어서면 한계를 보일 수밖에 없다. 그리고 이념이 아무리 많은 사람에게 지지된다고 할지라도 그것이 교육철학으로 적용되기 위해서는 또 다른 범주의 것들을 고려해야 할 것이다. 따라서 아무리 체계화된 철학적인 원리라 해도 그것이 교육의 원리로서 응용된다는 보장은 없다.

다. 교육목적론으로서 교육철학

J. F. Herbart

헤르바르트(J. F. Herbart, 1776-1841)는 교육학을 학문으로 정립하는 데 두 가지 분야에 근거해야 한다고 말한 바 있다. 그것은 교육의 목적은 철학이나 윤리학에, 교육방법은 심리학에 근거해야 한다는 논리다. 이런 의미에서 교육철학의 소임은 바로 교육의 목적을 설정하는 과업이라고 보는 것이다. 그러므로 이렇듯 교육철학을 교육목적, 목표를 설정하는 것을 주 과업으로 한다는 의미에서 헤르바르트적 관점으로 이해된다. 그런데 이렇듯 교육철학을 분류하는 방식은 교육목적과 방법을 철학적 탐구와 과학적 탐구방식이라는 단순화된 분류의 결과이다. 실제로 교육문제가 사실과 규범의 문제로 구분하는 것은 단순한 논리적 구분이지 그렇듯 분명하게 구분되어 다뤄질 정도로 단순하지도 않거니와 교육목적 설정이 적어도 논리적 · 규범적 가능성의 조건 위에서 설정되어야 한다는 점에서 일차적으로 철학의 과제일지라도 사실적 가능성에 이르기까지 완결된 형태의 교육목적 설정에 이르기까지 교육철학의 전유물은 아니기 때문이다.

라. 철학의 탐구영역에 근거하여 교육에 대한 시사점을 도출하려는 교육철학

전통적으로 철학의 탐구영역은 형이상학, 인식론, 가치론으로 구분한다. 이런 탐구영역의 지식을 교육의 이론과 교육의 이론과 실제에 적용해 보려는 교육철학이다. 이런 유형의 교육철학이 갖는 특징은 이미 이론적 체계를 지닌 기존의 철학으로부터 이론의 체계화에 도움을 받는다는 점에 있다. 그러나 철학의 고유 관심사인 존재, 지식, 가치의 문제가 곧바로 교육의 관심사로 전환될 수는 없다. 물론 순수철학적 탐구의 결과가 교육에 도움을 줄 수는 있다. 그러나 교육 문제에는 순수철학에서 문제시하는 것 이외의 철학적 탐구의 문제를 포함하고 있기 때문에 철학의 탐구영역에 근거하여 교육에 대한 시사점을 추출하려는 가정에는 한계가 있다. 그리고 교육철학은 독자적인 탐구영역과 방법론을 갖지 못한 학문으로 순수철학의 하위영역으로 여겨지게 하는 한계가 있다.

마. 철학적인 탐구방법으로서 교육철학

탐구행위로 철학적인 방법론은 분석철학의 방법론을 적용하여 언어 분석을 주기능으로 한다. 일반적으로 철학의 탐구방법은 세 가지를 든다. 즉, 사변적 방법, 분석적 방법, 평가적 방법 등이 그것이다. 이들은 탐구행위로서 교육철학에 적용되는 방법론으로서 분석적 방법의 대상은 교육의 언어와 논리에 관한 분석을 주로 하지만 사변적 방법과 평가적 방법도 상호 보완적으로 활용될 수 있다. 따라서 이런 분석철학에 근거한 교육철학은 교육의 실천원리나 이론체제를 정당화 하는 증거를 분석하고 검토하며, 개념과 진술의 경험적 합당성과 논리적 타당성을 밝히고 통합적인 지식의 체제에로 종합하는 성격을 띤다(이돈희, 1977 : 38).

철학적 탐구방법으로서 교육철학은 공헌점도 있지만 탐구방법의 제약으로 인하여 한계성도 있다(김정환, 1987 : 251). 공헌점으로는 논리적 엄정성 추구, 교육이론의 성격 규명, 교육용어의 의미를 분명히 밝혀 내려고 노력한 데 있다. 반면에 한계점으로는 분석적 교육철학의 방법론이 규범적인 문제를 다루려고 하지 않는 속성으로 인하여 바람직한 세계관이나 윤리관의 확립에 별 도움을 주지 못하고, 체험적, 가치판단, 사회 역사적 요소를 배제하며, 정의적 영역의 실재와 의의를 긍정적으로 수용하지 못한데 있다.

교육철학의 방법론으로 S. S. Shermis는 설명적이고 묘사적인 접근과 규범적 기능을 들고 있다(김동구, 1998 : 34). 한편 김정환은 교육철학의 연구방법을 보다 구체적으로 열전적 방법, 원리적 방법, 사상사적 방법, 비교적 방법, 본질추구의 방법, 분석철학적 방법, 주제적 방법론, 절충적 방법론 등(김정환, 1987 : 37-38)을 제시하기도 한다.

4. 교육철학의 기능

일반적으로 교육현상을 탐구하는 데 철학적 접근과 과학적 접근 방법을 들 수 있다. 전자는 교육현상을 분석, 평가, 사변, 통합하는 기능이라면 후자는 교육현상을 기술 설명하고 예언 통제하는 방법을 이름한다. Kneller는 철학의 기능에 다른 유형을 세 가지로 구분한다.

1) 사변철학(Speculative Philosophy)으로 과학에서 다루는 개별 사실에 대한 탐구보다는 모든 지식과 경험에 통용되는 전체적인 통일성과 체계를 발견하려고 하는 노력이다.

2) 규범철학(Normative Philosophy)은 선 · 악 · 정 · 사 등과 같은 가치판단의 준거와 관련된 기준을 마련하려는 노력이다.

3) 분석철학(Analytic Philosophy)은 언어 의미의 명료화(Meaning Clarification)에 관심을 둔다. 위와 같은 철학의 유형에 따라 교육철학의 기능을 사변적 기능, 평가적 기능, 분석적 기능, 통합적 기능으로 분류해 보기로 한다.

첫째, 사변적 기능은 "이론적, 실천적 문제를 해결하기 위해 새로운 가설, 생각, 제언을 성립시키고 제시하는 행위"(이돈희, 1985 : 43-44)를 뜻한다. 교육과정에서 추구해야 할 새로운 가치를 제언하고 문제해결의 새로운 방향을 모색하는 데 요구되는 노력이다. 따라서 교육철학에서 사변적 기능이란 교육현상이나 문제에 대하여 새로운 가치나 방향을 제언하는 기능을 말한다. 물론 이런 기능은 사변철학이 갖는 전체성, 체계성의 특징에 비춰볼 때 개별 사실이나 경험보다는 모든 지식, 경험에 적용되는 전체성, 체계성을 추구한다. 그러나 사변적 기능은 교육철학의 기능 가운데 중요한 기능을 수행하지만 그 자체로서 보다는 여타의 분석, 평가, 통합적 기능과 긴밀한 상호작용 속에서 가능하다. 이 점은 여타의 교육철학의 기능에도 동일하게 적용된다. 예컨대, '교권 확립의 방향'이라는 문제에 대해 먼저 교원이라는 개념의 정확한 이해를 위한 개념적 분석 작업이 이뤄져야 하고 교원 확립이 이뤄지기 위한 조건, 기준이 마련되어야 하는가와 관련된 평가적 기능이 수행된 다음 교권확립의 구체적 방안에 대한 논의가 가능하기 때문이다.

둘째, 평가적 기능은 선·악·정·사와 같은 규범적 가치판단의 기준을 설정하고 이에 비춰 어떤 대상의 만족도를 판단하는 행위이다. 따라서 교육철학에 있어서도 평가적 기능이란 교육의 합리성의 적부를 판단하는 기준을 설정하고 그 기준에 어느 정도 합치하는가를 밝히는 기능이다.

셋째, 분석적 기능은 교육에 관련된 용어나 개념의 의미를 명백히 하여 논리적 모순, 애매한 표현, 동의어 반복 등으로 그 뜻이 명백하지 못한 점을 명백히 가려내는 기능이다. 이 점에서 분석적 기능은 교육철학의 특정 교육이념이나 사상을 담기보다는 철학하는 방법론이라고 불린다.

끝으로 통합적 기능이란 부분이나 개별 현상이나 과정을 전체로서 파악하고 통합하려는 노력이다. 철학의 본질적 성격 중의 하나가 바로 전체성이다. 이는 비단 철학만이 아니라 적어도 교육현상을 이해하고 교육의 방향을 설정하는 데에도 같이 적용된다. 특히 교육학이 종합과학이라면 전인적 인간을 지향한다는 점에서 전체적 관점에서 교육문제를 조망하고 통합적으로 도모하는 안목이 필요하다. 그러므로 "교육철학의 임무는 다양하게 분화된 교육제과학과 그것들의 연구성과를 전체로서 궁극적으로 총합하는 것"(小笠原道雄, 1993 : 23)이다.

제2절 전통적인 교육철학

Ⅰ. 이상주의

가. 이상주의란?

이상주의(Idealism)는 서구문화에서 고대 그리스 플라톤을 비롯하여 데카르트,

버클레이, 칸트, 헤겔철학에까지 소급할 수 있을 만큼 고전적인 형태의 것 중의 하나이다. 일반적으로 이상주의자들은 관념, 생각, 이상만이 실재하는 것이라고 하지만 모든 이상주의자들이 물질계를 거부하는 것은 아니다. 오히려 물질계는 변화, 불안정성, 불확실하지만 이성이나 관념은 영원하다고 믿는다. 이상주의는 주로 삶의 방식과 관련해서는 관념론으로, 인식론 상으로는 유심론이라는 다양한 뜻으로 혼용된다.

이상주의 철학의 존재론, 인식론, 가치론을 통하여 그 성격을 확인해 보기로 하자. 먼저, 이상주의자들은 형이상학에 있어서 우주의 본질적이고 궁극적인 존재는 정신이라고 믿는 입장이다. 따라서 실재하는 것은 오직 이데아, 즉 정신뿐이라고 한다. 그러므로 궁극적 실제의 세계는 생멸 전변하는 현상계가 아닌 영원불멸하는 정신으로 이는 인간의 경험세계를 초월한 세계로 본다. 이런 형이상학의 대표적인 전형이 바로 플라톤의 이데아론이다. 플라톤에 의하면 우주는 이데아의 세계와 그의 모방에 지나지 않는 현상계로 구분된다고 하는 이원론적 세계관을 주장한다.

두 번째로 이상주의자들의 인식론은 '정합설'(coherence theory)로 설명된다. 이에 따르면 어떤 명제나 신념들의 진리여부의 결정은 경험에 의해 검증된다기 보다는 논리적 사유에 의한 정합의 정도에 따라 결정된다는 입장이다.

셋째, 가치론에 있어서는 관념론자들은 정신적 가치를 절대적이고 영원한 것으로 보는 반면 물질적 가치는 그렇지 못한 것으로 본다. 따라서 정신적 가치는 영원불멸하다고 하는 절대론적 가치관을 견지한다고 볼 수 있다.

나. 이상주의와 교육

인간의 본성, 실재, 지식, 가치의 본질에 대한 이상주의의 철학적 입장은 다음과 같다(E. J. Power, 1982 : 89). 먼저, 인간의 본성에 대해 이상주의자들은 인간은 합리적 능력을 부여받고 태어나, 선택할 수 있는 의지가 있다고 믿는다. 실재의 본질에 대해서는 입장에 따라 다소 차이를 보인다. 절대적 이상주의자들은 오직 정신만이 실재한다고 하는가 하면, 비판적 실재론에서는 영혼과 육체가 실제 존재하지만 믿음직한 지식은 정신적 실재와 연계되어야 가능하다고 한다.

둘째, 지식의 본질은 직관이나 재결합에 의해 가능한 것으로 진리는 훌륭한 정신으로 가능하고 대부분 사람들은 의견수준으로 지식을 다룬다고 한다.

셋째, 가치의 본질에 대해 그들은 인간본성은 실제에 있어서 절대적인 것으로부터 추출된 도덕적인 절대명령에 의해 통제된다는 입장이다.

이상주의자들은 이런 철학적 입장에서 근거하여 교육에 주는 시사점을 들면 다음과 같다.

① **교육의 목적** : 형식적 · 비형식적 교육은 인격형성을 맨 먼저 중시하고 그런 다음 인간의 재능과 사회적 선을 향해 개발한다. 교수 – 학습과정은 학생의 고유한 잠재력을 충분히 발휘할 수 있도록 도와 주어야 한다.

② **학생의 위치** : 학생의 성격과 재능을 개발할 자유가 있다.

③ **교사의 역할** : 인간발달의 과정에 인간의 본성을 맞춘다. 주로 학생들에게 교육적 환경을 조성하는 데 책임을 진다.

④ **교육과정** : 인간의 합리적인 능력의 발달을 위한 자유교육, 개념화 · 관념화된 지식위주의 교과목이나 학습내용이 주가 된다. 그런 교과목은 신이나 우주와 인간과의 관계를 잘 규명한다고 보는 철학, 신학을 들 수 있다. 이 밖에도 시대적 특수성을 초월한 보다 추상화되어 있고 일반화될 수 있는 교과목들로 수학, 역사, 문학 등을 들 수 있다.

⑤ **교육방법** : 진리란 내재해 있기 때문에 학습자 자신의 내적인 사색을 통하여 자아반성 또는 자아 성찰을 통한 회상이라고 한다. 따라서 학습자 자신의 직관과 내적 자아 탐구가 바탕이 된다. 이상주의에서 적절한 수업방법으로 대화적 방법이 적용된다. 그러나 어떤 방법이든 학생의 학습에 자극을 주어 효과적인 방법이라면 모두 적용될 수 있다. 학습에 생리적인 기반을 중시하지 않는 경향이다. 교수 – 학습과정에서 교사가 중심적이고 결정적인 역할을 맡는다.

그러나 이상주의자들의 이런 주장에도 긍정적인 평가와 부정적인 평가가 병립한다. 이상주의 교육철학에 대한 비판적 논의(Howard A Ozman etc., 1992 : 26-30)를 보자.

이상주의는 종종 보수주의로 분류된다. 그들의 교육에 관한 관점이나 주장이 문화적 전통을 보유하고 있기 때문이다. 그들에 의하면 교육이란 대체로 문화적 유산을 전달하는 것이라는 생각과 영원하고 궁극적인 진리와 관념에 관심을 두고 있는데서 기인한다. 한편 부정적인 측면에서 보면 이상주의는 유력한 과학적 세계관과도 그리고 최근에 나타난 교육적 사건과도 조정이 잘 되지 않는다는 비판(김동구, 1998 : 330), 직업적 기술적 교육의 측면을 충족시킬 수 없고 관념론이 추구하는 교육이 지나치게 이상적이어서 현실세계를 긍정적으로 받아들이는 태도가 부족하다는 비판이 있다(장덕삼, 1998 : 393).

그럼에도 불구하고 이상주의 교육철학의 특징을 들면 다음과 같다. (1) 높은 인지적 수준의 교육을 조장한 점, (2) 문화적 학습을 증진하고 보호하는 데 대한 관심, (3) 도덕교육과 인격교육에 대한 높은 관심, (4) 교사를 교육과정에 중심적 위치에 둔 점, (5) 자아실현의 중요성을 강조한 점, (6) 생활의 개인적 면과 인간적인 면에 강조를 둔 점, (7) 종합적이고 체계적이며 전체적인 접근을 한 점 등이다.

2. 자연주의

가. 자연주의란?

자연주의(Naturalism)란 자연에는 아름다운 질서가 있다. 타고난 인간의 자연성을 존중하자, 그 자연의 질서에 따라 사는 것이 가장 올바르고 행복한 삶이라고 생각하는 사조를 총칭한다. 자연주의자들은 철학적으로 자연을 유일한 실재로 생각하는 철학이다. 따라서 정신적 존재나 영혼 등의 존재를 부인한다.

자연주의는 역사적으로 원자론으로 불리는 그리스의 탈레스로부터 데모크리토스 등을 들 수 있다. 이런 물질적 우주관의 형이상학을 보면, 모든 존재는 인과율 법칙 아래 있다, 자연 이외에는 아무것도 있을 수 없다, 자연에는 아름다운 질서가 있다, 인간성은 자연의 가장 아름다운 것의 하나로 존중되어야 한다. 지식은 감각적 경험을 통해서 가장 올바르게 얻어진다는 것이다.

자연주의 교육철학의 출현 배경에는 서구의 18세기 계몽기 사조와 관련이 있다. 서구 18세기의 계몽기란 전통과 인습, 사회제도, 형식주의, 인간관 및 비과학적인 세계관 등의 불합리한 것을 타파하고 배격해 나가는 일련의 운동을 이름한다. 인간 이성을 자각을 배경으로 한 계몽기 사조는 인간의 이성과 자유를 두 축으로 절대군주로부터 인권 재민시대로 이행과 교회의 절대적 권위로부터 깨어남을 의미한다. 이런 점에서 루소의 교육소설인 『에밀』과 『사회계약설』은 당시 사회의 인권의 계몽과 아울러 기성세대가 주도했던 교육에 대한 주도권을 아동으로 전환하게 했다는 역사적 의미를 갖는다. 에밀이 인간의 본래 선을 주장한 것이라면 사회계약설은 인간의 자유에 대한 주장이다. 즉 인간을 어린이를 해방시키자, 인간을 그릇된 사회체제로부터 해방시키자는 생각이었다. 자연주의 교육사조의 형이상학은 오직 자연만이 실재한다고 주장한다. 물론 여기서 자연이란 넓은 의미에서 모든 내외의 범주를 망라하기도 하지만 인간의 내재적 자연성을 존중한다는 의미를 함의하고 있다.

나. 자연주의와 교육

자연주의 교육원리는 "자연으로 돌아가라"라는 표어가 말해 주듯이 넓은 의미로 자연주의에는 소박한 인문주의, 근대의 과학주의, 실학주의, 그리고 아동중심주의, 낭만주의 교육에 이르기까지 포함될 수 있다. 18세기 계몽기 사조가 발흥할 무렵 교육에 있어서 자여주의를 주도한 인물로 루소(1712-1778)를 든다. 그의 주요 저서로는 『학문예술론(1750)』, 『정치경제론(1750)』, 『사회계약설(1760)』, 『에밀(1760)』, 『불평등 기원론(1755)』 등을 들 수 있으며, 이 중에 에밀에는 그의 교육사상이 잘 드러나 있다. 루소는 인간은 조물주로부터 태어날 때 모두 선하지만 인간의 손으로 옮겨지면서 타락하기 시작한다고 함으로써 인위적이고 인습에 의지하기 보다는 순수한 인간의 선으로부터 교육을 시작하려고 하는 이른바 소극교육론(Negative Education)을 전개하고 있다. 즉, 인간, 자연, 사물은 인간을 교육하는 데 필요한 조건으로 조화롭게 작용되어야 하지만 이 가운데 자연은 인간이 인위적으로 정복하고 조정할 대상이 아니라 자연에 맡겨야 한다는 것이다. 자연에 따른다는 의미는 두 가지로 구분해 볼 수 있다. 하나는 스스로 판단할 줄 아는 자율적 인간형성이다. 그리고 다른 하나는 자아 성찰력을 지닌 인간(안인희, 1992 : 188-189)이다.

이들의 교육관을 정리하면 다음과 같다.

① 교육은 사회 문화적 기능이다.

② 교사는 학생에게 교과를 가르치지 말고 학생의 발달수준에 맞는 관심의 대상을 포착하고 학생 활동을 이런 쪽으로 촉구해야 한다.

③ 교육목표는 사회생활에 필요한 기능, 지식, 태도를 갖추게 하고 동시에 각 개인이 자신의 개인적인 생활을 즐길 수 있는 자질을 갖추게 해야 한다.

④ 교육과정은 양친과 교사가 잘 지켜 보는 가운데 자연적 성장과정이 되어야 한다. 자연주의에서는 언어적인 학습방법보다는 감각적인 경험을 강조한다. 실재를 파악하는 것은 나의 자연스런 감각에 기인하기 때문이다.

자연주의 교육이 오늘날 교육에 주는 시사점을 든다면 교육을 외부에서 주입이나 주형이 아닌 내부로부터의 계발로 본 점, 인간은 자연적 성장 발달 단계에 따라 교육해야 한다는 점, 아동을 존중교육을 해야 한다는 점, 교육방법에 감각적인 교육방법을 적용한 점, 민족주의와 관련하여 국어교육을 중시한 점, 시민적 자질을 도야하는 데 큰 영향을 미쳤다. 반면에 인간생활이 물질, 현세, 신체, 사회적 존재 이상의 그 무엇임을 소홀히 하였고, 인간의 삶의 지향성을 밝히는 데 소홀히 한 점이 있다(김정환, 1987 : 94).

3. 실재론

가. 실재론(Realism)이란?

서구의 17세기는 르네상스와 지리상의 발견, 그리고 종교개혁에 이어진 자연과학의 발달에 따라 교육에 있어서도 변화를 촉구하게 되었다. 이런 과학의 발달이 인간의 능력과 이성 및 경험을 존중하는 실학주의 교육으로 나타나게 되었다. 실재론은 언어이전에 사물을 통하여 삶에 구체적으로 필요한 지식과 인재를 양성하려는 교육사조이다. 논자에 따라 인문적 실재론, 사회적 실재론, 과학적 실재론으로 구분하기도 하며, 고전 종교적 실재론, 과학적 실재론, 그리고 합리적 실재론 등으로 구분하나 일반적으로 실재론은 과학적 실재론을 지칭하는 편이다. 실재주의의 철학적 특징을 들면 다음과 같다.

첫째, 형이상학을 보면 우리의 마음과 별도로 독립하여 존재하는 객관적인 질서나 법칙 속에서 우리가 산다는 인식에 기초하고 있다는 이른바 독립성의 원리(Independence Theory)를 견지하고 있다. 이런 형이상학에 기초한 존재론은 정신보다는 물질을 중시하므로 유물론으로 분류하기도 한다. 비록 그 물질이 과연 무엇인가에 대해서는 종교적 실재론자들은 종교에 기초하여 물질도 신의 섭리로 받아들인다. 여하튼 우주나 인간의 본질을 정신보다는 물질로 본다는 점에서 일치한다.

둘째, 인식론에 있어서 실재론자들은 안다는 것은 사물에 대한 앎을 의미하는데 그 때 앎이란 인간의 마음과 그 외적 세계와의 상호작용에 의해 이뤄지는 것으로 본다. 이러한 지식의 형성을 이들은 대응성이라고 한다. 요컨대, 실제로 진리란 우리 생각과 실재하는 사물간의 일치된 것이 진리라고 하기 때문이다.

끝으로 가치론에 있어서 그들은 행동의 가치란 사물의 객관성 정도와 사물들 간의 객관적인 관계에 따라 달라진다고 한다. 실재주의에서는 가치는 외적인 객관적인 기준에 따라 결정된다.

나. 실재론과 교육

첫째, 실재주의자들의 궁극적인 교육의 목적은 사람들의 잠재능력을 최대한 발휘하여 행복을 달성하는 것으로 본다. 따라서 교육은 우주의 이치를 깨달을 수 있는 핵심적인 지식, 경건한 마음을 갖추게 하는 일이다. 코메니우스에 의하면 교육이란 "모든 것을 아는 것, 모든 것을 지배하고 자신을 지배하는 힘을 얻는 일, 자기 자신 및 모든 것을 만물의 근원인 신과 관련시키는 일," 즉 박학, 덕성, 경건성의 도야가 되었다(김정환, 1978 : 121). 이 말은 코메니우스에 있어서 교육의 목적이 내세를 위한 준비에 있으며 이 준비가 바로 박식, 덕, 경건 등의 방향에서 이뤄진다는 것이다. 둘째, 생도는 고도의 지성을 발로할 수 있는 자질을 충분히 지니고 있는 준재로 존중되어야 한다. 셋째, 교육목표는 이상적 생활을 즐기게 하는 데 있다. 넷째, 교육과정은 진리를 알고 사용하고 즐기는 습관과 경향성을 갖추게 하여 주어야 한다.

한편 아리스토텔레스에 의하면 실재주의의 궁극적인 목적은 사람들의 잠재력을 최대한 발휘하게 하여 행복을 달성하는 것인데 구체적으로는 ① 조직화된 체계적인 지식을 연구하고 배움으로써 사람이 갖고 있는 가장 큰 힘인 이성을 계발한다. ② 사람들이 자신의 선택을 합리적으로 할 수 있도록 고무 격려하고 그들의 잠재성을 최대로 실현할 수 있도록 도우며, 합리적인 위계적 질서 체제에 자신들의 위치와 역할을 통합시키는 일을 하도록 한다. 요컨대, 실재주의의 교육목적은 지식의 체계와 탐구의 기능과 방법을 가르쳐 이성을 고양하는 것이다.

실재주의자들은 실재의 객관적인 질서를 중시한다. 실재를 지닌 사물은 기본적으로 유사성에 기초하여 범주화하여 분류할 수 있다. 이렇게 범주화하여 분류된 지식체계를 '범지체계'(Phansophy)라고 한다. 그러나 범지자는 단순히 박식이나 지식의 축적과는 다르다. 코메니우스에 의하며 범지자란 '생명의 소금인 SAL'이라고 한다. 다시 말하면 이해한다는 Sapere와 행한다는 Agere, 말한다는 Loqui의 의미를 담는다(사고, 언어, 행동)(藤田輝夫, 1992 : 60).

실재주의자들에서 교수학습의 기본적인 구성은 교사, 교육내용, 방법 및 학생이다. 무엇보다 교사는 교과내용을 잘 알고 있어야 한다. 교사가 지식체계를 제공하는 입장에 있기 때문이다. 그리고 실재주의 교사는 학생에 대한 이해는 물론 동기유발의 방법과 그들의 학습을 즐겁게 해줄 수 있는 지식의 공급자여야 한다고 한다.

이런 실재론 교육철학에 대한 평가를 보면 먼저 실재주의는 학생에게 우주와 현실, 사회 자자아를 긍정적으로 이해시키고, 이를 교육의 마당에 적극 반영하여 자기실현과 사회생활에 필요한 지식을 갖추게 하며, 우주의 신비스런 법칙을 탐구하며 진리를 쫓는 경건하고 엄정한 태도를 기르는 데 공헌하였다. 반면 가치를 주관적으로 취사선택하게 하고 개성적으로 이것을 즐기면서 실존적으로 사는 인간을 키워내지 못한 한계(김정환, 1987 : 123), 교사중심 교육, 주입식 교육, 보수적 전통적인 지식전달, 개인차 무시, 변화의 수용에 미흡한 점 등을 들 수 있다.

4. 실용주의

가. 실용주의란?

실용주의(Pragmatism)는 20세기 미국에서 출현한 철학으로 미국인들의 삶의 철학이요, 삶의 방식이다. 실용주의자들에 의하면 진리란 인간의 경험으로부터 나오는 것으로 실험과 가설에 의하여 인간행동을 검증하려고 한다. 프래그마티즘의 Pragma는 행위, 사실, 활동, 실천을 뜻한다. 따라서 프래그마티즘은 때로는 실용주의, 행동주의, 도구주의 등으로 불려지기도 한다. 프래그마티즘은 찰스 다윈의 진화론, 영국의 경험론 등의 구라파 철학을 미국이라는 독특한 토양에 옮겨 심은 철학이다. 이 학파에 속하는 주요 인물로는 퍼어스(C. S. Peirce, 1839-1914), 제임스(W. James, 1842-1910), 듀이(J. Dewey, 1859-1952) 등이 있다. 퍼어스는 1872년 「How make our ideas clear」라는 논문을 발표한 바 있는데 여기서 처음 프래그마티즘의 시작을 알리는 계기가 되었다. 그는 지적 개념을 설명할 수 있는 수단의 발견, 즉 의미의 명료화를 기초로 한 점에서 프래그마티즘의 출발이라고 할 수 있다. 그가 사용한 프래그마티즘이라는 말의 의미는 두 가지였다. 하나는 우리가 사용하는 개념의 명료화란 그 자체로서 그 의미를 갖는 것이 아니라 실제 관찰 실험의 결과를 통하여 나타난 결과를 확인해 봄으로써 가능하다는 이른바 결과(effect)주의를 설정하고 있다. 다른 하나는 모든 과학적 지식은 실제와 일치하느냐를 실험 가설에 의해 가능하다는 실험가설주의에 근거하고 있다.

퍼어스가 순수 과학적 입장에서 실용주의를 규정하려고 했다면 제임스는 심리학적 측면에서 접근하여 이른바 기능주의 심리학을 전개한 인물로 알려져 있다. 제임스는 인간의 의식에 있어서 철저한 경험, 즉 직접 경험을 중시하여 심리학의 본질을 의식의 기능, 즉 개인의 생활과 환경에 대한 적응에서 그 기능, 실용성을 연구하는 데 있다고 보았다.

한편 듀이는 사회 과학적 측면에서 실용주의를 체계화한 인물로 그는 생활에서 문제해결의 도구로서 규정하여 그의 철학을 흔히 도구주의(instrumentalism)라고 부르기도 한다. 도구주의란 지식이나 진리란 그 자체가 가치 있는 것이 아니라 주위 환경과 함께 변화하는 사회에 적응하면서 문제해결을 하는데 그것이 도구로서 역할을 할 때만이 가치가 있다는 것이다. 듀이의 도구주의 사상의 핵심적인 내용을 보면 형이상학적으로 절대 불변의 진리, 고정된 진리를 부인하고 변화하는 것, 유동적인 것만이 진리라고 믿으며(변화 : change), 유기체와 환경과 불가분의 연계성을 지니고서 상호작용(interaction)함으로써 변화를 가져다 주는 그 변화는 발전을 예고하며, 인류 역사는 이런 상호작용이 연속적으로 계속(continuity)이어지면서 발전되어 온 것으로 보고 있다.

실용주의의 철학적 기초에 대해서 형이상학, 인식론, 가치론의 측면에서 살펴보자.

1) 궁극적 실재의 부정

궁극적 실재를 거부하고 오직 변화만이 실재한다고 한다. 전통적인 철학에서 이원론이나 형이상학적 논구를 비롯하여 이론과 실재, 생각과 행동을 구분하는 것들과 달리 그들은 생각과 생동을 현재의 경험 속에서 하나로 보아야 한다는 실험주에 근거하고 있다. 생각과 행동은 분리되어 있지 않으며 생각은 경험 속에서 검증되기 전 까지는 불완전한 것이다. 또한 전통철학에서 형이상학적 질서는 영원불멸한 것, 고정 불변한 것으로 이는 현실 경험세계를 떠난 초경험적 세계에 관한 것으로 인식되었다. 그런데 프라그마티스들은 존재하는 것의 본질은 모두 변화하는 세계에 있다는 것 자체만이 분명할 뿐 모두 불확실하다고 보고 인간의 탐구활동 역시 불확실성에 대한 탐구라기보다는 불완전한 세계에서 이뤄지는 변화 과정 그 자체를 관리하고 지시하는 방법과 수단에 대한 탐구가 모두이다.

2) 유기체의 환경과의 상호작용에 의한 인식

듀이에 의하면 인간 유기체는 살아있는 자연적 창조물이며 생명을 유지시키기 위한 충동과 동기를 소유한 조직체이다. 그에 의하면 인간의 지식에 대한 탐구는 문제 상황에 접하여 문제를 해결하는 과정을 통해 끊임없이 얻어지는 경험의 과정으로 본다. 이와 같은 문제해결의 과정이 바로 유기체가 환경과 상호작용하면서 인간의 지성은 탐구활동을 지속하는 것이다.

3) 가치론

전통철학에서 가치는 초경험적 근거위에서 성립된다. 따라서 그 가치는 절대적 가치로서 우리에게 제시된다. 그런데 프라그마티스들은 이런 절대적 가치나 고정불변의 가치체계를 부인한다. 요컨대, 가치란 보편적 질서나 관습 도는 절대적 권위의 범주에 근거하는 것이 아니라 인간의 기호, 바램, 희망, 욕구에 기초하기 때문이다. 따라서 다양한 가치 속에서 특정 가치는 상대적인 위치를 점하기 마련이다. 그러므로 가치란 절대 불변의 것이라고 보다는 상대적인 것으로 보는 이유도 여기에 있다.

나. 실용주의 교육철학

실용주의는 변화하는 것이 실재하는 것이고 인간은 사회적 · 생물학적 존재이며, 인간은 단순히 외부로 오는 지식을 수용하는 존재가 아닌 자신의 문제를 해결해 가는 과정에서 이를 재조직하는 존재이며, 따라서 가치란 고정된 실체가 없이 상황에 따라 달라질 수 있다고 한다. 이런 형이상학, 인식론, 가치론에 기초한 교육관을 정리하면 다음과 같다.

첫째, 실용주의는 변화만이 실재한다고 보아 인간도 환경에 적응하는 하나의 유기체로 보며 인간의 본성은 유동적이고 가소성을 지닌 인간관을 전제로 한다.

둘째, 실재는 인간과 환경과의 상호작용에 의해 인식되며 창조되는 것으로 보기 때문에 학습도 이런 환경을 떠나 존재하지 않는다는 입장이다.

셋째, 삶을 교육 자체로 본다. 따라서 학교가 지역사회 중심이 되어야 한다.

넷째, 아동은 미성숙한 존재이나 수용력과 발전의 가능성을 지닌 발전적 성장체로 본다.

다섯째, 교육목적은 고정된 목적을 밖에서 준비하는 것이 아니라 학습자의 내적 능력을 바탕으로 아동과 협력하여 결정되어야 한다.

여섯째, 교육과정은 끊임없는 경험의 재구성 과정이다.

일곱째, 학습은 행함에 의한 학습이다.

여덟째, 학습자의 흥미를 존중한다.

실용주의는 경험적 · 실험적 사고를 실험실로부터 인간의 사회생활 전 영역에 확대시켰고, 진화적 사고방식을 택하여 인간 사회의 낙천적 발전관을 낳았고, 개인과 사회와 조화적인 공존의 가능성에 입각하여 낙천적 사회관을 낳아 민주주의 이념을 미국에 토착시켰고, 특히 생물학적 · 사회적 감각에 의해 교육에 지대한 영향을 미쳤다. 반면에 가장 기본적인 가치 지식교육에 소홀히 한 점, 가치나 지식 중에 영원불멸한 것을 가르치지 못한 점, 점진적 낙천적 발전관에 입각한 교육관의 한계도 지적된다(김정환, 1997 : 137).

표 2.1 고전적 교육철학이론(Classical Philosophical Theory of Education)

교육이론	교육목적	교육과정	교육방법	대표적 인물
이상주의	인격형성을 한 다음 인간의 잠재능력과 사회적 선을 향한 개발	합리적 능력을 도야하기 위한 자유교양교육 (liberal education)	대화적 방법 (dialectical method)	Plato
자연주의	인간의 자연성 계발	과학교육	소극교육론 : 자연적 발달의 원리를 따름	J. Rousseau
실재주의	사회적 책무, 삶의 적응 (adjustment and social responsibility)	유용한 지식을 포함한 종합교육과정 (comprehensive curriculum : liberal practical knowledge)	경험에 의한 교육 (All learning depends upon experience)	J. A. Comenius
실용주의	개인과 사회적 삶의 새로운 경험	학습자의 욕구와 흥미를 위주로 한 교육과정	활동중심교육	J. Dewey C. S. Peirce W. James

* J. Power(1982), Philosophy of Education, Prentice-Hall, pp. 89-139.

제3절 현대교육 철학의 쟁점

현대교육의 주요한 쟁점이 되는 과제는 관점에 따라 다를 수는 있지만, 교육계에 가장 많이 대두되는 것 중의 하나가 바로 개혁, 변화라는 명제이다. 이런 점에서 변화를 축으로 하여 기존의 입장을 유지하려는 보수주의 입장과 시대변화에 따라 무엇인가 변화를 시도하려는 개혁적인 성향의 것으로 대별해 볼 수 있다. 한편 교육철학의 관점에서 현대교육에서 기본과제를 든다면 교육의 본질론, 가치론, 교육목적론, 인식론, 도덕교육, 미학교육, 종교교육 등을 들기도 하고(黃濟, 1998 : 289-633; 이돈희, 1995), 교육의 철학적 접근의 주요 과제로 교육목적, 내용, 방법, 교육활동을, 교육의 대상으로 학생, 교사, 교육활동을, 현대문화를 철학적으로 접근하는 과제로 경험, 교육, 메디아 등을 들기도 한다(小笠原道雄, 1991 : 6-9). 이와는 달리 현대교육의 주제와 쟁점을 보수주의와 새로운 유형의 교육을 추구하는 입장으로 대별하면서 경험, 개인의 자유, 도덕교육, 학습과 동기, 의무교육제도, 자유와 평등 그리고 소외, 교육기회와 기본교육, 조기교육, 이성적 능력함양을 위한 교육, 인간의 본성적 능력과 특성에서 개인차와 성 등을 다루는 입장도 있다(유현옥, 1996 : 8-13). 이런 다양한 입장을 보면서 여기서는 교육철학의 관점에서 현대교육에 주요한 과제의 하나로 보수주의적 관점과 그에 반하여 무엇인가 새로운 변화를 시도하려는 개혁적인 성향의 것으로 대별해 보기로 한다.

보수주의의 오랜 전통을 유지해 온 것 중에 관념론과 실재론을 들 수 있다. 비록 이들이 오랜 전통을 유지하고 있다고 해서 현대와 전혀 단절된 것을 의미하는 것은 아니다. 적어도 현대 미국의 교육사조인 항존주의나 본질주의도 엄밀히 말하면 이들과 무관하지 않기 때문이다. 한편 새로운 변화를 시도하려는 경향, 즉 전통적인 학교교육의 문제점을 극복하고 새로운 대안을 찾아보려는 움직임들을 든다면 듀이의 실험학교를 비롯하여 니일의 섬머힐 학교를 모델로 한 자유학교운동, 열린교육, 대안교육 등을 들 수 있다. 이들의 철학적 배경에는 자연주의, 실용주의, 실존주의, 비판철학, 현상학, 구성주의, 포스트모더니즘 등 다양하다.

1. 교육에서 진보와 보수

일반적으로 보수주의란 좁은 의미로는 정치적으로 개혁이나 진보에 반하여 전통적인 입장을 취하는 경우를 의미한다. 물론 영국의 보수주의는 변화를 멈추게 하거나 완만하게 하는 것을 의미한다면, 미국의 경우는 경제적으로는 신자유주의, 사회정책에서는 종교나 도덕적 근본주의 입장을 견지한다(C. Winch, J. Gingell, 1999 : 41). 따라서 영국의 보수주의자들이 갖는 교육에 대한 태도는 교육의 변화를 저항하거나 멈추게 하려고 하려는 반면에 미국의 경우는 학교에서 상식에 근거한 종교교육을 고수하려고 한다. 그러나 넓은 의미에서 보수주의는 생활태도나 행동양식을 전통 그대로 유지하려는 현상유지만을 고집하는 의식이나 신념을 말한다. 보수주의에도 두 가지 흐름이 있다. 하나는 전통적인 보수주의와 다른 하나는 자유주의적 보수주의다. 이론적으로 체계화된 보수주의는 사회변혁에 대항하여 현상을 유지하려는 지배계층의 속성을 나타낸다. 근대적인 보수주의 출현은 프랑스 혁명 뒤에 반혁명적인 봉건적 귀족계층에 의해 형성되었다. 이런 전자의 입장을 대변하는 영국의 버크(E. Berk, 1729-1797)는 자신의 저서 『프랑스혁명 비판, 1790』에서 혁명의 중심사상이었던 계몽주의나 개인주의를 비판하였다. 이들의 기본적인 입장은 객관적인 도덕이나 다른 가치 질서의 실재에 따라 교육도 모든 사람들이 공유해야 할 교육적 가치를 전승하고 이를 성취하는 것이 바람직하다고 생각한다. 또한 전통적인 보수주의자들은 학교가 사회개혁을 꿈꾸기보다는 이들과 균형을 유지해야 하고 개인이나 집단보다 전통이 더 현명하다고 주장하여 교육에서 과거의 지혜는 존중되어야 한다고 하고 평등화교육을 반대한다.

한편 자유주의적 보수주의 역시 문화유산의 보존 전승의 중요성을 강조하는 점에서 전통주의자들과 일치한다. 그러나 어떤 가치가 인정된다고 해서 어떤 사회에서든 인정되어야 한다는 보편주의와는 다르다. 이들은 어쩌면 전통에 대해 실재적인 입장을 띤다. 인간의 본성은 본질적으로 합리적이고 경쟁적이라는 자기중심적인 점을 인정하고서 학교가 경쟁체제를 도입하면 개인의 수월성을 신장시킬 수 있다고 본다. 현대 미국에서 보수주의 또 다른 계보로는 신보수주의를 들 수 있다. 1980년대 이래 신보수주의 다른 이름이라고 부르는 근본주의, 고전주의는 수월성 원리를 존중하는 입장을 제기한다. 적어도 공교육에서 경쟁적 배분을 추진하여 교육의 질과 수월성을 제고해야 하다는 입장에서 본다면 신자유주의와 흡사하다. 현대 미국의 교육에서 보수주의는 경제중시파, 공통문화파, 학교선택파 등 여러 가지 양상을 띠고 있다(杉浦宏, 1995 : 65-67). 1980년 레이건 행정부(1981-1989)가 교육에서 보수주의를 적용하기 시작한 것은 '위기에 선 국가(A Nation at Risk)'가 대두되기 시작하면서, 부시정권기의 '2000년 미국'(1991)에서 국가적 교육목표의 설정으로 진전되어 클린턴 행정부에서는 법제화(1994)가 이뤄졌으며, 현 부시정권에서는 '기초학력부진아 방지법'(No Child Left Behind Act : 2003)의 제정에 이르렀다.

보수주의의 오랜 전통을 대변하는 철학적 배경으로는 관념론적 관점과 실재론적 관점을 들 수 있다(유현옥, 1996 : 16-18). 먼저 관념론은 19세기에 이르기까지 서양의 교육적 사고를 지배해온 관점 중의 하나이다. 예를 들면, 플라톤의 관념론에서는 진정한 실재란 이데아인 관념에 있다고 한다. 이는 정신 마음으로서 영원하고 완전한 것이라면 이에 반하여 물질세계는 생멸 변화하고 불완전한 것이라는 이원론적 세계관을 가지고 있다. 경험세계인 물질계는 관념적 실재인 이데아의 모방에 불과하다고 한다. 그러므로 관념적 실재를 중시하는 입장에서 교육목적은 인간의 이성적 능력을 강화시키고 개발하여 비물질적인 정신의 세계에 좀더 접근해 가고자 한다. 교육과정 역시 수학, 논리학, 음악 등을 제시하는 것도 같은 맥락이다.

관념론과 함께 서양교육의 보수적인 구조를 이루는 또 하나의 관점을 든다면 실재론이다. 실재론자들은 물질세계에 존재하는 사물의 형상의 개념을 통해 본질로 진입하고자 한다는 점에서 관념론자들의 이원론적 사고와 구별된다. 아리스토텔레스는 사물의 본질로서 형상은 물질세계 내에 존재하는 것이며 이 형상의 실현이 바로 사물의 존재 목적이라고 하는 일원론적 입장을 견지한다. 말하자면 형상이란 질료를 떠나 별도로 존재하는 것이 아니라 언제나 물질을 매개로 하여 질료를 통해서만 실재를 나타내는 것이라고 한다. 이런 관점에서 인간본질은 이성적 사유능력의 발현에 있다. 교육은 우주의 이치를 깨달을 수 있는 핵심적 지식, 고도의 지성을 도야하는 데 있기 때문이다. 실재론자들의 교육관은 감각적 대상에 대한 지각과 그 확실성을 중시하여 사물에 대한 지각능력을 기르는 한편 사물에 내재하는 법칙을 탐구하는 실증주의적인 면을 강조하기도 한다. 특히 과학적 실재론에서는 그런 경향이 강한 편이다. 인간의 행복을 실현하는 것도 바로 이성적 사유능력을 계발함으로써 가능하다고 보고 이런 능력을 발달시키는 자유교육의 중요성을 강조한다. 서구의 자유교양교육의 오랜 전통을 지닌 교육과정으로서 칠자유학과는 인간의 사유능력을 발달시키는 관점에 근거한 것이라고 할 수 있다. 물론 실재론자들이 말하는 고도의 지성이란 반드시 내면적 사유능력에만 국한되지는 않는다. 일면 사유능력이 객관세계에 대한 정확한 인식능력을 요구하는 면이 있기 때문이다.

이상과 같이 관념론과 실재론의 입장에서 보수적인 교양교육을 강조한 인물로 미국의 항존주의자인 허친스, 아들러 등을 들 수 있다. 그리고 1960년대 이후 브루너 등에 의해 주창된 학문중심 교육과정도 이런 맥락을 계승한 동향으로 볼 수 있다.

물론 20세기 후반 보수주의는 이런 동향과 달리 국가위기론에 기초하여 전개되는 면이 있다.

그럼에도 불구하고 서구의 보수주의를 뒷받침하는 철학적 배경의 근저에는 적어도 관념론과 실재론이 자리하고 있음을 볼 수 있다. 보주수의자들은 학교교육을 비롯하여 교육이 해야 할 역할과 기능을 어떻게 보는가? 학교란 문화적 가치를 보존하고 전수하는 기관으로 본다. 따라서 이들에게 교육과정이란 모든 사람에게 전달해야 할 보편문화로서 구성되어야 한다. 교사의 역할도 자연이 이런 문화적 전통을 다음 세대에게 전달하는 책임을 진다.

이런 보수주의에는 어떤 한계가 있을까? 전통적 보수주의에서는 전통에 대하여 무비판적으로 대하는 입장이다. 그러나 전통이 명시적으로 제시되지 못하면 학생들 역시 무비판적으로 수용할 뿐이다. 그러므로 고전위주의 전통이 아무리 중요하다고 할지라도 그것이 왜 오늘에도 의미를 가질 수 있는가에 대해 적절한 정당화의 근거가 필요하다. 또 다른 면에서 전통적인 보수주의는 과거에 대한 집착 때문에 반평등주의이고 엘리트 지향주의라는 점, 권위주의적이라는 점, 현대문화의 중요성 및 교육연구에 대한 평가절하하려는 태도 등에서 한계에 봉착하게 된다.

한편 자유주의적 보수주의 역시 개인의 합리성의 한계에 대한 정확한 인식의 결여를 들 수 있다. 이를테면 학교선택제가 완전히 보장되고 보증계획이 실현되면 사립학교는 엘리트 지향교육을 강화함으로써 계층간 갈등을 증폭시킬 우려가 있기 때문이다. 자유주의적 보수주의에서는 도덕문제도 개인의 훈련과 의지력 부족으로 돌리는 경향이 있는데 이는 도덕문제가 복잡하게 얽혀 있는 점을 간과함으로 인한 논쟁은 물론 젊은 세대들에게 도덕적 선택 못지않게 중요한 것은 가치의 근본적 상대성을 알려 주는 일도 절대적으로 중요하다는 점을 간과하고 있다고 보다. 기본적으로 자유주의자들은 평등주의보다는 업적주의 모형을 택한다. 따라서 경쟁이 교육의 질을 보장해 준다는 신념을 가진다. 그러나 오히려 공립학교의 경우는 더욱 교육의 질이 보장받기 어려워질 가능성이 있다.

최근 미국의 새로운 형태의 보수주의는 국가주의를 배경으로 일어나는 관계로 편협한 국수주의로 흐를 위험이 있다. 인류의 공동선이나 모두의 번영과 발전보다는 자국의 국가발전이나 번영이 우선시됨으로 인하여 국가간 선의의 경쟁이라는 미명아래 힘의 논리를 전제로 한 경쟁이 전개될 우려가 있기 때문이다. 그들은 학교가 전통적인 학과목에 유능한 능력과 기본기술을 길러 주는 것이 일차적인 기능이라고 주장한다(G. L. Gutek, 1987 : 207). 이 점에서 종래의 실재주의나 관념론 또는 항존주의, 본질주의와 유사하다.

그런데 전통적 보수주의에서는 무엇보다 교육이 도덕적인 활동임을 각성시켜 주고 있다고 본다. 학교는 각 문명사적 역사, 사회, 문화적 배경 아래 계획된 도덕적 안목을 갖추게 해 주기 때문이다. 그리고 그런 전통을 모델로 하여 교수가 이뤄지고 훌륭한 인격을 모방할 수 있어야 한다고 주장한다. 문학작품에 제시된 행동유형은 젊은 세대들에게 행동모형을 모방하게 함으로써 전통시대의 교육이상을 오늘에 구현하는 것으로 보기 때문이다.

한편 자유주의적 보수주의는 교육에 대한 정부의 간섭이 적을수록 개인과 집단의 자율성이 신장되어 자신들의 요구에 맞는 대안을 찾을 수 있고, 오히려 이런 접근이 교사의 자존심을 높여 주는 방안이 될 수도 있다.

1980년부터 현재에 이르기까지 교육개혁 논의를 살펴보면 1930년~60년대에 이르는 진보주의 교육을 비판하는 입장에서부터 출발한다. 물론 진보주의 교육을 비판한 것은 본질주의나 항존주의만은 아니었다. 수월성과 평등이라는 저서를 남긴 가드너(J. Gardner), 베스터(A. Bester) 등도 일견 보수주의 입장에 선 인물로 평가되기 때문이다. 물론 현대에서 보수주의는 과거 보수주의의 재현이나 그것과의 단절을 의미하는 것이 아니다. 이들에게서 일반적으로 보수하면 연상되는 현상유지나 구태의연한 모습의 등장은 찾아보기 어렵다. 오히려 전통이나 과거의 규범을 요구하고는 있지만 철저한 현실비판 위에서 현실적 개혁노선을 제시하고 있는 점에서 시사하는 바가 크다.

2. 현대사회와 교육철학의 과제

보수적인 입장을 견지하는 교육철학은 19세기와 20세기에 접어들어 많은 비판과 도전에 직면하게 된다. 물론 이런 비판과 도전은 진보주의에 의해서만 이뤄진 것은 아니다. 보다 넓은 의미애서 그들의 철학적 배경을 분류해 보면 자연주의, 실용주의, 실존주의, 그리고 비판철학 등을 들 수 있다. 최근에 포스트모더니즘, 생태주의, 구성주의도 여기에 합세하고 있다.

이런 다양한 철학적 배경에도 불구하고 적어도 개인의 자유와 주체성에 대해서는 공유된 입장을 보이는 편이고 나아가 전통적 학교교육의 경직성, 비인간적 측면,

이념에 대한 비판까지 시도하면서 전통적인 교육 패러다임을 개선하려고 한다. 앞서 든 철학의 부류들은 적어도 이런 새로운 교육 패러다임을 주도하는 부류들의 철학적 입장을 대변한다고 할 수 있다.

자연주의는 인간의 자연성을 존중하자고 한다. 사회체제 속에서 왜곡된 인간성을 극복하고 인간의 내재된 자연성을 자연스럽게 계발하도록 하자는 것이다. 이에 기초하여 출현된 학교가 바로 영국의 니일(A. S. Neill, 1883-1973)의 서머힐 학교라고 할 수 있다.

실용주의는 변화와 상대성을 인간 세계 및 삶의 존재방식에 까지 확대하여 전개하려고 한다. 따라서 교육에서도 절대론적인 입장보다는 인간을 둘러싼 환경과의 교호작용을 통하여 능력을 확장해 가는 일을 중시한다. 실존주의는 인본주의 사고를 형성하는데 큰 기여를 한 시대사조로서 개인의 자유와 선택의 결과에 대한 책임을 강조한다. 인간의 주체적인 결단에 기초한 자유로운 선택과 그 결과에 대한 책임을 함께 중시하므로 전통교육에서 강조하는 체제순응, 획일화를 거부한다. 비판철학적인 입장은 독일 관념론, 막시즘, 프로이드 이론의 영향을 받은 사조로써 인간의 의식이나 지식이 정치, 경제, 사회적 조건에 억압과 왜곡을 고발한다. 따라서 인간의 자유로운 사고와 대화를 억압하고 왜곡하는 불합리한 사회적 요인을 분석·비판하는 능력, 즉 의사소통능력의 함양을 강조한다.

포스트모더니즘은 전통철학으로부터의 급격한 이탈과 변화를 보인다. 이른바 대서사의 거부와 총체성의 해체, 해체와 다원주의, 반권위주의 또는 자아와 해체 그리고 탈정전화를 주장하는 문화상대주의 논리(목영해, 1994 : 68-77)이기 때문이다. 이런 변화의 논리에 의하면 지식과 진리, 합리성과 이성, 그리고 선과 가치의 궁극적 기초에 대한 확신보다는 회의와 불신으로 전환된다. 포스트모더니즘은 진리와 객관성, 이성과 확실성에 대한 전통 철학적 관념에 대해 도전과 거부를 표방한다. 따라서 교육에서도 모더니즘 교육의 극복, 다원주의 입장에서 지식에 대한 조명, 열린교육의 관점 등을 제기한다.

끝으로 21세기를 전후로 인간 및 생태계의 위기 등을 가져온 부정적인 양상의 원인을 규명하고 새로운 대안을 탐색하는 철학적 노력으로 생태주의를 들 수 있다. 20세기까지 인간이 인간을 위해 이룩한 과학문명이 전생태계를 위협하고 있음을 지적하면서 현재의 생명경시와 생명파괴는 인륜적 도덕의 붕괴와 인간의 실존적 위기를 초래할 것이라고 경고한다. 그러면서 이런 위기상황을 극복하기 위해 인간중심의 근대철학에서 탈인간중심 철학으로 바뀌어야 한다고 주장한다. 생태학적 접근에서는 인간중심주의 혹은 이성중심주의 한계를 지적한다.

생태주의는 인간과 자연의 역동적인 간주관적 상호작용이 일어나는 장에서 생명체 간에 생존방식을 규명하고 이것이 인간현상에 주는 시사점이 무엇인가를 철학적으로 사유한다. 그리고 중세말기로부터 뿌리내린 인간중심주의 철학적 한계를 지적하면서 이성과 과학에 토대를 모더니즘적 세계관을 문제삼는다. 아울러 인간의 자기본위, 경쟁, 소유 등과 같은 자본주의 사회의 지배적인 가치를 근본적으로 재검토한다. 생태주의는 지구촌의 모든 생명들을 전체의 네트워크 안으로 통합하고 상생의 관계를 회복하여 새로운 생명존중의 문명창조라는 거대담론을 제시한다. 이런 생태학적 주장들은 21세기 한국교육에도 과학주의의 문제와 이에 근거한 교육학의 한계, 새로운 대안으로서 상생의 생태학적 교육원리와 내용 및 방법론을 제안한다.

그러나 이런 새로운 변화를 추구하려는 입장에도 불구하고 이들 역시 해결해야 할 문제점도 있다. 대체로 사회변화에 교육도 모종의 변화를 추구해야 한다는 입장에 합의하면서도 구체적으로 보면 여러 가지 한계를 노출한다. 자연주의자들이 객관적인 논의에 기초한 그리고 역사의식을 지닌 것이라기보다는 신념이나 정서, 느낌에 기초한 것이 아닌가 하는 의심을 받기도 하고 실용주의와 실존주의, 포스트모더니즘, 생태주의에 대해 비판하는 이들은 이런 부류의 철학적 배경에서 도출된 교육개혁의 동향들이 상대주의에 동조하다 보니 자칫 기존의 도덕적 가치, 지적 권위의 붕괴에 따른 개인주의, 가치 무정부주의를 우려하는 목소리도 있다.

탐구과제

1. 교육에 있어서 왜 철학적 탐구가 필요하며 그 특징을 논해 보시오.
2. 교육철학이란 무엇이며, 교사로서 교육철학을 배워야 할 이유는 무엇인가?
3. 교육철학의 탐구방법을 논해 보시오.
4. 이상주의 형이상학, 인식론, 가치론을 설명하시오.
5. 이상주의 교육목적, 교육과정을 설명하시오.
6. 이상주의 교육철학이 현대교육에 미친 시사점을 논하시오.
7. 가치관에서 절대주의와 상대주의의 갈등 현상을 예를 들어 고찰해 보자.
8. 자연주의 형이상학, 인식론, 가치론을 설명하시오.
9. 자연주의 교육철학이 현대교육에 미친 영향을 논하시오.
10. 자연주의 교육철학에 바탕한 교사의 역할을 논하시오.
11. 실재론의 형이상학, 인식론, 가치론을 논하시오.
12. 실재론 교육철학의 특징을 들어 보시오.
13. 실재론 교육철학이 현대교육에 미친 영향을 논하시오.
14. 실용주의 철학의 형이상학, 인식론, 가치론을 논하시오.
15. 실용주의 철학 형성 배경을 논하시오.
16. 실용주의 철학이 현대교육에 미친 영향을 논하시오.
17. 교육에서 보수주의란 무엇인가?
18. 보수주의의 출현 배경과 경향에 대하여 기술하시오.
19. 교육에서 진보적인 이념이란 무엇인지 설명하시오.
20. 교육에서 진보와 보수에 대한 나의 생각을 정리해 보자.

읽을거리

김동구(1998). 『교육의 철학적 기초』. 서울 : 학지사.
김동욱 역(1987). 『에밀』. 서울 : 집문당.
김재만(1980). 『듀이철학』. 서울 : 배영사
김정환(1987). 『교육철학』. 서울 : 박영사.
김정환(1987). 『교육철학』. 서울 : 박영사.
목영해(1994). 『후현대주의 교육학』. 서울 : 교육과학사.
송승석 외 공역(1995). 『교육철학』. 서울 : 교육출판사.
신득렬(1979). 『교육사상가 연구』. 대구 : 계명대학교 출판부.
안인희 외 공저(1995). 『루소의 자연교육사상』. 서울 : 이화여자대학교 출판부.

유한구(1989). 『교육인식론 서설』. 서울 : 교육과학사.
유현옥(1996). 『현대교육의 주제와 쟁점』. 서울 : 내일을 여는 책.
이돈희 편(1992). 『존 듀이』. 서울 : 서울대학교 출판부.
이돈희(1995). 『교육철학』. 서울 : 한국방송통신대학.
이돈희, 조화태(1995). 『교육철학』. 서울 : 한국방송통신대학.
이홍우 역(1987). 『민주주의와 교육』. 서울 : 교육과학사.
임한영(1968). 『듀이의 교육사상의 연구』. 서울 : 민중서관.
정건영(1991). 『존 듀이 교육철학』. 서울 : 교육출판사.
주영흠(1990). 「낭만적 자연주의 교육이념에 관한 연구」. 고려대학교 대학원 박사학위 논문.
차석기 편저(1989). 『서양교육사상가론』. 서울 : 문음사.
한국교육학회 교육사연구회 편(1987). 『교육사상가평전』(서양편). 서울 : 교육과학사.
한명희(1983). 『교육철학』. 서울 : 배영사.
Bonjour, L., Baker, A.(2005). Philosophical problems, NY : Longman.
Gutek, G. L.(1987). An Historical Introduction to American Education, Waveland Press.
Kneller, G. F.(1971). Introduction to the Philosophy of Education, NY : John Wiley & Sons.
Power, E. J.(1982). Philosophy of Education. NY : Prentice-Hall.
Winch, C., Gingell, J.(1999). Key Concepts in the Philosophy of Education, London : Routledge.
杉浦宏(1995). 『アメリカ教育哲學の動向』. 東京 : 晃洋書房.
小笠原道雄(1991). 『教育哲學』. 東京 : 福村出版
黃濟(1998). 『教育哲學通論』. 濟南 : 山西教育出版社.

CHAPTER 03

교육의 역사에 대한 이해

제1절 교육의 역사 연구의 목적

1. 교육사의 연구

오늘날 우리가 사용하고 있는 '역사'란 말은 일본 사람들이 만들어 낸 말이다. 우리 나라에서는 이보다 뜻이 깊은 '통감(通鑑)'이란 말이 있었다. 이는 과거에 있었던 사실(事實)을 거울(鑑)에 반사(通)시켜 오늘에 비추어 보는 학문이라는 데서 '통감'이라고 한 것이다. 통감은 치도(治道)에 있어서 귀감이 되고 밝다는 뜻으로서 교훈적인 의도에서 편찬된 것이다.

공자(孔子)도 역사를 춘추(春秋)라고 하였는데 그는 노(魯)나라 사관이 쓴 역사를 다시 고쳐 쓰면서 더 써야 할 것은 더 쓰고 지워야 할 것은 지웠다. 공자의 역사관은 잘못된 행위와 선, 악을 올바르게 밝히는 데 있었으며[1] 이것이 오경(五經)의 하나인 '춘추'이다. 즉 춘추필법(春秋筆法)은 사실대로 기록한 실록이다. 의문 나는 대로 전하고 진실된 것은 진실한 대로 전하는 것이 곧 춘추의 필법인 것이다.

공자

역사는 변화를 전제로 하지만 그 변화 속에 어떤 질서를 구하며

1) 손인수, 『한국교육사(Ⅰ)』(서울 : 문음사, 1988), p. 14.

하나의 계통적인 진화 발전의 발자취를 지속하려고 한다. 광의의 역사는 인간 외의 자연도 연구의 대상으로 삼고 협의의 역사는 인간 생활의 변화를 연구하는 것으로 되어 있으며 보통 역사라고 하는 것은 후자를 말한다.

영국인은 역사를 보존하고, 이탈리아인은 활용하고, 독일인은 재건하고, 프랑스인은 사랑하며, 미국인은 만든다고 하여 역사와 국민성을 관련지우기도 한다. 우리 한국 사람들이 갖는 역사의 인식은 어떤 것인지 다시 한 번 음미해 볼 필요가 있다.

영어의 History라는 말은 그 어원이 그리스어 Historia에서 유래되었으며 '탐구'라는 뜻이다. 독일어의 Geshichte라는 말은 '발생'의 뜻이 있다. 이와 같이 History라는 말과 Geshichte라는 말의 어원은 다르나 모두가 역사를 나타내는 데서 동일하다.

이상과 같이 역사란 바로 탐구하고 생성된 사실에 대한 인간의 경험이며 하나의 생명이다. 역사는 바로 인간 생활이며 인생의 경험이기 때문에 반드시 지속성이 있다. 따라서 역사에 속하는 사건들도 모두 일종의 지속성을 가지고 있는 사건들이다. 그런 사건들은 과거에서부터 현재에 이르기까지 오래 계속되어 왔을 뿐만 아니라 미래에도 끊임없이 지속되어 나갈 것이다.

우리는 흔히 현재는 과거의 소산이라고 한다. E. H. Carr는 '역사란 무엇인가'라는 물음에 '역사란 역사가와 사실(事實) 간의 상호작용의 과정이며 현재와 과거와의 끊임없는 대화'라고 결론짓고 있다. 그러므로 역사란 오늘의 의미에서 해석하는 어제의 사건이라고 한다. 오늘의 의미에서 역사를 해석함은 두말 할 것 없이 내일을 위해서이다. 여기에 역사 연구의 현실적 중요성이 있다.

E. H. Carr의 역사관은 오늘과 어제, 오늘과 내일이 이어지는 현재에 서서 우리들 자신과 오늘의 세계를 보게 한다. 따라서 그의 사관(史觀)은 역사에 대한 이론을 넘어서서 현대를 보는 안목, 미래를 보는 안목을 밝혀 놓는데 비중을 두고 있다.

만일 과거가 지나가서 현재에 이르지 못한다면 이것은 생명이 없는 과거이고 역사의 뜻과 가치도 없는 것이다. 또 오늘만 있고 내일이 없다고 한다면 이런 오늘이란 것도 역사로서의 의의와 가치가 없는 것이다. 역사는 반드시 내일이 있는 오늘이어야 하며 이런 오늘이야말로 역사적인 오늘인 것이다. 우리가 역사에 깊은 관심을 갖게 되는 것은 우리들의 현재와 미래교육에 대한 실천적 관심 때문이다.

역사 정신은 과거에서 현재를 관통하여 미래를 예측하는 것인데 이것은 곧 우리들의 생명이다. 생명이 있어야만 비로소 힘이 있어서 과거로부터 현재를 뚫고 미래에 도달할 수 있게 된다. 역사 연구의 목적은 바로 여기에 있다.

2. 교육사 연구의 목적

교육사(History of Education : Educational History)란 '교육의 이론과 실제에 관한 변천'의 서술이다. 즉 교육이념, 목적, 내용, 방법, 정책, 제도, 운영 등 교육 내지 교육학의 전 분야에 관한 역사적 고찰이다. 예컨대, 교육 사상의 변천 및 발전에 중점을 두고 위대한 교육가와 사상가들이 물려준 주장과 학설에 대한 고찰, 교육사실 변천의 자취를 기술, 관찰을 통한 이론을 규명, 교육 현상을 분석하여 잠재된 법칙을 찾아내는 것 등이 바로 교육사인 것이다.

역사적 인식에 바탕을 두지 못한 교육이론이나 교육 실천에 관한 이해는 내용이 결여된 단순한 이해에 불과하기 때문이다. 뿐만 아니라 모든 교육이론이나 교육 실천도 결국은 역사적 발전의 산물이라고 할 때 교육의 역사를 제외하고 교육 내지 교육학을 파악한다는 것은 '생명 없는 추상적 이해'에 그치기 때문이다. 따라서 교육학에서 교육사에 대한 지식과 소양을 쌓는 일은 교육학의 기초를 구축하는 일이며 교육사 연구는 곧 교육 연구 내지 교육학의 기초가 되는 것이다. 다시 말해서 교육학 연구는 교육의 여러 현상이나 존재 방식이 역사적 조건에 따라 어떻게 규정되었는가를 추구하면서 교육이란 무엇인가라는 물음에 대해서 교육의 본질을 탐구하고 교육의 이념을 밝히기 위한 연구이다. 따라서 교육사 연구는 교육에 관한 과학적 연구의 모든 분야, 즉 교육학의 어디에나 필수적으로 있어야 하는 기초 연구의 하나이다.

어쨌든 교육사는 교육학을 건설하는데 재료를 제공해 주는 역할을 함에는 두말할 여지가 없다. 한기언은 교육사 연구의 필요성을 다음과 같이 밝히고 있다.[2)]

첫째, 교육적 예지를 얻기 위해서다. 즉, 교육사는 인류가 오랜 세월을 겪어 오는 동안 많은 교육 경험과 사실을 역사적 관점에서 정리한 교육적 예지의 집합체라는 것이다. 우리는 인류가 수많은 시행착오를 거쳐 축적해 놓은 삶의 경험과 교육경험을 매개로 하여 과거와 현재, 그리고 현재와 미래와의 대화가 가능하다. 그러한 대화를 통하여 현재의 교육적 문제를 해결하고 미래를 조망할 수 있는 지혜를 얻게 된다.

둘째, 교육현실에 대한 본질적 이해를 위해서다. 현실은 항상 역사적 현실이다. 현재는 한 시점의 문제가 독립되어 존재하는 것이 아니다. 수많은 교육문제가 자세히 관찰해 보면 그 어느 한 가지도 오늘에 와서 갑자기 생겨난 것은 아니다. 과거부터

2) 한기언, 『교육사학』(서울 : 세광공사, 1980), pp. 15-20.

잉태된 어떤 원인에 의하여 발생한 것임을 알게 된다. 따라서 과거와 단절된 채 현실만을 볼 때 그 문제의 본질을 정확히 파악할 수 없다. 교육적 현실의 본질적 이해를 위해서는 교육사와 교육철학을 상호 연결하여 입체적으로 파악하지 않으면 안 된다.

셋째, 현대문화의 비판 및 미래사회 발전의 방향을 위해서다. 교육은 그 성격상 현실에 만족하지 않고 항상 보다 나은 이상을 추구하는 것이 그 본질적 기능의 하나이다. 따라서 교육은 항상 현대문화에 대한 비판을 위한 준거와 미래사회의 발전을 위한 방향을 제시할 필요가 있는 것이다.

교육은 곧 삶의 과정이라고 했고 인간형성과 사회 개조를 위한 전 과정이 곧 교육의 과정이라고 했다. 이렇게 볼 때, 교육적 사실과 경험은 모두가 교육사 연구의 대상이 될 수 있다.

제2절 한국 교육의 역사

1. 고대사회의 교육

고대의 교육은 농작물의 수확을 위한 경천사상(敬天思想)과 조상 숭배의 사상으로서 일월신, 지신, 자연신 등을 숭배하는 종교적 의식을 갖게 되면서 비롯되었다. 이와 같은 의식은 인류의 상고시대에 공통적인 문화형태였고 이것이 곧 교육의 유형이었다고 할 수 있다.

우리 나라 고대의 문화 상황에 관한 기록이 없어 명확히는 알 수 없으나 지금까지 전해 온 여러 사료를 근거로 하여 교육과 관련된 문화상황을 종합하여 정리하면 첫째, 문화유적의 출현, 둘째, 홍익인간의 이념, 셋째, 팔조금법, 넷째, 성년식, 다섯째, 제례식 등으로 살펴볼 수 있다.

2. 삼국시대의 교육

삼국시대는 고구려 초기부터 문자를 사용하게 된 것을 비롯하여 소수림왕 2년(AD.

372)에 태학(太學)과 경당(扃堂) 등 최초로 학교교육이 발생하게 되었다. 이 시대의 교육은 주로 치자계급(治者階級)의 교육과 무인계급(武人階級)의 교육, 일부 서민계급(庶民階級)의 교육이었다. 치자계급의 교육은 군주를 섬기고 서민을 다스리는 것으로 봉건질서의 확립과 그 유지에 힘써 왔다.

백제는 633년 나라가 망할 때까지 교육에 관한 자세한 기록은 없다. 그러나 고구려와 신라가 당나라에 유학생을 보낸 해(660년)에 백제에서도 무왕(武王)이 당에 유학생을 보낸 것이나 박사제도(博士制度)를 두어 후진 양성에 노력한 흔적, 또한 중앙행정기구에 교육을 전담한 내법좌평(內法佐平, 현 교육인적자원부)이 있었던 것으로 보아 그 나라의 독특한 교육이 이루어졌을 것으로 추정해 본다.[3)]

신라는 지리적으로 가장 불리한 위치에 있으면서도 삼국을 통일할 수 있었던 것은 훌륭한 인재와 사회풍토를 마련해 준 화랑도의 교육에 힘입은 결과라 하지 않을 수 없다.

화랑도의 교육목적은 유(儒), 불(佛), 선(仙) 삼교의 기본 정신이 융화된 것으로, 즉 집에 들어와서는 부모에 효도하고 나아가서는 나라에 애국하는 유교윤리와, 모든 일에 거리낌 없이 처리하고 침묵을 지키면서 일을 실행하는 도교윤리와, 악한 일을 하지 않고 착한 행실만 신봉하여 실행하는 불교윤리가 한데 어울려 독특하게 강조된 것이었다. 화랑들이 도의(道義)를 닦는데 구체적인 덕목으로 선택된 것이 원광법사의 세속오계였다.

즉 사군이충(事君以忠)에서의 충(忠), 사친이효(事親以孝)에서의 효(孝), 교우이신(交友以信)에서의 신(信), 임전무퇴(臨戰無退)에서의 용(勇), 그리고 살생유택(殺生有擇)에서의 인(仁)을 실천덕목으로 하였다.

결국 화랑도 교육은 국난 타개에 앞장 설 용감한 무사와 실천적인 인물양성 및 종교적, 도덕적 미풍양속을 전 국민에게 정착시키는 데 있었다.

3. 고려시대의 교육

고려시대의 사회적 특징으로는 태조 왕건이 태봉(후고구려)을 멸하고 나라를 세워 왕위에 오른 918년부터 조선왕조가 시작된 1392년까지 474년간을 말한다. 고려

3) 장덕삼, 『한국교육사』(서울 : 동문사, 2003), p. 51.

사회는 내외적으로 부단한 투쟁의 과정이었다. 밖으로는 외적의 침입을 자주 받았고 안으로는 이자겸의 난(인종 4년, 1126년), 묘청의 난(인종 13년, 1135년)에 이어 숭문경무(崇文輕武)에 반기를 든 정중부의 난 (명종 9년, 1170년)에서 시작된 무인집권은 드디어 최충헌(명종 26년, 1196년)의 집권을 가져와 최씨 전횡의 무인집권을 맞이하였다. 고려 사회의 문화적 내지 정신적 기반은 불교와 유교였다. 불교는 수신의 도이고, 유교는 치국의 도로서 숭상되었다.

그 중에서도 불교는 신라의 국교적 위치에서 숭상되어 온 것을 고려 태조의 훈요십조 중 제 1조인 불교 숭상정책과 역대 국왕들의 귀의, 그리고 비과학적인 풍수지리설이 결부해서 고려사회의 대표적인 정신생활의 지주가 되었으나 불교 예술에 있어서는 질적인 저하를 면치 못하였다.

유교는 유교적인 통치 체제가 확립되면서 치국(治國)의 도로서 장려되었다. 이 때문에 수신치기(修身治己)의 도로서의 불교와 치국의 학으로서의 유교는 한동안 서로 상극됨이 없이 병행하여 발달하였고 이것이 드디어 고려문화 또는 고려 정신계의 양대 지주를 이루었다. 이와 같이 고려는 초, 중엽까지는 유와 불이 서로 상극되지 않고 상호 보완하면서 발전한 탓으로 유자이면서도 불교를 믿는 사람이 있는가 하면 불자이면서도 유학에 정통한 이가 많았다.

그러나 고려 말기에 이르러 불교계의 타락상이 노정됨으로써 유자의 배불운동이 심화되고 유불의 갈등과 반목이 격화되었다. 이러한 고려 후반기 억불숭유책의 기풍은 드디어 조선왕조의 성립으로 숭유억불의 정책이 제도화되었다.

그러나 고려사회 전반을 지배한 정신적 기반은 역시 불교로서 민간신앙을 지배하고 있었고 유교는 교육사상의 핵심으로 나타나게 되었다.

고려시대의 교육은 학교교육과 과거제도로 구분할 수 있다. 학교기관에 따른 교육목적의 특징을 추려 보면 종합대학의 성격을 가진 국자감(성종 11년, AD. 992)은 문무교육을 통한 관리 양성에, 동서학당, 오부학당 및 지방의 향교는 문과 예를 통한 입신출세가 목적이었다.

사학으로는 최충의 문헌공도를 비롯한 십이도(十二徒)도 역시 과거 준비와 향풍을 높이는 도덕교육이 목적이었으나 서당만은 일반 시민의 교화에 몰두하였다.

과거제도는 국가에 필요한 인재발굴에 목적이 있었고 이것이 개인 출세에 급급한 양반자제들의 집합장소가 되었을 뿐 아니라 인격완성을 소홀히 하고 오직 유교경전의 암송과 시문학에만 치중하여 커다란 문제점을 초래하기도 하였다. 고려의 학교 및 과거제도는 유교 사상에 입각하였으나 국가나 일반 민중의 의식은 불교사상에 영향을 받았다. 그러므로 비형식적인 교육이지만 불교 사상으로 인한 고려인의 감동과 감화면(感化面)은 지대한 것이었다.

고려사회에서 불교가 형식교육(formal education)이 되지 못하고 비형식 교육(informal education)으로 존재하였지만 민간의 저변에 흐르는 불교의 교육목적은 우리에게 독창력을 개발해 주었으며 이것이 자아의 발견과 주체성의 확립이라는 방향으로 흘러 독특한 민족문화를 보였던 것이다.[4]

고려사회의 인물로는 사학을 설립하여 후진 양성과 국가인재양성에 도모한 성제 최충(984~1068), 주자학을 도입하여 국학부흥에 몸 바친 회헌 안향(1243~1306), 교육은 이(理)와 성(性)의 학을 가르치는 것임을 강조하고 학교는 국민 교화의 근원이며 인재는 치국의 근본이라고 역설한 목은 이색(1328~1396), 주자가례를 따라 사회의 윤리와 도덕의 합리화를 기하며 개경에 오부학당과 지방에 향교를 세워 교육 진흥을 꾀하는 한편 대명률(大明律)을 참작한 신율(新律)을 간행하여 법질서의 확립을 기하고 외교정책과 군사정책에도 관여하여 기울어져 가는 국운을 바로 잡았던 포은 정몽주(1337~1392), 여말 성리학자로 완인주의사상(完人主義思想), 주체사상(主體思想), 청렴절의사상(淸廉節義思想)을 신념으로 한 야은 길재(1353~1419)[5] 등이 대표적인 인물이다.

안향

4. 조선시대의 교육

조선조 500년을 교육사적 측면에서 내용상 전기(태조~성종), 중기(중종~경종), 후기(영조~고종 13년)로 구분하는 사례가 많으나 여기서는 교육의 목적만을 간추려 유교중심, 실학중심 및 근대학교의 발달과 교육목적 등으로 나누어서 살펴보려고 한다.

가. 유교중심의 교육목적

조선시대 유학은 성리학으로 발전되고 성리학의 교육사상은 계통적 우주 철학을

4) 남궁용건, 『교육학개론』(대구 : 학문사, 1982), p. 59.
5) 길기열, 야은의 교육사상, 원광대학교 대학원 박사학위논문, 1985, pp. 53~66.

구상하고 만물의 변화를 설명하였다. 이 우주철학으로 윤리철학을 설명하고 또 여기에서 교육철학을 탄생시켰다.

이 교육철학에서 교육목적이 성립되었으므로 교육의 목적은 윤리도덕에 중점을 두어 선인(善人)을 양성하는 데 있고 최종 목적은 성현군자를 만드는 데 있었다. 물론 조선도 500년 동안 성리학적 윤리관으로 인한 폐단도 많았으나 유교교육 본래의 중요한 목적은 수기치인(修己治人), 즉 '수신제가치국평천하(修身齊家治國平天下)에 있었다. 이 중에서도 자신의 수양에 힘쓰는 수신이 바로 공자의 교육목적인 성인군자 또는 최고의 인격자가 되기 위한 첫 단계인 것이다.

조선시대 최고 교육기관으로는 태조 7년(1398)에 창설된 성균관이 있어 유학을 중심으로 국가의 인재양성과 고급관리의 진출에 힘썼으며 서울의 사학(東, 西, 南, 中의 사부학당)과 지방의 향교도 교육내용에 있어서는 성균관과 큰 차이가 없었고 역시 관리 양성과 과거 준비를 목적으로 한 현대의 중등학교 정도의 교육기관이었다.

사설 교육기관으로서의 서당은 현대교육기관이 설립되기까지 우리 나라의 유일한 초등교육기관이었을 뿐 아니라 한국교육사상 가장 오랜 사학의 전통과 역사를 지니고 있다. 이 서당은 근세에 설립된 사립학교와는 달리 개인의 의도가 아닌 재지민중(在地民衆) 전체의 자발적 발의에 의한 협동이 계기가 되어 지역적으로 지민(地民), 혈연을 중심으로 운영됨으로써 민중 속에 깊고 넓게 뿌리를 내릴 수가 있었다. 특히 16세기 말기에는 서원이 발흥하게 되었으나 서원의 폐단이 심해지자 17세기에 와서는 독자적 향촌서당으로 발전된 민중 주도하의 사설교육기관으로 그 성격을 더욱 뚜렷하게 하였다. 또 서당의 교육적 기능은 아동들에게 한문을 가르쳐 향교 또는 사부학당의 입학을 준비하기 위한 것과 순수한 청소년 교육으로서의 일면이 있었다. 이와 같이 서당을 완전한 초등교육기관으로 보는 면과 그 이상의 교육기관으로 보는 경우도 있다. 그러나 아동을 대상으로 하여 서당에 입학하기 이전 단계의 교육기관이 없었던 점으로 보아 초등교육적 위치를 차지했다고 볼 수 있을 것이다.

서당의 경영형태를 보면 훈장자영서당(訓長自營書堂), 유지독영서당(有志獨營書堂), 유지조합서당(有志組合書堂), 촌조합서당(村組合書堂) 등으로 구분할 수 있다.

서원은 중종 36년 풍기군수 주세붕이 주자의 백록동서원을 모방하여 여말 주자학자 안향을 모시기 위해 순흥에 백운동서원을 창건한 것이 그 시초이다.[6)]

서원은 선현(先賢)을 봉사하는 사(祠)와 자제를 교육하는 제(齊)가 있어서 그들의 학(學)을 추모하여 덕을 닦고자 하는 데에 그 목적이 있었다. 본래 서원은 선비가

6) 장덕삼, 서당교육의 사적고찰, ≪원광교육≫ 제3집, 원광대학교 교육문제연구소, 1988, p. 19.

고요히 학문을 닦기 위하여 지은 것이며 향현(鄕賢)이 있으면 제사를 드리고 그 공덕을 보답하고 모범을 표시하는 것이라 하여 서원의 설립 동기나 목적이 주자학적 교육에 있음을 강조하였다.

그 후 개화기를 맞아 교육의 보편화와 근대 학교의 성립을 계기로 하여 점차 우리의 교육목적도 실용적이며 현대적인 면을 가지게 되었으나 1910년 이후 민족의 수난기를 맞으면서 식민통치에 유리한 방향으로 만들어진 교육법규에 따라 일본의 충량한 신민을 육성하는 교육목적에 억압을 당해 왔다.

정도전

조선시대 교육사상가로는 척불숭유책(斥佛崇儒策)을 강조하여 인륜과 인재양성을 교육목적으로 삼아 당시의 문교 행정에 중대한 영향을 미친 삼봉 정도전(1337~1398), 『권학사목』, 『입학도설』을 저술하여 교육입국의 기초를 닦는 데 성공하였을 뿐 아니라 교육 목적과 사상을 공(公), 근(勤) 관(寬), 신(信)으로 강조했던 양촌 권근(1352~1409), 개인 심성을 계발하고 기질을 변화시켜 성현을 배우는 데 교육의 목적을 두고 이기이원론(理氣二元論)이란 유학사상의 신경지(新境地)를 개척한 퇴계 이황(1501~1570), 성인을 따르고 일상생활에서 학행의 길을 밝히는 것을 교육의 목적으로 하고 『학교모범(學校模範)』, 『성학집요(聖學輯要)』, 『격몽요결(擊蒙要訣)』 등을 저술하여 후세에게 '입지'를 강조한 율곡 이이(1536~1584) 등을 거론할 수 있으며 특히 율곡의 군왕교육사상(君王教育思想), 국민교육사상(國民教育思想), 실학교육사상(實學教育思想)은 현대교육에 기여한 공과가 매우 지대한 것이다.

이황

이이

나. 실학중심의 교육

실학사상은 1880년대에 이르러 신교(新教)의 선교사들이 입국한 것을 계기로 하여 과학, 기술교육이 형성된 것으로 보는 견해가 많으나 서학에 대한 관심은 이미 임진왜란 이후부터 노출되기 시작하여 그 표현이 점점 구체화됨에 따라 동양의 전통적인 정신문화의 우위를 주장하는 양상으로 나타났고 토착성(土着性)이라고 자인하는 유학과 충돌하면서 문제가 확대되었다[7)]

7) 장덕삼, 이벽의 교육사상 연구, ≪교육연구≫ 제 6호, 원광대학교 교육문제연구소, 1987, p. 22.

실학의 특징은 공리공론(空理空論)의 학문 연구 방법을 지양하고 실사구시(實事求是)를 위주로 할 것을 강조한 사상이라고 할 수 있다.

즉, 현실성을 상실한 학문을 바로 잡고 우리의 실정에 맞는 새로운 학풍을 조장함에 있었다. 이러한 실학사상은 영·정조대에 와서 뚜렷하게 나타났으니 그 내용을 보면 다음과 같다.

첫째, 이용후생(利用厚生)의 도(道)와 경국제민(經國濟民)의 술(術)에 힘쓸 것이며 공맹(孔孟)의 정치사상을 실천함에 목표를 두고 공리공담의 비현실적 학(學)을 배격한다. 그러나 유교의 근본을 배격하는 것은 아니고 그것을 기본 바탕으로 하면서 예악형정(禮樂刑政)의 기틀을 바로잡음은 물론 소홀했던 식산흥업(殖產興業)과 이용후생(利用厚生)에 관한 제반 경제적인 방향으로 학문을 연구하는 학풍이다. 그래서 이들을 경제학파(經濟學派)라고도 하며 유형원과 이익 등이 대표적이다.

둘째, 낙토조선(樂土朝鮮)을 만들기 위하여 국내실정을 구체적으로 조사연구하는데 힘쓸 것, 즉 우리의 역사와 지리, 자연과 산물을 연구한다는 것으로 안정복, 신경준, 한치연, 이중환 등이 대표적이다.

셋째, 우리의 실정(實情)을 파악하는 동시에 선진외국의 문물을 수입하고자 하는 학풍이며, 이수광, 김육, 이익, 홍대용 등이 대표적이다.

넷째, 고증학의 직접적인 영향으로 일어난 학풍이며 정약용, 김정희 등이 대표적이다. 이상에서 살펴본 실학사상은 당시 교육제도의 모순과 정치사회적 문제를 해결하기 위하여 과거제를 폐지하고 국가에서 필요한 인재를 직접 공급할 수 있는 공거제(貢擧制)를 확립하였다.

『반계수록』(磻溪隨錄)에 의하면 중앙에 태학(太學)을 두고 지방에는 영학(營學), 읍학(邑學) 등의 단계적 교육제도를 설치하여 읍학에서 수학한 자로서 우수한 자는 영학에, 영학에서 우수한 자는 태학에 각각 공거하여 일정한 연수를 거쳐 요직에 취임시킴으로써 양반계급의 정권 쟁탈을 위한 당쟁의 요소를 배제하고 과거를 위한 공리공론적 교육풍토를 개선하고자 했다.[8)]

실학파의 대표적 인물을 중심으로 그들의 교육목적과 사상을 요약하면 다음과 같다.

반계 유형원(1622~1673)은 사(士)의 사명에 대한 자각과 더불어 교육의 기회균등을 주장하고 과거제도 철폐, 능력위주의 인재등용, 토지개혁 실시, 신분과 직업의 세습제 폐지, 국가재정의 확립, 상공업 장려 등에 힘썼으며 이와 같은 것은 모두가

8) 유형원, 『반계수록』, 권 9, 교선지제하, 공거사목.

교육의 결과 여하에 의존한다고 언급하였다.

성호(星湖) 이익(李瀷, 1682~1764)은 국가의 발전은 교육받은 선배들이 무위도식하는 폐단을 없애고 사농합일(士農合一)의 생활관을 가져야 한다고 강조하고 교육은 문자에만 국한될 것이 아니라 경세지무(經世之務)를 바탕으로 하여 이것을 실사회에 베풀어 실제적인 효과가 나타나야 한다는 것이다. 또 사대주의적인 역사학에 대하여 날카로운 비판을 가하고 우리 민족사를 중국사로부터 독자적으로 인식하였다.

이익

성호(星湖)의 교육목적은 민본사상 강화, 민족 주체성 강화, 교육방법 강화에 두고 인간평등사상을 전제로 한 숭례(崇禮) 및 근검사상을 교육의 이념으로 하여 사회발전에 크게 영향을 미쳤다.

이벽

광암(曠菴) 이벽(李檗, 1754~1786)은 조선 후기 정조 때의 대학자로 유학에 특출하였으며 처음으로 서학사상을 수용하여 한국 천주교회의 창립에도 선구적인 역할을 하였다.

광암은 영조 30년(1754) 경기도 광주에서 태어나 안향의 주자학을 계승하였을 뿐 아니라 당시 유학자들이 최대로 희망했던 관리로서의 입신양명을 초개같이 여겨 포의서생(布衣書生)으로 일생을 마쳤다. 그 뿐만 아니라 선천적으로 진리탐구에 대한 의욕이 강하여 제반 학설이나 이론을 접하면 일관하는 성격을 지녔고 성호 이익을 중심으로 한 남인 기호학파의 한 사람으로 정다산(丁茶山)을 비롯한 석학들에게도 그 자신이 이해한 서학사상(西學思想)을 전하였다.

그러나 광암은 조선 후기에 들어와서 주자학의 모순성을 인식하여 유학적인 지도이념이 더 이상 당시의 사회를 이끌고 지탱하기가 어렵게 되었다는 사실을 알고 새로운 사상과 지도이념의 방향제시가 없이는 구국할 수 없다는 것을 깨달았다. 그는 이러한 큰 안목에서 사신들을 통하여 청나라로부터 유입된 한문 서학서들을 탐독하였다. 그리하여 자발적으로 서학을 수용할 수 있는 단계에 도달하자 마침내 천진암(天眞菴) 주어사(走魚寺)에 강학회(講學會)를 개최하여 서학에 대한 인식을 동료 학자들에게 전하였고 이 강학회의 토론결과에 따라 이승훈을 북경에 보내 신학풍을 수학하게 하였다.

그 후 유학의 모순성을 실감한 학자들이 서구과학에 흥미를 느껴 경세치용(經世致用)의 실학적 학풍을 일으키는 한편 서학을 처음으로 접하게 되어 천진암 주어사의 강학회는 서학을 인식시키는 데 교량적 역할을 하였으니 이는 한국교육사상에 새로운 맥을 이루게 한 표본이 되었다.[9)]

이상에서 밝힌 광암의 업적은 한국 신교육운동에 양적으로나 질적인 면에서 주도적 역할을 담당하였으니 교육목적 면에서는 현실생활을 강조하는 데 선도적 역할을 하였고 교육내용 면에서는 동양의 고전에서 생활화 및 과학화로 신교육 내용을 도입하였으며 교육방법 면에서는 노작(勞作), 창작(創作), 경험적 방법(經驗的 方法)을 도입하고 실천하는데 크게 공헌하였다.

정약용

다산(茶山) 정약용(丁若鏞, 1763~1836)은 교육, 즉 학문은 '조선의 현실'을 개혁하는 데 있다고 보고 '학(學)이면 실학(實學), 정(政)이면 실정(實政), 사(事)면 실사(實事)'가 되어야 한다고 강조하였다.

그는 실생활과 관련이 없는 정통 주자학에 반대하는 학문의 중심을 형이상학적인 것으로부터 형이하학적인, 즉 사실과 실제의 문제로 전환되어야 함을 역설하였다. 또, 그는 주권재민(主權在民)의 민본주의적 민권사상(民權思想)을 깊이 파고들어 백성의 직업분화를 철저히 주장하고 나섰다. 뿐만 아니라 중국 중심의 세계관에서 탈피하여 주체성 있는 역사인식의 일환으로 한국사를 중국사와 대등한 위치로 끌어올려 학교교육의 교과목으로 편성하였다. 다산은 종래 교육의 폐단을 다음과 같이 지적하였다.

첫째, 공리공담(空理空談)의 이기설(理氣說)에 편중

둘째, 경전의 자의(字意)나 음훈(音訓)에 치중하는 훈고학적(訓告學的)인 것에 지나치게 편중

셋째, 미사여구(美辭麗句)의 번거로운 문사

넷째, 과거제도의 전면적인 개혁

다섯째, 백성을 현혹시키는 도선(道詵)의 비결이나 정감록(鄭鑑錄) 등의 사설(邪說)의 횡행 등을 들었다.

이러한 비정상적인 풍토의 근본적 개선은 실사구시에 바탕을 둔 실학정신의 구현에서 가능하다고 하였다. 그는 교육을 단순한 지적(知的) 육성(育成)보다 조존행사(操存行事, 사람 만들기)에 있다고 하였다.[10)]

---

9) 장덕삼, 전게논문, p. 27.
10) 이을호 외, 『한국교육사』(서울 : 교육출판사, 1972), p. 186.

다. 근대학교의 교육

1876년 일본과의 병자수호 통상조약을 계기로 하여 세계 각국과도 통상조약에 의한 문호를 개방하게 되자 유교사상으로 단절되었던 조선사회는 새로운 근대사회로의 일대전환을 하기에 이르렀다.

서양의 발달된 문물과 접하면서 기독교 선교사들에 의한 학교, 정부에 의한 국교, 그리고 민족지도자들에 의한 학교들이 설립되어 조선 말기 전 국가가 근대교육 도입운동에 휩쓸린 시기였다. 그러나 이 시기는 일본에 침략을 당한 쓰라린 면도 엿볼 수 있지만 한국교육의 근대화는 그 양과 질에 있어서 급진적으로 진행되었으며 특히 일본 식민지 시대의 독립운동은 바로 근대교육 추진운동과 일치함이 있었다.

1) 기독교계의 근대학교

우리 나라에 근대식 학교가 설립되기 이전에는 정부가 외국과 통상하는데 시급히 필요한 통역관 양성의 통변학교(通辯學校)를 1883년에 설립하였다.[11)]

이것은 당시 정부의 외교고문으로 있던 독일인 묄렌돌프(P. G. Von Möllendorf)의 도움을 받아 설립되었으며 영국인 하리팍스(T. E. Halifax)가 교사로 있었다는 점으로 보아 영어 통역관 양성이 목적이었던 것 같다. 그 당시의 입장에서 보면 서양 제국과의 관계가 갑자기 빈번해졌기 때문에 정부로서는 당연한 조치를 취한 것으로 생각된다.

1884년 9월 미국 북장로 교파 알렌(H. N. Allen) 부부가 의사의 자격으로 입국하여 1885년 4월 10일에 광혜원(廣惠院, 세브란스 의전(醫專)의 모체)이란 이름으로 국립병원을 개설하였고 1885년 7월 27일에는 미국 북감리교파 아펜젤러(H. G. Appenzeller)가 서울에 와서 동년 8월 3일에 김겸라(金謙羅), 고영필(高永弼)이란 두 학생을 데리고 수업을 시작하게 되자 다음해 6월 8일에 고종은 배재학당이란 학교 이름을 내렸다.

한편 1885년 4월 5일에 입국한 언더우드(H. G. Underwood) 목사는 알렌(Allen)이 설립한 광혜원에서 물리, 화학을 교육하고 1886년에는 고아원을 창설하여 한국 고아원의 첫발을 디디게 되었으니 이것이 오늘의 경신학교(儆新學校)이다. 1885년

11) Underwood, H. H. Modern Education in Korea, NY : International Press, 1926, p. 11.

H. G. Underwood

6월에 입국한 감리교 여선교사 스크렌튼(W. B. Scranton) 부인은 선교사업의 중요한 분야로 한국여성교육을 위한 교육기관을 설립하기로 결정하고 그 준비에 착수한 나머지 1886년 5월경 학생 1명을 상대로 학교를 시작하게 되자 이것이 한국 여학교의 최초인 이화학당(梨花學堂)이다.

즉, 그들은 의료와 교육을 중요한 포교수단으로 삼아 의료에 의해서 조선인의 불행을 구하고 교육에 의해서 계몽의 방법을 강구하여 민심을 지배하는 비결을 얻어 서양의 근대화를 이 땅에 소개하는 데 주도적 역할을 하였다.

그리하여 기독교계의 학교는 한국 신교육운동에 있어서 양적으로나 질적인 면에 주도적 역할을 담당하였고 근대학교 교육의 기반이 되었다. 특히 여성교육에 큰 자극을 주었을 뿐 아니라 남녀평등의 사상과 교육의 기회균등의 원칙을 세웠다. 교육 목적면에서는 현실생활을 강구하는 데 선구적인 역할을 하였고 교육내용면에 있어서는 사대사상(事大思想)에 얽힌 동양의 고전중심에서 생활중심, 과학중심으로 힘썼으며 교육방법 면에서는 노작(勞作), 창작(創作), 경험적 방법(經驗的 方法)을 도입하는 데 공헌하였다. 그러나 기독교계가 선교의 수단으로 교육을 실시했다는 점과 교육과 종교를 분리하지 못한 것은 신교육운동에 기여하지 못한 점이라 하겠다.[12)]

오천석(吳天錫)은 기독교계 학교의 교육목적이 한국 교육에 기여한 바를 다음과 같이 설명하고 있다.[13)]

첫째, 우리 나라에 서양식 교육제도를 소개하고 신학문을 수입하는 데 선구적 역할을 하였다.

둘째, 귀족과 서민의 제자를 구별없이 교육시킴으로써 계급사상을 탈피하고 인간평등, 인권존중, 기회균등의 이념을 밝혔다.

셋째, 여성에게도 교육을 실시하여 남녀평등사상을 실천하였다.

넷째, 공작(工作)과 예능교육을 실시하여 실업교육, 정서교육의 중요성을 깨우쳐 주었다.

다섯째, 체육시간을 통한 건강의 증진과 지적 교육의 모순을 깨우쳐 주었다.

여섯째, 교육이 개인의 입신출세를 위한 수단으로 믿던 잘못된 교육 목적관에서

12) 장덕삼, 『중등교육론』(서울 : 대방출판사, 1983), p. 34.
13) 오천석, 『한국신교육사』(서울 : 교육총서출판사, 1975), p. 63.

인격완성과 국가사회봉사라는 두 가지 측면의 교육목적이 병행되어야 함을 인식시켜 주었다.

일곱째, 기독교주의 교육이 종래의 비과학적이고 비생산적인 미신타파에 앞장섬으로써 민중계몽에 이바지하였다.

2) 정부에 의한 근대학교

서양문물의 접촉과 기독교 선교사의 교육활동에 자극받아 정부당국에서도 새로운 학제 개편과 내용 혁신을 서두르지 않을 수 없었다.

정부는 1886년에 육영공원(Royal School)을 설립하고 미국인 길모어(G. W. Gilmore), 벙커(D. A. Bunker), 헐버트(H. B. Hulbert) 등 3명을 교사로 초빙하였다. 육영공원은 기독교계 학교와는 달리 입학자격에 있어서도 양반자제에 한할 뿐 아니라 외국 통역관과 정부의 관리양성에 교육의 목적을 두었다. 그 후 1894년 갑오개혁은 조선사회가 재래의 낡은 봉건적 전통을 탈피하고 새 사조에 발맞추어 근대국가로서의 체제를 향한 일대전환기로서 조선 왕조는 이것을 기점으로 하여 새로운 정치윤리와 사회규범을 현실적으로 수용하였던 것이다.

당시 임금이 근대적 국가를 세움에 있어 교육을 얼마나 중요시했는가 하는 것은 고종의 교육조서(教育詔書)[14]에 나타난다. 고종이 진심으로 교육을 국가중흥의 기본적 수단으로 생각하고 국민에게 교육에 힘쓸 것을 호소하는 절실한 심정이 이 조서 전문을 통하여 제시되고 있다.

> "짐이 생각하건대, 조종께서 업(業)을 시작하시고 통(統)을 이으사 이제 504년이 지냈도다. …… 아아! 짐이 교육에 힘쓰지 아니하면 나라가 공고하기를 바라기 심히 어렵도다. 세계의 형세를 살펴보건대 부강하고 독립하여 웅시(雄視)하는 모든 나라는 다 그 인민의 지식이 개명(開明)하였도다. 이 지식의 개명은 곧 교육의 선미(善美)로 이룩된 것이니 교육은 실로 국가를 보존하는 근본이라 하리로다. …… 또 교육은 그 길이 있는 것이니, 헛된 이름과 실제 소용을 먼저 분별하여야 하리로다. 독서나 습자(習字)로 옛 사람의 찌꺼기를 줍기에 몰두하여 시세의 대국에 눈어둔 자는, 비록 그 문장이 고금을 능가할지라도 쓸데없는 서생에 지나지 못하리로다. 이제 짐이 교육의 강령(綱領)을 보이노니, 헛 이름을 물리치고 실용을 취할지어다. 곧 덕을 기를지니, 오륜(五倫)의 행실을 닦아 속강(俗講)을 문란케 하지 말고 풍교(風教)를 세워 인세의 질서를 유지하며 사회의 형복(亨福)을 증진시킬지어다. 다음은 몸을

14) 『문헌비고』, 권지 209, 학교고, pp. 6-8.

기를지니, 동작을 떳떳이 하고 근학(勤學)과 역행(力行)을 주로 하며, 게으름과 평안함을 탐하지 말고, 괴롭고 어려운 일을 피하지 말며, 너희의 근육을 굳세게 하고 뼈를 튼튼히 하여 강장하고 병 없는 낙(樂)을 누려 받을지어다. 다음은 지(智)를 기를지니, 사물의 이치를 끝까지 추궁함으로써 지(知)를 닦고 성(性)을 이룩하고, 아름답고 미운 것과, 옳고 그른 것과, 길고 짧은 데서 나와 남의 구역(區域)을 세우지 말고 정밀히 연구하고 널리 통하기를 힘쓸지어다. 그리고 한 몸의 이(利)를 꾀하지 말고 공중이 이익을 도모할지어다. 이 세 가지는 교육의 강령이다. 짐은 정부에 명하여 학교를 널리 세우고 인재를 양성하여 너희들 신민(臣民)의 학식으로서 국가중흥의 대공(大功)을 세우게 하려 하노니…….”

비록 국왕의 이러한 심정과 이상에도 불구하고 국운이 이미 기울어져 교육으로 이 나라의 중흥을 이루는 데 끝까지 성공하지는 못했다 하더라도 이 조서(詔書)는 우리 교육사에서 근대교육의 출발점이라는 의미를 갖는다.

국왕의 조서에 나타난 교육을 국가중흥의 중요한 수단으로 삼으려는 이상을 실현하기 위하여 정부는 먼저 교사양성을 목적으로 하는 한성사범학교관제(漢城師範學校官制)를 공포하였다. 이것이 우리 나라 최초의 현대식 학교법규이며,그 후 다음과 같은 각종 학교의 관제와 규제를 제정하였다.[15)]

① 한성사범학교관제(漢城師範學校官制), 1895. 4. 16.
② 외국어학교관제(外國語學校官制), 1895. 5. 10.
③ 성균관관제(成均館官制), 1895. 7. 2.
④ 소학교령(小學校令), 1895. 7. 19.
⑤ 한성사범학교규칙(漢城師範學校規則), 1895. 7. 23.
⑥ 성균관경학과규칙(成均館經學科規則), 1895. 8. 9.
⑦ 소학교규칙대강(小學校規則大綱), 1895. 8. 12.
⑧ 보조공립소학교규칙(補助公立小學校規則), 1896. 2. 20.
⑨ 의학교관제(醫學校官制), 1896. 3. 24.
⑩ 중학교관제(中學校官制), 1899. 4. 4.
⑪ 상공학교관제(商工學校官制), 1899. 6. 24.
⑫ 외국어학교규칙(外國語學校規則), 1900. 6. 27.
⑬ 농공상학교관제(農工商學校官制), 1904. 6. 8.

15) 오천석, 전게서, p. 88.

이상과 같은 관제와 규칙에 따라 각종 관립 근대학교가 설립되기에 이르렀다. 즉 1895년에는 한성사범학교가 설립되어 한국 최초의 관립 근대학교가 되었고 1899년에는 경성의전(京城醫專, 京城醫學專門學校), 상공학교(商工學校), 1904년에는 농상공학교(農商工學校)로 개칭되어 농과는 수원농림학교, 상과는 선린상업학교, 공과는 경성공업전습소로 발전, 1900년에는 한성중학교가 설립되고 1895년 이후 1905년 을사조약 체결까지 소학교 수는 서울에 10개 교와 지방에 50여 개 교가 설립되었다.

그 외에 외국어학교(영어, 불어, 한어, 노어 등)가 설립되었고 법원 안에 법관양성소와 우무학당, 전무학당, 육군유년학교, 육군사관학교 등도 관립으로 세워졌다. 그러나 서울의 몇몇 학교 외에는 실지로 크게 성하지 못하고 실질적으로 초기 정부 주도의 근대교육은 실패한 것으로 보고 있다.[16)]

3) 민족선각자(民族先覺者)에 의한 근대학교

민족적 비운이 감도는 19세기 말은 교육으로 중흥을 이룩해야 한다는 교육구국운동이 일어날 수밖에 없었다.

선교계통을 통한 신교육의 자극과 갑오경장 이후 정부가 추진한 관학교육(官學敎育), 그리고 일본을 비롯한 열강제국(列强帝國)들이 우리를 이용하려는 정치적 음모는 뜻있는 지도자의 학교설립을 서두르게 하였던 것이다.

초기 민간인 학교로서 가장 대표적인 것은 1883년 개항장이었던 원산에 세워진 원산학사이다. 개화의 필요성을 절감한 주민들의 요청에 의해 민관합동으로 설립된 우리 나라 교육사상 최초의 근대학교라고 할 수 있다. 그리고 또 하나는 1895년에 민영환(閔永煥)이 세운 흥화학교이다. 그는 우선 열강과 어깨를 겨루고 그들의 우수한 문화를 수입하여 우리 것으로 하기에는 외국어 교육의 필요를 느껴 우선 영어, 일어를 주로 가르치고 측량술 등도 가르쳤다. 때를 같이 하여 을미의숙(乙未義塾), 중교의숙(中橋義塾)이 잇따라 세워지고 1897년에는 안창호가 고향인 강서(江西)에 점진학교(漸進學校)를 세우니 이는 서도(西道)에서 설립된 최초의 사립학교인 동시에 남녀공학을 실시한 최초의 소학교였다. 낙연의숙(洛淵義塾, 1901), 우산학교(牛山學校, 1902), 청년학원(靑年學院, 1904) 등 도시와 농촌에서 우후죽순처럼 일어난 각급 사립학교는 1908년까지 실로 5,000여 개 교에 학생 수 20만 명에 달했고

16) Hulbert, H. B. The Passing of Korea, London : William Heinemann, 1906, p. 16.

안창호

그들은 애국, 자주, 독립항일 사상을 배양하는 온상이 되었다.[17]

선각자들은 '배우는 것이 힘이다', '아는 것이 힘이다', '교육으로 민족적 열세를 만회하라', '교육의 근대화로 독립과 부강을 회복하자'는 슬로건으로 앞다투어 교육 사업에 투신하게 되었던 것은 민족교육사의 자랑이 아닐 수 없다. 또한 학교설립 외에도 교육의 기회를 확대하기 위하여 황성신보(皇城新報), 대한매일신보(大韓每日新報), 대한자강회월보(大韓自强會月報), 대한협회회보(大韓協會會報), 독립신문(獨立新聞), 교육월보(教育月報) 등 신문과 잡지를 발간해 내면서 지방의 학회와 교육단체도 조직하여 교육중흥, 민족중흥운동과 연결시켰다.

서우학회(西友學會), 한북흥학회(漢北興學會), 서북흥학회(西北興學會), 기호학회(畿湖學會), 교남학회(嶠南學會), 태극학회(太極學會), 호남학회(湖南學會), 관동학회(關東學會) 등 제 학회와 국민교육회(國民教育會), 동서개진교육회(東西開進教育會), 보인학회(輔仁學會), 여자교육회(女子教育會), 흥사단(興士團) 등의 단체가 대표적이다.

이 시기에 나타난 민간인 사학(私學), 학회(學會), 단체(團體) 들의 교육목적은 하나같이 교육에 대한 '국권회복'을 주안점으로 하였다.

5. 해방 이후의 교육 : 교육이념과 목적

대한 민국의 교육이념과 목적을 알기 위해서는 현행 교육법을 살펴보는 것이 순서이다. 우리나라 교육기본법 제2조는 '홍익인간(弘益人間)의 이념(理念) 아래 모든 국민으로 하여금 인격(人格)을 완성하고 자주적 생활능력과 민주시민으로서의 자질을 갖추게 하여 인간다운 삶을 영위하게 하고 민주국가 발전과 인류공영(人類共榮)의 이상 실현에 기여하게 함을 목적으로 한다'라고 되어 있다. 따라서 위 교육이념의 목적을 달성하기 위한 교육방침은 다음과 같다.

첫째, 신체의 건전한 발육과 유지에 필요한 지식과 습성을 기르며 아울러 견인불발의 기백을 가지게 한다.

둘째, 애국애족의 정신을 길러 국가의 자주독립을 유지하게 하고 나아가 인류평화

17) 손인수, 『한국근대교육사』(서울 : 연세대출판부, 1971), p. 58.

건설에 기여하게 한다.

셋째, 민족 고유의 문화를 계승 앙양하며 세계문화 창조 발전에 공헌하게 한다.

넷째, 진리탐구의 정신과 과학적 사고력을 배양하여 창의적 활동과 합리적 생활을 하게 한다.

다섯째, 자유를 사랑하고 책임을 존중하며 신의와 협동과 경애의 정신으로 조화 있는 사회생활을 하게 한다.

여섯째, 심미적 정서를 함양하여 숭고한 예술을 감상 창작하고 자연의 미를 즐기며 여가의 시간을 유효하게 사용하여 화해 명랑한 생활을 하게 한다.

일곱째, 근검노작하고 무실역행하며 유능한 생산자요 현명한 소비자가 되어 건실한 경제생활을 하게 한다.

이상에서 밝힌 우리 교육의 목적과 지침은 훌륭하고 빈틈이 없으나 이런 교육목적을 교육실제에서 달성할 만한 정치, 경제, 사회, 문화적 여건 조성이 부족하여 오늘날까지 악순환을 계속하고 있음은 사실이다.

해방 후 혼란기에는 교육에 대한 깊은 계획과 비판도 없이 서구식 이념과 방법을 수입하는 데 급급하여 교육이념과 목적이 극도로 혼란하였지만 교육열은 세계의 정상을 기록하였다. 그 이유는 우리의 교육목적이 구국을 위하거나 민주시민을 양성하는 데 있다는 것을 이해하지 못하고 오직 개인의 영달과 입신출세를 위한 수단으로 고질화되었기 때문이다.

이에 우리의 교육이념을 온 국민에게 부각시키고 인식시켜 진실한 교육풍토를 조성시켜야 한다는 절실한 필요에서 정부는 1968년 12월 5일 역사적인 국민교육헌장을 제정 · 공포하기에 이르렀다.

그러므로 전술한 교육법과 함께 국민교육헌장은 우리의 교육이념과 목적을 가장 잘 집약하였던 것이다.

첫째, 민족중흥과 조국의 전통, 자주독립, 그리고 인류에 공헌함을 목표로 한다.

둘째, 개인과 사회는 창조의 힘, 개척정신, 협동정신을 북돋아 국가건설에 참여하고 봉사하는 국민정신을 기르는 것을 목표로 한다.

셋째, 반공 민주정신으로 새 역사를 창조하는 것을 최종목표로 삼고 있다. 그러나 근간에 와서 국민교육헌장이 폐지된 것은 깊이 생각할 문제이며 우리의 교육지표가 조령모개식으로 되풀이됨은 심각한 문제가 아닐 수 없다.

제3절 서양교육의 역사

1. 고대 희랍시대의 교육

어느 시대 어떤 사회를 막론하고 교육에 관해서 고려해야 할 중요한 관점은 그 교육이 국가중심으로 관리되고 있는가 그렇지 않으면 개인중심으로 경영되고 있는가의 문제인 것이다. 이 같은 두 형태의 교육이 고대 희랍에 있어서 볼 수 있으니 그것이 스파르타와 아테네 도시 국가이다. 전자는 국가주의를 강조하며 개인의 모든 생활은 전적으로 국가에 의해 통제되었고 교육도 국가관리에 의해 군사적 교육이 실시되었다. 이에 대해 후자는 개인중심주의로서 개인의 다양한 개성을 바탕으로 한 개인의 가치를 인정하였기 때문에 교육은 각기 교사에 의해 사적으로 운영되었던 것이다. 이와 같이 스파르타는 절대 군국주의적 교육이 강요되었고 아테네에 있어서는 개성을 위주로 하는 민주주의적 교육이 이루어졌던 것이다. 고대 희랍시대의 교육사상가와 그 교육관을 요약하면 다음과 같다.

가. 소크라테스 (Socartes, 469~399, BC)

Socartes

소크라테스는 가난한 가정에서 태어났다. 그의 아버지는 조각가였고 어머니는 산파였다. 어렸을 때는 아버지를 도와 조각에 충실했으나 성인이 되어서는 철학에 헌신하여 특수한 교육 방법으로 희랍 청년들을 교화하였다.

소크라테스는 도덕적 성격을 기르는 데 교육목적을 두었다. 그는 프로타고라스(Protagoras)의 '사람은 만물의 척도'라고 한 주장에 관심을 가져 사람이 만물의 척도라면 먼저 자기 스스로가 자기 자신이 무엇인지를 알아야 한다고 생각하였다. 그래서 그는 아테네의 청년들에게 자기 자신을 알고 참다운 지식을 깨닫게 하는 것이 자기의 사명이라고 생각하고 당시 소피스트들에 의해서 오도(誤導)되는 청년들의 교육에 전심하였다.

소크라테스는 그의 교육 방법을 산파법이라 하여 문답을 통해서 청년들에게 무의식적인 지식을 터득케 하는 방법을 썼다. 이러한 산파법은 교육 사조에서 계발교수의 기원이 되었고 그가 강조한 지식관은 도덕성을 포함한 것으로서 지덕합일설(知德合一說)이 되었다. 그는 국가가 공인한 신을 믿지 않고 다른 다이몬이온(Dimonion)을 믿으며 많은 청년들을 타락케 하였다는 죄명으로 사형선고를 받았으나 그는 조금도 두려워하지 않았으며 탈출할 수 있는 기회도 많았으나 끝까지 법에 복종하였던 것이다. 그는 "악법도 법이다. 국법을 준수하는 것은 국민의 최대 의무이다."라는 유명한 말을 남기고 BC 399년 5월 초에 독배를 마시고 말았다.

나. 플라톤 (Platon, 427~347, BC)

Platon

플라톤은 소크라테스의 제자로서 아테네의 귀족출신이다. 그의 나이 20세 때 소크라테스의 문하생으로 들어가 8년간 사사하였다. 플라톤의 나이 40이었을 때, 즉 기원전 386년에 아테네 교외에 있는 아카데모스 체육장에 아카데미아라는 학교를 세워 그가 82세까지 일생을 독신으로 이곳에서 육영사업을 하였다. 아카데미아는 오늘날의 아카데미(Academy)이며 대학의 시초가 된 것이다. 플라톤의 아카데미아는 이상국의 설계, 입법가의 양성이란 정치적 관심과 순수한 학자를 양성한다는 의도에서 아테네의 수재들이 이 곳에 운집하였고 유명한 학자, 정치가, 입법가, 외교가 등이 배출되었다. 대 철학자 아리스토텔레스도 여기에서 배출된 인물이다.

플라톤의 교육사상은 '국가' 및 '국가론'에서 찾아볼 수 있다. 그는 교육을 국가의 가장 중요한 기능으로 생각하고 국가의 임무는 시민에게 도덕적 인격을 기르는데 있다고 보고 이상국가는 오직 교육에 있어서만 실현될 수 있을 것이라고 말하였다. 플라톤은 국가 전체가 지향해야 할 이상적 덕목을 공정성 또는 정당성이라고 보았으며 그의 이상국가에는 지배계급, 군인계급, 생산계급의 세 계급이 있는데 각기 넘나들 수 있는 신분계급의 구조가 아니었으며 각 계급에 따라 받을 수 있는 교육의 기회도 제한함으로써 소수의 지적 엘리트를 대상으로 한 교육을 구축하였다.

다. 아리스토텔레스(Aristoteles, 384~322, BC)

아리스토텔레스는 마케도니아 왕 필리포스(Philipos)의 주치의였던 니코마코스

Aristoteles

(Nikomakhos)의 아들로 태어났다. 17세에 플라톤의 학원에 입학하여 20년간 공부하였다. 플라톤의 사망 후 소아시아를 여행하며 생물학을 연구하고 피티아스(Pythyas)와 결혼했다. 342년에는 마케도니아 왕의 초청을 받아 당시 13세였던 태자 알렉산더의 가정교사로서 7년간 철인정치가 다운 교육을 했다. 335년에는 아테네로 돌아와 아테네 교외에 리카이온(Lykeion)이라는 학교를 설립하여 제자 교육에 전념하였다. 학교는 수목에 둘러싸여 조용하고 우거진 숲길을 거닐면서 강의했다는 전설이 있어 이 학교를 일명 소요학교라 하고 그의 학파를 소요학파라고 부른다. 뿐만 아니라 이 학교는 대규모의 도서관이 있어 당시 학문의 중심지였다고 한다.[18)]

교육 사상은 소크라테스나 플라톤과 같이 국가주의 교육설을 강조하였으며 사람은 사회적인 동물인 동시에 국가 생활을 하는 정치적 동물이므로 국가 생활에 의해서만 인류로서의 행복을 얻을 수 있다는 것으로 국가는 국민을 유덕한 생활을 할 수 있도록 교육해야 한다는 것이다.

교육 내용은 유용을 위한 교육과 그 자체를 위한 교육의 두 종류가 있는데 전자는 전쟁을 위한 교육을 뜻하며 후자는 '한가'를 위한 교육, 즉 자유적인 교육을 뜻하는 것이다. 그가 스파르타의 교육을 비난한 것도 스파르타는 진정한 자유인의 교육이 결여되어 있다는 데 있는 것이다.

아리스토텔레스는 노예와 여자를 제외하고 모든 시민은 교육받지 않으면 안 된다고 하였다. 노예는 생각하는 부분이 전혀 없고 여자는 생각하는 부분을 가지고 있기는 하나 충분한 권위가 없기 때문에 참다운 교육의 대상이 될 수 없다는 것이다. 이것은 플라톤과 같이 계급적인 교육을 논한데서 비민주적인 교육이라는 비난을 면할 수 없다.

사실상 아리스토텔레스가 후세에 많은 사상적 영향력을 준 것은 교육 사상 그것보다도 그의 저서인 형이상학, 윤리학, 심리학, 논리학 등에 있으며 그의 철학은 중세 스콜라 철학의 기초가 되었다.

2. 로마시대의 교육

고대 희랍인이 대체로 심미적이고 이상적이었음에 비하여 로마인은 실제적이고

18) 조명래, 『최신서양교육사』(서울 : 형설출판사, 1973), p. 31.

공리적이며 도덕과 준법정신을 소중하게 여기는 국민이었다. 또 로마인은 가정중심적이어서 교육기관으로서의 학교를 중요시하지 않았다. 남자는 가정에서 부모로부터 도덕적, 신체적 훈련을 받고 때로는 정치가나 군인에게 제자로 들어가 그 방면의 훈련을 받았던 것이다.

로마의 교육을 요약하면 실제적 교육과 사회적 교육이라 할 수 있다. 특히 전기인 공화정 시대의 교육목적은 애국적이고 유능한 공민으로서 덕과 선한 행동을 기르는 데 있었다.

후기인 제정시대에는 희랍문화가 현저하게 도입된 시기여서 문법학교와 수사학교가 많이 생기고 학문을 중요시하기도 하였다. 이 시대의 교육은 실제생활, 특히 정치생활을 위하여 유능한 인간을 양성하는 데 있었으니 이 시기에 청소년 교육은 웅변에 능한 사람을 이상으로 하였다.

가. 키케로(Cicero, 106~43, BC)

Cicero

키케로는 로마의 귀족 명문 출신이다. 웅변가, 정치가, 문장가, 인문주의자로서 활동하였다. 그의 교육 사상은 인간이 가지고 있는 천부적 소질을 완성하여 이성적 존재로서의 덕성을 발휘하는 데 교육의 중요성을 강조하였으며 성선설에 입각한 이론과 교육을 전개하여 행복한 생활이 인생의 최고 목표이며 그와 같은 생활을 위해서는 덕으로 충분하다는 유덕(有德), 즉 행복은 교육을 통해서만 완성된다는 것이다.[19]

그가 남긴 저서, 『웅변론』은 로마 사람에 의해 저술된 최초의 서적인 동시에 그 서적에는 교육에 관한 의견을 서술하고 있다. 그의 교육론은 아리스토텔레스와 같이 자유교육론을 주장하였고 인간의 성향은 본래 선한 것이라는 성선설을 믿었다. 그리하여 이 선은 교육에 의해서 실현시킬 수 있고 인간의 행복을 찾을 수 있다고 하였다. 교육목적은 첫째, 선을 유지하고 생활화하는 데 있고, 둘째, 인문적 교양을 가진 웅변가를 양성하는 데 두었다. [20]

훌륭한 웅변가는 폭넓은 교양과 사물, 그리고 인성에 대하여 철학적 지식을 구비하여 선을 미화하는 토론에 능숙하고 정의를 지닌 자로서 공명정대한 정의를 부르짖어

19) 김용일, 『신고서양교육사』(서울 : 형설출판사, 1974), p. 36.
20) R. F. Batts, A Cultural History of Western Educatoin, 1955, p. 101.

야 한다고 말했다. 듣기 좋은 소리만을 택하거나 감정을 자극하는 말은 피해야 한다는 것을 로마인에게 보여 주었다. [21] 그의 웅변가 양성은 바로 위대한 정치가나 경세가의 양성과도 일치한다는 것으로서 로마 교육의 이상으로 삼았다.

나. 퀸틸리아누스 (Quintilianus, 35~100, AD)

Quintilianus

퀸틸리아누스는 스페인에서 태어나 유년시절에 그의 아버지를 따라 로마에서 법률과 웅변술을 공부하였다. 그 후 수사학교를 설립하여 문법과 문학, 웅변술 등을 가르치면서 육영사업에 종사하였다. 그의 『웅변론』이라는 저서는 변론가를 양성하는 교육방법에 대하여 구체적으로 기록된 것이며 인성에 있어서는 성선설을 주장하였다.

웅변가로서 갖추어야 될 요건을 형성하기 위해서는 삼단계의 교육방법을 주장하고 있다. 즉, 가정교육, 학교교육, 그리고 전문적 수사학교 교육 등으로 나누고 있으며 그 중 가장 중요한 교육이 가정교육이라고 하였다.

이러한 교육목적을 달성하기 위해서는 언어교육의 중요성, 조기교육, 사립학교보다 공립학교 교육, 교우교육, 체벌 금지교육 등 체계 있는 교육 방법을 제시하였다.[22]

3. 중세의 교육

중세의 교육은 기독교의 지배 하에서 오직 내세와 신을 위한 현세의 희생과 봉사를 위한 것이었다. 따라서 교육의 목적도 신을 존경하고 믿으며 복종하는 인간을 육성하는 것이었다. 그러나 중세 후반에 들어와서는 신학적 문제에 대한 관심이 생기게 되고 한편으로는 세속적 교육인 기사도 교육도 일어났다. 그리고 봉건제도가 무너짐에 따라 시민사회가 강조되고 대학과 시민학교가 출현하였다.

기독교 교육은 인간의 자연적, 현세적 생활을 부정하고 내세의 행복한 경지에 도달하는 것을 목적으로 하였다. 기독교의 교육기관으로는 이교도의 교화를 위하여

21) 손인수 · 정재철, 『서양교육사』(서울 : 교육출판사, 1967), p. 42.
22) 장덕삼, 『신교육사철학』(서울 : 재동문화사, 1997), p. 227.

설립한 문답학교, 문답학교의 교사와 성직자를 양성하기 위한 고급문답학교, 기독교 교육기관 중에서 가장 수준이 높은 본산학교가 있었으며 본산학교는 교회의 지도자를 양성하는 것이 그 목적이었다.

수도원의 교육은 부패한 인간생활을 떠나서 신과 같이 깨끗한 생활을 하는 금욕주의에 있었기 때문에 수도원의 교육목적은 정절, 빈곤, 복종을 실현하기 위하여 엄격한 계율에 따라 기도하고 노동하며 성경공부에 몰두하는 것이다.

스콜라 철학은 기독교의 신앙과 아리스토텔레스의 이론과의 결합으로 그 목적은 이성에 의한 신앙의 지지에 있었다. 즉 이론에 의하여 신앙을 변호하고 철학에 의하여 교회를 옹호하며 논의에 의하여 이단을 없애자는 것이다. 자연히 교육의 이상을 논쟁력의 계발, 지식의 체계화, 지식체계의 완성 등에 중점을 두었기 때문에 개인의 창의성을 찾아볼 수 없었다.

기사도의 교육은 중세에 있어서 세속적인 것을 대표하는 것으로 기사는 봉건군주에 봉사하는 전사로서 그들의 교육은 학교교육이 아니라 시동(侍童, page, 7~14세)과 종자(從者, squire, 14~21세)의 생활을 통하여 용기, 예절, 명예, 무예, 충성 등을 배워 기사가 되었다. 교육의 목적은 군주에 봉사하고 기독교의 기사로서 신을 숭배하고 교회를 지키고 부인을 존경하며 약자를 도울 줄 아는 사람이 되는 것이었다.

중세 대학은 11세기에 유럽에서 유행하던 조합운동(組合運動, guild)이다. 배우려는 학생과 가르치려는 교수가 모여 하나의 길드(학교조합)가 형성되었으며 십자군의 원정과 사라센 문화의 접촉에 의한 영향으로 대학의 발전은 더욱 왕성하게 되었다. 그리하여 12~13세기에는 유럽의 각 도시에 경쟁적으로 대학이 발생하게 되었으니 이태리의 볼로냐(Bologna), 사레르노(Sarerno), 프랑스의 파리(Paris), 영국의 옥스퍼드(Oxford), 케임브리지(Cambridge), 독일의 프라그(Prague), 빈(Win), 하이델베르크(Heiderberg), 쾰른(Köln) 대학들이다. 대학은 최고의 학문기관으로서 주로 법학, 철학, 의학, 신학의 각 전문분야에 관한 실무자나 지도자의 양성을 목적으로 하였다.[23)]

4. 문예부흥시대의 교육

르네상스(Renaissance)란 원래 종교적인 용어로서 '사자(死者)의 재생(再生)' 또

23) 김귀성 외, 『교육학개론』(서울 : 형설출판사, 2001), p. 73.

는 부활을 의미한다. 즉 재생(rebirth)의 뜻으로 현실생활을 전적으로 긍정하고 중세적 속박에서 인간정신을 해방하여 자유로이 삶을 누리려는 것이었다. 24)

중세사회의 여러 전통생활 특히 종교적 생활에서 위축되고 광명을 잃었던 인간생명, 인간성에서 모든 구속과 권위를 박차고 자유로운 인간생활, 인간본연의 자태로 복귀하는 생활을 의미하는 것이다. 말하자면 신(神)의 세계, 종교중심의 생활에서 인간중심 생활의 세속화를 말하는 것이다.

문예부흥운동의 최대 업적은 인간 발견, 개인의 자각, 인간 해방에 있다. 중세사회에서 제물(祭物)로 되었던 인간이 종교적 속박에서 해방되고 자유인으로서 자아를 주장하려고 한 것은 인간의 기초적 권리이며 자각있는 근세인의 지상명령(至上命令)인 것으로 이는 중세를 타파하고 인간의 존엄성을 발견하려는 혁신운동이었던 것이다.

이와 같은 문예부흥운동은 갑작스럽게 이루어진 것은 아니며 그것은 멀리 십자군(十字軍)의 원정 이후 서서히 진행되었던 것이다. 중세를 지배해 오던 스콜라 철학은 점차 '신학(神學)의 노비(奴婢)'로 빠지게 되고 반면에 라틴어, 그리스어 연구가 대학을 통하여 성행하게 되었으며 자유사상을 품은 대학생들이 인문주의에 몰두한 것을 비롯하여 선각자인 단테(Dante, 1265~1321)의 유명한 『신곡』과 복카치오(Boccaccio, 1313~1375)의 『10일 이야기』, 인문주의자의 시조 페트라르카(Petrarca, 1304~1374) 등의 사상적 영향은 직접 문예부흥운동의 원인이 되었던 것이다.

이 밖에도 인쇄술(印刷術)의 발명, 화약(火藥), 나침반(羅針盤)의 발명은 문예부흥운동에 더욱 박차를 가하였으며 이것은 중세 3대 발명(三大發明)의 하나이기도 하였다. 특히 인쇄술의 발명은 다량의 서적을 염가로 출판하게 된데서 소수의 특권층만이 독점하였던 학문과 지식을 널리 대중에게 개방하게 되었다.

또 나침반의 발명은 항해술(航海術)에 신세기를 이루었으며 콜럼부스(Columbus)의 신대륙(新大陸) 발견(1492)과 바스코 다 가마(Vasco da Gama)의 인도항해 발견(印度航海發見, 1498)은 인쇄술과 아울러 유럽 전 사회에 문예부흥운동이 순식간에 전파되었던 것이다. 그리고 화약의 발명은 종래의 전술(戰術)에 혁명적인 변화를 일으켰으며 중세의 기사계급(騎士階級)은 화포술(火砲術)로 인하여 그 위력이 상실됨과 동시에 몰락하게 되었다.

이와 같이 문예부흥운동은 내면적으로 인간의 정신 각성을 재생하였고 외면적으로는 자연계에 대하여 새로운 각성을 하게 하였으며 인간의 자유, 예술의 자유, 과학의

24) 성기산, 『서양교육사연구 Ⅰ』(서울 : 문음사, 1993), p. 571.

자유, 사상의 자유, 신앙의 자유 등 인간중심의 세계관을 육성하게 되었다. 이것은 문예부흥운동의 수확인 동시에 근대인의 인생관 생활양식의 모델이었던 것이다. 대체로 이 운동의 발상지인 이태리는 13, 4세기, 프랑스, 스페인, 영국은 15세기, 독일은 16세기에 이르러 시작된 것으로 실로 문예부흥운동은 근세문화사상(近世文化史上)으로나 교육사상(教育史上)에 큰 의의(意義)가 있다.

5. 종교개혁시대의 교육

종교개혁(Reformation)은 천여 년 간의 오랜 전통과 절대적 세력으로 정치, 경제, 사회, 종교를 지배해 온 로마 가톨릭 교회에 대한 반항운동이었다. 이것이 바로 교회의 부패에 대한 도덕적 혁신운동인 것이다. 이 운동은 종교개혁에만 국한된 것이 아니고 그 근저에는 유럽 사회의 정치적, 경제적 요인이 크게 작용하고 있음을 알 수 있다. 이 개혁운동에 정치적, 경제적 요인이 없었다고 한다면 종교개혁의 운동이 성공하기 어려웠으리라는 것을 잊어서는 안 될 것이다.

16세기 초에도 독일은 중앙집권적 정치형태를 갖추지 못하였으므로 교황에 대한 저항력이 가장 약한 지역이었다. 당시 교회는 수도원을 빙자하여 금품을 징수하였다. 즉 구제를 받는 길은 금품을 헌납하는 것과 직결되는 것처럼 종용되어 독일이 가지고 있는 재산의 3분의 2를 교회에 귀속시켰던 것이다.

독일은 '교황의 우유(牛乳)'라고 말한 미국의 역사학자 찰스 바드(Charles Beard)의 말과 같이 독일은 교황의 착취에 대하여 큰 반감을 가지고 있었다. 당시 로마의 성 피터(St. Peter) 사원의 건설이 강행되고 이 자금조달을 위하여 면죄부가 판매되었는데 이 면죄부를 사는 사람에게는 죄를 면제시켜 준다는 허무맹랑한 선전을 하였던 것이다.

교회에 대한 저항력이 가장 약한 독일은 면죄부 판매에 가장 적절한 지역이었다. 이 같은 상황에 대하여 당시의 독일 사람들은 바티칸의 권위를 표시하기 위하여 많은 금품을 로마에 유출시키는 것을 당연한 것으로 생각하였다.

로마교회 지도자들의 이와 같은 불법행위에 대항해 나선 것이 유명한 마틴 루터(Martin Luther, 1483~1546)이다. 그는 95개의 항의문을 비텐베르히(Wittenberg) 교회에 붙였던 것이다. 종교개혁은 로마 가톨릭 교회의 부패를 개혁하려는 도덕적

Martin Luther

견지에서 시작하였던 것이 개혁으로 그치지 않고 마침내 혁명운동으로 크게 확대 변화되고 사회적, 정치적으로 일대 혁명을 가져와 근대사회의 촉진제가 되었던 것이다.

독일은 종래부터 있었던 구교와 루터를 중심으로 한 신교가 대립상을 보이고 루터파는 동맹을 결성하여 구파에 대항하게 되었다. 독일이 낳은 루터의 이러한 운동은 국경을 초월하여 전파되었다. 스위스는 쯔빙그리(Zwingly)와 칼빈(Calvin)에 의해서 종교교육의 설교를 듣게 되었다. 이와 같이하여 제네바는 칼빈파의 중심이 되고 스위스는 종교개혁의 중심지가 되었다.[25] 루터파는 독일, 네덜란드, 덴마크, 스칸디나비아 등 북유럽 일대에 세력을 갖게 되었고 칼빈파는 서유럽, 프랑스, 영국, 북미 대륙으로 들어가 청교도(Puritans)를 이루었고 스코틀랜드에 들어가서 장로교(Presbyterians)를 이루었다.[26]

종교개혁과 더불어 교육은 세계의 장래를 위하여 획기적인 의의를 가진 새로운 국면에 들어섰다. 종교개혁이 가져온 궁극적인 결과는 모든 지역에 학교 체제가 생겨났다는 것과 서부 유럽 대부분의 지역에서 교육의 권위가 교회에서 국가로 이관되었다는 것이다.

교육에 관한 루터의 공식적 발언은 적었지만 그의 발언은 원대하고 거시적인 개혁가의 이상을 제시하고 있으며 그것이 직접 대상으로 한 독일은 말할 것도 없고 로마에서 떨어져 나간 다른 나라에도 교육 발전을 위한 자극을 주었다.[27]

6. 실학주의의 교육

실학주의는 15, 6 세기에 이탈리아를 중심으로 일어난 문예부흥과 종교개혁에 의한 자아발견, 자유의 추구, 인간성 회복과 양심의 자유 등이 편협한 형식으로 기울어지면서 일어난 것이다. 즉, 실학주의는 소극적인 면에서 보면 르네상스의 문학적, 예술적인 것과 고전에 대한 반항운동이다. 실학주의 교육은 고전중심의 인문주의 교육과 종교개혁자들에 대한 반동으로 일어난 17세기의 교육개혁운동이다. 즉 형식

25) 김용일, 전게서, p. 90.
26) 장덕삼, 전게서, p. 248.
27) 이홍우 외 역, 『서양교육사(보이드 저)』(서울 : 교육과학사, 1996), p. 285.

주의 교육을 배제하고 현실성과 실용성을 존중한 교육내용과 방법으로 개선해야 된다는 교육개혁 사상에서 실학주의 사상이 일어난 것이다.

실학주의는 교육의 이론과 실제에 있어서 관념보다도 사물을 중시하고 현실생활에 대한 구체적이며 실제적인 학습을 중심으로 실질도야(實質陶冶)를 중시하였다.

실학주의 사상이 성숙되기까지는 다음의 세 과정이 있었으니, 첫째 인문적 실학주의, 둘째 사회적 실학주의, 셋째 감각적 실학주의이다. 이들의 특성을 살펴보면 다음과 같다.

인문적 실학주의의 교육 목적은 고전의 연구를 통해서 실생활에 유익한 인간을 양성하는 일이었다. 고전의 연구를 목적으로 한 점으로 보아서는 인문주의적이지만 형식보다 내용을 중시하고 실용적인 면을 중시한 점에서는 실학주의이다.

영국의 밀턴(J. Milton, 1608~1674)은 본래 기독교 인문주의자였으나 그가 1644년에 저술한 『교육론』(Tractate on Education)은 인문적 실학주의의 입장을 가장 잘 나타내고 있다. 그는 교육의 정의를 '인간이 전쟁시대나 평화시대에 있어서 모든 공무(公務)의 직무를 정당하고 올바르게 수행할 수 있게 하는 교육을 완전한 교육'이라고 하였다. 이에 따라 교육의 목적은 미래 생활에 대한 준비가 아니라 현실세계의 실제 생활을 준비하는 것이라고 주장하였다.

J. Milton

사회적 실업주의의 교육목적은 학자나 전문가를 양성하는 것이 아니고 귀족 계급의 청년자제를 훌륭한 신사로 육성하는 것이다. 이와 같은 목적을 달성하기 위하여 지육(知育), 덕육(德育), 체육(體育)을 포함한 라전어(羅典語)를 전하였다. 그리고 국내외를 여행하고 사교계에 진출하여 여러 곳의 갖가지 풍속 습관을 보고 들어 견문을 넓히는 데 주력하였다.

사회적 실학주의의 대표적인 학자는 몽테뉴(M. D. Montagne, 1533~1592)이며 사회적 실학주의의 교육 내용은 고전학습보다 현대어 학습을 중히 여겼으며 신사를 양성하는 데는 고전, 현대어, 역사, 철학, 여행, 사회접촉, 체육이 중요하다고 여겼다.[28)]

M. D. Montagne

감각적 실학주의는 과학적 실학주의라고도 하며 자연과 자연법칙 속에서 현실을 발견하도록 하는 주장으로 실학주의의 중심 사상이다.

감각적 실학주의는 고전의 내용이나 사회생활의 지식이 아니라

28) Ulich, R., History of Education Thought, 1945, American Book Co., p. 160.

J. A. Comenius

실물, 표본, 그림 등을 통하여 다시 말하면, 감각적 직관을 통하여 구체적 사물을 교재로 하여 교육하자는 교육 사상이다.

대표적인 학자는 말카스터(R. Mulcaster, 1536~1611), 홀(C. Hoole, 1610~1667), 하트립(H. Hartlib, 1516~1670), 패티(Sir W. Petty, 1628~1687), 베이컨(F. Bacon, 1561~1626), 라므스(P. Ramus, 1515~1572), 라트케(Wolfgang Ratke, 1571 ~1635), 코메니우스(J. A. Comenius, 1592~1671) 등을 열거할 수 있다.

특히 코메니우스는 최초로 체계적인 교육론인 『대교수학』과 최초의 그림이 들어있는 교재인 『세계도회』를 저술한 교육 사상가로 교육의 목적을 지적 도야와 종교적 도야에 두었다. 즉 지식을 닦고 도덕심을 쌓아 신앙심을 길러 천국의 생활을 준비하는 데 있다고 보았다.

7. 계몽시대의 교육

계몽기(Enlightenment)는 18세기를 말하며 중세 이후의 전통과 인습, 사회제도, 형식주의, 인간관 및 비과학적인 세계관 등의 불합리한 것을 비판하고 타파하여 철저히 배척하고 새 방향으로 나타나게 되었다.

인간이성을 배경으로 전개된 계몽운동은 사상의 자유와 양심의 자유가 최대의 목표로 추진되었다. 따라서 이 계몽시대는 실로 인간존중의 확립시대이며 근대사회를 확립한 기초 공사를 한 시대였다. 프랑스 혁명(1789)과 미국 독립(1776)은 계몽사조가 실천운동으로 전개된 결과였다.

계몽주의 운동은 모든 사람에게 바른 지식을 주어 이성을 통한 자아의 각성과 몽매함을 탈피하여 종교, 정치, 사회생활 등 전 영역의 문제를 비판하고 검토하여 합리화하려는 사상운동이며 교육운동이다. 이 사상은 지식의 근원을 "책에서가 아니라 자연에서, 전통에서가 아니라 경험을 통해서, 고전에서가 아니라 관찰과 실험을 통해서 구해야 한다."는 베이컨으로부터 발단하여 유럽 각지에 파급된 사상적 운동이며 사회운동으로 18세기에 정점을 이루었다.

다시 말하면 계몽주의는 사람이 보편적으로 가지고 있는 이성을 지상원리로 하여 자유롭게 사고하고 인습과 사회제도 형식주의의 인생관, 비과학적인 세계관 등의 역사적인 기성권위를 비판하여 인간과 사회의 몽매와 불합리함을 타파하고 합리적인 완전한 사회와 인간관계를 구하려는 사상으로 이성의 개발과 과학적인 합리성을 사명으로 하였다.

당시의 대표적인 교육 사상가로는 로크와 루소를 들 수 있다. 로크(J. Locke, 1632~1704)는 인간 정신의 백지설을 주장하였으며 그의 교육 목적은 정신은 훈련에 의해여 그 능력이 발달한다고 생각한 단련주의인 교육관이었다. 교육은 어린이가 하고 싶어한다고 내버려 둘 것이 아니라 스스로 욕망을 억제하는 이른바 극기욕의 습관을 길러야 한다고 하였다. 그리고 체육(體育), 덕육(德育), 지육(知育)의 순으로 조화된 전인교육을 할 것을 강조하였다.

J. Locke

루소(J. J. Rousseau, 1712~1778)는 자연주의 교육의 대표자로 '자연으로 돌아가라'고 하는 대명제로 자기사상(自己思想)을 전개하였다. 그는 『에밀』에서 '모든 것은 조물주의 손으로부터 나왔을 때는 선했으나 사람의 손에 넘겨지면서 악하게 된다'고 하여 자연은 선하고 사회는 악하다고 믿고 성선설을 주장하였다. 따라서 최초의 교육은 선한 어린이의 마음에 상처가 가지 않도록 완전히 소극적이어야 한다. 교육은 도덕이나 진리를 가르쳐 주는 것이 아니라 어린이의 마음이 악이나 옳지 못한 정신에 침해되지 않도록 보호해 주는 것이어야 한다고 말하고 있다. 이러한 아동관, 교육관에 따라 성립된 그의 교육목적은 한 마디로 인간본래의 능력과 특성을 제대로 발달시키는 것, 즉 자유로운 교육으로서 인간다운 능력을 만드는 것이었다.

J. J. Rousseau

8. 19세기의 교육

19세기의 교육은 사상적 면에 있어서나 실제적 면에 있어서 많은 발전을 수행한 세기이다. 교육은 학문으로서 기초 연구가 시작되어 과학으로 터전을 구축하였고 교육 시설과 경영, 그리고 교육제도, 교수－학습방법 등이 근대화되고 여성교육과 특수교육도 활발하게 정상적으로 실시되었다. 또 19세기는 많은 사상가와 이론이 대두하여 소위 '사상의 세기'를 이룩하였으니 신인문주의, 자유주의, 과학주의, 국가주의 교육이 그것이다. 18세기 말부터 19세기의 교육은 다방면의 개혁과 연구, 비판의 결과 사회생활과 접근하는 양상을 보여 주었다. 교육이 유한한 사람의 사치이고 장식이며 학교를 온실적 존재라고 생각하던 사고방식이 점차 완화되었으니 이는 교육사상 위대한 발전이며 교육 본래의 목적에 거의 접근하였다고 할 수 있다.

교사중심, 어른중심, 어른의 필요에 따라 베풀어졌던 종래의 교육에서 어린이를 하나의 인격자로 생각하고 그의 인권을 인정하였다는 것은 곧 아동중심주의 교육으로 전환되었음을 뜻하는 것이다. 그러므로 새 교육은 어린이의 능력과 흥미와 관심을 내적으로 파고들고 다시 내부로부터 발전시켜 교육과 생활을 접근시키려 한 것이다.

권위주의에 대한 자유주의 교육과 개인주의 교육을 주장한 루소의 자연주의, 페스탈로치와 프뢰벨의 심리학설에 입각한 교육설, 모이만의 실험교육학, 주지주의의 교육에 대한 자발성, 자기 활동을 주장한 교육들이 크게 공헌하였다.

또한 과학적 교육관이 교육계에 침투하여 교육 내용을 사회생활 가운데서 찾게 하고 자연과학이 교육내용의 우위가 되었으며 교육 방법도 경험적, 귀납적 방법을 채택한 직관주의를 다시 발전시켜 아동중심주의의 발전을 촉구하였다. 그리고 또 인문주의자들이 종래의 공리주의에서 점차로 사회주의와 국가주의의 입장에 눈을 돌렸다. 그러나 교육은 국가의 통제를 받으면서도 사회인으로서의 어린이를 종래의 주입, 전달교육에서 아동중심 교육으로, 교과서의 지식체계적인 기억교육에서 흥미와 능력을 본위로 하였고 교육 내용도 사회에서 이끌어 내었다. 그리하여 마침내 교육과 사회생활이 일치하기에 이르렀다.

이 시기의 대표적인 교육 사상가와 그 교육목적을 열거하면 다음과 같다.

J. H. Pestalozzi

페스탈로치(J. H. Pestalozzi, 1746~1827)는 빈민의 구조자, 인민의 설교자, 고아의 아버지, 학교의 설립자, 인간 기독교도, 시민의 교육가로 지칭되었다. 그는 교육의 목적을 인간 자연의 본성을 개발하는 데 있으며 나아가서는 인간개혁, 사회개혁으로까지 확대시켰다. 또한 교육의 본질적 수단으로서 인간을 도야(陶冶)하고 도야된 인간을 통하여 인간을 개혁하고 개혁된 인간은 곧 사회개혁이 이루어진다는 것이다.

교육의 방법으로는 자발성의 원리, 직관의 원리, 조화적 발전의 원리, 사회의 원리, 노작의 원리 등 현대교육의 발전에 획기적인 기여를 하였을 뿐만 아니라 실제적인 교육가로서 후세에 추앙받게 되었다.

J. G. Fichte

피히테(J. G. Fichte, 1761~1817)는 1807년부터 1808년 사이에 나폴레옹의 점령하에서 '독일 국민에게 고함(1808)'이라는 강연을 14회에 걸쳐 행함으로써 프로이센 전체군주제의 부패를 공격하는 동시에 민족적 국가주의의 입장을 취했으며 또한 세계주의적 이상을 부르짖었다. 피히테의 교육 사상은 칸트의 '자유' 개념과 페스탈로치의 영향을 많이 받았다. 그는 인간본성을 자유의 실현으로 생각하고 계몽시대의 개인주의를 배척하였으며 '사회에 의한 사회를 위한 교육'을 주장하였다. 그는 먼저 독일 민족으로 교육하고 독일 문화를 통해서 인류에 공헌할 것을 강조하였다.

교육목적은 자기 활동을 통해서 자유를 획득시키는 데 있다. 즉, 학생의 자기활동을 촉진하고 진리를 위한 진리를, 선을 위한 선을 사랑하도록 하는 것이었다. 특히 진리는 도덕을 실천하는 수단으로서 가치로운 것이기 때문에 교육의 궁극목표는 도덕성의 함양과 도덕의 근거가 되는 종교심을 양성하는 것이라고 했다.

J. F. Herbart

헤르바르트(J. F. Herbart, 1776~1841)는 페스탈로치 이론을 기초로 그의 독자적인 이론을 개발하여 교육목적을 조직, 발전시켰다. 헤르바르트는 과학적 교육학의 수립자로서 교수의 단계설을 주장하였고 그의 교육목적은 좋은 품성과 사회적 적응을 의미하는 도덕적 품성의 실현에 있다. 그가 말하는 도덕적 품성은 다섯 가지의 이념이 서로 합하여 실현되는 성질을 도덕적 품성이라고 하고 이를 육성하는 것이 교육의 목적이라고 하였다. 헤르바르트의 오도념(五道念)이란 내면적 자유의 이념, 완전성의 이념, 호의의 이념, 정의의 이념, 보상의 이념을 뜻한다.

F. W. A. Fröbel

프뢰벨(F. W. A. Fröbel, 1784~1852)은 유치원 창시자로서 유아교육의 아버지라 불리워진다. 교육목적은 인간 속에 있는 신성을 자각적 혹은 의식적으로 발달시켜 이를 실현하는 데 있다. 유아 속에 있는 신성을 실현하는 방법으로는 유희와 놀이에서 가장 잘 나타난다고 하였다. 프뢰벨은 명령적이고 간섭적인 아동의 교육을 부정하고 자기 활동을 강조하여 새 교육의 앞길을 명시하였다.

스펜서(H. Spencer, 1820~1903)는 교육의 실용성을 강조하고 교육의 목적은 '완전한 생활의 준비'라고 하였다. 그는 완전한 생활을 위한 준비로서 인간생활을 분석하여 그 기본적 활동영역을 다음과 같이 나누어 교육목적을 보다 과학적으로 추출하는 방법을 최초로 시도하였다. 첫째, 자기보존 둘째, 직업 셋째, 자손의 양육 넷째, 정치적 · 사회적 관계의 유지 다섯째, 여가선용이다.

이상과 같이 교육의 목적을 활동형태에 의하여 표시한 스펜서는 자기 생명의 안전과 건강을 지키는 자기보존의 활동을 가장 중요시하고 또 여가이용의 활동을 선택한 점에서 주목할 만한 발전이다. 그리고 이와 같은 스펜서의 교육목적은 현재 민주교육의 목적 설정에 많은 영향을 주었던 것이다.

9. 20세기의 교육

민주적 자유교육을 강조하는 20세기의 교육내용은 봉건적인 구악을 일소하고 자유롭게 창조하고 자기의 능력을 올바르게 펼쳐 나가는 인간형성에 참뜻을 두었다. 지금까지의 권위주의적인 교육내용과 방법을 개선하고 경험적인 학습을 중시하는 한편 교사, 아동과의 인간적 결합을 통한 정의적(情意的) 생활의 순화를 지향하는 새로운 교육개혁운동이 일어나지 않을 수 없었다. 이 같은 교육내용의 민주화에로 지향하는 일련의 새로운 움직임을 우리는 "새 교육운동(New Education Movement)이라고 한다.

이러한 신교육운동(新教育運動)은 금세기에 들어와서 처음으로 일어난 것은 아니다. 그것은 역사적 발전과정을 통해서 보면 교회(教會)와 교육(教育)을 분리코자 시도했던 15세기까지 소급된다. 그 후 루소의 영향을 받은 범애학파(汎愛學派)를 비롯하여 페스탈로치, 프뢰벨 등에 의하여 전개된 신학교운동도 그 정신(精神)에 있어서는 신교육운동(新教育運動)이었다. 다만 이 운동이 금세기에 들어오면서 더욱 활발해지고 또 그 규모도 커져 내용의 다양성을 띄우게 됨으로써 세계적인 동향을 보였다.

우리가 흔히 말하고 있는 전원학교(田園學校), 노작학교(勞作學校), 향토학교(鄕土學校), 지역사회학교(地域社會學校) 등의 명칭은 20세기 초부터 꾸준히 주장되어 온 학교교육 개조운동의 발전과정을 한눈에 잘 보여 주고 있다.[29)]

20세기의 '새교육운동'(New Education Movement)은 교육의 기회균등, 교육의

29) 장덕삼, 전게서, p. 309.

민주화에로 발전한 시기임을 뜻한다. 그것은 산업혁명의 결과로 탄생한 교육의 제도적 민주화에 대하여 내용적 민주화를 가져온 세기임을 뜻한다. 이것은 모든 사람에게 교육의 기회가 부여되는 외부적이고 제도적인 민주화에서 진정한 인간을 완성하고자 하는 교육 내용의 민주화에로 옮겨 본 것이었다. 또 이 시기에 들어와서 세계는 두 차례의 세계대전을 경험하였으며 정신적, 물질적으로 막대한 손실을 가져왔다. 여기에 세계는 공동으로 평화를 수호하여야 할 절실한 문제가 일어나게 되었고 무서운 전쟁을 피하기 위한 수단으로서 교육에 관심이 더욱 집중하게 되어 지금까지의 학교교육이 높은 담을 쌓고 그 가운데서 이루어졌던 온실같은 교육 작용이 반성의 기회를 갖게 되었다.

참된 교육을 육성하고자 하는 교육내용의 민주화는 구체적으로는 근대적인 민주적 시민사회에 상응하는 자주, 자연스러운 인간을 말한다. 봉건적인 구속된 구각에서 탈피하여 자유스럽게 사고하고 창조하고 또 자유스럽게 스스로의 운명을 개척하는 인간형성을 목표로 한다. 그러므로 지금까지의 주인적, 권위적인 교육의 방법을 배격하고 그 대신 경험적인 학습을 중시하는 한편 교사, 아동과의 인간적인 결합을 통한 정의적 생활의 순화를 지향하는 새로운 교육개혁운동이 일어나지 않을 수 없었다. 이러한 교육내용의 민주화에로 지향하는 일련의 새로운 교육개혁의 움직임을 새교육운동이라고 지칭한다.

20세기 초에 주로 독일을 중심으로 한 서구교육사상의 전성기가 1920년대를 기점으로 하여 그 사상적 지배권을 점차 미주대륙으로 넘겨주게 되었으니 그것은 정치, 교육, 사회, 문화의 중심이 유럽에서 미국대륙으로 옮겨 간 세계사의 전환과 함께 하고 있다. 관념적 세계에서 과학적 세계에로의 이행이었다.

10. 민주주의의 교육

민주주의(Democracy)의 정신적 지주는 휴머니즘(Humanism)이며 인류 사상 가장 이상적인 제도인 동시에 생활양식이다. 민주주의란 희랍어로 demos(민중, 인민)와 kratos(권력지배)가 합친 demokratos라는 말로써 모든 인간이 자유롭고 평화로운 입장에서 정치에 참여하는 국민에 의해서 지배되는 통치체제를 의미한다. 그러나 민주주의는 비단 제도나 정치체제만이 아니라 이를 운영하는 인간의 가치관과 생활태도 등이 더욱 중요하다. 민주주의의 기본은 인간존중사상에 있으며 그 조건은 인간의 존엄성에 대한 자각을 기초로 하여 지성적, 자주적, 합리적 태도를 확립하고 책임을 중히 여기며 나아가 협동정신으로 질서 있는 평등한 사회와 자유롭고 평화로운 민주사회를 건설하는 데 있다. 그러나 민주사회가 이룩되고, 보존되고, 발전되기 위해서는 그 성원을 민주적인 인간으로 육성하는 데 있다. 민주사회의 성패는 결국 교육에 있는 것이며 교육받을 시민이 없는 민주사회를 생각할 수는 없다. 제2차 세계대전 이후 많은 약소민족과 국가들이 민주적인 체제로의 전환을 이룩하였지만 대다수의 국가에 있어서는 제대로 민주주의가 성장하지 못한 것을 볼 수 있으니 거기에는 여러 가지 원인이 있겠지만 중요한 하나는 민주주의에 투철한 시민교육의 부재에 있었다고 할 수 있다. 이와 같이 교육은 민주주의의 유지와 발전에 절대적인 요소라고 하지 않을 수 없다. 민주사회는 교육받은 시민에 의하여 이룩되는 사회이다. 민주사회가 요구하는 인간상과 시민상은 미국의 중등교육 7대원리와 N.E.A. 교육정책심의위원회의 교육목표에 잘 반영되어 있다.

가. 중등교육의 7대원리 (Seven Cardinal Principles of Secondary Education)

중등교육의 목표를 정하려는 많은 연구 가운데서 가장 널리 알려지고 받아들여진 것은 중등교육 재조직을 위한 N.E.A. 정책위원회에서 1918년에 공포한 중등교육의 7대 목표이며 이는 스펜서(H. Spencer)가 강조한 교육의 5대 영역을 기초로 한 것이며 그 일곱 가지의 목표를 열거하면 다음과 같다.

- 건강(health)
- 기초교육(command of fundamental processes)
- 가정 관계(worthy home-membership)
- 직업(vocation)
- 시민교육(civic education)
- 여가선용(worthy use of leisure)
- 도덕적 품성(ethical character)

이상에서 주목할 만한 것은 과거에 가장 중요시하던 도덕적 품성이 7위로 떨어지고 건강이 선두로 제시되었다는 것이다. 그러나 건강한 신체에 건전한 정신이 머문다는 것을 강조하였을 뿐 도덕적 품성을 결코 소홀히 취급한다는 의미는 아니다.

나. N.E.A. 교육정책심의회의 목표 (Objectives of the Educational Policies Commissionof the N.E.A.)

민주주의 교육의 목적(목표)에 대하여 많은 교육학자들이 논의하고 있으나 그 중 미국 민주주의 사회가 바라는 인간상을 보다 총괄적이고 구체적으로 제시한 교육목표는 역시 N.E.A. 교육정책위원회에서 교육목표로 제정한 것이다.

오늘날 민주주의 사회에서 가장 전형적이라고 할 수 있는 이 교육목표는 다음과 같다.

1) 자기실현의 목표(The Objectives of Self-realization)

- 탐구심(the inquiring mind)
- 말하기(speech)
- 읽기(reading)
- 쓰기(writing)
- 셈하기(number)
- 보고 듣기(sight and hearing)
- 건강의 지식(health knowledge)
- 건강의 습관(health habits)
- 공중위생(public health)
- 오락(recreation)
- 지적 흥미(intellectual interests)
- 미적 흥미(aesthetic interests)
- 품성(character)

2) 인간관계의 목표(The Objectives of Human Relationship)

- 인간성의 존경(respect for humanity)
- 우정(friendship)

· 협동(cooperation)
· 예의(courtesy)
· 가정수호(appreciation of the home)
· 가정보전(conservation of the home)
· 가정건설(home making)
· 가정 내의 민주주의(democracy in the home)

3) 경제적 효율의 목표 (The Objectives of Economic Efficiency)

· 근로(work)
· 직업지식(occupational information)
· 직업선택(occupational choice)
· 직업능률(occupational efficiency)
· 직업조정(occupational adjustment)
· 직업수호(occupational appreciation)
· 개인경제(personal economics)
· 소비자로서의 판단(consumer judgement)
· 구매의 능률(efficiency in buying)
· 소비자로서의 보호(consumer protection)

4) 공민적 책임의 목표 (The Objectives of Civic Responsibility)

· 사회적 정의(social justice)
· 사회적 활동(social activity)
· 사회적 이해(social understanding)
· 비판적 판단(critical judgement)
· 관용(tolerance)
· 보존(conservation)
· 과학의 사회적 응용(social applications of science)
· 세계적 공민정신(world citizenship)
· 법률준수(law observation)
· 경제적 교양(economic literacy)

- 정치적 공민정신(political citizenship)
- 민주주의에 대한 헌신(devotion of democracy)

이상의 각 항목은 민주주의를 이상으로 하는 사회에서 '교육이 잘 된 사람'은 어떤 사람이어야 하는가를 구체적으로 표현한 것이다.

탐구과제

1. 화랑도 교육의 현대 교육적 의의를 설명하시오.
2. 조선시대 실학사상의 발전 배경과 교육적 의미를 설명하시오.
3. 한국 근대학교 성립 과정과 교육사적 의의를 설명하시오.
4. 중세 기독교 교육사상의 특징을 설명하시오.
5. 헤르바르트의 교육사상이 현대교육에 미친 영향을 설명하시오.
6. 새교육운동(20세기)이 민주교육에 기여한 면을 설명하시오.
7. 계몽시대 교육이 현대교육에 미친 영향을 설명하시오.

읽을거리

김기열(1985). 야은의 교육사상. 원광대학교대학원 박사학위논문.
김용일(1974). 『신고서양교육사』. 서울 : 형설출판사.
성기산(1993). 『서양교육사연구』. 서울 : 문음사.
손인수(1971). 『한국근대교육사』. 서울 : 연세대출판부.
손인수(1988). 『한국교육사』. 서울 : 문음사.
손인수 · 정재철(1967). 『서양교육사』. 서울 : 교육출판사.
오천석(1975). 『한국신교육사』. 서울 : 교육총서출판사.
이을호 외(1972). 『한국교육사』. 서울 : 교육출판사.
이홍우 외역(1996). 『서양교육사』. 서울 : 교육과학사.
장덕삼(1997). 『신교육사철학』. 서울 : 재동문화사.
장덕삼(2003). 『한국교육사』. 서울 : 동문사.
조명래(1973). 『최신서양교육사』. 서울 : 형설출판사.
한기언(1980). 『교육사학』. 서울 : 세광공사.
Batts, R. F.(1955). A Cultural History of Western Education.
Underwood, H. H.(1926). Modern Education in Korea, NY : International Press.
Ulich, R.(1945). History of Education Thought, American Book Co.

CHAPTER

04

교육심리의 이해

제1절　인간심리를 이해한다는 것

학교에서 교사는 대단히 많은 역할을 수행한다. 효과적인 수업설계를 하고 학급을 관리하며 학습자들의 동기를 촉진해야 하고 학업 수행평가 등을 해야 한다. 또한 상담자, 적응지도자로 때로는 판단자 등의 여러 역할을 동시에 수행해야 한다.

그러나 학교 현장에서 이러한 문제를 효과적으로 해결하는 것은 쉬운 일이 아니다. 교육 현상에 영향을 주는 요인 또한 매우 다양하고 학교 현장에서 일어나는 많은 현상들은 교과서적인 이론이나 원리에 의해 명확하게 설명되지 않은 역동적인 경우가 대부분이기 때문이다. 그렇다면 이런 문제를 해결할 수 있는 방법은 무엇인가? 무엇보다도 우선적인 것은 교사의 학생에 대한 객관적이며 사실에 근거한 정확한 이해이다. 학생에 대한 정확한 이해는 다음에 이어지는 교수/수업의 기초, 즉 교육의 출발점이 되는 것이며 교육력의 적극적인 개입의 발판이 된다. 따라서 여기에서는 인간심리에 대하여 현대 심리학에서는 어떻게 이해하려 하고 있는지 대표적인 이론을 중심으로 살펴볼 것이다.

1. 인간에 대한 과학적 이해

교육은 인간을 대상으로 가르치는 일이다. 따라서 교육은 인간을 바르게 이해하는 것을 기저로 한다. 인간에 대한 바른 이해 없이 진정한 교육은 가능하지 못하다고 할 것이다. 그러나 교육현장에서 교사로서 학생을 이해하고 지도한다는 것이 무엇이며 어떻게 해야 하는 것인가? 라는 질문에 대한 우리들의 생각은 늘 하면서도, 또 늘 좋은 대답을 얻고 나서도 또 다시 생각하게 되는 것이다.

우리는 우리 자신과 다른 사람들을 어떻게 하면 보다 잘 이해할 수 있는가에 관심이 많다. 인간은 누구나 자신과 타인의 이해에 관심을 가지며 살아가고 있다. 다른 친구들은 공부를 잘 하는데 나는 왜 그렇지 않은가? 낯선 사람을 만날 때 나는 왜 그토록 불안할까? 우리는 이러한 질문을 하면서 자신이 하는 행동과 다른 사람들이 하는 행동을 관찰하면서 자신이 어떤 특성을 가진 사람인가에 대한 의문과 더불어 인간 이해에 대한 추구를 하면서 살아간다. 뿐만 아니라 일상인으로서 나름대로 다른 사람들의 행동을 관찰하여 그 사람이 어떤 사람인가에 대한 견해를 갖는다.

그러나 우리가 갖고 있는 지식은 과학적 방법을 통하여 얻어진 지식이 아니다. 상식적으로 얻어진 지식이다. 다시 말하면 인간의 이해는 우리의 삶 속에서 이루어지는 자연스러운 생활의 한 부분으로 이루어지는 것에서 시작된다. 다양한 생활 장면 속에서 다른 사람들을 보고 만나고 이야기도 하고 또는 함께 생활하면서 그들에 대한 정보들을 축적해 간다. 이 정보를 가지고 우리들은 생각을 하기도 하고 또한 중요한 판단을 내리기도 한다. 이러한 상식적 이해가 없으면 우리들의 삶은 무의미하다고 할 정도로 우리들의 사고는 상식에 의해 큰 지배를 받고 있다. 그러나 이러한 상식적 이해는 역동적으로 변화하는 하는 인간을 정지된 대상으로 객관화함으로써 고정된 틀에 묶어 놓고 이해하려는 속성을 가지고 있다. 뿐만 아니라 상식적 이해는 이해하는 대상을 정확하게 접근하는 수단을 가지고 있지 않기 때문에 부정확한 지각이나 생각하는 과정에 많은 오류를 가지고 있다.

인간에 대한 일반상식과 우연적 관찰은 '정반대의 사람이 끌린다'와 '유유상종이다' 같이 모순된 일반화를 하게 된다. 게다가 이러한 아이디어들을 검증하거나 오류를 탐지하려는 노력이 거의 없으며, 그래서 사람들은 인간행동에 대한 많은 미신들을 광범위하게 믿게 된다.

이러한 상식의 오류를 체계적으로 극복하기 위한 노력의 산물이 과학이라고 할 수 있다. 일반 사람들이 함축적으로 인간을 생각하는 것과는 달리 심리학자들은 인간을 연구하여 인간의 특성이 무엇인가에 대한 정의를 내리고, 그러한 정의를 바탕으로 보다 과학적 방법으로 인간을 탐구한다.

심리학은 인간에 대한 과학적 지식의 축적을 통하여 정립된 학문이다. 사람들은 자신이나 타인에 대하여 일상적인 지식을 갖고 있다. 과학적으로 인간을 이해한다는 것은 학문의 개념, 법칙, 이론이나 학문적 연구방법을 통해서 이해하는 것을 의미한다. 현대의 학문은 과학과 동일시하는 경향이 있다. 인간에 대한 학문적 이해나 과학적 연구는 여러 학문분야를 통해서 이루어지고 있다. 학문적 이해는 학문구성의 측면에서 보면 개념, 법칙, 이론을 통한 이해이다. 인간을 학문적으로 이해하려면 학문에서 다루는 주요 개념을 가지고 파악하게 된다. 지능, 학업성적, 도덕성, 성격, 자아개념 등 여러 개념이 인간이해에 활용되고 있다. 이러한 학문적 지식은 객관적 현실에 대한 정확한 정보를 제공한다. 현실에 대한 올바른 인식의 체계를 구축하는 것은 모든 교육자들이 다같이 하여야 할 일이다. 인간의 행동과 마음에 관해 객관적이고 현실적인 이해를 가지고 있을 때 그만큼 그들의 행동과 마음에 가까이 있게 된다. 인간에 대한 과학적 지식은 우리들에게 다음의 네 가지 정보를 주고 있다.

첫째, 인간의 행동과 마음에 대해서 정확한 기술(description)을 하고 있다.

둘째, 과학적 지식은 인간의 행동과 인간의 마음이 왜 그렇게 되어 있는가를 설명(explanation)하고 있다.

셋째, 과학적 지식은 인간의 세계, 인간의 마음, 인간의 행동이 앞으로 어떻게 변화될 것인가를 미리 예언(prediction)해 주고 있다.

넷째, 과학적 지식은 사람들이 그들의 행동이나 마음을 어떻게 변화시키고 성숙시킬 수 있는가를 구체적으로 밝히기 때문에 통제(control)할 수 있는 길을 열어 놓는다.

물론 과학이 단번에 모든 궁금증을 해소해 주지는 못한다. 그러나 과학적 지식은 우연적 분석과 공론적 사색보다 더욱 정확하고 신뢰로운 정보를 제공하는 경향이 있으므로 인간 이해에 가장 확실한 길잡이가 된다. 인간에 관한 심리학적 지식을 갖게 되면 우리주변에서 일어나는 많은 문제에 대하여 과학적 통찰력을 갖게 된다. 즉 아동들의 사고과정은 나 자신과 어떻게 다른가? 이상적인 아동을 길러 내기 위해서는 어떤 육아법이 가장 좋은가? 오늘날 증가 일로에 있는 청소년 비행에 대처하기 위한 효과적인 방법이 무엇인가? 학생들이 자기 부모이혼으로 인해 심히 고통을 받고 있을 때 어떻게 해야 하나? 교실에서 벌을 주어야 하는가? 기억력을 증진시켜 공부의 능률을 올릴 수 있는 방법은 무엇인가? 자기 존중감을 발달시키도록 어떻게 도울 수 있는가? 수학의 대수가 성교육만큼 흥미로워질 수 있는가? 삶의 의미를 잃은 채 무기력에 빠진 사람을 어떻게 도와 줄 수 있는가? 대중의 여론이나 태도를 어떻게 바꿀 수 있는가? 나의 첫 수업을 계획함에 있어서 어디서부터 시작해야 하는가?

이처럼 인간에 대한 과학적 지식은 우리 주변에서 일어나는 다양한 문제를 폭넓게 다루고 있으며 이들 문제를 해결하는데 도움을 주고 있다.

2. 현대 심리학에서의 인간이해

18세기 동안의 과학, 종교, 경제, 사회의 경향은 인간에 대한 새로운 연구가 탄생하는데 밑거름이 되었다. 마침내 새로운 심리과학, 곧 '인간행동과 심리'의 연구는 무엇이 각 인간을 서로 다르게 만드는가에 관심을 갖게 되었다. 그러나 한 인간으로서 그 본질은 무엇인가? 인간의 삶은 능동적인가, 수동적인가? 우리는 우리 자신의 삶을 통제할 수 있는가? 아니면 우리는 단지 우리를 둘러싸고 있는 세상의 자극에 반응하는 빈 그릇에 불과한 존재인가? 에 대하여 학자들은 각기 다른 관점에 입각하여 인간을 보아 왔으며, 인간의 행동 양식에 대해 서로 다른 설명 혹은 이론을 제시하고 있다. Zimbardo & Weber(1997)는 심리학에서 인간이해를 위한 주요한 관점을 생물학적 관점, 행동주의적 관점, 인지적 관점, 정신 역동적 관점, 현상학적 · 인본주의적 관점, 진화론적 관점, 생태학적 관점 등 일곱 가지 관점에서 설명하고 있다.

가. 생물학적 관점에서의 인간이해

최근 인체를 구성하고 있는 신경계의 기능을 중심으로 인간의 행동을 이해하려고 하는 관점이다. 우리가 느끼고, 행동하고, 사고하고 기억하는 일에 이르기까지 신경계, 그 중에서도 중추적 역할을 하는 뇌에 의해서 이루어진다는 것이 심리학자들의 가정이다.

1980년 Sperry가 노벨 의학상을 수상함으로써 이에 대한 관심이 고조되고 있다. 그는 동물실험을 통해서 미지의 세계로 알려진 뇌와 신경계의 복잡함 비밀의 장막을 하나씩 벗기는데 공헌을 했다. 그의 연구에 의하면 인간이 뇌는 좌 · 우반구로 나누어져 있으며, 이 두 반구는 각기 다른 기능을 수행하고 있음을 밝힌 바 있다. 따라서 인간의 모든 행동은 신경계의 활동으로 환원시킬 수 있으며, 특히 뇌를 중심으로 한 중추신경이 인간이 행동을 지배한다고 보아, 그것을 주관하는 신체부분들의 해부학적 구조와 기능을 밝히려고 한다.

뇌의 겉 표면, 즉 피질은 수십억 개의 뉴런으로 구성되어 있으며 피질의 표면은 전두엽, 두정엽, 측두엽, 후두엽으로 나누어져 있으며, 각기 다른 기능을 한다. 즉, 전두엽은 기억과 관련되며, 운동에 관여한다. 언어 구사 능력 및 언어 생성과 관련된 기능을 하며, 두정엽은 촉감 및 몸의 자세에 관련된 활동들과 결합되며, 측두엽은 말하기, 듣기, 그리고 일부 시각 정보처리와 관련된다. 그리고 후두엽은 시각적 감각을 담당한다.

뇌 기능의 또 다른 측면은 뇌의 기능 분화이다. 인간의 뇌는 겉으로 보기에는 똑같은 모양의 두 개의 반구로 나누어져 있으며, 좌・우뇌 반구는 각기 다른 기능을 가지고 있다. 즉 좌뇌반구는 언어적, 분석적, 체계적, 논리적, 수리적 기능을 가지고 있으며, 우뇌반구는 시・공간적, 전체적, 직관적, 창의적, 예술적 기능을 맡고 있다. 그리고 좌・우뇌 반구는 서로 다른 방식으로 정보를 받아들이고 해석한다고 한다. 뇌의 기능분화는 과제의 종류에 따라서 뇌의 한쪽 또는 다른 쪽을 완전히 관리한다는 것을 의미하는 것이 아니다. 손상되지 않은 정상적인 뇌를 가진 사람들은 비록 주어진 어떤 순간에 한쪽이 다소 포함되어 있다 할지라도 양 반구가 모든 학습 과제에 다 관여한다(Bjorkund, 1989).

앞으로 머지않아 우리는 뇌, 발달, 학습, 그리고 교수방법에 대해 더욱 많은 연구를 접하게 될 것이다.

나. 행동주의적 관점에서의 인간이해

이 관점은 기계적 거울 모델(mechanical mirror model)이라고도 불리우는 것으로서 인간을 기계와 동격으로 본다. 즉, 인간을 주도적이기 보다 반응적인 존재로 파악한다. 인간은 환경에 의해 만들어지는 존재이며, 만일 환경을 세분화시킬 수 있다면 인간이 어떻게 반응할 것인지 예측할 수 있다는 것이다. 즉 복잡한 자극과 행동을 단순한 요인으로 나눔으로써 경험이 미치는 영향에 대해 이해하고자 한다. 이 관점은 행동주의자와 사회학습이론가에 의해 유지된다.

행동주의자들은 볼 수 있고, 측정이 가능하고, 기록될 수 있는 행동에 초점을 둔다. 인간 존재는 환경 속에서 벌, 강화에 반응함으로써 하등동물들과 같은 방식으로 세상에 대해서 배운다고 믿는다. 이들에 의하면 조건화는 인간행동을 결정하는 근본 기제이다.

'조건화(conditioning)'에는 반응적(respondent)으로 알려져 있는 '고전적 조건화(classical conditioning)'와 도구적(instrumental)으로 알려져 있는 '조작적 조건화

(operant conditioning)'의 두 종류가 있다.

행동주의는 "행동을 유발하는 환경의 역할"을 강조한다. 그리고 모든 변화를 행동의 양적인 변화로 보기 때문에 질적인 변화의 가능성을 부인한다. 이 이론은 어떤 특정한 발달을 증진시키는데 강력한 도구가 되며, 행동수정 프로그램이나 프로그램 학습을 고안하는 데 유용하다. 이러한 행동주의적 원리를 적용함으로써 부모와 교사들은 바람직한 행동에는 보상을, 바람직하지 않은 행동에는 벌을 주거나 무시함으로써 아동의 바람직한 행동을 형성할 수 있다.

Bandura와 같은 사회학습 이론가도 행동주의자들의 기계적 관점에 따른다. 그러나 그는 모든 행동이 '조건화'와 '강화'라는 단순한 원리에서 도출되었다고 보지는 않는다. 사회학습 이론가들은 아동들이 부모와 같은 모델들을 관찰하고 모방함으로써, 그들의 행동을 전부는 아니더라도 대부분 학습한다고 주장한다. 부모를 동일시하는 것은 아동의 언어와 공격성, 그리고 도덕성 학습에 있어서 가장 중요한 요소이다.

다. 인지적 관점에서의 인간이해

행동주의자들과는 반대로 이 관점에서는 인간을 능동적인 유기체, 즉 행동을 주도하는 유기체로 본다. 그리고 이 관점에 의하면 변화는 행동주의자들의 신념처럼 외적인 것이기보다는 내적인 것이다.

인지론자들은 결과보다는 과정에 더 관심이 있다. 즉 인간의 사고나 행동에 있어서 구체적인 것보다는 한 개체가 어떻게 어떤 특정한 방식으로 행동하게 되는가에 더 관심을 두고 있다는 것이다.

또한 이들은 하나의 발달단계에서 또 다른 발달단계로 진행하는데 있어 양적인 변화보다 질적인 변화에 더 관심이 있다. 행동주의자와는 달리 인지이론가는 다른 사람에 의해 주어진 강화나 힘이 인간의 반응을 어떻게 형성하는가를 결정하려고 하지 않는다. 또한 인지론가는 심리분석가처럼 인간이 의식하지 못하는 내재된 동기요인들에 초점을 두지도 않는다. 그 대신 인지론가들은 인간을 능동적으로 자신의 세계를 구축해 나가는 행위자, 실천자로 본다.

인지적 관점을 크게 둘로 나누면 Piaget에 의해 발전된 인지발달이론이 그 하나이고, 컴퓨터과학의 영향을 받는 정보처리이론이 또 하나이다. Piaget는 아동은 일정한 단계를 거쳐 발달한다고 봄으로써 아동의 사고와 행동의 여러 양상을 설명한다. 발달의 각 단계는 한 유형의 사고 또는 행동으로부터 다른 유형으로의 질적 변화를 나타낸다. 이러한 발달의 단계는 한 유형의 사고 또는 행동으로부터 다른 유형으로의 질적 변화를 나타낸다.

인지발달 과정에서 각 단계의 순서는 결코 뒤바뀔 수 없고, 어떤 단계도 그 다음 단계를 건너뛰고, 그 이후 단계로 넘어갈 수는 없다. 왜냐하면 각 단계는 그 이전 단계를 발전시킬 것이고, 그 다음 단계의 기초가 되기 때문이다. 모든 발달 과정에서 개인마다 독특한 시기에 각 단계에 도달한다.

정보처리체계와 흔히 비유되기도 하는 이 접근에서는 학습자는 기존에 알고 있는 지식의 범주 내에서 자신의 경험을 여과하여 취사선택을 하고 의식적으로 또는 적극적으로 주어진 상황을 해석해 간다고 주장한다. 다시 말하면 인간은 여러 가지 감각입력을 변형시켜 그것을 기호화하여 기억에 저장시켰다가 후에 다시 사용할 수 있는 인지기능을 갖고 있기 때문에 인간심리 현상을 이해하기 위해서는 인지기능과 인지과정을 분석함으로써 가능하다고 보는 입장이다. 인간의 행동을 자극입력과 반응출력간의 간단한 공식에 맞춰서 해석하려는 것은 단순한 행동에는 적용이 가능할지 모르지만 복잡한 행동은 설명되지 않는다. 기억을 바탕으로 결심하고, 사고하고, 계획하기도 하고 주위 환경적 자극에 선택적으로 반응하기도 하는 인간의 행동은 단순한 자극 반응이 아니라 인지적인 복잡한 행동인 것이다. 단순한 자극반응이론은 전화교환대와 비교할 수 있으나 인지적인 반응은 컴퓨터와 비교할 수 있다. 들어오는 정보는 여러 가지 방법으로 선택되고 조합되고 변형되어 반응출력으로 나타나는 것과 같이 인간의 반응도 이러한 정보처리체계의 일환으로서 설명하고자 하는 관점이다.

이 관점은 최근 인공지능, 컴퓨터공학 등의 발전과 더불어 괄목할 성장을 거듭하고 있다.

라. 정신 역동적 관점에서의 인간이해

이 관점은 인간은 능동적이지도 수동적이지도 않으며, '자연적인 본능'과 '사회의 제약이라는 두 가지 상태 사이에서 항상 갈등하는 존재이다. 그리고 이 갈등의 본질은 개인이 어떤 수준에 있느냐에 달려 있다. 정신분석가는 행동 배후의 무의식적인 충동이나 동기에 관심이 있다.

이 관점의 학문적인 깊이와 폭은 난해하고도 심오하지만, 그 주요 특징을 다음의 세 가지로 요약해 볼 수 있다.

첫째는 무의식의 강조를 들 수 있다. 우선 이 접근 방법의 기본적인 생각은 인간의 대부분의 행동이 무의식적인 과정에 의해 지배된다는 것에서 출발한다. 여기서 무의식의 과정이란 본인 스스로는 의식하지 못하지만, 자신의 행동에 영향을 미치는 욕망, 불안, 동기, 사고 등을 의미한다.

둘째는 보통 정신적 · 성적 에너지로 간주되는 '리비도(libido)'에 의한 역동이론의 전개를 들 수 있다. 즉 성적이고 공격적인 본능의 힘은 무의식에 속해 있다는 사실에 주목할 필요가 있다. 왜냐하면 의식이 표층에 있어 '현실 원리'를 따르는데 반해 무의식은 '쾌락의 원리'의 지배를 받기 때문이다. 쾌락의 원리에 따르는 것을 보통 '본능' 이라고 하는데 이것을 이드(id : 원초적인 본능의 지배 하에 있는 나)라고 부른다. 이드로부터 방출된 리비도는 충동적이므로 표층에 속하는 자아(ego : 현실적인 나) 또는 초자아(super-ego : 도덕적인 나)의 검열 작용을 받아가면서 외계에 적응해 가는데 결국 이러한 작용들에 의해서 행동의 원동력이 만들어진다고 간주한다.

셋째는 유아기 시절의 체험에 의해 인간의 성격이 결정된다고 하는 심리 · 성적 발달단계 이론을 꼽을 수 있다. Freud는 정신적 성적 에너지인 리비도가 신체의 어느 부위, 즉 어떤 성감대에 집중되느냐에 따라 인간의 성격이 결정된다고 보았다. 심리 · 성적 발달단계 이론은 리비도가 연령에 따라 신체의 일정한 부위에 집중되는 시기를 구강기, 항문기, 남근기, 잠복기, 생식기 등 5단계로 구분하였다.

각 단계 동안의 경험을 성인으로서 갖게 될 적응 유형과 성격 특성에 영향을 주게 된다. 개인의 욕구가 충족되지 않거나 지나치게 충족되면 특정한 한 단계에 고착될지도 모른다. '고착화'란 신경증적인 방법으로 지속되는, 정상적인 발달을 저해하는 성숙하지 못한 애착을 의미한다.

Freud

Freud의 독창적이고 창의적인 생각은 아동과 성인에 대한 어떤 신념을 갖게 하는데 공헌하였고, 서구 세계에서의 아동교육에 지대한 영향을 미쳤다. 그는 우리로 하여금 아동의 성 세계를 인식하게 하였으며, 무의식적 사고와 정서의 본질, 방어기제, 꿈의 의미, 아동 초기에 있어서 부모와 아동 관계의 중요성 및 이러한 관계의 양면성 등과 함께 정서적 기능의 다른 양상들에 대해 인식하게 하였다. Erikson은 Freud의 자아개념을 확장시킨 심리분석가로 성격발달에 대한 사회의 영향에 관심이 있었다. 즉 Freud의 이론은 생물학적 성숙의 요인에 초점을 두고 있는 반면, Erikson은 발달에 대한 사회적 · 문화적 영향에 그 주안점이 있다.

마. 현상학적 · 인본주의적 관점에서의 인간이해

인간행동과 심리현상에 대한 이 접근의 기본적인 생각은 사람들이 각자의 입장에서 현재 그 시점에서 지각하는 '현상학적인 경험'을 가장 중요하게 다룬다는 점에서 출발한다. 현상학적 경험이란 사람들이 각자의 과거 경험을 바탕으로 형성한, 일종의 의미인지에 대한 내적인 준거(internal frame of reference)라고 할 수 있다. 다시 말해 우리 개개인은 모두 이런 현상학적인 경험인 주관적인 세계를 가지게 되므로 결국 각자 나름대로의 독자성과 진실을 지니게 된다. 따라서 상대방의 입장과 상황에서 충분히 그 상대를 이해하고 수용하자는 것이 이 입장의 기본적인 인간이해의 관점이라고 할 수 있다.

현상학적인 경험을 중시하는 입장은 외부적인 자극이나 사건에 대해 그것을 본인 스스로 어떻게 지각하고 해석하느냐 하는 문제에 더 많은 비중을 두고 있다. 그러므로 자아개념이나 자기평가의 감정, 자기의식과 같은 개념을 중요하게 다루면서 인간의 자유의지와 자아실현의 욕구를 이 입장의 기본적인 이론적 토대를 삼고 있다. 그리고 인간의 무한한 성장 가능성과 잠재 능력을 특히 강조하고 있다.

Maslow

Maslow는 개인의 능력을 발휘하고자 하는 자아실현의 동기를 강조하는데, 자아실현을 이룩하기 위해서는 보다 기본적인 욕구가 충족되어져야 한다. 생리적 욕구, 안전의 욕구, 소속의 욕구, 존중의 욕구가 자아실현의 이전에 충족되어져야 하는 욕구이다. 아동들이 타고난 잠재력을 실현시키기 위해서는 아동들에게 보다 많은 선택의 기회를 주어야 하고 더 존중되어져야 하며, 덜 강요하고 덜 위압적이어야 함을 강조한다. Rogers도 인간은 선천적으로 자아실현의 경향성을 타고난다고 보고 이 경향성이 발휘되기 위해서는 무조건적으로 존중받아야 한다고 주장한다(노안영 외, 2003).

바. 진화론적 관점에서의 인간이해

인간의 많은 사회적 행동이 본능이나 유전적 기초에 기인한다고 주장한다는 점에서 Freud의 생각과 유사하다. 즉, 동물행동학이론은 다윈의 진화론에서 유래한다. 인간이 생존하는 데 도움이 되기 때문에 진화를 통해 오랜 시간 동안 지속되어 누적된 경험이 사회적 행동 중 일부를 형성한다는 것이다.

이들에 따르면, 각 종(種)의 어린 새끼는 진화의 산물인 여러 가지 생득적 속성과 반응을 갖고 있다고 한다. 모든 종의 구성원은 환경의 영향을 받고 그것에 가장 잘 적응하는 개체만이 살아남아 자손을 퍼뜨린다. 이러한 자연 도태 과정을 거쳐 모든 종에게는 생물학적으로 계획된 '종(種) 특유의 행동'이 유전된다. 대표적인 학자는 Lorenz, Tinbergen, Bowlby이다.

동물 행동학자들은 발달에 '결정적 시기'가 있다는 주장을 하고 있다. 이것은 환경의 어떤 영향에 특히 민감하거나 반응적인 시기가 있다는 의미이다. 예를 들면, 조류의 추종 행동에 있어서 각인이 이루어지는 효과적인 시기는 부화 후 36시간 정도인데 부화 후 13～16시간 사이가 가장 민감하다고 한다. 인간의 사회 정서적 반응성이 발달하는 결정적 시기가 약 생후 3년간이라고 한다.

동물행동학의 영향을 받아 가장 깊이 연구된 심리학적 영역이 애착과 공격성이다. Bowlby & Ainsworth에 의하면 신생아는 선천적으로 인간에게 접근하고자 하는 성향, 즉 애착 욕구를 갖고 태어나며, 공격적인 행위의 근원도 이미 갖고 세상에 나온다고 보았다. 비교행동학이론과 유사한 접근 방법이 사회생물학(sociobiology)이다. 이 이론은 인간의 사회적 행위를 설명하는 데 생물학적 개념을 사용하는 방법으로 사회생물학이 다윈의 진화론을 환생시키는 것으로 보았다. Wilson은 발달이란 유전과 환경의 상호작용이라고 보지만 유전적 인자가 사회적 행위의 기간을 이루고 있다고 본다. 사회생물학자들은 인간의 이타 행위, 경쟁심, 사회화 등을 설명하기 위해 생물학적인 근원을 밝히고자 노력하며, 성별에 의한 노동의 변화를 그들의 관점에서 연구하고 있다.

사. 생태학적 관점에서의 인간이해

비교행동이론이 발달에서 생물학적 요인에 강조를 두는 것과 달리 생태학적 이론은 사회 환경이 매우 중요하다고 본다.

Bronfenbrenner(1979)는 사람에게 영향을 주는 자세한 환경 분석을 통하여 인간이 살고 있는 환경을 가장 직접적인 체계에서 넓게는 문화에 기초한 체계까지 다섯 체계가 있다고 주장한다. 미시체계(microsystem), 중간체계(mesosystem), 외체계(exosystem), 거시체계(macrosystem), 시간차원(chronosystem)이 그것이다.

미시체계는 아동이 몸담고 있는 가족, 친구, 학교 등으로서 이 체계의 부모, 친구,

교사들은 아동과 밀접하게 상호작용함으로써 영향력을 행사한다.

중간체계란 미시체계 속에서 성장하는 개체가 특정한 시점에서 상호작용하는 것을 의미한다. 예를 들어, 가정생활과 학교생활, 가정생활과 친구관계 등의 상호연관성으로, 부모와 관계가 원만하지 않은 아동은 친구와의 관계도 원만하지 않은 경우가 많은데 이 때 중간체계가 아동의 발달에 영향을 미친다고 볼 수 있다.

세 번째 체계인 외체계는 지역사회 수준에서 기능하고 있는 사회의 주요 기관으로 직업세계, 대중매체, 정부기관, 교통·통신 시설 등이 포함된다. 아동은 이 체계에 직접적으로 간여하지는 않지만 그 체계로 인해 여러 가지 경험이 달라질 수 있다. 예를 들어, 어머니의 직장은 아동의 일상생활을 달리할 것이고, 아동이 살고 있는 지역의 놀이터, 문화시설 등은 아동의 경험의 폭을 다르게 할 것이다.

거시체계는 법률과 같은 명백한 형태를 가진 것도 있으나 대부분의 거시체계는 비형식적인 것으로 관습과 일상생활 습관 등이 포함된다. 아동이 속해 있는 사회문화적 배경에 따라 부모의 양육태도 등의 가치관은 매우 다르며, 이러한 신념이나 가치관은 아동의 발달에 지속적으로 영향을 준다.

마지막으로 시간차원은 시간적으로 한 시점의 사건이나 경험이 아닌 사회 역사적 환경을 의미한다. 예를 들어, 최근 여성들의 취업에 대한 욕구는 대단히 커서 10~20년 전과 매우 다르다. 이와 같이 시대에 따라 달라지는 경험을 시간차원이라 한다.

제2절 교육에 작용하는 인간심리

1. 교육과 인간심리

학교에서 교사들이 어떻게 하면 학생들을 잘 가르칠 수 있는가? 어떻게 하면 교육의 효과를 높일 수 있는가? 하는 질문에 대한 대답은 자신의 경험을 토대로 해서 매우 다양할 것이다.

교육은 인간을 대상으로 가르치는 일이다. 그런데 교사가 학생들을 효과적으로 잘 가르치기 위해는 가르치기에 앞서 더 중요한 것이 학생에 대한 이해이다. 그 인간에 대해서 과학적인 지식을 제공하는 학문이 심리학이다. 그러므로 교육과 심리학은 밀접하게 연관되지 않을 수 없다.

다시 말하면, 교육을 '인간행동을 계획적으로 변화시키려는 과정'으로 정의(정범모, 1968)할 때 거기에는 이론과 실증의 뒷받침이 있어야 한다는 것을 의미한다. 이론과 실증의 뒷받침이 있다는 말은 곧 교육이 실증적 토대 위에 서야 한다는 뜻이다. 따라서 '인간행동과 심리과정을 과학적으로 이해'하려는 심리학적 이론을 토대로 하지 않을 수 없다. 교육의 과정과 현장에 심리학적 현상이 내재하고 있으며 탐구의 대상이 인간이라는 점을 고려한다면, 일반심리학의 지식을 교실상황에 응용한다고 하는 것은 당연하며 불가피한 것처럼 보인다. 그러나 일반 심리학은 교육 내의 고유한 심리적 현상을 체계적으로 탐구하지 않았기 때문에 심리학적 지식을 교육에 응용하는 데에는 한계를 지니게 되었다.

이성진(1996)은 교육과 심리학의 학문적 목적과 관심의 차이를 다음과 같이 네 가지로 지적하고 있다.

첫째, 심리학은 인간 행동에 관한 보편적 원리와 법칙의 확립에 주 목적이 있는 반면, 교육은 특수한 상황에서의 개개 학습자의 특성을 변화시키는 데 그 목적이 있다. 심리학 연구가 제공하는 원리와 법칙이 현장에 적용되기 위해서는 상당한 정도의 수정과 변형이 요구된다.

둘째, 보편적 법칙을 확립하고자 하는 심리학은 방법론적으로 정밀성과 경제성을 지향하고 있기 때문에 행동의 작은 변화와 차이도 중요하게 고려하나, 교육은 크고 의미 있는 변화와 차이에 관심이 있다.

셋째, 심리학은 가치중립적이며 기술적인 반면 교육은 가치 지향적이고 처방적이다. 심리학은 일반적으로 행동의 학습, 변화, 발달 등의 연구에서 있는 그대로의 본질적 현상을 충실히 기술하고 증명하는 입장을 취한다. 그러나 교육은 어떤 가치를 실현하려는 과정이기 때문에 가치중립적인 심리학과는 다른 결정을 해야 한다.

넷째, 과거에 심리학의 원리나 법칙들이 주로 통제된 실험실에서 확립된 반면, 교육은 자연 상태에 가까운 교실에서 일어나는 과정이다. 즉 교육의 현장은 실험실에 비하면 훨씬 덜 통제되어 있고 학습자에게 모든 변인이 각각 또는 전체적으로 동시에 작용하며 학습자의 행동에 영향을 미친다.

이러한 이유로 장상호(1983)는 심리학의 지식을 교육의 문제에 그대로 응용한다는 입장에는 다음과 같은 두 가지 문제가 있다고 지적한다. 첫째는 기초 학문들이 교육에 관한 타당한 지식을 확보하고 있지 못하다는 점이다. 즉 그 지식이 교육 장면을 대상으로 구성되고 그 안에서 입증되지 않았다는 것이다. 둘째는 응용은 가치 판단을 전제로 이를 정당화시킬 수 있는 객관적 판단을 전제로 하는데 이를 정당화 시킬 수 있는 객관적 방법이 없다는 점이다. 따라서 교육목적과 가치가 개입된 교육활동을 통한 인간행동의 변화를 이해하고 적용하기 위하여 교육현장에 내재되어 있는 심리적 현상을 과학적 체계적으로 연구할 필요가 있는 것이다.

교육이 이루어지도록 계획된 특정환 환경 안에서 특정한 교과과정을 가르치고 배우는 동안 무엇을 생각하고 느끼고 행동하는지에 대해서 연구할 필요가 있다. 이러한 의미에서 교육심리학은 교육에서 일어나는 일상적인 문제를 심리학적으로 연구하여 그로부터 원리와 모델, 이론, 수업절차들, 그리고 지도와 평가의 실질적인 방법을 추론해 내는데 초점을 맞춘다. 그뿐 아니라 학습자의 사고와 감성적 과정을 연구하는데 연구방법과 통계적 분석, 측정 및 평가 절차를 유추해 내기도 한다(Wittrock, 1992).

이제 자체의 이론과 연구 방법을 가진 독립적인 학문으로 이해되고 있는 교육심리학은 심리학의 원리를 단순히 교육에 적용하는 수준을 넘어 교육현장에서의 인간의 행동을 기술하고 설명하며 예언하고 통제하려는 다양한 노력을 시도하고 있다. 즉 교육심리학은 교육에 특유한 심리적 현상을 근거로 해서 연구 영역과 개념을 규정하고 독자적인 방법으로 탐구해 나가려고 하는 경향이 뚜렷해진 것이다.

교육심리학이 교육의 과정과 방법에 가장 밀접하게 관련되어 교육에서 중요한 역할과 위치를 차지하고 있으며 교육학 중에서 가장 과학적이고 실천적이며 현장 지향적인 것이다.

2. 교육과정에서 적용되는 인간심리

교육심리학은 구체적으로 교육 현상에 어떠한 도움을 줄 수 있는가? 교육심리학이 아무리 자체의 이론과 연구 방법을 가진 독립적인 학문이라고 해도 실제적인 적용이 뒷받침되지 않는다면 교육심리학은 학문으로서의 유용성을 갖지 못할 것이다.

교육심리학의 목적 가운데 하나는 교육자 특히 교사들이 교육현장에서 당면하는 문제의 해결 과정에 도움을 주는데 있다. 교육심리학이 교육 문제해결에 직접적인 도움을 주는 경우도 있으나 대부분의 경우 문제해결을 위한 근거를 제공해 준다(김언주, 1992). 교사는 교육심리학으로부터 교육적 통찰을 얻고 이러한 통찰을 교육철학적 추론과 통합시켜야 한다. 교육심리학은 교육의 실제, 학습과제에 중요한 아이디어를 제공해 주며 상담, 교육과정 개발, 교육 행정 및 기타 교육활동에도 영향을 준다.

대부분의 교육심리학자들은 교육심리학이 학습과 교수 그리고 그와 관련된 요인들을 연구하는 학문으로서 학생들의 심리적 발달에 대한 이해와 학습 과정 그리고 학생들이 익혀야 할 지식과 기술의 본질을 이해하는데 도움을 주며 학생의 수행을 평가하고 측정하는 데 유용한 기초를 제공한다는 것에 동의한다(임규혁, 1996).

Gage & Berliner(1984)는 [그림 4.1]과 같은 교수-학습과정 모형을 기초로 교육심리학이 교사들에게 어떤 도움을 줄 수 있는지 설명하였다. 그에 따르면 교육심리학은 수업 목표의 설정 및 세분화에 관한 이론적 · 실제적 정보를 제공함으로써 교사가 수업목표의 설정 및 세분화에 관한 의사결정을 성공적으로 내릴 수 있도록 도와준다. 교사는 수업목표를 설정하는 과정에서 학생들의 주요 특성에 관한 정보를 활용한다. 교사는 학생의 인지적 · 정의적 · 심리 운동적 특성을 이해한다. 즉 교육심리학은 학생의 심리학적 특성의 본질과 특성들의 발달 현상 및 개인차 등에 관한 정보를 제공함으로써 교사가 자신의 교육 활동에 관한 의사결정을 성공적으로 내릴 수 있도록 도와 준다.

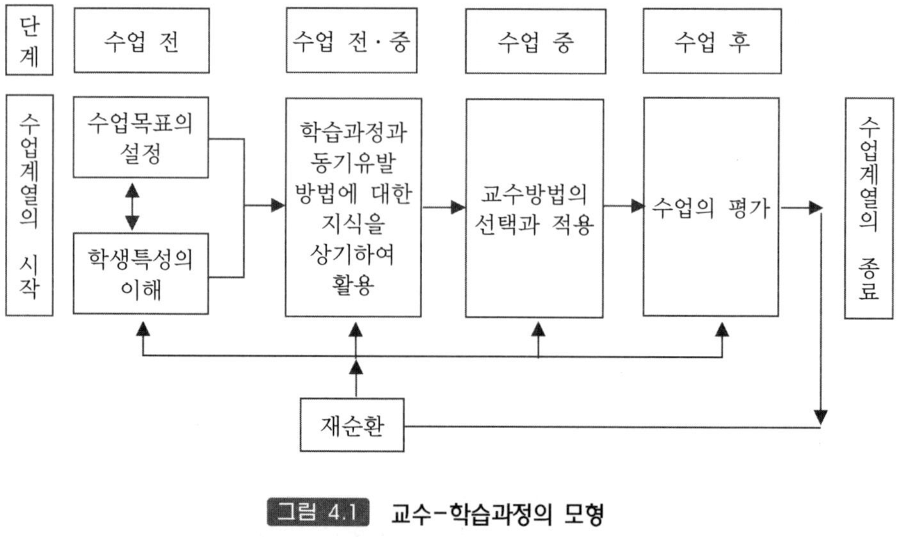

그림 4.1 교수-학습과정의 모형

또한 교육심리학은 학습의 본질과 과정, 파지와 전이, 학습동기 등에 관한 정보를 제공함으로써 수업설계에 관한 의사결정을 내릴 수 있도록 도와 준다.

교사는 수업준비 활동을 기초로 수업 방법을 선택하여 적용하는데, 이 때 교육심리학은 집단조직 방법, 상호작용 방법, 자료 제시 등에 관한 정보를 제공함으로써 교사가 수업활동 전반에 관한 의사결정을 성공적으로 내릴 수 있도록 도와 준다. 수업이 종료되면 수업 목표의 성취도를 평가하는 데, 교육심리학은 평가관, 평가도구 제작과 평가의 실시, 해석, 정리 등에 관한 정보를 제공해 줄 수 있다.

교사는 교과 내용에 관한 전문가일 뿐만 아니라 수업 설계에 대한 전문가, 동기 촉진자, 학습관리자, 지도자, 상담자, 모델 역할 등을 동시에 수행하고 있다 (Woolfolk, 1990).

Goetz, Alexander와 Ash(1992)는 교육심리학이 제공하는 이론이 교사가 가르치는 과정에서 부딪치는 여러 가지 문제를 설명하고 이해하며 현상의 과정이나 결과를 예측하게 하고 주요 변인이나 과정을 통제할 수 있게 함으로써 교사에게 교육현상에 관한 의미 있는 통찰력을 제공할 수 있다고 한다.

그러나 교육심리학의 이론을 완전히 습득한다는 것이 모든 문제를 해결할 수 있다는 것을 의미하지는 않는다. 교육심리학은 교육의 실제를 성공적으로 이끄는 기본적이고 필수적인 이론적 기초를 제공해 줄 것이지만 이러한 이론적 기초와 더불어 교사 자신의 노력과 적극성이 조화를 이루어야만 할 것이다.

제3절 교육에 영향을 미치는 인간심리 특성

교사들이 학교에서 고려해야 할 학생들의 심리적 특성은 매우 다양하다. 편의상 여기에서는 인간의 심리적 특성을 인지적 특성과 정의적 특성으로 나누어 그것이 교육의 이론과 실제와 어떤 관련을 맺는가를 살펴보기로 한다.

1. 인지적 특성과 교육

교육목적의 인지적 영역에 속하는 개념으로 학교교육과 가장 밀접한 관계가 있는 심리적 특성은 학습자의 인지적 특성이라고 볼 수 있다. 인지적 특성 중에서 가장 핵심적인 것은 학생의 학업성취 능력과 관련이 있는 지능이다. 서로 다른 비율로 학습하는 학생들을 가장 적절하게 조화시키는 것이 바로 교사의 책임인 것이다.

지능이란 얼마나 빨리, 얼마나 쉽게 학습할 수 있는가에 영향을 줄 뿐 아니라, 교과과정의 다른 부분을 더 배울 수 있는가의 문제에 작용하기도 한다. 이처럼 지능은 매우 강력한 변인이기는 하지만, 지능에 대한 이해만으로는 학생들의 학업성취를 이해하는 데 충분치 않다. 학생의 창의성이라든가 사회경제적 지위 그리고 성차의 문제 또한 교사가 이해하고 적절히 대처해야 할 중요한 변인들이다.

가. 지 능

1) 지능이란?

일상생활에서 지능을 언급하는 경우가 허다하다. "저 아이는 지능이 높다", "저 아이는 IQ가 낮으니 공부를 못한다" 등 누구나 사람의 지능에 대한 관심이 매우 높음을 알 수 있다. 따라서 대부분의 사람들은 지능에 대하여 잘 알고 있다고 생각하는 경향이 있다. 일반인들에게는 지능이란 총명함, 명석함, 문제해결력, 경험으로부터 학습하는 능력 등을 의미한다. 교사나 학부모들은 학습 성과 면에서 개인차가 생길 때 그 원인을 지능의 개인차로 귀인시키곤 한다. 교사나 일반인들이 가지고 있는 지능의 개념은 학생에 대한 평가에 영향을 줄 수 있으며, 또한 그러한 지능검사의 측정값은 학생의 지적 특성을 이해하고 진단하는 데 혹은 학교와 직업에서의 성공을 예언하는데 중요한 지표로 활용되고 있다. 그러나 지능의 본질과 내용 그리고 구조에 대한 논쟁을 지금도 계속되고 있다.

지능이 개념화된 이후 지금까지 100년 동안 지능에 대한 연구는 그 질과 양에서 많은 발전을 하여 지능의 정의를 한 가지로 말하기가 어려울 정도가 되었다. 지능의 예언능력에 관해서도 학업성취에 대한 예언 뿐 아니라 학교 외의 현실세계에서의 성공에 대한 예언까지도 관심을 갖게 되었다. 지능의 본질에 관하여서도 환경에 대한 적응, 기초적 정신과정, 높은 수준의 사고(가령 추리, 의사결정, 문제해결) 등 뿐만 아니라 메타인지, 집행과정, 과정과 지식의 상호작용이 등장하고 지능의 정의에서 문화와 사회의 역할을 강조하고 있다. 향후 지능에 대한 연구과제로 가장 많이 지적된 것은 인지 이외의 능력(성격, 동기, 정서)과 지능, 특수영역에서의 지능, 실생활에서의 지능, 지능의 발달 등이다.

임승권(1992)은 100여 개의 정의를 대별하여 세 가지로 정리하고 있다. 그 중의 하나는 지능을 추상적 사고를 할 뿐만 아니라 그것을 구체적 사실과 관련시키는 능력으로 이해하려는 견해, 즉 지능의 고등정신 능력설의 입장이 있으며, 둘째로,

새로운 사태에 대처하는 능력, 즉 정신적 적응능력으로 주장하는 입장, 그리고 마지막으로 경험에 의한 학습능력으로 보는 입장 등이다.

그 후 종합적으로 정의하는 입장이 나타나기도 하였는 바 Wechsler(1944)는 지능을 목적적으로 행동하고 합리적으로 사고하며, 환경을 효과적으로 다루는 개인의 종합적 능력으로 구성된다고 하였다.

최근에 실생활에서의 지능을 강조는 주장이 있는데, 이러한 요구를 반영하는 입장으로 Sternberg(1986)는 "메타요소, 수행요소, 지식-습득 요소의 기능에 따라, 생소한 과제에 대한 반응, 혹은 정보처리의 자동화와 관련하는 경험의 연속선에서, 어떤 지역에서 상황적으로 적절한 행동을 방출하는 정신능력"으로, Gardner(1983)는 지능을 "하나의 문화권 또는 여러 문화권에서 가치 있게 인정되는 문제를 해결하고 결과를 창조해 내는 능력"이라고 정의하고 있다.

2) 지능의 이론

지능을 단일한 능력으로 보기보다는 몇 가지의 상이한 능력으로 보는 이론 중에 요인분석적 접근이 있다. 이들은 지능의 개념에 지능의 구성 요소, 즉 요인에 중점을 둔 학자들로 Spearman은 일반요인(general factor)과 여러 개의 특수요인(special factor)으로 지능이 구성되어 있다는 이 요인설을 주장하며, Thurstone은 다요인 구조의 지능으로 언어이해 능력, 추리능력, 지각속도 능력, 수리능력, 공간능력, 기억력, 언어의 유창성 능력 등 7가지의 기본 정신능력(PMA)을 확인하였다.

Guilford는 Thurstone의 기본 정신능력을 확장 발전시켜 3차원의 지능구조모형을 제시하였다. 즉, 지능은 아동들이 어떠한 인지과제에 대한 지적 활동들이 수행되는 정신적 '조작'(operation) 또는 과정의 유형(평가력, 수렴적 생산, 발산적 생산, 단기기억, 장기기억, 인지), 그 정신적 조작이 수행되는 대상으로서의 '내용'(content) 또는 자료의 유형(시각적, 청각적, 상징적, 언어적, 행동적), 그리고 특정 유형의 검사 내용에 대한 구체적인 조작의 수행에서 비롯되는 '산출'(product) 또는 결과의 유형(단위, 유목, 관계, 체계, 변환, 함축)으로 이루어진 지능의 구조를 180개(5×6×6)의 벽돌을 쌓아 놓은 것처럼 표현하였다. 그는 이러한 분류를 통하여 기존 지능검사가 주로 언어적 내용만 측정하는 것은 잘못이며 모든 요인을 측정할 수 있는 검사의 개발이 필요하다고 하였다.

그러나 최근에 지능이 보다 사회적이고 범문화적이어야 하며 교실 이외의 장소에서 나타나는 지능을 발견하는 것이 중요하다는 실생활에서의 지능에 대한 강조를 하고 있는데(하대현, 1996), 이러한 요구를 적절하게 반영하고 있는 이론으로 Gardner(1983)의 다중지능이론(Theory of Multiple Intelligence; MI)과 Sternberg(1985, 1986)의 삼원지능이론(Triarchic Theory of Intelligence)을 들 수 있다. Gardner는 각종 검사간의 상관관계의 연구를 토대로 하여 지능을 개념화하는 심리측정적 지능이론을 보충하는 다중지능이론을 제안하였다. 그는 광범위한 자료를 종합하여 적어도 9가지의 비교적 독립적인 지능이 있다는 이론을 제시하였다(심우엽, 1999).

- 언어학적 지능(linguistic intelligence)
- 음악적 지능(musical intelligence)
- 논리-수학적인 기능(logical-mathematical intelligence)
- 공간지능(spatial intelligence)
- 신체적 근육운동 감각적 지능(bodily kinesthetic intelligence)
- 개인내적 지능(intrapersonal intelligence)
- 대인간 지능(intrapersonal intelligence)
- 자연관찰지능(naturalist intelligence)
- 실존지능(existentialist intelligence)

Gardner

Gardner는 위의 여러 가지 지능은 첫째, 정보를 처리하는 기본단위로서 그 자체의 독립적인 상징체제가 있다고 본다. 또한 이 지능들은 그 자체로서 완비된, 그러나 다른 체계와 연결되어 있는 기본단위로 볼 수 있다고 생각한다. 그리고 이러한 지능들은 훈련을 통해 개발될 수 있다고 한다. 이 이론에 따르면 종래의 IQ 점수는 사람의 능력을 진단하는데 대단히 부적절함을 알 수 있다.

지능의 측정과 관련하여 Gardner는 똑같은 방법으로 연령과 계층이 다른 사람들을 진단할 수 없다고 말한다. 이는 개인의 나이, 세련됨, 문화적 배경 등에 따라서 지적 능력을 분석하는 방법이 달라야 함을 의미한다. 또한 실험자가 검사 도구를 실험실에서 사용하는 것이 아니라 실제 상황에서 혹은 실제상황과 같은 환경을 조성해서 측정할 때만이 피검자의 현재 지적 능력과 가능성에 대해서 보다 완벽한 평가를 할 수 있다는 것이다.

Sternberg

Sternberg는 기존의 지능이론들이 오로지 개인, 행동, 혹은 상황 중 일부로부터 구하려 했기 때문에 불완전한 이론이 되었다고 가정한다. 지능이론이 보다 완전한 이론이 되려면 이 세 가지를 모두 고려한 이론이 되어야 한다고 주장한다. 따라서 이 세 근원을 각기 고려한 세 가지 요소를 고려한 하나의 종합적 이론인 것이다. 그 세 가지 요소는 성분적, 경험적, 그리고 맥락적 요소이다. 성분적 요소는 지능을 원초적으로 구성하는 성분으로서 세 가지 정보처리성분, 즉 상위성분, 수행성분, 지식습득성분을 제시한다. 상위성분은 인간이 문제를 해결하거나 과제를 완수할 때 정신적 · 신체적으로 우리가 행하는 모든 것을 조정하는 고등제어 과정이다. 어떤 과제 해결을 할 때 사용하는 전반적 전략이 이에 해당한다. 수행성분은 과제를 수행할 때 사용하는 정신과정으로 과제를 입력하고 관계를 추리하고 해결전략을 비교하는 것 등이 포함된다. 지식습득성분은 새로운 것을 학습하는 정신과정이다. 적절한 정보와 무관한 정보를 가려 내는 것, 새로운 정보를 기존의 정보에 관련시키는 것 등이 이에 포함된다.

지능의 둘째 측면인 경험적 요소는 경험을 통하여 생소한 과제를 다룰 줄 알게 되고 정보처리가 자동적으로 되는 것이다. 새로운 문제에 당면했을 때 낡고 부적절한 사고방식이 아닌 새로운 개념체계를 필요로 하게 된다. Sternberg의 지능이론에서 경험적 능력은 대단히 중요한 위치를 나타낸다.

마지막으로 맥락적 요소는 외부 환경에 대응하는 능력, 즉 현실 상황에의 적응력을 강조한다. 이 능력은 전통적인 지능검사가 측정한 지능지수와는 무관한 능력으로 최근에 실용적 지능의 개념으로 지능발달 분야에서 각광을 받고 있다.

최근에 Sternberg는 성공지능(successful intelligence)이라는 개념을 제안해 자신의 지능이론을 발전시켰다. 즉 성공지능이란 분석적, 창조적, 실천적이라는 세 측면의 생각을 잘 해내는 능력을 의미한다. 즉 문제를 해결하고 아이디어의 질을 판단하는 데에는 분석적 지능이 필요하다. 그러나 문제점과 아이디어를 훌륭하게 파악하는 데에는 창조적 지능이 필요하며, 일상생활에서 훌륭한 아이디어와 분석방식을 활용하려면 실천적 지능이 있어야 한다. 그는 한 개인의 성공지능은 분석적, 창조적, 실천적이라는 세 측면의 지능이 균형을 이룰 때 가장 효과적이라고 주장하고 있다.

나. 창의성

1) 창의성이란?

최근 일부 기업의 사원 모집광고를 보면 '학업이 우수하고 용모 단정한' 사람을 찾는다는 전형적인 문구 대신 기발한 아이디어로 사원을 뽑는 회사들이 있다. 일반적으로 무엇인가 특이하고 새로우며 독특한 것을 만들어 내는 능력을 창의성이라고 한다. 그러나 창의적인 것이 항상 평범한 사람들과 달라야 한다는 것을 의미하지는 않는다.

교육학 용어사전에서는 창의성을 "새로운 관계를 지각하거나 비범한 아이디어를 산출하거나 또는 전통적인 사고 유형에서 벗어나 새로운 유형으로 사고하는 능력"이라고 한다. Guilford는 새롭고 신기한 것을 낳는 힘이라고 하였고, Taylor는 생산적 사고와 창조적 사고를 표현하는 복잡한 심리적 과정으로서 인내성과 성취, 변화, 개선을 구하는 태도, 그리고 소신을 낳게 하는 정열 같은 것이라고 하였다.

이렇게 창의성이 다양하게 표현되는 것은 그것을 지적 능력이라고 볼 것인가, 혹은 문제해결의 과정으로 볼 것인가에 따라 다르게 설명되기 때문이다.

2) 창의성의 구성요인

Guilford는 1950년에서 1960년에 걸쳐 추리능력, 창의적 사고의 요인분석, 창의성의 평가, 유연성 및 문제해결력 등에 관한 일련의 요인 분석적 연구를 실시하여 이 결과를 토대로 창의적 사고에는 다음과 같은 6개 요인들이 포함되어 있음을 밝히고 있다(임승권, 1992).

- 문제에 대한 민감성
- 유창성 : 연상의 유창성, 언어의 유창성, 표현의 유창성, 관념의 유창성
- 독창성 : 비범함, 교묘함
- 유연성 : 자발적 유연성, 순응적 유연성
- 치밀성
- 재정의

정원식과 이영덕(1985)은 창의성 속에 지적 능력 뿐만 아니라 성격적 특성까지도

포함시켜 다음과 같이 7가지 요인으로 구성되어 있다고 주장하고 있다.

① **유창성** : 주어진 자극에 대하여 제한된 시간에 얼마나 많은 양의 반응을 보일 수 있는가 하는 능력의 변인이다. 반응의 질이 아니라 반응의 양이 문제이다.

② **융통성** : 한 가지 문제 사태에 대하여 접근하는 방법이 얼마나 다양한가 하는 사고 능력이다.

③ **독창성** : 사고의 결과로서 나타나는 반응의 색다름을 의미한다.

④ **정교성** : 주어진 문제를 세분화하여 전개시키거나 문제에 포함된 의미를 명확히 파악하고, 결함을 보완할 수 있는 능력을 뜻한다.

⑤ **조직성** : 복잡한 문제 사태를 보다 간결하게 하며 새로운 의미를 부여하고 사물, 사상 간의 구조적 · 기능적 관련성을 고려하여 서로 관련지을 수 있는 능력을 말한다.

⑥ **지각적 개방성** : 문제 사태에 대하여 민감하게 사실대로의 지각을 할 수 있는 능력을 말한다.

⑦ **성격적 요인** : 창의적 성격 특성을 의미하는 것으로 비판에 대한 개방적 성격, 독립적 판단 태도, 전통과 이습에 얽매이지 않는 사고 등으로 이루어진다.

Perkins(1988)는 창의성이 요인을 잠재력, 계획, 가치라는 세 수준으로 분류하고 있다. 잠재력은 심리적인 현상을 효율적으로 수행할 수 있는 능력을 의미하는 것이며, 계획은 개인이 지닌 잠재력의 전개가 조직되는 패턴을 말한다. 그리고 가치는 한 사람의 노력을 결정하게 하는 보다 큰 가치를 말한다. 여러 가지 방법들 중에서 가장 빈번하게 사용되는 것이 기준가치가 된다.

독창성을 소중히 여기고 모호성을 용인할 것인가의 선택은 창의적인 활동에 참여하는 개인의 성향에 영향을 줄 수 있다. 잠재력, 계획, 가치는 모두 창의성에 영향을 준다(임규혁, 1996).

3) 창의성과 교육

다가오는 21세기는 개인의 창의성이 그 어떤 시대보다도 더욱 요구될 것이라는 사실에 이의를 제기하는 사람은 아무도 없을 것이다. 따라서 학교에서 학생들의 창의성을 최대한 개발시켜 줄 필요성이 증대되고 있다. 창의성에 관한 연구들은 창의성이 경험이나 훈련에 의해 학습되고 개발될 수 있다는 것을 보여 주고 있다.

김언주(1992)는 학생들의 창의성 함양을 위한 교육환경의 조성에 대하여 다음과 같이 제언하였다.

첫째, 교사는 창의적 사고가 무엇인지 알아야 한다.

둘째, 교사는 자신의 문제해결 방법이 최선인 것 같이 학생에게 강요하지 말아야 한다.

셋째, 교사는 학생의 창의적 사고가 출현될 수 있는 조건을 마련해 주어야 한다.

넷째, 교사는 창의력에 대한 학생 자신의 부정적 태도를 제거시켜야 한다.

다섯째, 학생들이 문제해결에 관한 창의적 기법을 습득하도록 지도해야 한다.

여섯째, 문제해결 방법은 특정 교과 영역별로 개발되어야 하며 특정교과의 교육과정에 삽입되어야 한다.

Yelon & Weinstein(1977)이 제안한 창의성 향상을 위한 10가지는 다음과 같다.

① 학생이 경험할 수 있는 것에 제한을 두지 않는다.
② 어떤 원리를 새로운 장면에 적용할 수 있도록 도와 준다.
③ 비범한 질문이나 아이디어가 더 귀중한 것임을 보여 준다.
④ 솔선하여 스스로 무엇을 행할 수 있는 기회를 마련해 준다.
⑤ 자유로운 사고를 진행시킬 수 있도록 압력을 줄이도록 한다.
⑥ 생각할 시간을 마련해 준다.
⑦ 개인차를 존중한다.
⑧ 창의적 사고를 진행하는 동안의 무질서를 인정한다.
⑨ 학생이 원하는 아이디어를 말해 준다.
⑩ 창의적 행동의 모형을 제시한다.

2. 정의적 특성과 교육

인간의 심리적 특성을 편의상 인지적 특성과 정의적 특성으로 나눌 때 인지적 특성의 기능은 능력적인 면을 의미하며 정의적인 특성은 비능력적인 면을 지칭한다. 인간의 정의적 특성에 해당하는 것으로는 인성, 흥미, 동기, 태도, 가치관, 도덕성 등이다. 이것은 교육목적의 정의적 영역에 속하는 개념이라고 할 수 있다. 이와 같이 정의적 영역에 속하는 다양한 개념을 모두 별개로 논의하는 것은 본장에서 의도하는 바와 벗어나기 때문에 여기에서는 가장 포괄적인 개념으로서 인성의 문제를 다루기로 한다.

가. 인 성

1) 인성이란?

능력과 인성 중 어느 것이 더 중요하냐 하는 것은 결정하기 어려운 문제이며, 주어진 상황에 따라 다를 수 있다. 그러나 우리는 가정에서나 학교, 사회 혹은 직장에서 능력이 부족해서가 아니라 인성적 특성 때문에 일을 성취하지 못하는 경우를 볼 수 있고, 인성 때문에 생산성 혹은 효율성이 떨어지고, 갈등과 부적응 현상이 생겨나는 등 여러 가지 문제가 발생하는 것을 볼 수 있다. 또한 능력은 다소 떨어지더라도 어떤 일을 끈기 있고, 지속적으로 추진해 나가는 경향성, 사회성, 친화력 등이 바탕이 되어 일을 이루어 내는 경우도 볼 수 있다. 따라서 개인의 인성이 그 사람의 현재와 미래의 삶에 중대한 영향을 미친다는 것을 간과할 수 없다. 인성이란 무엇인가? 라는 질문에 대하여 우리는 나름대로 다른 사람들의 행동 관찰을 통해서 인성에 대한 답을 가지고 있으며 더불어 타인의 인성에 비추어 자신의 인성이 어떻다는 견해를 가진다. 일상생활에서 '공격적인 사람', '솔직한 사람', '내성적인 사람' 등 흔히 인성적 특성을 들어 사람을 표현하려 한다. 한 개인의 자질이나 특징을 설명하고자 하면서도 그 인성의 의미에 대해서는 제대로 파악하지 못하고 있는 듯하다. 인성심리학자들도 그들이 보는 인간에 대한 기본 입장을 바탕으로 인성의 정의를 다양하게 내려왔다.

대표적인 학자들의 정의를 살펴보면, 성격은 "개인의 특유한 행동과 사고를 결정하는 심리 · 신체적 체계인 개인내의 역동적 조직"(Allport, 1961), "인간 상호간에 나타나서 그의 행동을 특징지워 주는 비교적 지속적인 유형"(Sullivan), "사람들의 심리적 행동(사고, 감정, 행동)에 있어 공통성과 차이를 결정하는 일련의 안정된 경향성과 특성으로, 이러한 심리적 행동은 시간에 따른 연속성을 가지며 어떤 순간의 사회적 및 생물학적 압력의 단일한 결과로서 쉽게 이해될 수 없다"고 보며(Maddi, 1996), "일관된 행동패턴 및 개인 내부에서 일어나는 정신내적 과정"(Burger, 2000) 등으로 정의하고 있다. 이런 다양한 정의를 바탕으로 인성이란 말이 함축하고 있는 여러 의미를 정리하면 다음과 같다.

① 인성은 인간의 사고, 감정, 행동을 포함한 일련의 행동과 관련하여 이해될 수 있다.
② 인성은 인간 적응의 측면을 반영한다.
③ 인성은 사람들이 보편적으로 공유하는 공통성을 내포한다.
④ 인성은 사람들을 구별할 수 있는 개인의 독특성 혹은 개인차를 반영한다.
⑤ 인성은 비교적 일관되고, 안정적인 행동패턴과 관련된다.
⑥ 인성은 개인 내부의 역동적이며 조직화된 특성을 반영한다.

2) 인성이론의 분류와 분야

지금까지 주장되고 있는 인성이론은 수십 가지에 이르고 있고 각각 특징과 차이가 있다. 이론마다 무엇이 인간 본성이고 구조를 이해하면서 각 개인간의 차이점은 무엇인가 하는 것이 관심의 대상이다. 때문에 개개 이론은 어떤 측면에서 인간이해에 기여한다. 어떤 이론도 인성을 충분히 만족스럽게 설명해 주지는 못하지만 어떤 이론이든지 나름의 특징과 의미가 있음을 알아야 한다. 다양한 인성이론들을 좀더 포괄적으로 묶어 다음과 같이 몇 가지 인성에 대한 관점으로 분류할 수 있다.

정신분석적 관점은 현대적 상담, 심리치료에 있어서 기본이 되며 바탕이 된다. 이 관점으로의 창시자인 Freud에 의하면, 인성은 원욕(id), 자아(ego), 초자아(super-ego)로 구성되어 있다. 이들 세 가지는 원욕의 전체성 안에서 리비도(libido)라고 하는 생명 에너지를 분배받아 기능한다. 리비도는 생명 에너지이면서 동시에 정신 에너지이다. 원욕은 거대한 무의식 안에 숨어 본능적인 욕구를 충족하려고 하는 가장 강한 자아구성 요소이다. 초자아는 이런 원욕의 발동에 강한 제재를 가하면서 양심과 이상을 실현하려 한다. 자아는 쾌락추구의 원욕과 도덕성 추구의 자아간의 갈등을 조절하여 양자의 욕구가 충족되도록 기능하는 현실적 자아이다. 인간이란 생물학적 본능과 이것을 제약하려는 도덕과 이상 사이에서 갈등하는 존재이다. Freud에 의하면 건강한 인성이란 이 세 가지 자아구조 간에 생명 에너지가 조화롭게 분배되며, 자아의 기능이 강화되어 현실적으로 잘 조절되는 것이다.

성향적 관점은 인간이 인성을 나타내는 비교적 안정적인 특질이 있으며 이러한 특질은 문화에 따라 공통적인 특질 및 사람들을 구별해 주는 독특한 특질이 있다는 것을 가정한다. 우리가 인성이라는 말을 할 때 전형적으로 마음에 떠오르는 것이 특질이라 할 수 있다. 예를 들어, 자신의 성격에 대해 기술하라고 할 때 일반적으로 상냥하고, 친절하고, 수줍음을 많이 타고, 비사교적이다 등의 이야기를 하게 된다. 이렇듯 우리 자신과 타인을 묘사할 때 시간의 변화나 상황의 다양성과는 상관없이 안정적 특성들을 이야기하게 된다. 달리 말하면, 사람들은 성격을 기술할 때 개인의 보다 영속적인 자질이나 특성을 확인하려고 한다. 따라서 특질은 사람의 미래 행동에 관해 예언할 수 있도록 해 주며, 한 개인의 행동은 상황보다 개인 자체에 더 많은 기초를 둔다는 점을 가정한다.

행동주의학자들은 성격의 구조나 유형은 명확히 규정지을 수도 없고 통제할 수도 없다고 생각한다. 이들은 관찰 가능하고 통제가능한 분야인 개인의 행동과 환경(부모, 교사, 친구) 등에 관심을 갖는다. 인간은 주어지는 자극에 어떻게 반응하느냐에 따라서 행동양식과 인성이 결정된다. 적응적 행동도, 부적응적 행동도 모두 학습원리에 의해서 소거시키거나 변화될 수 있다고 믿는다. Skinner의 조건형성이론에서 볼 때 인간이 어떤 행동을 계속 유지하느냐, 그만두느냐 하는 것은 그 행동이 강화를 받고 있느냐의 여부에 따라 결정된다.

Rogers

인본주의적 관점의 대표적인 학자인 Rogers에 의하면 인간은 감각, 사고 행동을 통합적으로 지각하고 조직하는 전체로서의 유기체이다. 개인은 경험적 세계 안에서 자신에 대한 자아개념을 형성해 나간다. 이 때 자아개념과 현상적 세계에서 경험하는 자기와의 괴리, 곧 불일치를 경험할 수 있다. 이러한 불일치 상태에서 고민하고 정서적으로 혼란된 아동은 자기발전이 저해된다. 그러므로 부모는 무조건적 존중과 공감적 이해와 솔직성의 태도로 자녀를 양육할 때 자녀가 경험하는 불일치가 해소될 수 있다. 그리하여 자녀는 자기실현의 방향을 향하여 충분히 기능하는 존재로 되어가는 것이다.

Ellis나 Beck와 같은 인지이론가들은 인간 인성의 중심역할은 인지기능에 있다고 보았다. 인간의 사고경향성에 따라 그의 정서와 행동이 영향을 받고 그로 인하여 개인의 행·불행이 좌우된다는 것이다. 인간은 선천적으로 그리고 후천적으로 합리적 사고의 경향성과 비합리적 사고의 경향성을 동시에 가지고 있다. 인간이 불행하다거나 부적응적 행동을 하게 되는 것은 불운한 외부의 조건에 의해서라기보다는 그러한 외부의 조건을 지각하고 인지하는 과정에서 비합리적이고 왜곡된 판단이 작용하기 때문이라고 보고 있다. 그러므로 적응적인 인간이 되고 바람직한 방향으로 인성을 변용시키려면 자기의 인지구조 안에 있는 왜곡된 신념체계를 발견하여 그것을 합리적인 것으로 대체해야 한다.

3) 인성과 교육

학생들이 심리적으로 건강하고 성숙한 인간으로 성장하도록 돕기 위해서 어떠한 방향과 목표를 가지고 인성교육에 임해야 할 것인가? 다양한 인성이론가들의 주장과 경험적 연구를 바탕으로 인성교육이 나아가야 할 방향을 제시하면 다음과 같다(한국교육학회, 2001).

가) 학생 자신의 올바른 이해 도모

인성교육의 첫 번째 목표는 무엇보다도 다양한 특성을 지닌 학생 자신으로 하여금 자기 자신을 바르고 정확하게 이해하도록 하는 일이다. '너 자신을 알라'라는 소크라테스의 말을 굳이 인용하지 않더라도 자신이 감정이나 동기를 정확하게 이해하는 것은 이상적인 인성의 핵심적 요소가 된다.

나) 학생 자신의 존중과 수용

자기 자신을 올바르게 이해하는 사람은 비로소 인성교육의 또 하나의 목표인 자기 자신을 존중하고 수용하는 경향이 있다. 자기존중이 없는 자기 비하는 자기 학대일 뿐 아니라 흔히 반사회적인 행동으로 표출되어 사회적인 문제로 확대되기도 한다.

다) 자기통제 및 조절능력 함양

자기 자신의 일시적인 감정이나 충동을 통제하고 조절할 수 있는 능력은 바람직한 인성을 지닌 사람들의 또 하나의 공통적인 특성이다. 건강한 인성의 소유자는 본능적인 충동이나 감정 때문에 좌절하기 보다는 이를 사회적으로 용납되는 생산적이고 창조적이며 적극적인 방식으로 승화시켜 표현할 줄 안다.

라) 올바른 현실감각 배양

인성교육은 학생들로 하여금 자기이해, 자기존중, 자기수용, 자기통제 능력을 함양함으로써 올바른 현실감각을 길러 주는 것을 목표로 한다. 자신의 환경, 사회적 맥락, 그리고 주어진 과제의 특징 등을 정확히 이해하는 현실에 기초한 사고는 건전한 인성의 필수적인 요소인 것이다.

마) 공감적 이해능력과 타인존중의 자세함양

공감이란 말 그대로 타인의 감정을 공유함으로써 상대방 입장을 이해하면서도 결코 자기 자신을 잃지 않는 것을 말한다. 솔직한 자기노출과 타인에 대하 공감적 자세는 보다 깊고 원숙한 인간관계를 형성하는 토대가 된다. 순수함과 성실함을 전제한 인간관계는 자신과 타인을 모두 이롭게 하며 바람직한 인성의 한 기준이 된다.

제4절 교육심리학의 새로운 연구 동향

최근 교육심리학 교재에 대한 내용 분석을 한 이신동(1994)의 연구에 따르면 약 30년에 걸쳐서 가장 많이 취급된 내용은 크게 4가지 주제로 학습이론, 학령기, 성격이론, 사회 심리적 발달 등이었고, 교육심리학에서 최근에 증가를 보이는 주제들은 교육환경, 인지능력, 수업매체, 조작적 교육목표, 교육평가 등이었다. 이러한 현상을 통해 교육심리학의 영역이 이론뿐만 아니라 교육의 실제적인 적용에 대한 관심을 꾸준히 증가시키고 있음을 알 수 있다.

이제 자체의 이론과 연구 방법을 가진 독립적인 학문으로 이해되고 있는 교육심리학은 심리학의 원리를 단순히 교육에 적용하는 수준을 넘어 교육현장에서의 인간행동을 이해하고 기술하고 이해하며 예언하고 통제하려는 다양한 노력을 시도하고 있다. 즉 교육심리학은 교육에 특유한 심리학적 현상을 근거로 해서 연구 영역과 개념을 규정하고 독자적인 방법으로 탐구해 나가려고 하는 경향이 뚜렷해진 것이다. 교육심리학은 교육의 과정과 방법에 가장 밀접하게 관련되어 교육에서 중요한 역할과 위치를 차지하고 있기 때문에 단순한 응용학문으로서가 아닌 독립된 학문영역으로서 가장 과학적이고 실천적이며 현장 지향적이어야 한다. 따라서 교육현장의 심리적 현상을 과학적으로 연구하는 기초학문으로 그 정체를 확립하고 발전하기 위해서 앞으로의 연구방향을 제시하면 다음과 같다(이성진 외, 1999).

1. 인간발달 연구에서의 전생애적 발달에 대한 관심

인간발달에 대한 연구가 종래에는 주로 아동 및 청년 중심으로 이루어졌으며,

Piaget

1960년대 이후 Piaget의 발달이론은 교육심리학자들의 관심의 대상이 되었다. Piaget의 이론을 검증한 결과 발달단계의 보편성에 문제가 제기되기도 하였다. 예컨대, 보존개념은 구체적 조작기에 나타나기 보다는 전조작기에 나타난다는 것이다.

그리고 그가 관심을 가졌던 인지과정은 논리·수학적 정신과정에 한정되어 대인관계에서 일어나는 문제해결 능력은 설명할 수가 없다는 것이다. 또한 형식적 조작기 이후에도 형식적 조작이 일어난다는 것이다. 이러한 입장은 최근 발달연구의 장을 개척하고 있는 평생 발달적·맥락적 관점에 의해서 지지를 받고 있다.

따라서 교육심리학은 '학교 안에 있는 아동을 위한 교육'에서 '학교 밖에 있는 나이든 어른들을 위한 교육'에도 관심을 가져야 한다는 것이다. 평생 발달적 심리학 연구의 발전의 배경에는 성인 및 노인인구의 증가와 핵가족화에 동반하는 평생주기의 변화, 가치관이나 삶의 스타일의 다양화 등 시대적·사회적 변화가 있다고 할 수 있다. 교육심리학자는 평생교육에도 관심을 가져야 한다는 것이 최근 인간발달이론이 시사하는 바이다.

2. 인지학습이론에 대한 방향 확대

인지이론에 근거한 교수이론은 지식을 적극적으로 구성하고, 저장하고, 전이하도록 하는 교수 절차를 명백히 하는 것이다. 따라서 각 교과목의 내용을 심리학의 인지 이론, 메타인지 과정, 학습 방략 등과 관련시켜 이해하고 교수 방법을 제시한다. 종전의 인지이론은 인지 원리가 범내용적, 범차원적이라고 가정하는 데 반해, 최근 인지에 대한 접근은 영역별로 그 나름의 특유의 지식 구조와 사고방식을 요구하고 있다는 점에 초점을 맞추고 있다.

3. 교수-학습에 대한 질적 심화 및 효율성 강조

교수-학습은 교육심리학의 주된 관심이므로 이론적, 실증적 연구의 성과가 많음에도 불구하고 수업의 효율성과 효과성은 교육심리학자들에게는 과제로 남아 있다. 만약 학교교육의 성과가 기대치 이하로 저하되었을 때 그것이 교육과정의 문제, 교육 환경의 문제, 교사 자질에 대한 문제인지에 대해 이론적, 실증적 점검이 있어야 한다.

예컨대, 아직도 현장에서는 많은 학습자들이 학습부진의 굴레 속에서 벗어나지 못하고 있다는 현실에 대해서도 그 원인이 교사의 수업능력 부족에 기인하는 것인지, 아니면 학습자들의 노력 부족에 있는지, 교육과정 운영상 때문인지에 대한 명백한 증거가 보이지 않는다는 것이다. 이러한 교수-학습과정에서 야기되는 문제에 대한 분명한 실증적 증거를 교육심리학은 제시해야 할 것이다(진위교, 1998).

4. 학습동기이론 및 동기 유발에 대한 심화 확대

학습동기는 학습이라는 목표지향적인 행동이 유발되고 유지되는 과정을 의미하는데 초기의 본능이론과 욕구체감이론, 인지일관성이론, 동기위계설 등은 동기의 본질에 대한 이해를 높이는데 공헌하였으나 이제는 주류의 무대에서 사라져 가고 있다. 교육이란 무엇보다도 학습자의 학습에 대한 동기가 없이는 달성될 수 없는 것임을 생각할 때 학습동기에 대한 새로운 관심이 확대되고 있다. 지금까지 일반화된 것으로 간주된 강화이론에 대하여 비판의 소리가 높았던 것이 사실이다.

예를 들면, 부모나 교사가 만족하면 칭찬을 해 주고, 기대에 어긋나면 힐책하거나 모른 체하는 것으로 학습동기 유발에 효과가 있다는 데 회의를 표시하는 연구가 적지 않다. 따라서 동기를 인지과정으로 설명하려는 시도가 전개되고 있다.

자신의 성취 행위를 자신과 타인과의 비교 맥락에서 자신의 유능성을 보존하려는 의도와 노력으로 설명하는 자기가치이론이나 학습자 자신의 성공과 실패의 원인을 어디에 두는가에 관심을 갖고 있는 귀인이론, 그리고 학습동기를 학습목표와 학습사태에서의 개인의 기대와 관련이 있다고 보고, 현재의 수행 정도를 자신이 설정한 목표와 견주어 얼마나 진전하고 있는지를 알면, 학습자는 자신의 숙달에 대한 자기효능감을 체험하게 됨으로써 소망한 성과를 달성할 것이라는 신념과 자신이 목적달성을 위한 행동을 할 수 있거나 그러한 행동을 학습할 수 있다는 신념이 좌우한다고 설명하는 사회인지이론 등 학습동기에 대한 보다 구체적인 연구가 이루어지고 있다.

제5절 교육심리학의 탐구주제

교육심리학의 이론과 연구는 단순히 인간행동의 이해에 머무르지 않고 인간행동에 대한 이해를 바탕으로 교육의 효과성과 목적 달성을 위한 다양한 연구에 기여하고 있다. 따라서 교육심리학 분야는 다양한 학문적 범위와 영역에서 학생들의 학습활동이나 바람직한 행동발달에 도움을 주고자 노력한다. 교육심리학이 꾸준히 관심을 갖고 탐구해 왔던 연구주제는 다음과 같다.

1. 학습자의 특성

효과적인 교육이 수행되기 위해서는 무엇보다도 학습자에 대한 이해가 선행되어야 한다. 따라서 학습자의 인지적 · 정의적 특성의 본질과 발달, 지능, 창의성 등의 개인차변인을 연구함으로써, 보다 정확하게 학습자를 이해하려는 노력을 기울여 왔다.

2. 학습의 과정

학습자에 대한 충분한 이해가 이루어졌다고 하더라도 실제적으로 학습이 발생하는 기제를 이해하지 못한다면, 효과적인 교육을 기대할 수 없다. 따라서 교육심리학에서는 학습의 본질을 탐구하기 위하여 행동주의와 인지이론을 바탕으로 다양한 학습이론들에 관심을 가져왔다.

3. 수 업

효과적으로 가르치는 방법은 학습자의 특성을 이해하고 학습과정의 본질을 아는 것만큼 중요한 문제이다. 따라서 교육심리학에서는 다양한 수업모형을 연구하고 개발해 왔으며, 이러한 수업모형을 효과적으로 적용하기 위한 노력을 계속하고 있다.

4. 생활지도 및 상담

앞서 언급했듯이 교육현상이란 교과서적인 이론이나 원리를 단순히 적용하는 것 이상을 필요로 하는 다양하고 역동적인 경우가 대부분이다. 따라서 학습자가 경험하는 인지적·정의적인 측면의 문제들을 적절하게 해결하지 못한다면 효과적인 교육을 기대할 수 없을 것이다. 이러한 이유로 인해 교육심리학에서는 학생의 생활지도와 상담에 관한 이론과 기법을 발전시켜 왔다.

5. 교육성과의 평가

교육현장에서 학업수행의 과정과 학업성취를 측정하고 적절한 피드백을 제공하는 평가활동 역시 교육심리학의 지속적인 관심분야이다. 학습자의 성취수준에 대한 정확한 정보는 수업내용과 방법의 효과를 점검할 수 있을 뿐 아니라, 학습자의 다음 학습에도 영향을 미친다는 점에서 중요한 영역으로 이해되고 있다.

이상과 같이 교육심리학은 학습자, 학습, 수업, 생활지도 및 상담, 평가 등 교육과 관련된 광범위한 영역을 이해하고, 이론체계를 확립하며 효과적으로 적용하기 위하여 다양한 노력을 기울이고 있다.

탐구과제

1. 과학적으로 인간을 이해한다는 의미는 무엇인가를 밝히라.
2. 인간이해를 위한 입곱 가지 심리학적 관점을 설명하라.
3. 교육과 심리학의 관계를 설명해 보라.
4. 교수-학습과정의 모형을 기초로 교육심리학이 교사들에게 어떤 도움을 줄 수 있는지 설명해 보라.
5. 지능에 대한 Gardner와 Stenberg의 견해를 설명하고, 이들 이론이 교육에 주는 의미를 밝히라.
6. 학생들의 창의성 향상을 위한 교육환경은 어떻게 조성해야 하는지 제시하라.
7. 여러 학자들의 정의를 토대로 인성에 대하여 자기 나름대로 정의를 내려 보라.
8. 학생들이 심리적으로 건강하고, 성숙한 인간으로 성장하도록 돕기 위한 인성교육의 방향을 제시하라.
9. 교육심리학의 학문적 구성요소를 밝히라.
10. 앞으로 교육심리학이 해결해야 될 과제는 무엇인가를 밝히라.

읽을거리

김언주(1992). 『신교육심리학』. 서울 : 문음사.

김정희 외(1998). 『심리학의 이해』. 서울 : 학지사.

박아청(2002). 『교육심리학』. 서울 : 교육과학사.

심우엽(1999). "지능이론과 교육적 시사", 교육심리학의 새로운 쟁점과 이론. 서울 : 교육과학사.

이성진(1996). 『교육심리학 서설』. 서울 : 교육과학사.

이성진 · 김계현(1999). 『교육심리학의 새로운 쟁점과 이론』. 서울 : 교육과학사.

이신동(1994). "교육심리학 교재에 대한 내용분석 및 한 · 미 비교 연구"(1954~1988). 교육심리연구, 812.

임규혁(1996). 『교육심리학』. 서울 : 학지사.

임승권(1992). 『교육심리학』. 서울 : 양서원.

장상호(1983). "한국교육학의 성장과 과제 : 교육과학의 좌표". 서울 : 한국정신문화연구원.

정범모(1968). 『교육과 교육학』. 서울 : 배영사.

정원식 · 김종서 · 이영덕(1985). 『교육학개론』. 서울 : 교육과학사.

하대현 · 백미란 · 윤미선 편역(1998). 『지능이란 무엇인가 ? 』. 서울 : 상조사.

한국교육학회(2000). 『인성교육론』. 서울 : 문음사.

홍경자(2004). 『청소년의 인성교육』. 서울 : 학지사.

Bjorklund, D. F.(1989). Children's thinking; Developmental function and individual difference. Pacific Grove, CA : Brooks/Cole.

Burger, J. M.(2000). Personality Belmont, CA : Wadsworth

Gage, N. I. & Berliner, D. C.(1984). Educational Psychology(3rd ed). Boston : Houghton Mifflin Company.

Gardner, H.(1993). Multiple intelligence : The theory into practice. NY : Basic Books.

Goetz, E. T. & Alexander, P. A. & Ash, M J.(1992). Educational Psychology ; A Classroom Perspective. NY : Longman Green.

Maddi, S. R.(1996). Personality theories; A comparative analysis(6th ed.). NY : Brooks/Cole.

Wittrock, M. C.(1992). An empowering Conception of Educational Psychology. Educational Psychologist. 27.

WoolFolk, A. E.(1990). Educational Psychology. Englewood Cliffs, NJ : Prentice-Hall.

Yelon, S. L. & Weinstein, G. W.(1977). A Teacher's World : Psychology in the Classroom. NY : McGraw-Hill.

Zimbardo, P. G. & Weber, A. L.(1997). Psychology(2nd ed.). NY : Longman.

CHAPTER

05

교육사회학

제1절 교육사회학의 성격

E. Durkheim

아마도 교육사회학이라는 학문을 처음으로 접하는 사람은 이 학문이 교육학의 하위 영역인지 아니면 사회학의 하위 영역인지 쉽게 분간할 수가 없다. 실제로 교육사회학의 학문적 성격에 대한 논의는 다양하다. 교육사회학의 아버지로 평가받는 뒤르깽(E. Durkheim)은 교육을 사회화로 규정하고, 교육은 본질적으로 사회적 성격을 가진다고 보았다. 김신일(2003)은 교육사회학을 '교육에 대한 사회과학적 인식'으로 정의하고 있다.

> 교육이란 무엇인가? 이것은 교육학의 기본적 질문이다. 교육사회학은 교육의 사회성에 초점을 맞추어 "교육이란 무엇인가?"라는 질문에 답을 얻으려는 지적 활동이다. 즉 사회현상으로서의 교육을 기술(記述)・설명(說明)・이해(理解)하는 활동이다(김신일, 2003 : 45-46).

이에 비하여, 한준상(1987)의 정의는 보다 구체적이다. 그는 교육사회학을 두 차원으로 구분하였는데, 그 하나는 교육 현상에 대한 사회학적 이해와 이론화였고, 다른 하나는 교육적 실천화였다. 그는 교육적 실천을 위하여 사회학적 지식과 방법을 동원하여 교육적 이해를 도모하고자 하는 것으로 교육사회학을 이해하였다. 이처럼 한국의 대학에서는 교육사회학이 교육학의 하위 영역으로서 교육학과의 한 전공영역

으로 분류되고 있지만, 미국의 대학에서는 사회학과의 하위 전공영역으로도 많이 알려져 있다.[1)]

Ⅰ. 교육사회학의 발달

교육사회학은 프랑스의 소르본느 대학교에서 사회학과 교육학을 가르쳤던 뒤르껭(E. Durkheim)에 의해 주창되었다. 그러나 그는 엄밀하게 말하자면 교육학자이기보다는 사회학자에 가까운 교육학자였다. 비록 그가 교육학을 강의하고, 교육에 관련된 저술 활동을 하였지만, 그의 주된 관심은 산업화 과정에서 발생한 다양한 사회적 무질서였다. 그는 "교육이란 그 기능이나 기원에 있어서 본질적으로 사회적이다. 따라서 교육은 사회학에 밀접하게 의존하고 있다"라고 주장하고 있다. 그의 교육사회학적 사고를 엿볼 수 있는 책이 그의 강연을 모아 편집된 『교육과 사회학』(Education and Sociology)이다. 이 책에서 그는 교육을 개인을 에워싸고 있는 외부 환경에서 개인을 제약하는 일종의 규칙을 의미하는 '사회적 사실'(social facts)로 파악하고 있다. 그는 교육을 "성숙한 성인에 의하여 아직 사회생활에 익숙하지 않은 세대에 가해지는 영향"이라 보았다. 다시 말해 교육이란 아동의 사회화, 미성숙한 개인적 존재를 사회적 존재로 변화시키는 것, 그리고 자연 상태의 이기적이고 비사회적인 개인을 탈자연화(脫自然化)시켜서 사회인으로 만드는 것이라고 생각하였다(손준종, 2001 : 24).

물론 뒤르껭 이전에도 교육을 사회적 관점에 비추어 논의한 예가 없던 것은 아니었다. 콩트(A. Comte), 스펜서(H. Spencer), 나토르프(Natorp), 워드(L. F. Ward) 등이 교육을 사회적 관점에서 논의하였으며, 이들의 사상이 뒤르껭에 의한 교육사회학 출현에 밀접한 영향을 주었다. 사회학의 창시자인 콩트는 프랑스혁명(1789~99)과 그 여파로 인해 사회가 극도로 혼란스러웠던 시대에 태어났다. 특히 그는 중세시대

---

1) 콜롬비아대학교, 일리노이대학교, 위스콘신대학교, 캘리포니아대학교(UCLA) 등 교육학이 상대적으로 잘 알려진 대학교에서는 교육사회학이 교육학과의 하위 전공으로 제공되고 있지만, 하버드대학교, 존스홉킨스대학교 등 전통 있는 사립대학교의 사회학과에서는 교육사회학을 비중 있게 다루고 있다. 다음 두 가지 홈페이지는 콜롬비아대학교와 존스홉킨스대학교에서 교육사회학이 어디에 소속되어 있는지를 알아보는 데 도움이 된다(오욱환, 2003 : 40).
http : //www.tc.columbia.edu/humandevelopment/Sociology/default.htm
http : //www.soc.jhu.edu/

A. Comte

P. Natorp

이후로 도덕적 기능을 해오던 종교가 그 기능을 상실하던 시대에 각종 사회문제가 표면화된 유럽사회를 재조직하기 위해 인간중심의 도덕적 학문으로서, 또한 계몽주의의 출현으로 인한 인간의 사회 발견으로서 사회학을 탄생시켰다. 실증·과학적인 교육방법을 시도한 콩트는 "인간은 사회적이며, 인간은 사회 속에서 만들어지고, 개인의 동기와 요구는 사회적이다"고 보았다. 영국 사회학의 창시자인 스펜서는 사회적 다위니즘(Darwinism)에 근거하여 사회유기체론을 주장하였다. 그는 교육을 유기체의 구조를 완성하고 그 유기체를 인생 내지는 사회생활의 임무에 적응시키는 과정으로 보았다. 독일 사회학자 나토르프(P. Natorp)는 『사회적 교육학』(Soziale Pädagogik, 1899)을 저술하였다. 그는 심리학과 윤리학을 강조하는 헤르바르트의 교육학을 '개인적 교육학'이라 비판하고 대신에 '사회적 교육학'을 주장하였다(손준종, 2001 : 25). 또한 미국에서는 사회의 역동적 측면에 큰 관심을 가지고 있었던 워드(L. F. Ward, 1883)가 사회진보를 도모하고 인간을 행복에 이르게 하는 가장 효과적인 수단은 교육에 의한 지식의 보급이라고 주장했다.

이와 같이 초기 사회학자들의 교육에 관한 관심과 사고가 교육사회학의 성립을 준비하는 기반이 되었던 것은 분명하다. 유럽의 교육사회학은 프랑스에서 뒤르껭 개인을 중심으로 진행되었고, 영국을 중심으로 만하임(Karl Mannheim), 클라크(Fred Clarke), 스트워어드(W. C. Steward) 등이 활동하였다. 반면에, 미국에서는 집단적으로 제도화가 진행되었다. 미국 교육사회학의 역사를 간략히 살펴보면 다음과 같다(오욱환, 1999; 손준종, 2001).

미국 대학에서 '교육사회학' 과목이 처음으로 개설된 것은 1907년 콜롬비아 대학인데, 그것은 수잘로(H. Suzzallo)에 의해서이다. 그는 교육사회학을 교육철학 및 사회철학을 대신하는 것으로 학교를 주로 연구하는 것이라 생각하였다. '교육사회학과'는 1916년 콜롬비아 사범대학에 최초로 설치되었다. 교과서로는 스미스(W. R. Smith)에 의하여 1917년 『교육사회학 입문』(An Introduction to Educational Sociology)이 저술되었다. 이 책에서 스미스는 교육 문제를 해결하는 데 있어서 사회학을 응용할 것을 주장하고, 나아가 사회집단의 교육적 의미를 중시하였다. 또한 교육실천에 있어서 과학적 방법과 사회조사 방법을 응용할 것을 주장하였다. 1923년에는 페인(E. George Payne)의 주도로 교육사회학 연구자들의 학술모임인 미국교육사회학회(national society for the study of educational sociology)가 창설되었으며, 5년

후인 1928년에는 학술지 「교육사회학회지」(Journal of Educational Sociolo- gy)가 창간되었다.

한국에서 '교육사회학' 강좌가 처음으로 개설된 것은 1952년 9월이다. 한국전쟁 때문에 부산에 피난 내려가 있던 서울대학교 사범대학에 진원중(陳元重)교수에 의해 선택과목의 하나로 개설되었다. 그 후 전쟁이 끝난 1954년에는 사범대학 전 학생에게 필수과목으로 지정되었고, 1955년에는 교육공무원자격검정령시행세칙(문교부령 제39호)에 의하여 중등학교 교사자격 취득을 위한 교직과정의 한 과목으로 포함되었다. 1967년에는 교육사회학연구회가 한국교육학회의 한 분과로서 발족하면서 교육사회학은 더욱 발전하게 되었다(한국교육사회학연구회, 1983 : 3)

대학 강좌로서의 '교육사회학'은 1970년대에 들어서서 큰 변화를 겪게 된다. 당시의 공화당 정부가 추진하고 있던 '새마을 운동'에 보조를 맞추기 위하여 1972년에 문교부령을 개정하여 교직과정의 필수과목으로 '교육사회학'을 빼고 '학교와 지역사회'라는 강좌를 신설한 것이다. 이 당시의 교육사회학은 주로 실천지향적인 학문으로 발전하여 지역사회에 관한 기초지식, 지역사회 개발의 이론과 방법, 지역사회학교 운영 등을 다루게 되었다. 그러나 '학교와 지역사회' 강좌는 1985년에 교직과정이 개편되면서 폐지되고, 그 대신에 '교육사회학'이 다시 교직과목으로 선정되었다. 이 시기의 '교육사회학'은 실천지향적 성격이 약화되고 사회학지향적 성격이 강해졌다. 학교교육에 관한 사회학적 연구가 강조되기 시작한 것이다. 양자 간의 큰 특성은 '학교와 지역사회'가 주로 지역사회 문제를 중심으로 비교적 좁은 범위의 문제를 다루고 있는데 비해 '교육사회학'은 교육의 여러 문제를 폭넓게 다루고 있는 데에 있다.

교육사회학 논의의 관점은 1990년대에 더욱 다양해진다(김신일, 2003 : 30). 국내에서 군사정권 쇠퇴와 아울러 국제적으로 동독의 붕괴와 소련의 와해가 끼친 영향이 크다. 이에 따라 학문적 논의에 있어서 이념적 한계나 이념적 대결구도가 사라져 매우 다양한 관점이 표출되었다. 탈근대주의, 여성주의, 세계화, 정보화 등을 교육과 연결시켜 논의하는 논문이 1990년대에 많이 발표된다(김경희, 1996; 한숭희, 1998; 김기홍, 1999; 곽삼근, 1999).

그리고 1990년대의 큰 특징은 교육개혁에 관한 활발한 논의이다. 특히 김영삼 정부시기에 발표한 교육개혁방안의 핵심 내용인 자율화와 경쟁원리 도입은 세계적인 신자유주의 경향에 관한 논쟁과 맞물려 적지 않은 토론을 촉발시켰다(손준종, 1996; 이규환, 1996; 박부권, 1999; 심성보. 1999). 또한 학교외 교육에 관한 연구가 늘었으며, 평생교육에 관한 논의도 꾸준히 증가하고 있다(정유성, 1998; 김경희, 1998).

평생교육과 아울러 평생학습에 대한 교육사회학의 관심은 급속히 확대될 전망이다.

2. 교육적 사회학과 교육의 사회학

교육사회학의 발달과정에서 교육사회학은 초기에 주로 교육학과 사회학의 입장에서 발전되어 왔기 때문에 교육사회학의 학문적 성격은 태생적으로 논쟁의 소지를 안고 있었다. 그런 연유로 교육사회학의 학문적 성격은 두 가지 입장으로 분류되는데, 그 하나는 사회학의 지식을 교육실천에 응용하려는 실천적 성향이 강한 교육학 지향적 경향과, 다른 하나는 교육현상에 관한 사회학적 탐구를 통하여 사회학의 지식과 이론을 확장하고자 한 사회학 지향적 경향이다.

이 경향에 대하여 우리 나라 교육학자들은 흔히 전자를 '교육적 사회학'(educational sociology)으로, 후자를 '교육의 사회학'(sociology of education)으로 부르고 있다. 교육적 사회학은 미국에서 초기에 발달하였던 교육사회학으로서 사회학 이론을 교육실천에 응용하려고 하는 실천지향적 성격이 강한 반면, 교육의 사회학은 학문의 객관성을 높이기 위하여 보다 과학적으로 사회현상으로서 교육에 관하여 연구하려는 사회학 지향적인 성격이 강한 입장으로 볼 수 있다.

가. 교육적 사회학

교육적 사회학은 교육체제에 사회학적 원리를 적용하려고 시도하였다. 특히 초창기의 교육적 사회학은 교사들에게 필요한 사회학적 지식과, 교육학자들이 교육연구와 문제분석에 있어서 사회학적인 지식과 방법을 응용하는 형태가 주된 목적이었다.

교육적 사회학은 교육학을 모(母)학문으로 한 교육사회학으로 교육실천에 사회학적 지식을 응용하고 적용하여 교육문제를 해결하고 교육적 처방을 내리는 데 주된 관심을 가졌기 때문에 실천지향적 교육사회학이라고 부른다. 이러한 관심은 1930년대를 거쳐 세계 제2차대전을 전후하여 한층 더 발달하여, 교육문제를 해결하는 데 교육심리학과 함께 하나의 불가결한 학문으로 그 위치를 다져 갔다. 이 시기에 사회학을 교육에 적용하려는 노력은 인격형성의 사회학을 강조한 조르보오(H. W. Zorbough), 교육적 사회학 이론을 재정립한 브라운(F. J. Brown) 그리고 교육의 지역사회적 배경을 중심으로 연구한 쿡크(L. A. Cook) 등을 들 수 있다(김병성,

2004 : 27).

시대적으로 교육적 사회학은 제2차 세계대전 이전까지로 1950년대까지 지역사회 학교운동(community school) 또는 사회중심 교육운동(society-centered education), 독일의 향토학교운동(Heimat Schule)으로 나타나고 교사양성기관에서 교직 과목으로 교육사회학이 연구되고 강의하게 된다(최정웅 · 양경숙, 2004 : 82).

나. 교육의 사회학

사회학 지향적 교육사회학, 즉 교육의 사회학은 제2차 세계대전을 계기로 구미에서 시작되어 학교를 중심으로 한 교육현상을 사회학적으로 연구하여 이론을 구축하려는 노력으로 시작되었다. 1950년대에 이르러 교육사회학은 실천지향적 학문에서 순수과학으로 탈바꿈하기 시작하였고, 가치판단으로부터 사실판단으로 그 성격이 변모하게 되었다. 즉, 제2차 세계대전 이전까지는 실제적인 사회의 교육적 형성력을 연구하려는 학문적 성격이 강하였으나, 전후에는 교육사회학을 규범적 또는 응용적인 학문에서 객관도나 정확도가 높은 교육과학으로 재조직하려는 노력이 강하게 나타남에 따라 학문적인 과학화의 시도가 이루어졌다(김병성, 2004 : 29).

이러한 학문지향적 교육사회학의 기초를 놓은 사람은 20세기 초의 뒤르깽(E. Durkheim)이다. 그는 교육을 사회적 실재로 파악하고, 사회구조의 한 부분으로서 교육의 사회적 기능을 밝히는 것을 교육학 연구의 핵심이라고 보았다(E. Durkheim, 1956 : 133-134). 이와 같이 교육을 과학적으로 연구하는 학문으로 본 교육사회학자들은 그들의 학문적 방향이 종전의 실천지향적인 교육적 사회학과는 그 성격이 본질적으로 다르다는 점에서 교육의 사회학(sociology of education)이라 부르게 되었다.

스탈컵(R. T. Stalcup, 1967)에 의하면, 교육적 사회학은 교육운영 및 과정에 사회학의 일반적 원리와 연구결과를 응용한 학문이고, 반면에 교육의 사회학은 교육체제의 사회학적 과정을 분석 · 연구하는 학문이라고 하였다. 월러(W. Waller)는 『교수사회학』이라는 그의 저서를 통하여 순수 사회학적인 입장에서 학생 및 지역사회와의 관계 규명에 교사의 역할과 학교의 사회적 구조 및 문화에 대한 분석을 시도하였다(W. Waller, 1932 : 6-7).

사회학을 모(母)학문으로 하는 교육의 사회학은 교육에 관한 사회적 사실과 사회적 기능을 밝히고 교육과 사회 · 문화 간의 관계와 교육체제의 여러 유형을 비교문화적 관점에서 연구하고 사회체제로서 학교와 학급을 연구하는 사회제도나 사회조직으로서의 학교와 교육체제를 연구한다.

브루코버(W. B. Brookover)는 '교육의 사회학'의 성격에 관하여 교육체제에서의 인간관계를 과학적으로 분석하는 학문으로 규정하고, 그 윤곽을 다음 네 가지 영역으로 나누었다.

① 교육체제와 사회의 다른 단면과의 관계
② 학교 내의 인간관계
③ 학교가 교사와 학생의 행동과 인성에 미치는 영향
④ 학교와 지역사회의 관계

위에서 살펴본 바와 같이 서로 다른 입장을 취하고 있는 교육적 사회학과 교육의 사회학에 대하여 프리차드와 벅스턴(Prichard & Buxton)은 다음과 같이 말하고 있다. 즉, 교육적 사회학은 교육학의 영역에 속하고, 교육심리학 및 교육철학의 균형을 바라며 실제적인 교육문제 해결에 관심이 있고, 이에 반하여 교육의 사회학은 사회학의 영역에 속하고 과학적 방법에 의한 이론적 지식의 탐구에 관심을 가지고 있다고 말하고 있다(Keith W. Prichard and Thomas H. Buxton, 1973 : 1).

그러나 1980년대부터 갈등주의 사회학 이론의 대두와 네오 마르크스주의 신좌파운동의 사회 정치적 변화를 배경으로 종래의 거시적인 사회구조와 사회체제적 접근에서 학교와 학급을 중심으로 한 교사와 학생의 사회적 관계를 중심으로 한 미시적 연구의 방향으로, 즉 신교육사회학의 방향으로 교육사회학의 학문적 성격이 변화되어 간다(김병성, 2004 : 83)

3. 교육사회학 이론의 전개

교육사회학의 초기 이론은 대체로 1950년대를 전후하여 출현하였다. 초창기의 교육사회학 연구는 주로 학교교육의 사회적 기능을 둘러싸고 전개되었다. 당시 학교교육에 거는 사회적 기대는 대단한 것이었다. 사회적으로 학교는 중립적인 기관으로 간주되었으며, 누구든지 학교를 통하여 사회적 성공이 가능하다고 믿었다. 따라서 자연스럽게 교육사회학의 연구주제는 교육제도의 사회 통제, 문화 유지 및 전달

그리고 학교의 사회화와 선발 기능에 집중되었으며, 구조기능주의와 실증적 연구방법은 당시 교육사회학 연구와 이론화를 주도하였다.

그러나 실증 과학에 기초한 구조기능적 관점의 교육사회학은 1970년대를 전후하여 강력한 비판에 직면하게 된다. 당시 학계에서는 비판적 사회이론이 출현하였는데, 이러한 움직임으로부터 교육사회학도 예외는 아니었다. 특히 1970년대 초반 영국의 영(Young)을 중심으로 한 젊은 학자들에 의하여 기존의 교육사회학을 '구(舊)' 교육사회학으로 그리고 자신들에 의한 움직임을 '신'(新) 교육사회학으로 구분하기 시작하였다. 기존의 교육사회학과 차별성을 주장하는 젊은 학자들은 특히 도덕적으로 합리적이고 중립적인 기관으로 학교를 바라보고, 학교교육이 사회적으로 평등을 가져다 줄 것이라는 학교의 순기능적인 입장을 비판하였다. 이들은 구 교육사회학이 학교가 당연히 사회평등 기능을 수행할 것이라 가정하고 교육제도의 사회적 기능에 연구를 집중하고 있음을 비판하였다.

소위 신교육사회학자들은 지식사회학에 바탕을 두고 교육적 지식, 즉 교육과정(curriculum)이나 학교 내 상호작용을 연구하기 시작하였다. 그 중에서도 영(M. F. D. Young)은 대표적이었다. 그는 기존의 교육사회학 연구가 기회의 문제에 집착함으로써 학교 내부의 문제를 암흑상자로 방치해 두었음을 비판하였다. 또 다른 세력은 학교에서의 상호작용 분석에 관심을 두는 학자들이었다. 이들은 주로 현상학, 민속방법론, 상징적 상호작용 이론을 바탕으로 학생과 교사들 사이의 다양한 상호작용을 분석함으로써 학교교육을 이해하고자 하였다. 이들은 학교교육을 이미 만들어진 어떤 것으로 바라보는 것을 비판하고 교사와 학생들에 의하여 사회적으로 만들어져 가는 것으로 이해한다.

그러나 새로운 교육사회학의 흐름을 조성한 영국과 달리 미국은 여전히 거시적 관점이 강하였다. 1970년대 초반에 미국사회에 불기 시작한 급진적 사회학, 네오마르크스주의, 반전운동 및 인종운동 등으로 인해 미국의 교육사회학은 비판적 · 갈등론적인 관점에 기초하고 있었다. 이들은 학교가 본래 가치 중립적인 기관이 아니라 불평등한 사회적 관계를 다음 세대에 전수하는 '불평등 재생산' 기관에 불과하다고 폄하한다. 특히 알튀세(L. Althusser), 보울스와 진티스(S. Bowles & H. Gintis), 카노이(M. Carnoy) 등은 자본주의 사회에서 학교가 불평등한 계급 지배를 재생산하는 기제로 간주하였다.

제2절 교육사회학 접근이론

교육사회학 관련 이론은 1950년대까지 주로 뒤르껭(E. Durkheim)이나 파슨스(T. Parsons)를 주축으로 한 기능주의 이론이 교육사회학의 중심개념으로 되어 왔으나, 1970년대에 접어들면서 신마르크스주의의 영향으로 교육에 갈등론적 관심이 강조되기 시작하였다. 이와 관련한 사회재생산이론, 제국주의 관점에서 교육을 보려는 종속이론, 교육을 통한 인간성 해방을 강조하는 급진적 저항이론 등이 교육사회학 연구에 새로운 영역으로 대두되었다. 1970년대 중반부터 교육사회학은 새로운 교육사회학적 접근의 필요성이 제기되었다. 교육사회학자들이 그 동안 무관심하게 암흑상자에 가두어 두었던 학교에서 가르쳐 지고 있는 것들에 대한 사회학적 성격과 교육과정에 대한 사회학적 관심, 즉 교육제도 속에서 지식의 사회성을 주된 연구대상으로 삼았기 때문이다. 이러한 새로운 경향이 신교육사회학(new sociology of education)의 출현이다.

1950년부터 활기를 띤 교육사회학 발전은 스펜서－뒤르껭－베버－파슨스를 거치면서 거시적 접근을 통한 교육과 사회제도 · 조직 · 구조 등에 관하여 체계적으로 연구하면서 기능이론의 토대가 형성되어 왔다. 그 후 기능이론에 대한 비판이 제기되면서 갈등이론이 나타나기 시작했다. 이러한 과정에서 1970년대에 들면서 이와 같은 거시적 접근의 이론체계보다는 사회현상에 바탕을 두고 교육과 사회에 대한 전체적 설명보다는 학교사회, 교실사회 등 작은 집단을 분석하여 현상 그 자체를 밝히려는 미시적 접근방법이 성행되기 시작하였다(김병성, 2004 : 44-46).

1. 기능주의 교육이론

기능주의 이론은 현상유지, 사회질서, 합의, 사회적 통합에 주요 관심을 가지며, '어떻게 사회의 유지 및 존속이 가능한가?'에 대해 체계적인 설명을 제공한다. 따라서 사회의 유지와 안정을 위한 교육의 사회적 기능을 강조하는 입장을 기능주의 이론(functionalism)이라 부른다. 이 이론은 사회학의 창시자인 꽁트(A. Comte)와 사회

유기체설의 스펜서(H. Spencer), 기능주의의 이론적 기초를 세운 뒤르껭(E. Durkheim), 이태리의 사회학자 빠레또(Vilfredo Pareto) 그리고 파슨스(T. Parsons) 등을 통해 발전되어 온 이론이다.

구조기능주의 이론은 사회를 유기체에 비유한다. 유기체인 인체는 손, 발, 머리, 가슴 등 다양한 기관으로 구성되어 있으며, 이러한 기관들은 인체의 생존과 존속을 위하여 제각기 다양한 기능을 수행한다. 유기체와 마찬가지로, 사회는 제각기 다른 부분들로 구성되어 있으며, 각 부분은 전체 사회의 존속을 위하여 필요한 각각의 기능을 수행한다는 것이다. 그래서 기능론자들은 마치 사회를 시계와 같은 기계로 비유(기계 유추)하고 있다.

기계적인 유추에서는 사회를 시계와 같은 기계로 비유한다(쿨슨 · 리들, 1993). 그렇다면 과연 사회라는 유기체는 기계와 같은 것인가? 분명한 것은 사회는 시계와 같은 기계가 아니다는 점이다. 시계는 만든 사람에 의해 특정 목적(정확한 시간 표시)에 맞게 고안된 것이며, 시계의 부품 작동에는 조금의 편차도 있을 수 없다. 만약 만들어진 목적대로 정확히 작동하지 않는다면, 그 시계는 결함을 가졌기 때문이다. 이 때 우리는 그 시계가 고장났다고 말하게 된다. 사회학적으로 이것을 '병리적 현상'이라고 부른다(김천기, 1998 : 33). 이와 같이 사회를 유기체에 비유하는 구조기능주의는 사회의 각 부분은 상호 의존적이며 안정을 유지하려는 속성이 있고, 기존 체제의 존속을 옹호하는 특성이 있다. 또한 사회를 구성하는 부분은 기능상의 차이에 의해서 계층의 차이를 형성한다고 본다. 그러므로 계층은 기능의 차이에 바탕을 둔 차등적 보상체제라 할 수 있다. 기능주의에 의하면, 한 사회의 교육의 기회가 균등하다면 사회 구성원의 기능의 차이에 의해서 계층의 차이가 형성되고, 그에 따라서 사회적인 신분 · 지위 · 보수 · 대우의 차이가 형성되는 것은 정당하다고 보는 입장이다. 이러한 관점에서 사회를 설명하는 기능이론은 다분히 현실을 주어진 것으로 인정하는 현상유지의 입장을 지지한다.

기능이론의 현상유지 지향성은 이미 교육사회학의 선구자인 뒤르껭의 사회학에 잘 나타나 있다(Durkheim, 1933). 왕정사회에서 시민사회로 변화되는 격변기에 귀족출신이며, 대학교수로 살고 있던 뒤르껭이 평생을 두고 추구한 문제는 "사회가 어떻게 해서 해체되지 않고 지속될 수 있는가?"이었다. 산업화와 자유주의의 물결에 밀려 전통사회의 규범과 제도가 모두 무너지고 새로운 종류의 규범과 제도가 형성되는 19세기 말의 격동의 전환기를 체험한 뒤르껭으로서는 사회가 붕괴되지 않고 여전히 그 나름의 질서를 유지하면서 존속하는 것이 하나의 경우였을 것이다. 자연히 질서가 그의 사회연구의 중심문제가 되었다(김신일, 2000 : 53; Rossides, 1978).

기능주의에 의하면, 학교교육은 전체 사회의 유지에 기여하는 사회적 기능이 있다. 이 기능은 크게 다음 두 가지로 파악된다.

첫째, 새로운 세대에게 기존사회 및 현존사회의 생활양식과 가치 및 규범을 전수하는 사회화 기능이다.

둘째, 재능 있는 사람을 분류하고 선발하여 적재적소에 배치하는 선발 기능이다.

가. 사회화

기능주의에서는 교육을 사회화와 관련하여 설명한다. 사회에 적합한 인간을 위한 교육의 기능은 바로 사회화 과정에 의해 이루어진다. 한 사회가 유지되기 위해서는 사회 구성원들의 사고, 가치관, 규범이 비슷해야 하며, 또한 사회의 세분화된 구조에 맞도록 전문성의 함양이 이루어져야 한다. 그러므로 '사회화'란 생물학적 개체로 태어난 비시회적인 사람을 사회적 인간으로 변화시키는 과정을 말한다.

교육과 관련하여 '사회화'를 중요하게 다룬 사람은 뒤르껭(E. Durkeim)이다. 그가 생각한 교육의 사회적 기능이란 다름 아닌 사회화였다. 뒤르껭에 의하면 모든 교육은 곧 사회화이다. 그는 이렇게 말하고 있다.

> 교육은 사회생활을 위하여 준비를 아직 갖추지 못한 사람들에 대한 성인세대들의 영향력 행사이다. 그 목적은 전체로서의 정치사회와 아동이 장차 소속하게 되어 있는 특수환경의 양편이 요구하는 지적·도덕적·신체적 제 특성을 아동에게 육성·계발하는 데 있다(Durkheim, 1985 : 22).

그는 사회화를 '특수 사회화'와 '보편적 사회화'로 구분한다. 먼저 특수 사회화는 개인이 속해 있는 사적 환경에서 요구하는 특성을 함양하는 것으로 이를 통하여 개성 있는 개인적 존재가 됨은 물론, 개인이 속한 집단의 규범과 전문 지식을 학습하는 것이다. 그러므로 장차 직업세계의 적응에 필요한 전공지식의 학습처럼 특수환경이 요구하는 사회화라고 말할 수 있다. 또한 보편적 사회화는 전체 사회가 요구하는 특성을 함양함으로써 사회적 존재가 되도록 하는 것을 말한다. 다시 말해서 사회가 요구하는 전체의식, 집합의식을 새로운 세대에 내면화시킴으로써 사회의 특성을 유지시키는 것을 말한다. 그러므로 이것은 전체 사회가 요구하는 사회화라고 말할 수 있다.

뒤르껭이 교육의 사회화 기능에 주목한 이유는 무엇인가? 사실 그의 일차적인 관심은 '교육'에 있었던 것이 아니라, 사회 '질서'의 문제에 있었다. 그는 사회를 하나의 도덕적 실재(moral reality)로 이해한다. 아울러 그는 사회가 살아 있는 유기체처럼 "서로의 요소들이 서로를 제한하는 균형 상태인데 이 균형이 파괴되면 불행이나 병을 초래하게 된다"고 보았다. 그리고 교육이 바로 이러한 균형이 파괴되지 않도록 학생들을 '도덕적'으로 사회화하는 일을 담당한다고 본 것이다. 따라서 그는 사회 질서를 위하여 어떻게 하면 개인을 사회에 가장 잘 적응을 시킬 수 있으며, 도덕적으로도 합당한 기능을 수행하도록 할 것인가에 관심이 있었다(손준종, 2001 : 58).

뒤르껭은 학교의 기능을 '아동의 동질화'(the homogenization of children)로 보았다. 학교가 연령별, 학년별, 학급별 등으로 구성된 것도 바로 사회적 규범에 대한 순응과 일체감을 조장하기 위한 것이다. 그래서 그는 교육의 목적 역시 사회의 결속과 존속을 위해 동질성을 형성시키는 것으로 보았다.

T. Parsons

한편 파슨스(T. Parsons)는 사회가 분화되고 전문화됨에 따라 학교의 기본 기능 중에서 '역할사회화'가 매우 중요하다고 주장하였다. 그의 역할사회화는 뒤르껭이 말하는 특수사회화와 비슷하다. 역할사회화란 어떤 역할에 필요한 규범과 가치, 태도 등을 사회화시키는 것을 말한다. 예를 들어, 교사가 될 사람에게는 교사로서 갖추어야 할 규범과 가치 등을 내면화시키지 않으면 안 된다. 파슨스는 사회화를 사회적 가치와 규범이 개인의 인성구조 속에 내면화되는 과정으로 본다. 이러한 과정을 통해 형성되는 인성을 바탕으로 역할기대를 할 수 있게 된다.

파슨스(1959)는 그의 논문 「사회체계로서의 학교학급(The School Class as a Social System)」에서 학교교육이 수행하는 사회화 기능을 적절하게 제시하고 있다. 이 연구에서 제기하는 질문도 역할사회화에 관한 것이다. "학생들이 미래에 성인으로서의 역할을 성공적으로 수행하기 위한 태도와 능력을 내면화하는 기능을 학급이 어떻게 수행하고 있는가?"하는 것이다.

교육의 사회화 기능을 중시하는 기능주의에서는 사회의 규범이나 가치를 객관적이고 중립적인 것으로 간주하고, 학교가 이러한 규범과 가치를 학생들에게 어떻게 내면화시킬 것인가 하는 방법을 중요하게 다룬다. 바로 이런 점에서 교육은 사회화를 위한 하나의 수단적 성격이 강하다. 아마도 이러한 입장에서 교육목적을 잘 설명하고 있는 사람은 드리븐(R. Dreeben)이다. 그는 『학교에서 배우는 것에 관하여』(On What is Learned in School, 1969)에서 교육의 사회화 기능을 체계적으로 정리하고 있다. 그에 따르면 학교는 학생들에게 성인으로 성장하여 생활하는데 필요한 규범을 배울 기회를 제공하는 곳이다. 학교에서 가르치는 사회적 규범으로 독립성(independence), 성취감(achievment), 보편성(universalism), 그리고 특수성(specificity)을 들고 있다. 독립성은 스스로 모든 일을 처리하고 책임을 갖도록 하는 태도, 성취감은 최선을 다하여 자신에게 부여된 과제를 수행하려는 태도, 보편성은 다른 학생들과 모든 것을 공유하는 태도, 그리고 특수성은 자신의 흥미와 적성을 고려하는 태도 등을 말한다(손준종, 2001 : 59).

나. 사회적 선발

기능주의에서 교육은 사회화 기능뿐만 아니라 사람을 적재적소에 배치하는 사회적 선발과 배치 기능도 담당한다. 학교교육이 수행하는 기능 중 가장 현실적이고 구체적인 기능은 다름 아닌 인력의 선발 및 배치의 기능이다. 교육선발에 대한 기능론적 입장은 능력과 재능은 사람마다 제각기 다르며, 선발기준이 능력본위이어야 한다는 것을 기본전제로 삼고 있다(김신일, 1986 : 51).

기능주의 이론의 대표적 학자인 파슨스(T. Pasons)는 그의 대표적인 논문 「사회체계로서의 학교학급」에서 학교를 통합과 배분 기능을 잘 수행하는 사회제도로 보았다. 그는 학교가 통합과 관련하여 '사회화' 기능을, 배분과 관련하여 '선발' 기능을 담당한다고 보았다. 즉 그는 사회체제로서의 학교의 기본 기능을 사회화와 인력을 적재적소에 배치하기 위한 사회적 선발기능으로 보았다. 그는 뒤르껭과 마찬가지로 사회화를 개인이 장차 성인이 되어 담당하게 될 역할수행에 반드시 필요한 정신적 자세와 자질을 기르는 것이며, 학교는 이러한 사회화 과정을 형성시키는 곳으로 보았다. 동시에 학교는 다양한 직업적 지위에 적합한 학생을 선발하고, 그 지위에 적절한 교육을 시키는 일을 담당한다고 보았다.

특히 파슨스는 학교의 사회적 선발 기능은 미국의 현대산업사회의 성취지향가치관을 학교가 받아들인 결과 성적을 선발의 기준으로 삼는다는 것이다. 그렇기 때문에 학력은 성취수준을 나타내며 학력수준에 따라 사회적 지위가 달라지는 것은 공정하다는 것이다. 따라서 현대사회는 능력주의 사회이므로 오로지 개인의 능력과 자질에 의거하여 선발이 되고 지위가 분배되는데, 학교는 바로 이러한 기능을 담당한 사회제도라고 할 수 있다. 그러므로 기능주의에서는 한 사회에 교육기회의 균등성이 보장된다면 개인의 성취수준의 차이에 따라 학력수준이 달라지고 학력수준의 차이에 따라 사회적 지위의 수준이 달라지게 되므로 이러한 학교교육의 사회적 선발 기능은 공정하다고 본다.

그런데 학교는 선발과 분배의 기능을 담당한 제도로서 아이러니하게도 두 가지 상반되는 역할을 수행하고 있다. 첫째, 사람들이 보다 높은 지위를 획득하기 위해 경쟁하도록 동기를 부여해야 한다. 이러한 동기적인 측면을 가열과정이라 부른다. 둘째, 가열과정과는 반대로 높은 지위를 차지하고자 하는 높은 포부를 냉각하는 역할을 수행해야 한다. 상층 지위에 오르려는 사람들의 무한한 욕구에 비해 상대적으로 그 지위는 한정되어 있기 때문에 학교는 적절한 방법으로 이들의 열망에 찬물을 끼얹을 필요가 있다.

E. Hopper

호퍼(E. Hopper)는 사회계층 이동의 가열과 냉각의 문제를 이데올로기 문제와 관련지어 분석하였다. 후원이동과 엘리트지향 이데올로기는 중상류계층의 열망을 높이고, 경쟁이동과 평등주의 이데올로기는 하류계층의 이동의 열망을 높인다. 여기서 말하는 '후원이동'(sponsored mobility)과 '경쟁이동'(contested mobility)은 본래 터너(R. Turner)가 사용했던 개념으로, 후원이동이란 영국의 교육제도에서 볼 수 있는 것처럼 기존 지배계층의 후원을 받아 소수 학생을 조기에 선발하여 엘리트로 키워내는 것을 말한다. 경쟁이동은 미국의 교육제도처럼 모든 사람이 동일한 조건 아래에서 능력을 기초로 공정한 경쟁을 거쳐 사회이동이 결정되는 것을 말한다. 일반적으로 후자가 전자에 비하여 보다 평등한 선발방식이라고 말할 수 있다.

블라우와 던컨(Blau & Duncan, 1967)에 의하면, 기능론에서는 학교교육을 사회적 출세의 결정인자로 본다. 학교교육이 전적으로 직업적 지위를 결정하기 때문에, 학교교육은 사회적 신분 상승 이동을 가능케 하는 사회 진출의 도구라고 보고 있다. 즉 학교교육을 통하여 사회의 계층 구조를 변화시킬 수 있다는 입장으로 학교교육의 '순기능'을 강조하는 것이라 할 수 있다.

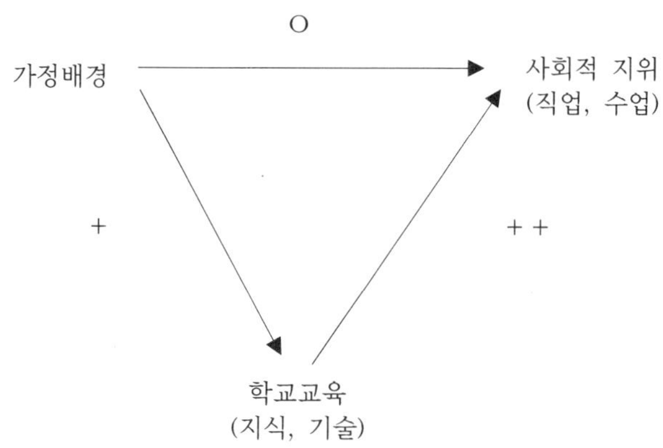

그림 5.1 가정 · 학교교육 · 사회적 진출 간의 관계

* 자료 : 한준상, 새로운교육학, 1983.

다. 비판점

기능주의에서는 교육을 사회화와 선발이라는 사회적 기능을 중심으로 이해한다. 그러나 이러한 기능이론은 다음과 같은 비판을 받고 있다.

첫째, 기능론자들이 주장하는 학교의 기능, 즉 모든 사회 구성원에게 필요한 집단 규범과 공동체 의식과 같은 사회화의 내용들이 가치중립적인 것이 아니라, 주류 사회의 가치관에 의해 편파적으로 구성될 수 있는 사회적 구성물이라는 점이다.

둘째는 통합성과 안정성을 지나치게 강조함으로써 사회 내의 개인과 집단 간의 대립과 갈등의 요인을 경시하는 경향이 있다. 따라서 변화와 개혁보다는 현상유지에 치중한다는 비판을 받고 있다.

셋째는 기능론에서는 능력본위로 이루어지는 교육 선발이 공정하다고 하지만, 사회구조상 교육 선발의 방법과 교육제도는 근본적으로 고소득층에 편파적으로 유리하다는 점이다.

2. 갈등이론

갈등론자들은 자본주의 사회의 학교의 기능인 '사회화와 선발' 기능은 기존 사회의 불평등을 계속해서 대물림하는 수단에 불과하다고 비판한다. 그래서 이러한 갈등론적 입장을 '사회적 불평등의 재생산 이론'이라고 한다. 갈등이론의 핵심은 학교가 불평등한 사회적 관계를 재생산하고 정당화한다는 점이다. 학교가 담당하는 사회화와 선발 기능은 자본주의 사회의 주류 계급에 의해 조작된 사회화와 선발이다는 입장이다.

Karl Marx

갈등이론은 마르크스(Karl Marx)에게 지적 기원을 두고 있다. 마르크스는 『자본론』(Das Kapital)에서 사회계급의 정치 경제학적 제 관계를 분석하고 있다. 그는 헤겔(F. Hegel)의 변증법을 발전시켰는데, 물질적 경제적인 하부구조가 정신적인 상부구조를 결정한다는 '경제적 결정론'적 입장을 가지고 있었다. 즉 물질적 경제구조가 제도뿐만 아니라 관념과 의식 그리고 교육까지도 결정한다는 것이다. 이러한 마르크스의 입장은 알튀세와 그람시 등에 의하여 교육을 분석하는데 활용되었다.

가. 알튀세(Louis Althusser, 1919~1990)

Louis Althusser

알튀세는 갈등주의 교육사회학 형성에 지대한 영향력을 미친 사람이다. 그는 사회화란 가치중립적인 활동이 아니므로, 교육이 담당하는 사회화 기능 또한 특정한 계급의 가치와 입장을 반영하고 있다고 주장한다. 특히 그 중에서도 사회적 요구에 의해 계층화된 노동력의 재생산이나 정치적 이데올로기 주입 등의 문제를 주로 제기한다. 뒤르껭이 교육을 통한 '도덕적 사회화'를 강조한 것과 달리 갈등론자들은 자본주의 사회의 교육을 제도에 순응된 노동력 양성을 위한 활동으로 이해한다. 기능이론의 교육 연구가 지배하던 사회적 분위기를 반전시킨 중요한 계기가 된 것은 1969년에 발표한 알튀세의 논문「이데올로기와 이데올로기적 국가 기구들」(Ideology and Ideological State Apparatus)이었다.

그는 이 논문에서 어느 사회나 노동력을 재생산하는 것이 주된 관심사인데, 그와 같은 노동력의 재생산이 자본주의 사회에서 어떻게 일어나는가 하는 점을 분석하고자 하였다. 이 물음에 대한 그의 대답은 "이데올로기적 복종의 형태로, 그리고 이데올로기적 복종 아래서만 노동력의 재생산이 일어난다"는 것이었다. 그는 한 사회에서 국가, 정치, 군대, 감옥, 사법부 등과 같은 '억압적 국가 기구'(repressive state apparatus)와 가족, 교회, 학교, 대중매체 등과 같은 '이데올로기적 국가 기구'(ideological state apparatus)를 통해 노동력의 재생산이 이루어진다고 보았다. 그것을 위해서 자본주의 사회에서는 이데올로기적 국가 기구가 더욱 중요한 기능을 수행하며, 현대 자본주의 사회에서 지배적인 이데올로기적 국가 기구는 학교라는 것이다(손준종, 2001 : 64).

알튀세의 재생산 이론의 핵심은 학교가 자본주의를 유지하는 데 필요한 노동력의 재생산을 담당하는 곳이며, 계층화된 노동력에 대한 사회적 요구를 반영하고 있다는 것이다. 그는 학교가 서로 다른 출신과 지위를 가지고 있는 학생들을 서로 다른 사회 계급적 지위로 훈련시킨다는 점을 밝히고자 하였다. 즉 노동자 계급 출신의 아이에게는 노동자 계급의 일을, 중간 계급 출신의 아이에게는 중간 계급의 일을 훈련시키는 것이 학교가 하는 일이라는 것이다(손준종, 2001 : 65). 이러한 알튀세의 주장은 이후 불평등 재생산 이론을 체계화한 보울즈와 진티스(S. Bowls & H. Gintis)에 의하여 계승된다.

나. 보울즈와 진티스(S. Bowls & H. Gintis)

S. Bowls

H. Gintis

보울즈와 진티스는 사회현실에서 학교가 인간적인 발달과 사회적 평등에 정말로 공헌하는가에 의문을 가졌다. 경제학자들인 이들은 『자본주의 미국 사회의 학교교육 : 교육개혁과 경제적 삶의 모순』(Schooling in Capitalist America : Educational Reform and Contradiction of Economic Life, 1976)이라는 책에서 미국의 자본주의 발달 과정에서 학교가 담당한 불평등 재생산 기능을 체계적으로 설명하고 있다. 알튀세와 마찬가지로 이들은 자본주의 사회의 학교가 사회의 불평등한 제 관계를 재생산하고 정당화하는 역할을 담당한다고 본다. 이들은 미국의 학교교육은 민주주의적 기능보다는 자본주의적 사회관계에 잘 순응할 수 있는 노동력을 양산하기 위한 제도로 발전되어 왔으며 학교에서의 '숨은 교육과정'을 통해 학생들은 부지불식간에 체제 순응적 성격특성을 학습한다고 주장하였다. 또한 교육은 자본주의 체제의 영속화와 재생산에 봉사하며 현존하는 사회적 · 경제적 질서를 유지하거나 강화하기 위한 사회적 제도들 중의 하나라고 지적했다(김병성, 2004 : 62).

보울즈와 진티스는 미국의 학교교육은 파슨스가 주장한 바와 같이 사회의 보편적 가치를 가르치는 것도, 인재를 공정하게 선별하여 사회에 배치하는 것도 아니고, 오히려 자본주의 생산양식에 적합한 태도와 가치관을 가르치고 기존의 불평등한 계층구조를 정당화하고 지속시킨다고 비판한다. 미국의 학교제도 자체가 자본주의와 함께, 그리고 자본주의의 결과로 발전하였으므로, 자본주의의 특성을 그대로 반영하고 있을 뿐만 아니라 그 모순도 내포하고 있다는 것이다. 즉 학교는 경제구조를 재생산한다는 것이다.

자본주의사회에서 지배계급이 교육에 관심을 두는 이유는 크게 두 가지이다. 그 하나는 노동력의 재생산이고, 다른 하나는 노동력을 이윤으로 전환하는 것을 용이하게 하는 사회적 제 관계와 기관들을 재생산하는 것이다. 교육기관은 이러한 두 가지 목표를 달성하기 위하여 구조화된다. 첫째, 학교교육은 적절한 직무 성취를 위하여 요구되는 기술적 · 인지적 기능을 생산한다. 둘째, 교육제도는 경제적 불평등을 정당화하는 것을 돕는다. 미국교육이 표방하고 있는 객관적 능력주의적 속성은 위계적 노동 분업과 그 분업 체계에서 지위를 획득하는 과정에서 생기는 불만을 감소시키는 역할을 한다. 셋째, 학교는 위계적 지위에 적합한 인성을 만들고, 보상하며, 고착시킨다. 넷째, 교육제도는 경제적으로 지배받는 계급을 파편화하는 계층의식을 강화한다(S. Bowls & H. Gintis, 1976 : 129-130).

이들에 따르면 전통적으로 많은 사람들은 학교교육이 다양한 불평등을 극복하는데 효과적인 영향력을 행사한다는 평등 역할, 인간으로서 지녀야 할 다양한 능력을 개발한다는 발달 역할, 그리고 개인을 완전한 사회 구성원으로 참여하도록 하는 통합적 역할을 담당한다고 생각한다. 그런데 실상은 그러한 역할을 제대로 담당하지 못하고 있다는 것이다. 대신에 학교교육은 사회적 불평등을 줄이기보다는 재생산하고 있으며, 개인의 발달을 조장하기 보다는 억압하고 있다는 것이다. 그렇다면 교육제도는 어떤 방식으로 이러한 역할을 수행하는 것인가? 이를 이해하기 위해서 제시한 방법이 '대응원리'(correspondence principle)이다. 대응원리란 교육제도와 자본주의 생산 관계가 서로 대응하고 있다는 주장이다. 교육제도는 학생들을 경제제도에 통합하는 것을 돕는데, 그것은 학교에서의 사회적 관계와 생산 관계 사이의 구조적 대응을 통해서 이루어진다(손준종, 2001 : 67). 다시 말해서 학교교육에서의 사회적 관계와 자본주의 사회의 생산 현장에서의 사회적 관계가 형식에서 서로 대응한다는 것이다. 여기서 '대응'한다는 말은 교육자들이 의식적으로 그렇게 한다는 뜻이 아니라, 생산 작업장에서의 인간관계를 지배하는 사회적 관계와 학교교육에서의 사회적 관계가 그 형식에 있어서 일치하기 때문에 구조적으로 대응함을 의미한다(김신일, 2003 :

94). 예를 들면, 노동자의 작업 내용의 무결정권과 학생들의 교육과정에서의 무결정권이 서로 대응하고, 교육은 노동과 마찬가지로 목적이 아니라 수단인 점에서 대응된다. 노동은 결국 임금을 얻기 위한 수단이며, 교육은 졸업장을 얻기 위한 수단이기 때문이다. 또한 생산현장에서의 분업 구조와 학교에서의 학과목의 세분화가 서로 대응함을 들 수 있다. 이들은 결국 이러한 대응원리를 통해 학교는 자본주의 경제체제를 위하여 체제 순종적인 노동력을 생산하는 장소로 보았다.

교육은 사회적 생산 관계와 교육의 사회적 관계 사이의 대응을 통하여 학생들을 노동자로 준비시킨다. 자본주의 기업체의 노동 분업처럼 교육제도도 정교하게 구분된 위계적 권위와 통제 체제를 가지고 있으며, 협동보다는 경쟁이 그리고 외적인 보상체계—경제에서는 임금이고 학교에서는 성적—가 참여자들의 관계를 지배한다(S. Bowls & H. Gintis, 1988 : 18).

이러한 재생산을 위하여 학교는 경제적 성공이 개인이 지니고 있는 능력에 따라 결정된다는 능력주의를 강조한다. 보울스와 진티스는 학교에 깊이 뿌리 내리고 있는 이러한 '능력주의의 허구'(myth of meritocracy)를 밝히고자 하였다. 많은 사람들은 능력주의의 허울 아래서 개인의 경제적 생활수준을 실제로 결정하는 불평등한 경제적 관계나 사회적 모순을 인식하지 못하고 경제적 무능이 전적으로 자신의 능력 부족에 있다는 식으로 현 사회 구조를 정당화하게 된다는 것이다. 이런 과정을 통해서 학교는 자본주의 경제제도가 요구하는 순종적이고 획일적인 노동력을 생산하게 된다.

학교가 자본주의 사회구조를 충실하게 재생산한다는 점에 대부분의 갈등론자들은 동의하지만, 윌리스(Paul Willis)는 이와 다르게 재생산이 무리 없이 원만하게 이루어지는 것은 아니라고 주장한다. 그는 영국의 노동자계급의 아이들이 아버지와 같은 노동직에 들어가지만, 그것은 보울즈와 진티스 및 알튀세가 설명한 것처럼, 구조적 상황과 힘 때문에 '어쩔 수 없이' 그렇게 되는 것이 아니라, 자신들의 노동계급의 문화와는 이질적인 학교문화에 적극적으로 저항함으로써 스스로 노동자의 길을 택하는 것이라고 설명한다(P. Willis, 1989).

또한 카노이(M. Carnoy)는 교육의 국제적 관계를 제국주의(imperialism)적 관점에서 파악하고 국가 간의 갈등현상이 교육에 어떻게 반영되고 있는가를 분석하였다. 그는 「문화적 제국주의로서의 교육」(Education as a Cultural Imperialism, 1974)에서 식민지의 교육이 식민지 국민의 의식을 어떻게 왜곡시켜 지배자들에게 복종하도록 만들었는지를 서술하고 있다. 식민통치자들은 학교교육을 통하여 지배의 바탕을 마련하고 이를 강화해 나가고 있다는 것이다.

갈등이론에서는 학교교육의 궁극적 목표를 인간성 회복에 두고 있다. 아동들은 제각기 다양한 욕구를 가지고 있기 때문에 학습방법도 다양해야 하는데 자본주의 사회의 학교가 인간성 회복보다는 제도화된 굴종심, 복종감을 길러 주고 있고, 아동에게 선택보다는 복종, 다양성 보다는 획일성을 강조하고 있다고 보기 때문이다.

다. 갈등론 비판

경제적 결정론으로 귀착되는 갈등론은 교육과 관련하여 비관론이나 무기력에 빠지게 한다. 특히 갈등론은 교육에 의한 계급 재생산에 연구의 초점을 집중하고 있기 때문에 현행 학교교육의 문제점만 지적하고 있을 뿐, 그 문제점을 해결하기 위한 근본적인 대안을 제시하지 못함으로써 갈등론이 주장하는 현행 학교교육의 문제점에 대한 설득력을 반감시키는 결과를 초래하고 있다. 예컨대, 갈등론자들은 학업성취와 사회계급간의 상관관계에 대한 설명에서 학교를 비인간화의 온상, 불평등을 재생산하는 문제의 근원지로 지적하고 있으나 학교의 무엇에 책임이 있는지를 명백하게 제시하지 못하고 있다. 아울러 경제제도 이외에 교육에 영향을 미치는 정치나 문화와 같은 사회 구조적 요인 그리고 계급을 결정하는 성과 인종과 같은 중요한 사회 변인을 경시하고 있다.

3. 신교육사회학

신교육사회학(新教育社會學)은 갈등이론이 활발하게 논의되던 1970년대에 영국의 영(Young)을 중심으로 시작된 이론이다. 이 이론은 기존의 거시적 관점과는 다르게 미시적 관점에서 학교의 교육내용 자체에 연구의 중점을 두고, 학교에서 다루고 있는 교육과정과 지식내용의 합리성과 타당성을 검토하는 일에 주된 관심을 두었다. 지금까지 교육의 기능면에서 '블랙박스'로 취급되어 온 학교교육의 내적 과정이 신교육사회학의 중심적인 관심사가 되었다. 영은 특히 지식의 사회적 조직의 문제, 즉 어떤 지식과 기준에 의하여 교육이 조정되고 지배되느냐 하는 것에 의문을 두었다. 그는 『지식과 통제』라는 저서를 통하여 종래의 교육사회학은 사회계층과 교육기회의 분배에만 집착한 나머지 학교내부의 현상에는 등한히 하였다고 지적하면서 학교에서는 지식의 사회성에 관심을 두어야 한다고 주장하였다(김신일, 1986 :

20-21).

신교육사회학의 발전과정에서 무엇보다도 지대한 영향을 미친 것은 지식사회학(sociology of knowledge)이다. 지식사회학은 지식의 사회적 의미에 특별한 관심을 표시하는 사회학 연구의 한 분야로서 지식이 어떠한 사회적 상황에서 창조, 분배되는가에 관심이 있다. 따라서 지식이란 어떠한 사고양식을 대표하는 집단과 계층의 성격을 통해서 이해해야 하며, 끊임없이 변화하는 특정 역사적 순간의 구조적 상황과 관련하여 해석해야 한다(Mannheim, 1936). 또한 지식사회학의 관점에서 보면, 모든 지식은 인간의 산물이다. 인간은 진리 자체를 볼 수 없으며, 다만 진리라고 생각되는 것을 인식할 수 있는 것에 불과하다. 진리는 바뀌지 않지만, 진리라고 생각되는 인간의 관념, 즉 지식은 바뀌고 상대적인 것이다. 예컨대, 중세시대의 인간은 태양이 지구를 돈다는 것을 진리로 믿었던 것처럼 현대인은 지구가 태양의 주위를 회전한다는 것을 진리로 믿고 있는 것이다. 인간이 인식할 수 있는 것은 진리라고 생각되는 것이지 진리 그 자체가 아니다. 이렇게 볼 때 지식사회학자들은 진리와 지식이 인간의 산물임이 틀림없다고 본다(차경수 외, 1995 : 58).

갈등론자들이 교육불평등을 사회제도 및 교육제도에 그 문제의 소재가 있다고 보는 반면, 신교육사회학자들은 교육내부의 문제로 시선을 돌리게 되었다. 이와 같이 신교육사회학이 교육불평등의 문제를 학교 내의 문제로 돌려 교육내용이나 교사－학생의 상호작용과 같은 미시적인 문제를 다루게 된 이면에는 베버(Max Weber)의 이해사회학, 후설(E. Husserl)이나 슈츠(A. Schutz)의 현상학, 미드(G. H. Mead)의 상징적 상호작용론, 가핑클(H. Gafinkel)의 민속학적 방법론 등 다양한 지적 전통에 기원을 두고 있다. 따라서 이와 같은 신교육사회학의 접근법을 해석학적 방법이라고도 한다(김억환, 1987 : 290).

교육에 대한 해석적 접근은 기존의 교육사회학의 두 이론과는 다음과 같은 차이가 있다. 첫째, 사회적 현실은 이미 주어진 것이 아니라 개인들의 상호작용에 의하여 구성된다. 둘째, 구조 중심의 거시적－기능적 연구보다 행위 중심의 미시적－구성적 연구에 관심을 기울인다. 셋째, 객관적・실증적인 양적 연구보다 주관적인 질적 연구를 중시한다. 넷째, 교육 현상을 설명하고 예측하고 일반화하는 것보다는 기술(記述)하고 이해하며 해석하는 절차를 강조한다(손준종, 2001 : 76).

신교육사회적 접근의 주요 관심사는 "학교에서 무엇이, 어떻게 실제로 일어나는가"에 있었다. 기존의 거시적 연구에서 논의되지 않은 채 암흑상자로 남아 있던 학교의 내적 과정의 분석뿐만 아니라, 학교와 교실에서 일어나는 모든 일들이 분석의 대상이었다.

제3절 평생교육

1. 평생교육의 개념

가. 평생교육의 대두

1965년 12월 파리의 유네스코 본부에서 「평생교육에 관하여」라는 의제로 제 3차 국제성인교육발전회의가 개최되었는데 당시 유네스코 성인교육부장이던 프랑스의 랭그랑(P. Langrand)이 유네스코 사무국에 제출한 보고서가 평생교육 탄생의 결정적인 계기가 되었다. 그 보고서의 원래 제목은 'permanent education'인데, 이것은 일평생 학교교육을 통해 강제적으로 계속해서 교육받는다는 이미지가 강하기 때문에 영어로 'lifelong education'으로 번역한 후부터 우리 나라에서는 평생교육이라는 용어로 사용되고 있다.

랭그랑 이후 평생교육은 주로 다음과 같은 세 가지 방향으로 전개되어 왔다. 첫째는 허친스(Hutchins)가 제창한 「학습사회」(Learning Society)의 방향이고, 둘째는 그의 제안을 받아들인 포오르(Faure)위원회의 「존재를 위한 학습」(Learning to be)의 방향이며, 셋째는 경제협력개발기구(OECD)가 제창한 「리커렌트 교육」(Recurrent Education)의 구상이다.

허친스는 학습사회를 모든 성인 남녀에게 언제나 정시제 교육을 받을 수 있도록 교육기회가 제공되어야 하고, 모든 제도가 학습, 성취, 인간형성이라는 목적을 실현할 수 있도록 가치의 전환에 성공한 사회라고 규정하고, 사회 전체는 그를 위하여 재구축될 필요가 있다는 것을 강조하고 있다. 포오르위원회의 보고서도, 미래의 학습사회는 학습을 지식이나 재산을 축적하는 것을 목적으로 하는 것이 아니고, 인간의 존재를 위한 학습이 되어야 한다는 것을 주장하고 있다. 따라서 평생교육이 지향하는 사회는 곧 학습사회이어야 하고, 그 목적은 어디까지나 완전한 인간과 가치 있는 삶을 추구하는 인간존재를 위한 학습에 두어야 한다는 것이다. OECD의 리커렌트 교육은 한마디로 평생학습의 전략을 구체화하고 있다. 학교교육을 마친 후에도 일생동안 교육을 계속할 수 있고, 특히 직업생활에 필요한 교육을 계속적으로 받게 함으로써 성인교육을 활성화하고, 교육의 기회와 자원의 재배분이 가능한 평생교육을 제창하였다.

나. 정 의

평생교육과 유사한 용어들은 많다. 평생학습을 비롯하여 영속교육(permanent education), 순환교육(recurrent education), 계속교육(further education), 연속교육(continuing education), 학습사회(learning society), 성인교육(adult education), 사회교육(social education), 생애교육(生涯敎育) 등은 모두 평생교육과 직·간접적으로 관계를 가진 유사한 용어들이다.

랭그랑은 평생교육 구상의 핵심을 교육의 통합(統合)에 두고 있다. 그 통합의 원리는 수직적 차원의 교육과 수평적 차원의 교육의 통합인 것이다. 수직적 차원의 교육통합이란 사람이 낳아서 죽을 때까지 계속되는 교육, 즉 유아기, 소년기, 청년기, 성인기, 노년기 등의 발달단계의 교육이 일관성 있는 연속적인 과정으로 편성되어야 한다는 것을 제안하고 있다. 수평적 차원의 교육은 사회의 여러 가지 교육기관, 즉 가정교육, 학교교육, 사회교육 등이 긴밀하게 협력·제휴하는 교육의 통합을 의미하며, 학교교육기관과 사회교육기관이 유기적이고 협력적인 관계를 유지하는 교육체제를 의도하고 있다.

유네스코 평생교육연구소장인 다베(Dave)는 평생교육을 개인과 집단의 생활의 질을 높이기 위한 인간적, 사회적, 직업적 발달의 실현 과정으로 보고, 그를 위하여 모든 형태의 학습을 통합하려는 개념으로 규정하고 있다. 또한 이탈리아 출신의 젤피(Gelphi)는 평생교육은 모든 사람에게 인격의 발달과 사회에서의 적극적인 참가를 촉진시키고, 인간 억압의 현실에서 해방하도록 변혁해야 할 것을 강조하고 있다(김도수, 1998).

이상의 정의에서 알 수 있듯이 평생교육은 인간의 전인적·조화적 형성을 위하여 모든 형태의 교육을 수직적·수평적으로 통합 재편성하려는 지도원리이며, 모든 사람의 교육기회를 일생 동안 공적으로 보장하기 위하여 기존의 교육체제를 재편성하려는 교육정책이며 실천적 구조인 것이다.

다. 평생교육의 필요성

1) 시대 사회적 요청

첫째, 인간의 삶의 가치를 존중하고자 하는 교육욕구에 따른 '인간적 요청'을 들 수 있다.

둘째, 지역주민의 학습욕구의 충족을 위한 '사회적 요청'을 들 수 있다.

셋째, 현대사회의 직업환경의 급격한 변화에 따른 '직업기술적 요청'을 들 수 있다.

2) 학교교육에 의한 요청

근대 이후 다인수(多人數) 교육과 지식전수라는 독자적인 교육형식을 도입한 학교교육은 다른 교육형식에서는 대행하기 어려운 교육기능을 수행하고 있다는 데 그 기여와 업적을 발견할 수 있다. 그러나 학교교육은 본래 단일 국가를 중심으로 한 국민형성과 산업사회에서 필요한 인력양성과 그 공급에 초점을 맞추고 있기 때문에 21세기 지식기반사회에서는 단일 국가 중심의 국민형성과 대량생산 위주의 인력양성을 위한 학교교육체제는 많은 한계를 나타내고 있는 것이 사실이다.

일리치나 라이머와 같은 탈학교론을 제창하는 학자들은 학교교육이 갖는 근본적인 한계 때문에 학교교육 제도 그 자체를 비판하고 있다. 특히 일리치(I. Illich)는 『탈학교사회』(1977)에서 "현대사회의 학교제도는 사람들의 자유롭고 의미 있는 학습생활을 도와 주기는커녕 오히려 억제하고 있기 때문에 학교사회로부터 벗어나자"고 비판하고 있다. 또한 라이머(E. Reimer)는 『학교는 죽었다』에서 "학교는 정상적인 교육기관으로서의 기능을 이미 상실했고 비교육적인 기능을 수행하고 있을 뿐이므로, 학교는 죽은 것이나 다름없으니 새로운 교육제도를 구상하자"고 역설하고 있다. 나아가서 굿맨(Goodman)은 "현대사회의 학교는 점수와 학점과 출세경쟁을 빼면 남는 것이 하나도 없다"고 공언함으로써 학교가 학력주의 사회의 수단적 기능을 수행하는 것을 경계하고 있다.

따라서 현대 학교교육의 한계는 크게 네 가지로 요약해서 설명할 수 있을 것 같다.

첫째, 학력(學歷) 중심의 교육에서 오는 사회병폐를 들 수 있다.

학력(educational attainment)이란 학교교육을 받았다는 일종의 증명이라고 할 수 있으나 일반적으로 개인이 받은 최종학교의 경력을 의미한다. 오늘날 학력으로 문제가 되고 있는 것은 학교 이외의 교육기회 혹은 교육기관에서 습득한 교육의 성과로서 學力을 인정하지 않고 학교의 學歷인 졸업증명서만을 인정하려는 데 있다.

학력을 개인적인 인간평가나 사회적 지위와 역할을 배분하는 기준으로 도입하는 것을 학력주의(學歷主義)라고 부르고 있다. 오늘날 사회적으로 논란의 대상이 되고 있는 학력주의 사회(credential society : Collins, 1979)란 이와 같이 학력 중심의 제도와 관행이 존중되는 사회를 말한다. 개인을 능력이나 업적으로 평가하지 않고, 학력을 기준으로 평가하고 처우하는 사회이다. 학력주의 사회에서 이러한 학력은 학력을 취득한 그 자체가 어떤 사회계층에 귀속하는 신분적인 기능을 가진다는 데에 문제가 있다. 학력이란 취득 후의 개인의 노력이나 능력의 개발 정도까지 증명하는 것은 아니기 때문이다.

둘째, 지식 중심의 교육으로 인한 한계이다.

학교교육은 원래 출현과정을 보아도 지식 중심으로 출발하였다. 개인적으로나 사회적으로 증가한 문화를 계획적으로 전수할 필요가 생겼을 때 교육 전문기관으로서의 학교가 탄생한 것이다. 말할 것도 없이 문화는 지적 문화가 중심을 이루고 있으므로 가르치는 교사 역시 지적 문화의 전문가이고 전문지식을 가진 사람에게 자격이 주어지고 있다. 따라서 지식 편중의 학교교육만으로는 인격 전체의 발달, 즉 사회적, 도덕적, 협동적, 실천적인 인간형성이란 불가능하다. 사회교육이나 가정교육이 강조되고 있는 것도 지식 중심의 학교교육을 보완하려는 노력 때문이다.

셋째, 학교교육은 획일주의의 틀에서 벗어나지 못하고 있다.

교육은 다양한 학습자의 요구를 충족시켜야만 한다. 그럼에도 불구하고 지금과 같이 입시 위주의 획일화되어 있는 학교교육만으로는 불가능하며, 개성 신장의 교육은 더욱 어렵다. 사회변화가 급변하면 할수록 학생의 교육요구는 다양해지는 데도 학교는 획일화의 교육구조에서 벗어나지 못하고 있다. 이러한 획일화된 제도에 의해서 운영되고 있는 학교에서는 학생의 개인적인 취미, 개성, 적성에 맞는 교육이 어렵다.

넷째,학교교육은 권위적이며 강제적이다.

학교교육은 본래 성격상 지식의 전문가인 교사가 위에서 가르치는 교육이며 그로 인하여 필연적으로 권위주의적인 성격을 가지기 마련이다. 권위주의적인 교육의 구조하에서는 강제성이 수반될 수밖에 없다.

그러나 학습이란 학습자의 요구에 기초해야 하고 학습자의 학습동기의 정도에 따라서 학습 성과가 결정된다는 것은 교육현실에서 너무도 잘 알려져 있는 사실이다. 거기에서는 학생 각자의 성장 발달의 차이가 있고 현격한 개인적인 능력의 차이가 나타나고 있음에도 불구하고 학교교육은 의무교육이라든가 평준화 교육이라는 명분으로 이를 무시하고 있다. 학교교육만으로 청소년교육이 가능하다든가 완성된다는 생각은 근원적으로 잘못된 것이며 더구나 학교의 증설이나 확대보급으로 이를 보완할 수 있다는 사고방식은 불식되어야 한다.

라. 평생교육의 목표

첫째, 평생교육은 연령의 제한으로부터 해방되는 것을 목표로 한다.

평생교육에서 추구하는 목표는 한 사람 한 사람의 인간이 자기 주위의 사회에 주의를 기울이면서 생활의 흐름 가운데서 수동적인 존재가 아니고 주체적으로 참여하도록 하는 것이다. 그러므로 전통적인 학령기(學齡期)가 지났다고 해서 성인의 연령이 결코 학습의 장애요인이 되어서는 안 될 것이다.

둘째, 평생교육은 학교가 독점하고 있는 교육체계에 종지부를 찍는 일이다.

종래에는 학교를 졸업한다는 것은 학업과 결별을 고하는 것을 의미하였다. 그러나 평생학습사회에 있어서는 학교의 졸업은 겨우 교육의 한 단계의 종료를 나타낼 뿐이다. 참된 교육은 학교졸업이 끝이 아니라 졸업한 다음에 자기 자신의 교육에 착수하고 학습하려는 동기를 갖게 될 때 비로소 성취되는 것이기 때문이다.

셋째, 평생교육은 탈락자가 없는 교육을 실현하는 것을 목표로 하는 교육이다.

어떤 연령에서 교육이 종료되고 시험이나 졸업증서, 그밖에 선택형식에 의한 '통과의식(rite of passage)'으로 구획되는 교육제도에서는, 성공한 사람이 성공하지 않은 사람으로부터 분리되거나 특별취급을 받는다. 그러나 평생교육에서는 그러한 학교교육제도와는 달리 입학과 졸업이라는 통과의식 자체가 무의미하며, 평생학습 과정을 통해서 자아실현을 추구하는 사람은 언제나 자기 자신의 능력을 끊임없이 점검하고 새로운 출발의 동인으로 활용한다.

2. 현대 평생교육론

가. 랭그랑(P. Lengrand)의 평생교육론

유네스코의 성인교육국장(head, division of adult education)이었던 프랑스 출신의 성인교육학자 랭그랑은 1965년 12월 파리 유네스코의 '성인교육발전위원회'에 '평생교육(L' education permanenté)'이라는 보고서를 제출하였다. 그 문건에서 그는 다음과 같이 말한다.

> "인간은 태어나 죽을 때까지 평생을 통해 교육받을 권리가 보장되어야 한다. 그리고

이것을 위해 새로운 교육제도들이 만들어져야 한다. 이제 파편화되고 분절되어 있는 교육제도들은 인간의 종합적 발달이라는 축을 중심으로 해체되고 재구성되어야 하며, 이것은 가히 교육의 혁명을 의미하는 것이다."

"교육현상을 통합적으로 편성할 수 있는 전혀 새로운 교육의 개념이 필요하며, 그러한 개념에 의해서만이 교육의 체계를 본질적으로 변화시킬 수 있을 것이다. 그리고 오늘날 청소년을 위한 교육과 성인을 위한 교육이 분절되어 있어 상호의존의 관계가 성립되어 있지 않으므로 이들의 역할 분담을 분명히 하여 교육의 구조를 변화시킬 원리를 구축해 낼 필요가 있다."

그의 보고서는 위원회의 논의를 거쳐 유네스코 사무총장에게 권고안으로 제출되었다. 그가 유네스코 교육연구소의 소장대행을 역임하던 1969년 유네스코에서 발간하는 『Chronicle』에 「평생교육의 전망」(Perspective in Lifelong Education)이라는 논문을 기고했다. 그 다음 해인 1970년, 유네스코 사무국은 그의 아이디어를 받아들여 '세계교육의 해' 기본 이념으로 평생교육을 제창하게 되었고 이후 유네스코 교육사업의 기본 틀을 형성하게 된다.

나. 허친스(Hutchins)의 학습사회론

Hutchins

'학습사회'라는 용어는 허친스의 저작 『The Learning Society (1968)』로부터 비롯된 것이다. 허친스는 학습사회를 "모든 사람들이 언제, 어느 때라도 정시제의 성인교육을 받을 수 있을 뿐만 아니라 학습 달성 및 인간적인 것을 목표로 하고, 모든 제도가 그 목적의 실현을 지향하는 데에 가치를 두는 사회"라고 규정하였다. 이를 위해서 그는 사회 전체를 재구축할 필요성을 역설하였다. 그러나 허친스가 구상하고 있는 학습사회란 단순히 교육기회가 모든 성인에게 개방된 사회라든가 교육제도가 발달된 사회를 의미하는 것이 아니라, 자기의 능력을 최대한도까지 발달시키는 것을 목표로 하는 사회인 것이다.

허친스가 예견하고 있는 미래사회란 여가사회이다. 그러한 여가사회는 노동으로부터 해방된 사회이고, 현명하고 즐거운 삶을 영위할 수 있는 인생의 참된 가치가 실현되는 사회이다. 미래사회에서 인간은 교육제도에 의해서 교육되는 것이 아니고 사회와 문화에 의해서 교육된다. 허친스가 교육과 교육제도를 엄격하게 구분하고 있는 것은 이 때문이다.

그는 그 이유를 아테네인의 교육에 비유하고 있다. 그들에게는 교육제도라고 불리울만한 제도와 조직이 있었던 것도 아니고, 그렇다고 교육의 시설과 설비가 정비되어 있지도 않았으며 정밀하게 편성된 교육과정이 있었던 것도 아니다. 현대인에 비교한다면 아테네인은 무학(無學)의 국민이었다. 그러나 사회와 문화가 국민을 교육하였고 도시가 시민을 교육하였다. 아테네인은 제도교육에 얽매이지 않고 모든 구성원이 자기의 능력을 최대한 발달시킬 수 있는 사회를 지향하고 있었던 것이다.

다. 제섭(Jessup)의 관점

제섭은 평생학습의 배경으로서 경제적 번영과 과학기술의 발전, 문화의 민주화 등을 들고 있으나(Jessup, 1969 : 20-24), 그에게서 주목되는 것은 랭그랑과 마찬가지로 평생학습을 위해서는 학교의 기능 전환이 필수적이라는 것이다.

현대사회는 과학 기술의 혁신으로 인해 부단히 새로운 직업훈련이 필요하기 때문에 그는 졸업 후에도 계속교육에 의한 평생에 걸친 직업능력 개발의 필요성을 강조하고 있다. 특히 그는 '평생교육'이라는 용어를 사용하지 않고 '평생학습'이라는 용어를 사용하고 있다는 데에 특징이 있다.

라. 포오르 보고서(Faure Report)의 관점(불)

허친스의 학습사회에 대한 생각은 소위 '포오르 보고서(faure report)'라고 불리우는 「Learning to be」(1972)에서 한층 더 구체적으로 제시되고 있다. 포오르는 보고서의 서문에서 세계의 교육문제를 진단하는 데 있어서 기존의 교육제도를 개선하는 한편, 새로운 교육의 대안을 제시하는 입장을 전제로 하고, 미래의 교육은 '평생교육'과 '학습사회'의 두 가지 개념을 강조해야 한다고 주장하고 있다. 특히 이 보고서는 허친스의 학습사회론을 발전시켜서 학습사회의 목표로서 '완전한 인간(complete man)의 육성'을 들고 있다.

그는 개개인이 행복한 사회 건설을 위해서는 부당한 사회구조와 인간의 무지로부터 해방되어 인간성이 소외받지 않는 사회를 건설하는 것을 평생교육의 임무로 보았다.

포오르 보고서에 의하면 평생교육은 재산과 권력 등을 소유하기 위한(to have) 학습이 아니라, 존재하기 위한(to be) 새로운 생존방식의 탐구 학습이다. 이렇게 볼 때 학습의 목적은 존재이고 생존이며 진화에 있고, 결코 재산, 지식, 권력 등을 소유하는 데 있는 것이 아니라는 것을 알 수 있다. 자기의 능력을 최대한으로 발휘하고, 어떤 것에도 제약을 받지 않고 끊임없이 성장한다는 의미로서의 '삶'을 위한 학습이 학습사회에서의 학습의 이상인 것이다. 그래서 교육의 목적은 '인간으로 하여금 인간답게 하는 것이고 자기가 되게 하는 것'에 있다고 보았다. 따라서 이러한 포오르의 보고서는 휴머니즘적인 관점으로 불리워진다.

마. 젤피(E. Gelphi)의 급진적 평생교육론

1972년 랭그랑의 후임으로 유네스코의 평생교육부장에 취임한 젤피(Gelphi)는 한층 적극적인 교육개혁을 제창하였다. 이탈리아 출신의 젤피는 평생교육이 모든 사람에게 인격의 발달과 사회에서의 적극적인 참가를 촉진시키고, 인간 억압의 현실에서 해방하도록 변혁해야 할 것을 주장하고 있다. 랭그랑은 평생교육에 대하여 급격한 사회변화에 대한 적응이라는 소극적인 구상을 가지고 있었던 데 반하여, 젤피는 억압받고 있는 인간의 현실을 해방시키기 위한 개혁의지에 기초를 두고 있다.

젤피의 교육론은 급진적 성격을 드러내고 있다. 그는 억압적인 제 세력, 특히 정부, 기업, 그리고 산업화된 선진국들이 평생교육이라는 이데올로기를 정치적으로 이용하여 사회적으로 혜택받지 못한 집단을 착취하고 있다고 강조하고 있다. 예를 들면, 1960년대 고도경제 성장기에 평생교육, 성인교육에는 직업기술 인력의 양성을 위한 사회적·국가적 요구가 반영되었으며, 체제권력을 지지하고 강화하는 데에 평생교육이 이용되었다는 것이다. 또한 그는 투쟁(struggle)이라는 말을 자주 사용하고 있다. 이러한 그의 지적은 평생교육 혹은 사회교육, 성인교육이 정치적으로 자주 이용되는 왜곡적 현실을 분명히 하려는 것으로 해석된다.

오늘날 평생교육론은 젤피에 의해서 사회개혁이라는 보다 적극적인 방향으로 발전하고 있다. 이념의 단계에서 이론의 단계를 거쳐서 젤피가 제창하고 있는 자기결정학습을 조직화하는 단계로 이행하고 있는 것이다. 따라서 평생교육의 체제화는 각 교육영역의 통합 재편성을 지향하는 교육개혁론이며, 정책적으로는 유네스코 제19차 총회에서 채택된 국민의 교육기회를 국가사회가 보장하는 '교육권보장(教育權保障)'의 원리로서 추구되고 있는 것이다(김도수, 1998).

탐구과제

1. 교육사회학의 학문적 성격을 논의해 보시오.
2. 구조기능론자인 파슨스(T. Parsons)의 학교교육의 기능에 대해 설명해 보시오.
3. 보울즈와 진티스(S. Bowls & H. Gintis)의 '상응이론'이 의미하는 바에 대해서 논의해 보시오.
4. 구조기능론적 교육사회학 접근과 갈등론적 교육사회학 접근에 대한 기본 관점을 비교 설명해 보시오.
5. 신교육사회학의 개념 및 출현 배경에 대해서 설명해 보시오.
6. 평생교육의 출현 배경에 대해서 설명해 보시오.
7. 최근의 평생교육 동향에서 젤피(E. Gelphi)의 평생교육론에 대한 이해가 중요한 이유가 무엇인지 말해 보시오.

읽을거리

곽삼근(1999). "성인여성교육에 관한 여성주의 연구방법". 교육학연구, 37(3), 323-340.

교육개혁위원회(1995). 신교육체제 수립을 위한 교육개혁 방안. 교육월보. 6.

김경희(1996). "한국적 맥락에서 사회교육의 이념과 과제정립에 있어서 현대성, 탈현대성과 관련된 쟁점", 현대성, 탈현대성 그리고 동서양의 관점에서 본 사회교육의 이념과 실제. 국제 사회교육학술회의의 자료집, 1996년 5월 27~28일, 중앙대학교, 177-197.

김경희(1998). "의사소통학습의 전개와 평생교육 : 하버마스의 의사소통행위이론의 실천적 함의". 평생교육연구, 4(1), 61-90.

김기홍(1999). "포스트모던 문화사회에서의 문화교육의 사회적 역할에 관한 연구". 교육사회학연구, 9(2), 31-46.

김도수(1998). 『평생교육』. 서울 : 양서원.

김병성(2004). 『교육과 사회』. 교육의 사회학적 기초. 서울 : 학지사.

김병성(2004). 『교육사회학』. 서울 : 학지사.

김신일(2003). 『교육사회학』. 서울 : 교육과학사.

김신일 · 한숭희(2001). 『평생교육학 : 동향과 과제』. 서울 : 교육과학사.

김억환(1987). 『신교육사회학 입문』. 서울 : 박영사.

김종서 · 김신일 외(2000). 『평생교육개론』. 서울 : 교육과학사.

김준기(2001). 『교육사회학』. 서울 : 재동문화사.

김천기(1998). 『교육의 사회학적 이해』. 서울 : 학지사.

박부권(1999). "교육개혁의 주체로서 국가, 시장, 그리고 시민단체". 한국교육연구, 5(2),

24-43.
손준종(1996). "90년대 교육개혁의 사회적 성격에 관한 논의". 교육학연구, 34(1), 149-167.
손준종(2001). 『교육사회학』. 서울 : 문음사.
송병순 · 이영호(2000). 『평생교육의 이론과 실제』. 서울 : 원미사.
송준수 · 강재태 · 신재영(1998). 『교육사회학』. 서울 : 교육과학사.
심성보(1999). "참여 민주적 교육개혁과 우리 교육개혁의 방향". 한국교육연구, 5(2), 44-84.
안병환(2003). 『교육사회학』. 서울 : 교육과학사.
오욱환(1999). "미국 교육사회학의 정체성 확립과정 탐색". 교육사회학, 9(2), 143-171.
오욱환(2003). 『교육사회학의 이해와 탐구』. 서울 : 교육과학사.
이규환(1996). "교육개혁에 있어서 보수주의와 급진주의". 한국교육연구, 3(1), 7-50.
이종각(2003). 『교육사회학총론』. 서울 : 동문사.
정유성(1998). "공동체로의 해방을 위한 사회교육". 평생교육연구, 4(1), 1-10.
차갑부(2002). 『성인교육사회학』. 서울 : 양서원.
차경수 · 최충옥 · 이미나(1995). 『교육사회학의 이해』. 서울 : 양서원.
최운실 · 홍영란 · 송병국(1996). 열린 학습사회 실현을 위한 사회교육 개혁과제 연구. 한국교육개발원. 7.
최정웅 · 양경숙(2004). 『교육사회학』. 서울 : 양서원.
쿨슨 · 리들(1993). 사회학에의 접근 : 비판적 사회인식(박연신 역, 1993). 민영사.
한국교육사회학연구회(1983). 『한국교육의 사회적 기초』. 서울 : 교육과학사.
한숭희(1998). "IMF체제하에서의 교육의 구조조정". 윤정일 외 편역, IMF 구조조정과 교육, 도서출판 하우.
한숭희(2004). 『평생교육론』. 서울 : 학지사.
한준상(1987). 『신교육사회학론』. 서울 : 문음사.
한준상(1996). 『신교육사회학』. 서울 : 학지사.
홍기형 · 이화정 · 변종임(2001). 『평생교육의 이해』. 서울 : 교육과학사.

Angell, R. (1928). Science, Sociology and Education. The Journal of Educational Sociology, Vol. 1.
Collins, R. (1979). The Credential Society ; A Historical Sociology of Education and Stratification, Academic. 정우현 譯(1989). 학력주의 사회. 서울 : 배영사.
Durkheim, E. (1933). The Division of Labor in Society. The Free Press.
Durkheim, E. (1956). Education and Sociology. trans. S.D. Fox. New York.
Faure et al.(1972). Learning to be; The World of Education today and tomorrow. Paris : UNESCO.
Freire, P.(1972). Pedagogy of the Oppressed. Harmondsworth : Penguin. 성찬성 譯(1995). 페다고지 : 억눌린 자를 위한 교육. 서울 : 한마당.
Gelphi, E.(1985). Lifelong Education and International Relation. London : Croom Helm.
Griffin, C. (1987). Adult Education as Social Policy, London : Croom Helm.

Hutchins, R. M. (1968). The Learning Society. Frederick A. Praeger, Inc.

Illich, I. (1977). Deschooling Society. New York : Harper & Row, Publishers.

Lengrand, P. (1989). Lifelong Education : Growth and Concept. 권두승 역(19950. "평생 교육의 발전과 그 개념". 평생교육론. 서울 : 교육과학사.

Mannheim, K. (1936). "The Sociology of Knowledge." J. E. Curtis & J. W. Petras. The Sociology of Knowledge. New York : Praeger Pub.

Ward, L. F. (1883). Dynamic Sociology, II.

Willis, P. (1989). Learning to Labor ; How working class kids get working class jobs. N.Y. : Columbia University Press.

http : //www.tc.columbia.edu/humandevelopment/Sociology/default.htm

http : //www.soc,jhu.edu/

CHAPTER

06

교육과정의 이해

교육과정(教育課程)이란 라틴어 Currere(경마를 위해 만들어 놓은 코스, 혹은 말이 경주하는 모습)에 어원을 둔 영어 단어 Curriculum을 번역한 용어이다. 말이 경기를 하기 위해서는 출발선에서부터 일정한 코스 코스마다 해결해야 할 과제들을 해결하여 골인 지점에 들어옴으로써 경기가 종료되듯이, 학생들의 교육도 입학에서부터 졸업에 이르기까지 해결해야 할 다양한 과제들을 다루고 해결하도록 규정해 놓은 일거리들이 있기 마련이다. 그러나 학생들의 교육은 말이 경주를 하기 위해 만들어 놓은 코스와 같이 단순할 수는 없으며 매우 복잡하고 기술해 내기 어려운 과정을 거쳐야 한다. 학생들이 어떤 길을 따라 인생을 익히고 배우고 경험하도록 할 것인가? 학생이 어떤 길을, 어떻게 걸어가느냐는 그의 인생 자체의 모습일 뿐만 아니라 그들이 속한 사회의 모습이기도 하다.

제1절 교육과 교육과정

1. 학교교육의 특성과 교육과정

넓은 의미의 교육은 가정, 학교, 사회라는 환경에서 이루어지는 인간형성 과정이다. 이러한 3대 환경 중에서 학교의 교육활동은 교육에 관한 전문성을 지닌 교사집단에 의해 어떤 인간 특성을 길러 내야겠다는 목적의도가 분명하게 설정되며, 그러한 목적을 어떻게 달성하겠다는 사전 계획이 명확하게 수립되고, 그 계획을 매우 조직적이고 체계적으로, 그리고 장기간에 걸쳐 추진해 간다는 특징을 갖는다. 물론 가정이나 사회에서 이루어지는 교육도 목적이 설정될 수 있고, 그러한 목적을 달성하기 위한 계획이 수립되어 체계적으로 이루어지는 경우나 사례가 있기는 하지만 교육의 의도성(목적성), 계획성, 체계성, 전문성 등의 성격은 학교교육만큼 분명하지 않다.

그러므로 학교는 그 설립목적에 따라 인간교육에서 가장 계획적이며 조직적이고, 또 전문적인 교육기관으로서의 역할을 수행하고 있다. 이와 같은 학교교육의 성격, 곧 의도성과 계획성, 체계성, 전문성 등에서 교육과정의 실체가 드러난다.

인간은 말과 글, 혹은 표정 등을 통하여 의사소통을 하고 의미를 찾고 생성하고 전달하며 사물과 현상과 사건을 기술하거나 설명하면서 살아가는 존재이다. 이러한 것들을 문화라고 할 수 있는 바, 학문의 세계에서도 그 학문영역에서 사용하는 기본적인 용어나 개념이 누군가에 의해서(주로 학문공동체 혹은 학자들) 창안되거나 개발되어 이용되기 마련이다. 이러한 개념은 학문을 구성하는 최저단위이다.

이러한 실제와 학문의 세계에서 이용되는 개념을 정확하게 이해하지 못하면 그 실제세계와 학문공동체 내에서 의사소통이 어려울 뿐만 아니라 오해를 불러일으키기도 한다. 교육과 교육학 혹은 教育課程이라는 학문에서 바로 교육과정을 올바로 이해하지 못하게 되면, 교육과정에 관한 그 무엇을 한다고 하면서 그에 유사하거나 다른 어떤 일을 하게 마련이며, 이 일은 특히 학교 현장 교사들에게서 더 중요한 의미를 지닌다. 교사는 한 마디로 교육과정을 구성하여 이를 운영하는 사람이다. 교사가 하는 일을 '교과내용을 가르치는 일', '생활지도와 상담하는 일', '특별활동을 운영하는 일', '행정업무를 수행하는 일', '학급을 운영하는 일', '학부모와 사회인과의 관계를 유지 발전시키는 일' 등으로 나눌 수 있다. 이와 같은 일들은 모두 학생을 가르치고 지도하기 위한 활동이며, 결국 교육과정 편성 혹은 구성과 운영이라는 범주에 포함된다. 이러한 일들을 올바로 할 수 있을 때 비로소 교사를 전문가라고 할 수 있다. 교사의 활동이 얼마나 효과적이며 효율적인가는 교육과정 편성 및 운영과의 관련성 하에서 파악되는 것이다.

학생들에게 지식은 왜 습득시키고 어떻게 습득시켜야 하는가, 지식교육과 인성교육의 조화를 어떻게 추구할 것인가, 특별활동은 어떤 교육적 의미를 지니는가, 열린교육이 이상적인 교육의 모습인가, 컴퓨터 등 다양한 교수－학습 보조 기자재의 활용은 과연 학습력을 증진시키는 데 기여하는가 등 숱한 교사의 문제의식과 역할과 활동은 모두 교육과정에 관련된 문제들이다. 그러므로 教育課程의 개념 정의(의미)를 올바로 해 두는 일은 교육과정 학습의 출발점이 됨과 동시에 교사 역할 수행의 전제조건인 셈이다.

또한 학문적 개념으로서의 교육과정은 이 개념을 사용하는 사람의 교육과 삶이라는 현상을 보는 일종의 '눈'이요 관점이다. 따라서 개념을 명확하게 이해하지 못하거나 그 본질과는 다른 어떤 방식으로 이해하고 있다면 비뚤어진 눈, 왜곡된 관점으로 교육현상을 보게 되는 것이며, 그 현상의 탐구는 정상을 벗어나게 된다.

교육과정(Curriculum)은 교육과 교육학의 중심적인 개념이다. 먼저, 교육과정이 교육의 중심적 개념이라 함은 교육과정이라는 개념이 정확하게 파악되지 않으면 교육이 교육답지 못하게 된다는 의미이다. 교육이라는 이름으로 행해지는 모든 활동들을 학교의 교육과 동일한 것으로 이해할 수는 없다. 앞에서 기술한 바와 같이, 학교교육은 가정교육이나 학원교육, 기업체의 사원교육, 지방자치단체의 시민교육 등과는 성격상 분명한 차이점이 있으며, 그 차이점은 다름 아닌 교육과정의 차이점인 것이다.

또 교육과정이 교육학의 중심적 개념이라 함은 교육학의 학문 구조상 교육과정이 중핵적 위치에 놓인다는 의미이다. 엄밀한 의미에서 교육은 교육과정을 편성하여 이를 실행 실천하는 일이다. 학교교육을 위하여 교사를 선발 배치하고, 재정을 배분하고, 시설을 갖추고, 각종 설비를 구비하여 교육에 활용하도록 하는 등 행정적 업무가 이루어지지만, 이러한 일들은 행정 자체를 위한 일이 아니라 교육과정 운영의 효과를 높이기 위한 방편인 것이다. 교사들은 지속적으로 교사개발 프로그램에 참여하여 자질을 육성하고, 승진체제를 운영하기도 하지만, 이들 제도나 그 운영도 모두 교육과정의 효율성을 높이기 위한 수단이다. 그러므로 교육학이라는 학문은 결국 교육과정의 편성과 운영 현상에 관한 학문이라고 할 수 있다. 교육학이 교육의 효과성 혹은 효율성을 위한 방법적 원리나 이론을 생성해 내지 못한다면 그만큼 무기력한 학문이 될 수밖에 없다.

오늘날 교육학이 지나치게 사변적이며 교육현실로부터 유리되어 전개되고 있다는 비판이나 이론과 실제 간의 괴리를 좁혀야 한다는 주장 등은 교육학의 모든 하위 분야들이 교육과정과의 관련성을 보다 밀접하게 하라는 요청이기도 하다. 따라서 교육과 교육학을 올바로 이해하고 그 활동이 타당하기 위해서는 '교육과정'의 개념을 올바로 이해하는 것이 필요하다.

2. 교육과정의 의미

그러면, 교육과정이라는 개념은 어떤 의미를 지니는가? 교육을 성립시키는 요소는 가르치는 사람(교사), 배우는 학생, 가르치고 배울 내용이나 경험, 가르치고 배울 활동공간으로서의 환경 등으로 기술할 수 있다. 이들 요소 중 어느 하나라도 충족되지 않으면 교육이 성립될 수 없다. 이 중에서 내용과 경험을 교육과 교육학의 전문적인 용어로 '교육과정'이라고 한다.

역사적으로 교육이라는 말로 표현할 수 있는 현상이 존재한 곳에는 항상 교육과정이 존재했다. 단지 오늘날 우리가 사용하고 있는 교육과정이라는 용어로 표현하지 않았을 뿐이다. 먼 옛날 농촌의 한 장소에 마을 아이들을 모아 놓고 글을 가르친 경우라든지, 먹을 양식을 구하는 방법을 가르쳤다든지, 맹수로부터 안전을 지키는 방법을 가르쳤을 수도 있다. 이처럼 정형화된 개념으로서 교육과정이라는 용어를 사용하지 않았지만 교육이 있는 곳에는 필연적으로 교육과정이 존재한 것이다.

학생들은 학교생활을 통하여 무엇인가를 배우고 경험한다. 그러한 배움과 경험한 통하여 성장과 발달이 이루어지면서 사회구성원으로 살아간다. 그 배우고 경험할 바의 대상을 교육과정이라고 할 수 있다. 학생들이 학교에서 배우고 경험할 것들이 너무 다양할 뿐만 아니라 먼저 배우고 경험해야 할 것이 있고, 어떤 것을 배우고 난 다음에 배우는 것이 학습의 효과성을 높일 수 있는 것이 있으며, 어떤 내용과 경험은 집중적으로 가르쳐야 하고, 어떤 것은 학생들 스스로의 학습에 의해 더 잘 배우고 경험하는 것들이 있다. 그러므로 학생들이 배우고 경험할 것들을 체계적으로 조직할 필요가 있다. 이것이 교육과정 계획이요 편성이며 구성이다.

교육과정의 역사로 보면, 먼 옛날의 교육과정은 짐작컨대, 편성 혹은 구성이 체계적이지 못해 매우 조잡했을 것이다. 가르치는 사람의 판단에 의해 가르칠 내용이나 경험시키려는 사항이 결정되거나, 내용의 선후 관계도 과학적인 근거에 의해 지지되기 어려웠을 것이다. 그러다가 인지가 발달하고, 계획적이고 체계적으로 교육할 필요성이 제기되면서 내용과 경험의 분류에 의해 영역이 분화되고, 가르칠 내용의 우선순위를 정하는 작업이 수행되기도 하였다. 또 여러 가지 요소를 고려하면서 먼저 가르쳐야 할 내용과 뒤에 가르쳐야 할 내용에 관한 논의과정이 필요했을 것을 짐작할 수 있다.

이러한 실재한 교육과정의 구체적인 모습은 한국의 경우 고려시대의 국자감에서 논어, 효경, 주역 등 9경과 산술을 비롯한 7개의 보충과목을 이수하도록 한 것이나, 이조시대의 성균관이 4서 5경을 배워야 할 핵심적인 교과로 규정한 것에서 발견할 수 있다.

좀더 가까이는 1895년 소학교 심상과는 수신, 독서, 작문, 습자, 산술, 체조, 역사, 지리, 도화, 외국어, 재봉(여학생) 등을, 고등과는 수신, 독서, 작문, 습자, 산술, 역사, 지리, 외국 역사, 외국 지리, 이과, 도화, 외국어, 재봉(여학생) 등의 과목을 가르칠 교과목으로 정한 것 등으로 발전해 왔다.

서양의 경우에는 중세까지 7자유과(seven liberal arts), 즉 3학(주로 언어능력 육성 과목)인 문법, 수사학, 변증법과 4과인 산수, 기하, 천문학, 음악 등을 주요 교과로 정해 학생들을 가르친 것에서 교육과정의 현대적인 실재적 기원을 발견할 수 있다. 그러나 한국이나 서양 모두 이 때까지는 이와 같은 교과목들의 편성을 오늘날 우리가 사용하고 있는 '교육과정'으로 표현하거나 교육과정이라는 용어를 사용하지 않았다.

그러면, 교육과정이라는 용어는 언제 어떤 방식으로 학문의 세계에 등장했는가?

앞에서 언급한 바 있듯이, 역사적으로 교육이 있는 곳에는 항상 교육과정이 존재했다. 교육이란 교육과정을 다루는 작업이기 때문이다. 가르치고 배우는 대상물이 곧 교육과정이다. 가르치고 배우는 대상물이 없이 교육은 존재할 수 없다. 그러나 教育課程 혹은 Curriculum이라는 개념(용어)을 사용하여 그 대상물을 표현한 역사는 오래지 않다. 미국의 경우, 1918년 Franklin Bobbitt의 『The Curriculum』이라는 책이 발간되면서 교육학에 공식적으로 등장하였다. 'Curriculum'이란 라틴어 Currere가 그 어원으로서, 이는 동사로서 '뛴다'라는 의미를, 명사로서 '말이 경주할 때 달리는 일정한 코스(race course)'를 의미하는 단어이다. 말 경주를 할 때 출발지점과 골인지점이 정해져 있으며 경주 코스가 정해져 있어 코스를 제대로 돌아 와야 승패를 가릴 수 있다. 그런데, Currere로서의 Curriculum은 단순한 코스나 경주로만으로 이해하는 것은 부적절하다. 오히려 경주를 하고 있는 말(馬)의 생활이요 삶으로 이해하는 것이 보다 적절하다. 라틴어 Currere로부터 Curriculum이라는 용어가 발전했다는 것은 학생들이 입학에서부터 졸업에 이르기까지 배울 내용이 일정하게 정해져 있음을 의미하는 것 이상의 복잡한 뜻을 지니고 있는 것이다.

한국의 경우에는 1951년 '교육과정위원회'가 발족되고, 1953년 '교육과정 시간배당 기준령' 이 공포되면서 이 용어가 공식적으로 사용되기 시작하였다. 그러므로 한국에서는 1950년 이전에는 교육과정이 실재했음에도 불구하고 이 용어가 사용되지 않았다. 물론 1950년대에 교육과정이라는 용어가 공식적으로 등장하기는 했으나 실제로는 상당 기간 教科課程(Course of Study)이라는 용어를 사용하였다. 교과과정이란 국어, 수학, 과학 등과 같이 학교가 가르치려는 교과목에 한정되는 용어이다. 이 용어가 교육과정으로 대체된 것은 미국에 유학한 교육학자들에 의하여 Curriculum을 번역하여 사용하기 시작한 것으로부터 비롯되었으며, 종래의 교과과정으로부터 교육과정으로 바뀐 것은 교육에서의 커다란 변화라 할 것이다.

우리 나라이건 구미에서건 교사가 가르치고 학습자들이 배워야 할 "그 무엇"을 교육과정이라고 할 때, 그 무엇이란 획일적으로 정해지는 것이 아니다. 그것은 시대에 따라서, 학습자에 따라서, 장소에 따라서, 가르칠 사람의 관점에 따라서 다양한 모습을 띠기 마련이며, 이 점에서 교육과정은 한 가지 방식으로 규정될 수 없다. 그러면, 교육과정은 어떻게 정의되고 있는가?

Tanner와 Tanner(1980)는 많은 학자들이 규정하고 있는 교육과정 정의 방식을 검토한 후 10개의 대표적인 정의를 제시하고 있다. 이들 정의에는 지식, 사고의 양식, 인류의 경험, 안내된 경험, 계획된 학습환경, 인지적·정의적 내용과 절차, 수업계획, 수업목표, 공학적 생산체제, 지식과 경험 등으로 어떤 정의는 매우 광의로(인류의 경험), 어떤 정의는 매우 협소하게(수업계획) 표현하기도 한다. 이러한 다양한 교육과정 정의를 다시 유사한 성격을 지닌 것끼리 묶으면 다음과 같이 4가지 군으로 정리된다(李慶燮 監譯, 1990 : 10-12).

제1군 : 교육과정이란 학교의 권한 하에 있는 아동의 모든 경험이다. 교육과정이란 학교가 책임을 맡고 있는 아동의 모든 경험을 포함한다. 학교의 교육과정은 교실의 프로그램 이상의 것이다. 즉, 교육과정은 진척되고 있는 아동의 모든 활동을 포함한다(Beauchamp, 1964 ; Ragan, 1960 ; Spears, 1951).

제2군 : 교육과정은 학교가 제공한 모든 학습경험이다. 교육과정은 학습자를 위해 학교가 제공하거나 활용하는 경험의 총체이다. 교육과정은 학교의 후원 하에 제공되는 모든 경험이다(Saylor, 1966 ; Crosby, 1964 ; Doll, 1961).

제1군과 제2군의 정의 간의 차이점은 학습자 경험의 범위에 있다. 즉, 전자는 학교의 책임 하에서 하는 학습자의 모든 경험이라면, 후자는 학교가 제공한 경험이라는 것이다. 따라서 학교의 책임 하에 하는 학습자의 모든 경험 중에서 학교가 제공하지 않은 경험이 있을 수 있으므로 제1군의 개념 정의 방식이 교육과정을 광의로 규정함을 알 수 있다.

제3군 : 교육과정은 학교교육프로그램의 조직화된 형태로서 수업할 교재, 내용, 수업방법을 기술한 것이다. 교육과정은 바라는 학습성과에 이르는 경험을 학습자에게 제공하기 위해 학교가 활용하는 수업의 수단이다(Phenix, 1958 ; Krug, 1957).

제4군 : 교육과정이란 구조화된 일련의 의도된 학습성과이다. 교육과정은 수업의 결과를 처방하는 것이지 수업의 수단을 처방하는 것이 아니다. 교육과정은 집단적 사고와 행위 방식으로 아동과 청소년을 도야할 목적으로 학교에서 설정한 잠정적 경험의 계열이다(Johnson, 1967 ; Smith, 1957).

제3군과 제4군의 차이점은 제3군이 내용과 방법을 포함하는 것임에 비하여 제4군은 내용만을 포함하고 있다는 점이다.

이 외에도 교육과정을 "문서 속에 담긴 교육계획"(김대현 · 김석우, 1996 : 16-17)으로 정의하기도 한다. 이 정의 방식은 학교 현장의 교사들이 선호하는 방식으로 교육인적자원부의 초 · 중 · 고등학교 敎育課程과 교육과정 해설서, 혹은 지침서 등이 교육과정이라는 것이다. 이 교육과정에는 교육목적과 교육내용의 체계, 이를 효과적으로 다루기 위한 교육방법, 교육평가, 교육운영 등에 대한 종합적인 방침과 계획이 담겨져 있다. 이러한 정의는 교육과정을 학습성과, 교육내용, 학습경험으로보다는 학습을 위한 종합계획으로 본 점에서 포괄적이며, 교사들이 교육인적자원부, 시 · 도 교육청, 각급 학교에서 편성한 교육과정에 들어 있는 내용을 이해하는 데 도움을 준다는 점에서 실용적인 정의 방식이다. 그러나 교육계획이라는 문서내용에 학습자의 경험을 한정하는 느낌을 준다는 점에서 제한적이기도 하다.

보통 교육과정의 형태를 대별하여 교과중심교육과정, 경험중심교육과정, 학문중심교육과정, 인간중심교육과정 등으로 나눈다. 교과중심교육과정이란 내용이건 학습자의 경험이건 그 범주를 교과목에 중심을 둔다는 것이며, 경험중심교육과정은 학습자들의 실제적인 경험을 중심으로 학교교육활동의 대상을 삼는다는 것이다. 또 학문중심교육과정은 내용을 학문(교과)으로, 방법을 탐구와 발견으로 규정함으로써 '교과의 구조와 탐구방법의 조직'으로 정의하는 셈이며, 인간중심교육과정은 인간본성과 자아, 인간존재 양식을 교육의 주 내용으로, 이들을 성찰하고 탐색하는 과정을 방법으로 삼는다는 특징을 지닌다. 이렇게 보면, 교육과정 형태는 '교육' 개념을 어떻게 정의하는가에 달려 있다. 교과중심교육과정, 학문중심교육과정과 인간중심교육과정은 내용과 방법을, 경험중심교육과정은 학교가 제공한 것이거나 학교의 책임 하에 학습자들이 하게 되는 경험을 교육과정으로 규정하는 점에서 경험중심교육과정이 가장 광의로 교육과정을 파악하고 있는 셈이다. 그럼에도 불구하고 오늘날 세계 각국의 교육과정은 이러한 교육과정 형태 중에서 어느 하나만을 채택하기보다는 복합적인 형태를 택함으로써 교육과정에 대한 정의를 명확하게 기술하지 않고 있는 셈이다.

교육과정을 어느 한 가지 의미로 파악하는 것은 적절하지 않다. 그것은 교육을 보는 사람의 견해와 철학에 따라서 천차만별의 교육과정 개념이 존재할 수 있기 때문이다. 학생들에게 습득시켜야 할 지식도 교육과정이요, 사회생활에 도움을 줄 수 있는 다양한 경험들도 교육과정이다. 요컨대, 학습자들의 성장과 발달에 도움을 줄 수 있는 일체의 내용이나 경험을 교육과정이라고 할 수 있다. 이 경우, 누가 어떤 내용과 경험이 교육과정이 되어야 한다고 고집하거나 주장할 수 있는가 하는 문제가 제기된다. 그러므로 교육과정의 의미 규정은 주의나 주장의 문제라기보다는 합의의 대상이요, 개인의 교육관의 반영인 셈이다.

이상에서 고찰한 바와 같이 교육과정이란 여러 가지 방식으로 이해될 수 있는 개념이다. 이들 다양한 개념 정의에 바탕하여 필자는 다음과 같이 정의를 내려본다. “교육과정이란 학습자의 성장과 발달에 도움을 주리라고 기대되는 일체의 학습내용과 경험이다.” 이 정의에 의하면, 교육과정을 계획된 그 무엇으로 보거나 교육방법을 처방하는 것은 배제됨을 밝히고 있다. 왜냐하면, 교육과정 개념 자체와 교육과정 구성이나 교육과정 조직, 교육과정 운영 혹은 교육과정 실행, 특히 수업 등의 개념들은 서로 다른 뜻을 지니는 것으로 서로 구분되어야 할 필요가 있기 때문이다. 여기에서 유의할 바는 개념상의 구분과 기능상의 구분과는 다르게 해석되어야 한다는 점이다. 이들은 기능상으로는 서로 밀접하게 관련되어 구분이 거의 불가능하지만, 개념상으로는 구분되어야 할 것이다.

제2절 교육과정의 성격과 구성요소

1. 교육과정의 성격

교육과정에 관한 사고 혹은 그 정의에서 살펴본 바와 같이 오늘날의 교육과정 개념은 단일개념이 아니라 복합적인 개념이다. 즉 교과중심, 경험중심, 학문중심, 인간중심 교육과정 개념이 혼재해 있다. 또한 교육과정의 실재한 모습을 보아도 문서와 경험이 모두 교육과정 개념으로 파악될 수 있으며, 바로 이 점이 교육과정 개념을 한 가지 방식으로 정의하는 것이 부적절하다는 점을 지적하는 것이다.

공적(公的)으로서의 또는 규범으로서의 교육과정은 국가사회 수준, 지역사회 수준, 학교수준, 교사수준, 심지어 학습자 수준 등으로 다양화되며, 각 수준에서의 교육과정 정의가 달라질 수 있다. 표면적(表面的) 교육과정이 존재하는가 하면, 잠재적(潛在的) 교육과정의 실체가 존재한다. 또 공식적이요 형식적 교육과정이 편성 · 운영되는가 하면, 영교육과정(零敎育課程)이 존재한다. 오늘날 교육과정이라는 용어 앞에 무수한 수식어가 붙어 사용되는 수많은 개념들이 등장하듯이 교육과정이라는 개념은 누구나 합의할 수 있는 정의가 존재하지 않는다.

그러므로 교육과정 개념을 분명하게 정의하고 파악하려는 일도 중요하지만, 이보다 더 중요한 일은 교육과정의 성격을 분명하게 인식하는 것이라고 할 수 있다. 교육이란 교육과정을 편성하여 이를 운영 실행하는 일이라고 지적하였다. 따라서 교육과정의 성격을 분명하게 인식하지 못할 때 교육과정의 편성(구성) 방향이 빗나가기 쉽고 또 편협한 교육과정을 낳게 할 위험성이 있다. 교육과정 개념 정의 방식과 마찬가지로, 현대 교육과정이 지니는 일반적인 성격에 대하여 학자들 간에 의견이 다양하기는 하지만 학교교육을 위한 교육과정의 일반 공통적인 성격을 살펴보면 다음과 같다.

1) 교육과정은 교육목적 혹은 교육목표를 달성하기 위한 방편이요 수단이다.

교육목표와 교육과정과의 관계는 그 구성과 운영체제로 볼 때는 하나의 통일체제이다. 즉, 양자는 분리가 불가능한 단일체제이다. 그러나 편의상 양자는 구분하여 고찰하면 일의 선후관계, 주종관계가 성립된다. 교육은 목표지향적 활동이다. 목표 없는 교육이란 성립되지 않는다. 그리고 설정한 목표를 달성하기 위하여 교육과정이 구성되는 것이다. 물론 교육과정이라는 문서 혹은 교육과정의 실체는 그 속에 교육목표를 함의하고 있을 뿐만 아니라 실제로 진술된 목표를 지니고 있기 마련이다.

학교교육은 어떤 목표를 달성하기 위하여 노력해야 하는가? 어떤 교육목표가 보다 중요하고 가치 있는가? 등의 질문은 곧 어떤 교육과정을 구성하여 운영해야 하는가를 밝히기 위한 핵심적인 질문이다. 그런데 이러한 질문에의 대답은 한 가지로만 주어질 수 없다. 사람에 따라서 다양하게 대답될 수 있는 열려 있는 질문이다. 이는 곧 교육과정 개념이 한 가지 방식으로 정의될 수 없는 이유를 지적하는 것이기도 하거니와, 교육과정의 모습이 매우 다양하게 드러날 수 있음을 뜻하기도 한다.

2) 교육과정은 학습자 개개인의 전인간적 성장과 발달을 돕도록 편성되고 운영되어야 한다.

교육과정은 편협한 인간, 어느 한 면만이 특별나게 발달된 인간을 염두에 두고 편성·운영될 수는 없다. 전인간적 성장과 발달이란 두(頭)·흉(胸)·수(手), 지(知)·정(情)·의(意), 지적 특성·정의적 특성·신체기능적 특성 등이 조화롭게 발달된 인간을 뜻한다. 이러한 인간을 건강한 사람이라고 하고, 이런 특성을 지닌 사람들이 모여 사는 사회를 건강한 사회라고 하거니와 학교교육은 곧 이와 같은 건강한 사람을 길러 내는 활동이다.

3) 교육과정은 학습자의 필요와 요구를 충족시키도록 편성·운영되어야 한다.

교육과정을 실현할 주인공은 다름 아닌 학습자이다. 아무리 훌륭한 교육목표가 설정되고, 훌륭한 교육내용이나 학습경험이 선정 조직되어 최적의 방법으로 교육이 이루어졌다고 하더라도 그것이 직접 학습의 대상인 학습자의 수준과 눈높이에 맞지 않는다면 교육의 효과를 기대하기 어렵다. 그러므로 교육과정의 구성과 운영은 학습자의 교육적 필요와 요구, 흥미, 능력, 다양한 특성의 발달상황 등에 관한 과학적 이해 위에서 이루어져야 할 것이다.

이러한 교육과정의 성격을 충족시키기 위해서는 교육과정을 구성할 때 학습자의 다양한 특성의 발달 상태를 과학적으로 탐구하여 그 결과를 반영하도록 노력해야 하며, 교육과정을 운영할 때는 학습자의 수준에 적합시키도록 다양화해야 할 것을 요구하고 있다.

4) 교육과정은 사회적 필요와 요구를 반영하여야 한다.

교육은 사회화(socialization)를 촉진하는 기능을 수행하며, 그 정의 방식의 하나가 인간의 사회화과정이다. 즉, 교육은 그 사회에 보다 잘 적응함과 동시에 그 사회를 발전시키는데 기여할 수 있는 인간특성을 육성하는 활동이다. 이러한 교육의 기능이 충실하게 수행되기 위해서는 사회실태를 과학적으로 파악하고, 그와 같은 실태에 기초하여 유능한 사회인을 기르기 위한 교육과정이 구성되어 운영되어야 하는 것이다.

또한 교육은 사회가 필요로 하는 인간을 육성하기 위한 교육과정을 요구한다.

사회가 필요로 하는 인간특성을 길러내지 못하는 교육과정은 교육과정으로서의 기능을 수행할 수 없는 것이다. 따라서 교육과정은 사회가 요구하는 바, 필요로 하는 바를 체계적으로 파악·분석하여 그것을 반영하여야 하는 것이다.

5) 교육과정은 국가와 사회를 발전시키는데 기여하도록 편성·운영되어야 한다.

교육은, 한편으로는 학습자 개개인의 자아를 실현하도록 돕는 역할을 수행하면서, 다른 한편으로는 국사와 사회의 발전에 기여할 수 있는 인간특성을 육성해 낼 것을 요청받고 있다. 바로 이와 같은 교육이 가능하도록 교육과정이 편성·운영되어야 하는 것이다. 교육을 통한 개인의 발전과 국가사회의 발전이 분리된 것은 아니다. 그러나 전자만이 지나치게 강조되는 경우 개인주의나 이기주의가 성행하여 국가 발전에 장애가 될 수 있으며, 후자가 너무 강조되면 개인의 개성이 매몰되고 전체주의적 풍토가 만연될 소지가 있다. 그러므로 교육과정은 개인과 국가 양자의 조화로운 발전을 가능케 하도록 편성·운영되어야 한다.

6) 교육과정은 부단히 그 적합성과 적절성이 검토·평가되고 개선되어야 한다.

우리 나라는 해방 후 초·중등학교 교육과정을 일곱 차례에 걸쳐 개정하여 오늘에 이르고 있다. 이러한 빈번한 개정에 대하여 학교교사를 비롯하여 학생과 학부모들에게 혼란을 초래하고 교육의 일관성이 유지되지 못한다는 비판이 제기되기도 한다. 그러나 현대사회는 전통적인 사회와는 달리 그 변화의 속도가 빠를 뿐만 아니라, 한 부문의 변화가 다른 부문에 미치는 파장이 과거에 비해 훨씬 크다. 유용한 지식과 기술과 기능은 1년이 멀다하고 바뀌고 있는 것이 현대사회이다. 또 사회의 학교교육에 대한 요구는 보다 다양하고 강력해지고 있으며, 학습자와 학부모의 교육적 요구도 부단히 달라지고 있다. 이러한 상황에서 교육과정은 한 가지 모습으로 고정될 수 없으며 학습자와 사회적 적합성 및 적절성이 계속 검토되고 개선되어 나가야 하는 성격을 지니고 있다.

7) 교육과정은 유형(有形)의 형태만으로 존재하거나 기능하는 것이 아니며 무형(無形)의 형태로 존재하거나 기능하기도 한다.

유형의 형태로서의 교육과정을 표면적 교육과정 혹은 공식적 교육과정, 형식적 교육과정으로 표현한다. 그리고 무형의 형태로서의 교육과정을 잠재적 교육과정이나 영교육과정으로 표현한다. 교육의 실재한 모습 혹은 그 실체는 겉으로 드러나는 유형의 교육과정만으로는 제대로 파악될 수 없으며, 무형의 교육과정까지 확대된 시각으로 파악하지 않으면 안 된다.

2. 교육과정의 구성요소

무릇 모든 학문은 고유한 탐구대상을 지니기 마련이다. 교육학은 교육현상 혹은 학교교육 현상을 탐구의 대상으로 하며, 철학은 인간의 사고양식이나 현상 및 사상을 보는 관점을 탐구의 대상으로 삼는다. 또 심리학은 인간을 포함한 심리현상을, 그리고 사회학은 사회현상을 탐구 대상으로 삼는다. 이처럼, 어떤 학문이 학문으로 성립하기 위한 첫 번째 조건이 나름의 독특하고 고유한 탐구영역 혹은 탐구 대상이 있어야 한다. 이는 곧 학문의 정체성과 관련된다.

"교육과정을 구성하는 요소가 무엇인가?" 하는 질문은, 교육과정을 연구하는 학문집단들이 '교육과정이라는 학문영역에서는 무엇을 중요한 탐구의 대상으로 삼는가?', 혹은 '교육과정 학자들은 어떤 내용을 연구하는가?' 라는 질문과 같다. 그리고 교육과정의 실천가들이 '교육과정을 운영 혹은 실행한다고 할 때 그들이 하는 일의 영역이 무엇인가'에 대한 해답을 추구하는 것과 같다.

교육과정을 구성하는 요소를 어떻게 개념화하는가는 학자들의 견해가 일치하는 것은 아니다. 그러나 아래에서 알 수 있듯이 공통적인 요소를 발견할 수 있다.

교육과정에 관한 개념체계를 매우 간결하게 제시한 바 있는 Ralph Tyler는 『Basic Principles of Curriculum and Instruction(1949)』이라는 그의 저서에서 교육과정과 수업을 동일한 체제로 보면서 그 구성요소를 교육목표의 설정, 학습경험의 선정, 학습경험의 조직, 학습성과의 평가방안 구상 등 4대 요소로 제시하고 있다. 또 Tyler의 학문적 전통을 이어받은 Taba(1962 : 422)는 목적 및 목표의 설정, 내용 및 학습경험의 선정과 조직, 학습결과의 평가 등 3요소를 들고 있다.

이에 대하여 金祥源(1981 : 16)은 교육목표, 교육내용, 교육경험, 교육내용과 조직, 교수-학습의 실제, 교육평가 등 6개 요소로 보다 세분화하여 제시한 바 있으며, 金宗西 등(1997 : 15)은 교육목표, 교육내용, 학습경험, 학습결과 등 4요소를 제시하면서 '학습경험'을 학생 속에 일어나는 모든 지적 · 정서적 · 신체적 경험, 즉 학생－환경 상호작용을 의미한다고 하여 통상 학습의 요소로 기술하고 있다. 또 김호권 등(1983)은 수업목표의 상세화, 학습경험의 선정과 조직, 수업의 설계와 실천, 학습성과의 평가 등 4요소를 밝히면서 특히 교육과정은 수업의 실제에 구체적인 지침을 제시해 주어야 함을 강조하고 있다.

한편, 강현석과 주동범(2004 : 23-26)은 교육과정의 영역을 교육과정의 기초, 교육과정 설계, 교육과정 구성, 교육과정 개발, 교육과정 실행, 교육과정 공학, 교육과정 개선과 변화 등 7개로 개념화하고, 교육과정 설계를 교육과정 구성요소들의 배열과 조직으로 규정하면서 구성요소를 목적 및 목표, 교과 및 내용, 학습활동, 평가 등으로 제시하였다.

이상에서 살펴본 바와 같이, 교육과정 구성요소는 학자들에 따라서 요소의 표현 용어가 약간씩 다른 점, 요소들을 세분화하여 제시하는가 아니면 통합하여 제시하는가의 차이를 제외하고는 거의 동일한 요소를 밝히고 있음을 알 수 있다.

이와 같은 여러 학자들의 견해를 종합해 보면, 敎育課程을 구성하는 요소는 ① 교육목표 설정, ② 교육내용과 학습경험의 선정 및 조직, ③ 교수－학습 방안의 모색, ④ 교육과정 평가 방법의 구안 등 4대 요소로 정리할 수 있다. 이를 표로 나타내면 다음 [그림 6.1]과 같다.

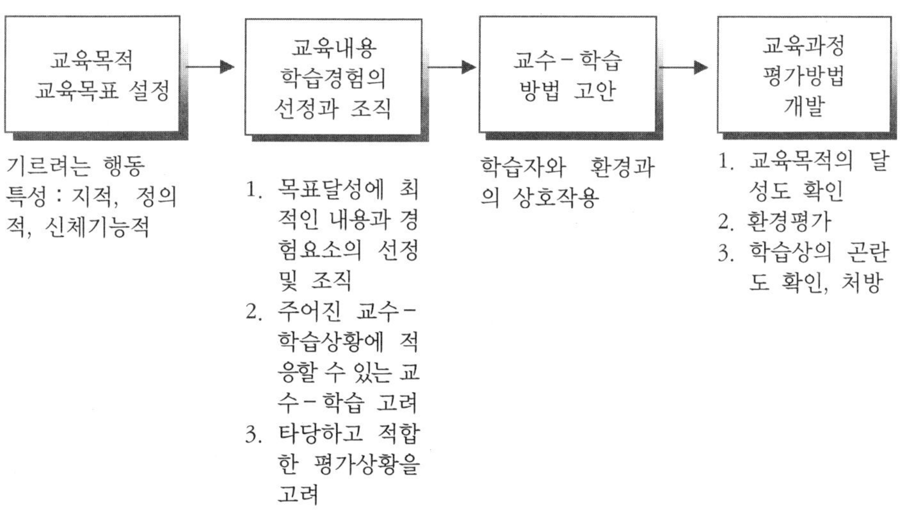

그림 6.1 **교육과정 구성요소 모형**

가. 교육목적과 교육목표의 설정

교육목적과 교육목표란 교육을 통하여 달성하고자 하는 학습자 행동특성의 변화상태를 일컫는다. 교육목적(educational purposes)과 교육목표(educational objectives) 간의 관계는 상위와 하위 관계를 지니는 것으로, 목적은 목표에 비해 보다 추상적이고 보편적이며 광의로 진술되는 것이며, 교육목표는 목적에 비하여 상대적으로 보다 구체적이고 특수하며 협의로 진술되는 것이다. 흔히, 국가차원, 시 · 도 교육청 차원, 학교 급별 차원에서 진술하는 경우에는 '교육목적'으로, 교과교육이나 교과의 수업에 적용하는 경우에는 '교육목표'로 표현하는 것이 적합하다고 본다. 따라서 중학교 교육목표는 부적절하며, 중학교 교육목적으로 표현하는 것이 적절하다.

어떤 교육목적을 중요시하는가에 따라서 교육과 교육과정의 개념 파악 방식이 달라짐과 동시에, 교육과 교육과정의 개념 파악 방식에 따라서 강조하는 교육목적이 달라지게 된다. 그리고 교육목적의 강조점은 교육과정의 형태를 결정하는 데 큰 영향을 미친다. 역사적으로 교육목적의 큰 주류는 그리스의 철학자 플라톤이 주장한 바 있는 '정의로운 사회 건설', 프랑스의 정치철학자 루소가 주장한 '개인의 개성과 인간성의 성취', 그리고 20세기 미국의 대표적인 철학자 듀이가 주장한 '개인의 성장과 민주사회의 건설' 등이다. 즉, 교육의 목적을 국가발전에 두느냐, 개인의 성장에 두느냐, 개인과 사회의 조화로운 발전에 두느냐에 따라서 그와 같은 목적을 달성하는 데 가장 적합한 교육과정이 구성된다.

교육목표의 영역은 흔히 知 · 情 · 意, 智 · 德 · 體, 지적, 정의적, 심체 · 기능적 영역 등에서 추출되고 진술하는 방식을 취해 오고 있다. 그러나, 이와 같은 교육목적이나 목표의 영역 구분은 일반적인 방식이며, 실제로 교육과정의 개념을 규정하거나 그 모습을 결정할 경우에는 매우 체계적이고 심도 있는 탐구를 요한다.

교육목적과 교육목표가 교육과정을 구성하는 중요한 요소의 하나라는 것은 교육인적자원부에서 고시한 '교육과정' 책자, 시 · 도 교육청이 제시하고 있는 교육과정 편성 · 운영 지침, 그리고 각급 학교 교육과정(교육계획서로 표현하기도 하지만, "교육과정"으로 표현하는 것이 타당하다)에 보면, 앞 부분에 교육적 인간상, 교육목적, 교육목표 등에 관하여 기술해 두고 있는 것을 보아서도 알 수 있다. 교육과정을 구성하거나 개정할 경우에는 교육활동을 통하여 기르고자 하는 인간 특성에 관한 중요하고 분명한 교육목적 혹은 교육목표를 진술해야 한다. 이러한 일은 교과의 교육목표, 특별활동 교육목표, 성 의식 육성 프로그램 등의 경우에도 마찬가지다. 그리고 교육과정 교육목표를 선정하거나 설정할 때 주로 '교육철학', '학습자의 요구와 필요 및 발달 상태', '사회적 필요' 등이 영향을 미친다.

나. 교육내용 및 학습경험의 선정과 조직

교육과정이란 이미 그 안에 교육목적이나 교육목표를 포함하고 있는 것과 마찬가지로, 교육내용과 학습경험을 포함하고 있다. 학습자가 배우고 익힐 대상이 없는 교육과정은 존재하지 않는다.

가르치는 사람과 배우는 사람은 무엇인가 일거리를 가지고 만나며 상호작용하게 되는데 그러한 '일거리'를 교육내용 혹은 학습경험이라고 한다. 교육내용과 학습경험은 본질적으로는 동일한 것의 서로 다른 표현이지만, 교육의 현실에서는 매우 다르게 기술되고 있다. 교육내용이란 교과에 담겨 있는 지식과 같이 학습자가 습득하고 알아야 할 '그 무엇'이라면, 학습경험은 익히고 체득하기를 바라는 '그 무엇'이다. 교육내용은 교과중심 교육과정과 학문중심 교육에서 각각 교과와 학문에서 선정되고 조직되는 것이라면, 학습경험은 경험중심 교육과정에서의 학습자의 생활과 활동들로부터 선정되고 조직된다. 교육내용은 주로 교과활동의 대상이라면, 학습경험은 주로 특별활동을 비롯한 학습자 주도적 활동들의 대상이다. 따라서 이 양자를 결합하여 표현하는 것은 교육과정에서 어느 일방만이 중요성을 지닌다고 할 수 없기 때문이다. 학습자는 교육내용을 통하여 환경 혹은 현상을 이해하게 되고, 학습경험을 통하여 무엇인가를 할 수 있게 된다. '아는 것'과 그 아는 바를 '할 수 있는 것'으로 결합시키는 방법의 연구, 교육내용을 습득한 것에서 멈추기보다는 경험의 세계로 확장시키는 방법의 연구 등은 교육과정 학자들의 중요한 탐구과제이다.

학생들이 학교교육을 받는 과정에서 배우고 익힐 내용과 경험은 거의 무한정한 양으로 존재한다. 그리고 어떤 내용과 경험이 진정으로 학생들의 성장과 발달에 도움을 줄 수 있는가의 문제는 간단하게 해결될 수 없다. 초·중·고등학교 교육과정에는 어떤 교과들은 포함되어 있는가 하면, 어떤 교과들은 배제되어 있다. 마찬가지로 각 교과에는 어떤 내용은 포함되어 있고 어떤 내용들은 배제되어 있다. 그러면, 왜 어떤 것만을 선정하는가? 그것은 첫째, 교육목표를 달성하기 위하여 가장 적합한 것으로 내용과 경험을 구성 조직해야 한다는 점, 둘째, 인간의 삶이 유한하고 교육을 받는 기간이 일정하게 제한되어 있다는 점, 셋째, 사회의 제반 현상 중에는 올바로 가르칠 수 있는 방법적 원리가 없거나 부적절한 것이 있다는 점 등을 들 수 있다. 이러한 이유로 인하여 교육내용이나 학습경험들 중에서 선정해서 가르치거나 익히도록 해야 하며, 이 일은 교육과정을 구성하고 있는 핵심적인 요소이다.

또 선정한 교육내용이나 학습경험들은 가르치기 쉽고 학습에 용이하여 학습의 효과를 높이도록 조직해야 한다. 교과나 교육프로그램들의 어떤 내용이나 경험은 낮은 학년에서 배우고 익히도록 조직해야 하며, 어떤 내용이나 경험은 높은 학년에서 학습하는 것이 효과적일 수 있다.

다. 교수-학습방법의 모색

교육과정은 교육목적을 설정하고 이를 달성하는 데 최적이라고 할 수 있는 교육내용 및 학습경험을 선정 조직하는 요소와 함께, 교수-학습 방법 모색이라는 구성요소를 지니고 있다. 교수-학습 과정은 학습자가 직접 교육내용을 습득하거나 익히고 의미 있는 학습경험을 수행하고 이를 확장시켜 나감으로써 교육목표를 달성하는 과정이다. 이 과정은 실로 다양한 요인들이 복합적으로 상호작용하는 과정이다. 교사 특성, 학습자 특성, 교육목표 특성, 교육내용과 학습경험 특성, 수업조건과 방법 특성, 학교 또는 학급의 풍토 특성, 물리적 환경 특성, 교육 설비와 자료와 기자재 특성 등이 하나의 공간에 투입되고 상호작용하여 이루어지는 과정이다.

비유컨대, 교육목표가 건물의 최종 모양에 대한 진술이라면(예컨대, 12층 건물의 32평짜리 50개 동 아파트를 짓는다), 교육내용 혹은 학습경험의 선정 및 조직은 건물 속에 공간을 어떻게, 어떤 크기와 모양으로 배치하고, 어떤 용도로 활용할 것인가, 화재나 지진 발생에 어떻게 대비할 것인가 등을 구체적으로 설계하는 일이라면, 교수-학습 과정의 모색은 목표한 바의 건물을 구체적인 설계방식에 따라서 일을 집행하는 일에 비유할 수 있다. 아무리 목표가 잘 진술되고 목표 달성을 위한 내용과 경험의 선정 및 조직이 훌륭하게 이루어졌다고 할지라도 그와 같은 계획이나 설계가 현장에서 집행(실천)되지 않는다면 아무 의미가 없는 일이다.

그러므로, 교육과정은 교육목표 설정과 교육내용 및 학습경험의 선정과 조직 등과 더불어 교수-학습 과정에 관한 탐구를 포함하는 학문이요 활동이다. 교육목표 설정과 교육내용 및 학습경험의 선정과 조직 등은 이 일을 수행하는 사람들의 어떤 의도를 반영한 것이며, 그와 같은 의도를 실행에 옮기는 방법도 그 사람들에 의하여 탐구되고 제시되어야 타당하고 효과적인 교육과정이 된다.

라. 교육과정 평가

교육과정 구성요소로서 교육과정 평가를 지적할 수 있다. 여기서 종래 주로 사용해 온 '교육평가'라는 용어 대신 '교육과정 평가'라는 개념을 사용하는 것은 근본적으로 교육평가는 교육과정 평가여야 한다는 점을 강조하기 위함이다. 흔히 교육평가라고 하면 학습자의 학습성과 평가로 인식하는 경향이나 관행이 있으나, 이와 같은 경향 혹은 관행은 평가활동의 본질을 왜곡한 측면이 있다. 교육과정 평가는 교육과정에 관한 평가로서, 교육과정의 편성 부문과 운영 부문으로 구분하여, 그것들의 타당성, 적절성, 효과성 등을 체계적으로 평가하여 문제점과 개선점을 밝히고 이의 해결과 발전적인 방향을 모색하는 과정이다.

이상에서 살펴본 교육과정 구성의 4대 요소는 개념상의 구분에 불과하며, 통합적으로 이루어지는 교육과정 편성과 운영활동의 영역을 편의상 구분지은 것이다. 4요소 간의 관계도 단계적이고 직선적인 방향으로만 진행하는 것은 아니며, 순환적 관계로 파악할 수도 있고, 상호작용적으로 또는 동시에 이루어지는 활동 요소들로 보는 것이 타당하다. 교육목표를 추출하거나 설정하는 바로 그 순간에 내용이나 경험의 선정 및 조직, 내용과 경험을 가르치고 익히는 방법, 타당하고 효과적인 평가 방법 등을 강구하게 되는 것이다. 따라서 교육과정 구성요소들 간의 관계는 계열적 혹은 순환적 관계라기보다는 상호작용적 관계로 이해하는 것이 적절하다.

제3절 교육과정과 교사

시간과 공간을 초월하여 학교교육에 공통적인 모습은 교사가 있는 곳에는 학생이 있고, 교사와 학생이 있는 곳에는 가르치고 배울 내용 혹은 경험이 있다는 사실이다. 즉, 교사는 학생에게 '무엇'인가를 가르치거나 '무엇'인가를 전달하는 역할을 수행한다는 것은 예나 지금이나, 어느 나라를 막론하고 공통적인 현상이라는 것이다. 여기서 '무엇'이라는 것이 교육과정임을 제1절에서 밝힌 바 있다. 교사는 교육과정을 학생에게 가르치고 지도하고 전달하는 일을 수행한다.

교육과정과 교사와의 관계를 명확하게 이해하는 것은 교사의 존재의의와 역할을 분명하게 파악하는 일일뿐 아니라 교사의 교육과정관을 확립하는 데에도 매우 중요한 일이다. 양자의 관계를 파악하고 이해하는 방식은 다음과 같은 몇 가지의 접근이 존재한다.

첫째, 교육과정 개념 정의 혹은 성격 파악 방식은 교사관과 교직관에 영향을 미친다. 즉, 교육과정을 어떻게 규정하는가에 따라서 교사의 역할규정 방식이 달라진다는 것이다. 교육과정을 교수요목 혹은 교과중심 교육과정으로 이해할 경우와, 교육과정이란 학습자가 학교생활을 하는 동안의 경험으로 정의하거나 경험중심 교육과정으로 이해할 경우의 교사관과 교직관은 매우 다르게 규정된다. 또 교육과정을 지적 탐구양식의 체계로 정의하거나 학문중심 교육과정으로 이해할 경우에는 다른 개념 정의방식이나 유형과는 다른 교사관과 교직관을 규정짓게 만든다.

둘째, 첫째와는 반대로 교사의 역할을 어떻게 규정하느냐에 따라서 교육과정관이 달라진다. 교사의 역할을 지식의 전달이나 지적 수월성의 추구에 초점을 둘 경우에는 교과중심 교육과정이나 학문중심 교육과정관을 형성하도록 만든다. 그러나 교사의 역할을 학습자의 전인적 성장과 발달로 규정할 경우에는 경험중심 교육과정관을 낳는다.

셋째, 교사는 교육과정 개발의 주체자이다. 교육과정 개발의 주체 혹은 개발과정의 의사결정 주도권이 누구에게 있느냐에 따라서 국가수준 교육과정, 지역(시・도교육청)수준 교육과정, 학교수준 교육과정, 교사수준 교육과정 등으로 개념화할 수 있다. 우리 나라는 제5차 교육과정까지는 국가수준 교육과정이라고 할 수 있으며, 제6차 교육과정은 지역수준 교육과정이 본격적으로 등장하고 학교수준 교육과정이 태동한 시기였다. 그리고 제7차 교육과정은 학교수준 교육과정 개발(SBCD : School Based Curriculum Development)이 강조된 시기였다. 현재의 교육과정 개발 흐름은 종래의 국가수준 교육과정 개발로부터 학교수준 교육과정 개발로 나아가고 있다.

학교수준 교육과정 개발이 강조된다는 것은 교육과정 구성에 교사가 자율성을 가지고 적극적으로 참여한다는 것을 뜻한다. 교사가 교육과정 개발과 구성과정에 자율성을 가지고 적극적으로 참여하기 위해서는 교육과정에 관하여 해박한 지식을 지닐 필요가 있다. 즉, 교육과정 개념, 교육과정의 성격, 교육과정 개발모형과 절차, 국가수준 교육과정의 기준, 지역수준 교육과정 지침 등에 관한 내용은 말할 것도 없고, 자신이 가르칠 교과과정과 다양한 교과과정 외의 교육프로그램들에 관한 깊은 이해가 요구된다.

넷째, 교사는 교육과정 운영의 주체이다. 아무리 훌륭한 교육과정이 개발되고 구성된다고 하더라도 교사에 의해 교육과정이 실천되어 학생에게 의도한 변화가 나타나지 않으면 교육은 이루어진 것이 아니며 교사의 존재의의도 찾기 어렵다. 교사가 교육과정 운영의 주체라고 함은 교육과정이 밝히고 있는 교육목표의 달성여부를 부단히 점검 평가해야 하며, 교육목표 달성에 적합한 교육내용과 학습경험의 정선과 효과적인 조직방법에 부단한 노력을 기울인다는 뜻이다. 또 교사는 교육목표 달성에 도움을 줌과 동시에 조직한 교육내용과 학습경험을 가르치기 위한 효과적인 방법(수업방법)을 연구하고 개선해 나가는 노력을 기울여야 하며, 학생들의 학습결과 평가뿐만 아니라 교육과정 전반에 관한 평가를 실시하고(교육과정평가), 그 결과를 다음 교육과정 개발과 편성에 반영하는 노력을 적극적으로 기울인다는 의미이다.

교육과정 개발과 관련한 교사의 역할을 Tanner & Tanner(1980 : 636-650)는 모방적-원형유지적 수준, 중개적(仲介的) 수준, 창조적 재해석적 수준 등으로 구분한 바 있으나, 필자는 이를 교사의 교육과정 운영의 수준으로 파악하는 것이 보다 적절하다고 본다. 모방적-원형유지적 수준은 편성한 교육과정을 기계적으로 전달하고 암기시키는 일을 수행하는 교사를 지칭한다. 또 중개적 수준의 교사는 교육과정 내용을 필요에 따라 통합하거나 자신과 학교가 처한 상황에 따라 다르게 다루려고 시도한다. 이 입장의 교사는 교육과정을 총체적(경험 또는 내용의) 관점을 취하면서도 특정 교과와 상황 간의 관계에 따라 교육과정을 운영하는 수준을 벗어나지 못한다. 그리고 이 수준의 교육과정은 분과형적이다(이경섭 · 이홍우 · 김순택, 1982 : 409).

이에 비해 창조적 재해석적 수준의 교사는 교육과정이란 고정되고 획일화된 전달매체로 보기보다는 부단히 개선되고 창안되는 대상으로 본다. 이러한 교사는 분명한 교육목적과 교육목표를 지니고, 이와 같은 목적 혹은 목표 달성에 가장 적합한 내용과 경험이 무엇이며, 최선의 교수-학습 방법과 교육평가 방법을 탐구하기 위해 노력한다. 이들은 자신들이 하고 있는 일을 반성하면서 보다 효과적인 대처방법을 찾으려고 애쓴다. 이들은 앞 수준의 교사들과는 달리 수업과정을 항상 실험적 관점에서 검토하고 다른 교사와 더불어 자신의 생각과 느낌을 토론하기를 좋아하며, 학생들의 삶에 깊은 주의력을 지니고 있다.

다섯째, 교사는 살아 있는 교육과정 그 자체이다. 교육이 실제로 이루어지는 장면은 교육과정으로 교사와 학생이 상호작용하는 상황이므로 학생은 성문화된 형식적 교육과정과 교사에 의하여 적극적으로 실천된 교육과정에 의하여 학습이 이루어지기 마련이다. 성문화된 형식적 교육과정을 무기력한 교육환경이라고 하면, 교사에 의해 실천 실행된 교육과정은 바로 살아 있는 교육적 환경이며 또한 가치체제이다. 이러한 환경과 가치체제를 교사가 생성해 낸다는 점에서 교사는 보다 강력한 교육과정인 셈이다.

또한 교육은 성문화된 형식적 교육과정이나 교사에 의하여 전개한 교육과정에 의해서만 이루어지는 것은 아니다. 왜냐하면 교사에 의하여 전개한 교육과정은 성문화된 형식적 교육과정의 범주에 들어가는 것도 있으나, 그 범주의 밖에 있으면서 의도적으로 가르치거나 지도한 것이 아님에도 불구하고 학생에게 강력한 영향을 미치는 또 하나의 교육과정, 즉 교사에 의한 잠재적(潛在的, hidden) 교육과정이 존재한다.

잠재적 교육과정이란 "성문화된 형식적 교육과정이나 교사에 의하여 전개한 교육과정이 아님에도 불구하고 학생들이 학교생활을 하는 동안에 학습한 것"을 통칭한 개념이다. 이와 같은 잠재적 교육과정의 원천은 매우 다양하지만, 가장 중요하면서 강력한 원천은 다름 아닌 교사이다. 교사는 나름의 학생관, 교육관, 교직관, 인생관, 가치관 등 교육세계에 관한 다양한 대상과 현상을 보는 독특한 관점을 지니고 있기 마련이며 독특한 언어양식을 구사하고, 특유의 사고방식과 행동양식을 지니고 학생과 상호작용한다. 이러한 다양한 교사 특성들이 자신의 의도와는 관계없이 학생에게 부지불식간에 영향을 미치기 마련이다. 긍정적인 사고방식을 지닌 교사에게서 배운 학생은 긍정적인 사고방식을 습득하게 되며, 욕설과 폭언을 일삼는 교사의 가르침을 받은 학생은 언어를 세련시키기 어렵다. 게으른 교사 밑에서는 게으른 학생이 나오며, 이타적인 교사는 이타적인 학생을 길러 낸다. 교사의 말과 행동이 학생에게 영향을 미치기 때문에 신중해야 할 뿐만 아니라 세련되고 모범적이어야 함을 강조하는 이유가 여기에 있다. 교사를 살아 있는 교육과정으로 규정하는 것은 바로 이러한 교사의 중요성 때문이다. 교직은 아무나 할 수 있는 일이 아니며 전문적인 자격을 지닌 교사만이 제대로 수행할 수 있는 것이다.

제4절 현대 교육과정의 동향

교육과정은 학교교육과 가장 밀접하게 관련되어 있을 뿐만 아니라 교육의 중심적 위치에 놓여 있기 때문에 교육정책과 제도의 개발 혹은 변혁이나 교육개혁의 방향에 가장 민감한 부분이다. 각국이 교육개혁을 시도하거나 교육의 변화를 꾀하려는 노력은 다름 아닌 교육과정 편성과 운영 방식의 변화를 의도하는 것으로 이해해도 좋다. 또 교육정책과 제도의 개선 혹은 교육개혁의 시도는 필연적으로 교육과정의 개선과 변화로 이어지기 마련이다.

예컨대, 교원능력개발 평가제도를 도입하는 경우, 교사평가를 통하여 우수한 교사와 그렇지 못한 교사를 가려내려는 것 자체가 본질적인 목적이 아니다. 그 보다는 교육과정 운영의 효과성을 높이려는 방편으로 교사평가를 실시하려는 것이다. 마찬가지로 대학입시제도를 바꾸려는 시도는 학생과 학부모의 입시에 대한 부담을 줄이거나 경제적 투입요인을 감소시키려는 것이 목적이 아니라, 대학입학시험의 타당성을 높이려는 것이며, 이는 결국 교육과정 운영의 정상성을 제고하려는 것이 근본 목적인 것이다.

이처럼 교육의 변화 중심에는 언제 어디서나 교육과정이 놓여 있으며, 이 점에서 교육과정은 지속적인 개선과 변화를 거쳐 오늘에 이르고 있다. 그리고 교육과정은 개선되었다고 판단한 바로 그 순간에 또 다시 개선해야 할 사항이 드러나는 불완전한 존재다. 이러한 성격의 교육과정은 바람직한 교육의 모습에 관한 사고방식, 교육과정의 개념 규정 방식, 성격 파악 방식, 구성과 편성 방식, 운영(교수－학습) 방식, 교육평가 및 교육과정 평가 방식 등에 관한 새로운 관점이 등장하면서 미래를 향해 나아가고 있다. 그러면 교육과정 측면에서 비교적 지속적으로 제기되고 강조되고 있는 최근의 동향은 어떻게 기술할 수 있는가? 이 질문에의 해답은 우리로 하여금 교육과 교육과정에 대한 조망력을 지니도록 할 뿐만 아니라 교육과정의 방향을 모색하는 데에도 도움을 줄 것이다.

(1) 국가중심 혹은 중앙집중 교육과정 개발로부터 학교중심 혹은 교사중심 교육과정 개발로 변화되고 있다.

앞 절에서 밝힌 바 있듯이, 해방 이후 우리 나라 교육과정은 주로 국가 통제 하에서 개발되고 편성되어 온 전통을 지녀 왔다. 그러다가 1992년에서 1997년까지 적용된 제6차 교육과정기부터 교육과정 의사결정권(개발과정에서의 결정권)의 변화가 일어나기 시작하였다. 교육과정 편성과 운영 체계에서 국가수준 · 지역수준 · 학교수준으로 분화되어 국가수준에서는 기준교육과정을, 지역수준에서는 교육과정 편성 · 운영 지침을, 단위학교수준에서는 교육과정을 편성 · 운영하도록 하였다.

제7차 교육과정은 제6차 교육과정보다 지역교육청과 학교의 교육과정 편성에 관한 권한을 더욱 강화하였으며, 특히 학교중심 교육과정 편성 · 운영을 강조하였다. 이와 같은 교육과정 편성 혹은 개발의 동향은 향후 학교중심 교육과정은 물론이고 교사중심 교육과정을 강화하는 방향으로 발전해 갈 것이다.

이러한 교육과정의 동향은 민주주의의 발전과 사회변화의 급속화를 반영하는 것이며, 다문화 · 다원화 사회에의 교육적 적응력과 대처능력을 제고하고, 교사의 교육적 책무성을 강화할 필요성을 반영하는 것이다.

(2) 교육공급자 중심 교육과정으로부터 교육수요자 중심, 학습자 중심 교육과정으로 변화하고 있다.

교육공급자 중심 교육과정이란 성인위주의 교육과정, 사회문화 지향적 교육과정, 교과중심 교육과정을 일컫는다. 교육의 주인공인 학습자의 입장, 처지, 필요, 요구 등에 기초하기보다는 기존의 중요교과 중심으로, 지식체계 중심으로, 가르치는 사람의 판단에 기초하여 교육과정을 편성함을 겨냥한 말이다.

이에 반해, 교육수요자 중심, 학습자 중심 교육과정은 배울 학습자의 능력과 관심과 흥미와 욕구가 존중되도록 교육과정을 편성하고 운영한다는 의미이다. 이러한 교육과정은 학습자들에게 학습 선택 권한을 부여하는 것, 학습자의 교육적 필요를 반영하는 것, 학습자의 적성과 호기심 및 관심사를 반영하는 것 등이 포함된다(강현석 · 주동범, 2004 : 273-276).

이와 같은 교육과정의 동향은 교육과정이 학습자의 눈높이에 맞도록 편성되고 운영될 때 교육의 효과성이 기대될 수 있으며, 학습자의 자기주도적 학습력을 육성하는 것이 매우 중요한 교육목적이 되어야 한다는 점, 그리고 학습자는 누구나 개인적으로 교육의 과정에서 존중되어야 한다는 인권의식 등이 반영된 것으로 이해할 수 있다.

(3) 교과중심의 분과적 교육과정으로부터 통합교육과정으로 변화하고 있다.

분과적 교육과정이란 교과목들을 서로 분리하여 편성한 교육과정으로서 흔히 교과중심 교육과정이라고 부른다. 이 교육과정은 교과별 고유한 지식을 체계적으로 습득하는 데에는 도움을 줄 수 있다. 우리 나라의 경우 제1차 교육과정을 교과중심 교육과정으로, 제2차 교육과정을 경험중심 교육과정으로, 제3차 교육과정을 학문중심 교육과정으로, 그리고 제4차 교육과정부터 통합교육과정으로 규정하지만, 본격적인 통합교육과정은 제5차 교육과정의 초등학교 1, 2학년 교육과정이라고 할 수 있다. 제5차 초등학교 1, 2학년 교육과정은 종전의 도덕과 사회과를 통합하여 '바른생활'로, 자연과를 창의력과 문제해결력을 육성하는 데 도움을 줄 수 있는 범교과적인 내용들로 통합한 '슬기로운 생활'로, 체육과 음악 및 미술과를 통합하여 '즐거운 생활'로 교과명칭을 부여한 통합교육과정이 출현하였으며, 1, 2학년 각각 학교생활 적응교육 프로그램으로 3월 1개월간 운영하는 "우리들은 1학년"과 "우리들은 2학년"이라는 통합교육과정이 도입되었다.

교육과정 통합과 통합교육과정은 같은 의미가 아니다. 전자는 교육과정을 개발 혹은 편성하는 방식이나 과정을 일컫는다면, 후자는 그러한 방식과 과정을 통하여 나타난 교육과정의 모습 혹은 결과물을 일컫는다. 보다 구체적으로 교육과정 통합은 학습자들에게 일어나는 학습의 통합과 학습자의 인격의 통합을 궁극적인 목적으로 한다. 즉 시간과 공간적으로 달리한 학습경험들이 상호 관련지어져 의미 있게 모아져서 하나의 전체로서 학습이 이루어지게 하고(예 : 교과간의 유기적 연계성을 기초로 다양한 프로젝트와 조사 탐구활동이 강조되도록 하는 것), 나아가서 학습자의 인격이 성숙되는 결과를 가져오도록 하는 모든 과정이다(강현석 · 주동범, 2004 : 287).

분과주의 교육과정으로부터 통합교육과정으로 변화되어 가는 교육과정 동향은 교육의 본질을 추구하고 교육의 사회적 적합성 혹은 지행일치를 기하려는 시도로 볼 수 있다. 인간의 사회생활 과정을 들여다 보면, 국어에 고유한 지식, 수학에 국한된 지식, 사회과에 특수한 지식 등 각 교과별 분과적인 지식이 활용되는 경우는 찾아보기 어렵다(물론 그런 경우가 전혀 없지는 않다). 오히려 국어와 수학과 사회와 도덕과의 지식들이 서로 융합되고 통합된 방식으로 세상살이를 하고 있는 것이 대부분이다. 학생들이 국어에 관한 지식은 풍부하지만 자연환경의 개발과 보존의 균형 유지 방안에 관한 견해를 글로 표현하기가 어렵다면 그러한 국어 실력이 무슨 의미가 있는가? 유사한 교과들의 통합으로부터 비롯된 통합교육과정은 이와 같은 문제의식으로부터 제4차 교육과정에서부터 출현하여 강화되어 가는 추세에 있다.

(4) 교육과정 내용(지식)관이 객관주의로부터 구성주의로 변화하고 있다.

구성주의(constructivism)는 우리가 지식을 어떻게 인식하며 어떻게 획득하는가에 대한 인식론이라고 할 수 있으며, 이에 관한 탐구는 Socrates로부터 Dewey를 거쳐 발생적 인식론자인 Piaget, 구성주의 학습이론가인 Bruner, 사회문화적 발달심리학자인 Vygotsky에 이르기까지 수많은 철학자, 인지심리학자, 사회문화심리학자들에 의하여 추구되어 왔다.

20세기 중반을 넘어가면서 과학이 발달하고 인간의 인식작용에 관한 연구가 활발해지면서 객관주의 주장 혹은 견해에 문제를 제기하는 관점들이 나타났다. 그것은 지식이란 발견된 것이 아니라 인간이 완성시켜 가는 대상이며, 교사의 역할은 지식을 전달하는 것이 아니라 학생들이 학습을 구성하도록 경험을 제공하고 학습을 촉진하는 것이고, 학생은 지식을 수동적으로 받아들이는 존재가 아니라 지식의 의미를 능동적으로 구성하는 존재로 본다. 또한 수업 전 학생의 상태는 백지상태로서 쉽게 대치할 수 있는 개념을 가지고 있는 상태가 아니라 선행 경험에서 기초한 개념을 지니고 있는 상태이며, 지식형성의 관점은 외부 조건에 의해 결정되며 학습자와는 무관한 것이 아니라 각 개인의 내적 작용에 의하여 지식이 형성되는 것으로 본다.

구성주의를 강조하는 교수-학습 사태는 학생이 교사의 수업내용을 수동적으로 받아들이는 것이 아니라 학생 자신이 능동적으로 구성하는 것으로 본다. 교사가 아무리 잘 가르쳐도 학생이 수업내용을 이해하지 못하거나 자신의 것으로 만들지 못하면(의미론적 지식으로 전환하지 못하면) 결국 그 수업은 의미를 상실하고 만다는 것이다. 이와 같은 구성주의의 관점은 전통적인 교수-학습 방법에 커다란 변화를 요구하는 것이기는 하지만, 교수-학습 방법은 교육내용(특히 지식)의 성격 파악 방식에 영향을 받는다는 점에서 종래의 교육과정관의 변화를 요청하는 것이기도 하다.

구성주의 교육과정은 구성주의에 입각한 교육과정을 의미한다. 구성주의 관점에서 본 교육과정의 성격을 양미경(2002 : 457-469)은 다음과 같이 밝히고 있다.

첫째, 교육과정이란 고정된 실체가 아니라 구성되고 창출되는 존재이다. 전통적인 의미의 교육과정은(주로 Tyler, Hirst & Peters 등) 학교에서 무엇을 가르칠 것인가를 사전에 결정함으로써 교과서를 집필하는 기준을 제공하고 각종 평가에서의 준거역할을 하는 공식적인 문서로 규정한다. 이처럼 교육과정을 문서 혹은 학생들이 학습해야 할 주제들로 이해할 때 교육과정에 대한 관심은 일차적으로 학생들이 공부해 나가야 할 내용 항목들에 어떤 것을 포함시킬 것인가를 사전에 결정하는 것이 된다. 이처럼 교육과정을 사회적으로 처방된 지식의 구조, 인식 주체자인 학습자의 외부에 존재하여 습득되어야 할 구조로 보는 입장은 '사실로서의 교육과정' 관점으로 부를 수 있으며, 이는 '실천으로서의 교육과정' 관점과 대비될 수 있다. 실천으로서의 교육과정은 학생 개개인에게 의미를 부여하는 교육내용은 서로 다를 수 있으며, 동일한 교육내용이라고 할지라도 학생 개인의 의미부여 방식에 따라서 가치가 달라질 수 있음을 전제하는 교육과정이다. 이러한 교육과정은 학습자의 외부에서 획일적으로 주어질 수 있는 것이 아니라 구성되어 갈 대상이다.

둘째, 객관주의 관점에 토대를 둔 교육과정 이론에서는 학생은 누구나 공통적으로 배워야 할 공통필수 교과가 있다고 가정한다. 즉, 이 관점은 처방적이고 유일하며 절대적이고 보편적인, 시간과 맥락의 측면에서 중립적인 교육과정이 가능하다고 보며, 그러한 객관적인 가치를 지닌 교육과정을 개발하고 실행하고자 한다.

그러나 구성주의 관점은 지식이 독립된 실재를 표상한다거나 보편적 가치를 지니기보다는 시대와 사회적 상황, 맥락, 인식 주체자의 수준과 관심, 필요, 욕구 등과 불가분의 관계를 지니는 것으로 본다. 구성주의에 의하면, 교육과정이나 교과서는 단순히 '객관적인 사실들'의 전달 체제가 아니라 특정 개인 혹은 집단에 의하여 선정되고 해석되고 조정된 가치체계의 표현이라고 본다.

셋째, 구성주의 교육과정은 해설중심의 설명형 교육과정으로부터 학습자의 적극적이고 당사자적인 관여를 필요로 하는 '소재형 교육과정'을 요구한다. 교육이란 학습자 스스로의 의미 발견 과정이며 스스로 깨달음의 경지에 다다를 때 모종의 성취가 이루어진 것이라는 관점이다.

넷째, 구성주의 교육과정관은 통합형 교육과정을 중시한다. 통합형 교육과정은 교과 혹은 학문의 논리 대신 어떤 것을 중심으로 어떻게, 왜 통합할 것인가를 둘러싼 이론적 실제적 논쟁이 있기는 하지만, 분과주의 교육과정관이 지니고 있는 한계를 극복할 수 있는 대안으로 오늘날 강조되고 있다.

다섯째, 구성주의 교육과정은 반성적 · 순환적 교육과정이다. 구성주의 관점에 터한 교육과정의 설계는 목표나 계획이 사전에 철저히 명시적으로 정해지기보다는 교수－학습의 과정 중에 목표가 드러나며, 점차 분명해진다는 것이다. 즉, 가르침이란 학생이 계속해서 자신의 목표를 갱신해 가는 과정을 돕는 것이지, 외부에서 주어진 목표 지점에 도달하도록 끌어 올리는 과정이 아니라고 본다. 따라서 객관주의적 교육과정 설계는 직선적이고 계열적인데 비해(대표적인 관점이 Tyler이다), 구성주의 관점에서는 순환적 · 반성적이다.

이상에서 고찰한 바와 같이, 구성주의 교육과정은 종래의 교육과정관이 지니고 있는 문제의식으로부터 출발하고 있으며, 이론적 혹은 실제적 측면의 논쟁점을 지니고 있기는 하지만 향후 많은 주목을 받을 관점임에 분명하다. 그것은 교육과정 개념 규정 방식을 비롯한 이론뿐만 아니라 교육과정의 설계와 개발, 운영 방식 등 실제에 관한 지평을 확대하고, 객관주의 교육과정관을 보완하는 데 기여할 것이기 때문이다.

(5) 교육과정 개정 방식이 일시 전면적 개정으로부터 수시 부분적 개정으로 바뀌어 가고 있다.

우리 나라 교육과정은 3차까지는 대략 10년을 주기로 개정해 오다가 4차 개정부터는 그 주기가 7~8년 혹은 5~6년으로 단축되었다. 제7차 개정까지의 개정방식은 일시에, 그리고 초·중·고등학교 교육과정 전반(교과교육과정, 특별활동, 교과 외 교육과정 등)을 개정하였다. 교육과정 개정이란 개정의 필요가 발생하면 개정되어야 하는 것은 당연하다. 그러나 지금까지 일시에 전면적으로 개정하는 방식은 반드시 개정할 필요가 없는 부문까지도 개정의 범주에 포함시킨다든지, 어느 시점에 일시에 개정함으로써 학교 현장뿐만 아니라 학생과 학부모들에게 혼란을 불러일으키는 문제가 있었다.

그러나 현재 제7차 교육과정이 지니고 있는 문제점 혹은 개선점을 찾아 개정하는 방식은 어느 시점을 정해 놓고 개정하는 것이 아니라 개정의 필요가 있는 시기에 수시로, 그리고 반드시 개정할 필요가 있는 부문에 한하여 개정하는 방식을 취하고 있으며, 이러한 동향은 앞으로 계속 적용할 것으로 전망된다. 이는 교육과정 편성 및 운영의 일관성을 유지함으로써 교육 관련 인사들에게 혼란을 주지 않으면서 교육과정의 타당성을 높이려는 의도를 반영한 것이다.

이 외에도 강현석과 주동범(2004 : 278)은 교육과정 개혁의 최근 동향으로 선택교육과정의 강화와 기준 교육과정 운동(standard curriculum movement)을 지적한 바 있다. 전자는 학생들이 이수해야 할 필수과정, 혹은 국가수준의 교육과정 결정권을 축소하고 학생의 필요와 욕구, 혹은 지역적 특성을 고려하여 교과 혹은 교육프로그램을 학교나 학생이 선택하여 이수하는 선택과정을 확대해 간다는 것이다.

기준 교육과정 운동은 1980년대 이후 미국의 교육개혁의 핵심적 주제로 등장한 것이다. 기준운동이란 학문적 성과 중에서도 핵심적이고 중요한 것을 서로 관련짓는 방식으로 교과의 내용을 정비하여 학생들이 학습해 내야 할 표준을 정하자는 것이다. 만약에 학생들이 학습해 내야 할 기준을 각 교과별로, 교육프로그램별로 밝힐 수만 있다면 학생 개인별, 학교별, 지역별, 국가차원의 교육력을 측정하는 데에도 도움을 줄 뿐만 아니라 교육정책과 제도의 개선점을 밝히는 데에도 도움을 줄 수 있을 것이다. 그러나 기준을 어떻게 정할 것인가의 난해한 문제가 있다.

제5절 교육과정의 영역

교육학의 한 하위 학문분야로서 교육과정의 분야(영역) 혹은 주제는 매우 다양하다. 교육과정은 교수-학습과 더불어 교육과 교육학의 중심 영역의 위치를 지니고 있다. 이 말은 교육학을 종합과학이라고 규정하는 것과 같이, 교육과정도 종합과학이라고 규정할 수 있다는 것이다. 교육과정이 종합과학이라면 거기에는 철학, 심리학, 사회학, 생태학, 문화인류학, 공학, 미학 등 교육현상과 관련되어 있는 거의 모든 학문 분야들이 관련되어 있으며, 접근법도 분석철학과 같은 개념의 분석을 포함하여 양적·질적 접근에 해당하는 다양한 연구방법론이 적용된다.

교육과정의 설계, 개발, 구성 등은 수많은 사람들의 관점과 주장과 가치관이 드러나 의사결정의 과정을 거치기 마련이며, 여기에는 주장과 타협, 이해와 설득 작업이 필연적으로 요구된다. 보다 구체적으로는 교육목적과 목표를 추출하고, 우선순위를 정하고, 적절하게 진술해 내는 작업 자체는 철학의 몫이다. 또 교육은 인간들의 상호작용 과정을 대전제로 하는 활동이기 때문에 인간의 심리적 이해가 필수적으로 요청되며, 교육은 그 자체가 사회적 과정이어서 사회의 여러 현상을 기술하고 설명하는 방식과 관련되어 있다.

이처럼 복잡하고 방대한 분야를 탐구하는 교육과정의 탐구 주제를 일목요연하게 추출하여 제시하기란 매우 어려운 일이다. 그러나 여기서는 교육과정의 핵심 구성요소 및 전문저서들에서 교육과정학자들이 밝히고 있는 주제를 중심으로 개괄적으로 살펴봄으로써 교육과정의 학문적 구조 혹은 탐구내용 체계를 이해하기 위한 기초를 마련해 보고자 한다. 교육과정 영역은 크게 이론 부문과 실천 부문으로 나눌 수 있다. 이 분야를 학자들은 다음과 같이 세분화하고 있다.

먼저, 이홍우(1978)는 교육에 관련되는 주요 개념의 분석, 교육이념에 관한 연구, 교육목표 달성도의 효율성에 관한 여러 법칙의 발견을 통한 교수이론 정립 연구, 교수행위 및 교육현실에 관한 기술적 연구, 교과의 성격과 교과지식의 획득과정에 관한 연구 등 다섯 가지를 지적한 바 있다.

또 김순택(1979)은 교육과정 개념의 체계적 분석, 교육과정 구성을 위한 자원처 확인과 조정 연구, 교육과정과 수업의 관계 또는 상호작용 연구, 교육과정 수업방법의 역사적 탐구, 기존 교육과정에 부가되는 특수 교육과정의 타당성과 효율성 연구, 교과교육과정의 분류체계를 재검토하는 연구, 영재, 지진아, 유치원 등 특수교육과정 개발을 위한 기초연구, 교과서의 형식연구, 과거의 교육과정의 공과(功過)에 관한 전국적 분석연구 등 9개영역을 제시하였다.

또 이경섭 · 이홍우 · 김순택(1982)은 교육과 교육과정에 관련된 기초적 개념의 분석과 이론화 연구, 교육과정의 적합성 증진에 관련된 기초적인 자원의 분석, 교육과정 목표와 내용의 선정 및 조직에 관한 연구, 교육과정의 효율성과 관련된 수업이론 연구, 교사행동과 교육현실에 관한 기술적 연구, 교과교육 연구, 교육과정의 평가 및 개선을 위한 연구 등 7가지를 제시한 바 있다. 필자는 이들의 분류방식을 따르면서 보다 실제적 측면을 강조하여 다음과 같이 기술한다.

1. 교육과정 이론화

여기서는 교육과 교육과정의 개념 자체와 이에 관련되어 제기되는 개념들의 분석, 교육과정 이론들의 논리적 검증과 이론의 구축 등을 다루거나 연구한다.

2. 교육목표에 관한 이론과 실제

교육목표와 관련하여 교육과정은 교육에서 차지하는 교육목표의 위치, 교육목표를 추출하는 방법, 교육목표의 분류와 우선순위를 정하는 방법 및 그 진술방법에 관한 이론적 실제적 문제를 탐구한다.

3. 교육내용의 선정과 조직

교육내용은 교육과정 탐구의 핵심적 주제이다. 이 분야에서는 의미 있는 교육내용의 성격과 교육내용들의 가치, 교육내용의 의미와 분류, 교육내용과 교육목표와 교육방법 및 교육평가 등과의 관련성, 교육내용의 선정 및 조직의 원리와 방법 등을 탐구한다.

또 교육내용과 학습경험과의 관계, 양자를 통합에 관한 논의를 중심으로 학습경험에 관하여 교육내용에 대한 탐구 주제들을 다룬다.

4. 교수 - 학습 방법

교육목표 달성을 위한 최적의 교수-학습 방법의 형태, 교육내용의 종류에 따른 효과적인 교수-학습 방법의 유형 등을 탐구한다. 또한 수업을 비롯한 교수-학습 관련 개념의 명료화와 수업의 이론화 연구 등이 포함된다.

5. 교육과정 평가와 개선

교육목표와 교육내용의 성격 및 유형에 따른 타당한 평가방법, 특히 교육과정 평가 방법을 탐구한다. 교육과정 평가란 교육과정 개발에서부터 운영 결과에 이르기까지 전 과정, 즉 맥락, 투입, 과정, 산출 등 네 측면에서 어떻게 평가가 이루질 수 있으며, 평가 결과는 어떻게 활용될 수 있는가를 탐구한다. 그리고 실행된 교육과정의 개선에 관한 내용을 탐구한다.

6. 교육과정 유형

교육과정 유형이란 교육목표를 달성하기 위하여 선정한 교육내용을 조직하는 여러 형태들을 일정한 분류기준에 따라 분류해 놓은 것을 일컫는다. 역사적으로 교과형 교육과정을 비롯하여 경험형 교육과정, 학문형 교육과정, 통합형 교육과정 등의 형태를 근간으로 다양한 변형과 개선형과 각 하위유형들이 고안되어 적용되면서 학교교육이 전개되어 왔다.

이 분야는 교육과정 탐구의 중요한 영역으로서 각각의 교육과정이 지니고 있는 인식론, 지향점, 특징과 장·단점, 조직방법에 관한 이론적 실제적 측면을 탐구한다.

7. 교육과정 역사

교육과정이 역사적으로 어떤 변화과정을 따라서 오늘에 이르고 있는가, 교육과정

변천과정에 영향을 미친 요인들은 무엇인가, 교육과정 개정 시기마다의 특징은 무엇인가 등의 탐구를 통하여 과거 교육과정을 진단 성찰하고, 교육과정이 향후 어떤 방향으로 발전해 가야 할지에 관한 통찰을 얻기 위한 탐구를 한다.

8. 교과 교육과정

교과는 교육과정의 중심영역이다. 제7차 교육과정은 교과과정, 특별활동, 재량활동으로 구성되며, 3개의 과정 중 핵심적인 요소가 교과과정이다. 국어, 영어, 수학, 과학, 사회, 음악, 미술, 체육과 같은 교과는 교육의 개념을 어떻게 규정하든지 혹은 교육과정의 형태가 어떠하든지 교육과정의 중심부분을 차지한다.

이 영역에서는 위에서 기술한 교육과정의 모든 탐구영역이 관련된다. 즉, 교과교육목표의 설정에 관한 이론과 실제를 비롯하여 교과 교육과정의 역사, 그리고 교과서 개발에 이르기까지 이론과 실제가 혹은 분리되어 혹은 통합되어 탐구된다.

9. 교육과정 장학과 행정

교육과정 장학이란 구성된 교육과정이 학교 현장에서 효율적으로, 그리고 정상적으로 운영 실천되도록 지원하고 돕는 활동이다. 그리고 교육과정 행정이란 교육과정 편성 및 운영에 관한 행정활동을 일컫는다. 여기에는 교육과정의 장학과 행정의 효과성과 효율성을 높이기 위한 인적·물적 자원의 확보, 분배, 효과의 평가 및 개선 활동 등이 포함된다.

이 외에도 특별활동, 생활지도와 상담, 교과 외 교육프로그램들의 개념 분석에서부터 구성, 실제, 평가, 개선에 관한 분야도 교육과정이라는 범주에서 다루어지는 내용들이다.

탐구과제

1. 교육과정은 학자나 교사들, 혹은 이 개념을 사용하는 사람들에 따라서 다양하게 정의하는 다의적(多義的) 개념이다. 이 개념에 관한 통일된 정의가 존재하기 어려운 이유는 무엇인가를 논하시오.
2. 민주사회에서의 교육은 누구나 좋은 교육을 받을 권리가 있으며, 교육의 투입－과정－산출에서의 평등을 보장받을 권리가 있다. 이 말이 함의하고 있는 바를 논하시오.
3. 다음과 같은 입장을 지닌 두 교사의 견해에 관한 자신의 입장을 밝혀 보시오.
   김 교사 : 교과별로 학생들의 수준(학력, 언어이해력 등)이 다르기 때문에 학생들의 수준을 몇 개의 집단으로 나누고, 각 수준에 적합한 교육과정을 구성하여 이른바 수준별 교육과정 편성과 운영이 교육적으로 바람직하다. 능력이 우수한 학생에게는 그 능력에 맞는 교육과정을 편성하여 가르치고 배워야 하며, 낮은 능력의 학생에게는 그 수준에 맞는 교육과정을 편성하여 배우도록 해야 교육의 기회균등 정신에 부합한다.
   이 교사 : 동일한 학년, 같은 반 학생들의 능력이 차이가 있다고 해서 교육과정을 다르게 편성하여 가르치고 배운다는 것은 좋은 교육을 받을 권리를 훼손하는 일이다. 능력이 낮은 학생이라고 할지라도 능력이 우수한 학생들과 분리된 낮은 수준의 교육과정을 편성하여 가르치는 것은 교육의 기회균등 정신에 위배된다.
4. 교육과정 개발을 국가가 주도하는 경우와 각급학교 교사들이 주도하는 경우의 장점과 단점을 비교 설명해 보시오.
5. 교육과정 운영에 관한 교사의 모습을 모방적－원형유지적 수준, 중개적(仲介的) 수준, 창조적 재해석적 수준 등으로 구분할 때, 세 수준의 교사의 특성과 교육의 모습을 비교 설명해 보시오.
6. 사회와 학교 교육환경이 복잡해질수록 각급 학교별로 표준교육과정의 개발에 대한 요구가 강해질 것이다. 이러한 교육과정 기준운동이 가지는 장점과 문제점을 지적하고 논해 보시오.

읽을거리

강현석 · 주동범(2004). 『현대 교육과정과 교육평가』. 서울 : 학지사.
김대현 · 김석우(1996). 『교육과정 및 교육평가』. 서울 : 학지사.
김상원(1981). 『교육과정과 교수－학습론』. 서울 : 학문사.
김순택(1979). 『교육과정연구의 방향』. 교육학연구, 17(2). 28-30.
김종서 외(1997). 『교육과정과 교육평가』. 서울 : 교육과학사.

김호권 · 이돈희 · 이홍우(1983). 『현대교육과정론』. 서울 : 교육출판사.
변영계(2004). 개정판 『교수 · 학습이론의 이해』. 서울 : 학지사.
이경섭 감역(1997). 『학교교육과정론』. 서울 : 교육과학사.
이경섭 · 이홍우 · 김순택(1982). 『교육과정 : 이론 · 개발 · 관리』. 서울 : 교육과학사.
이영덕(1970). 『교육의 과정』. 서울 : 배영사.
이홍우(1978). 『교육과정의 연구』. 서울 : 교육출판사.
Taba, H.(1962). Curriculum development : Theory and practice. N.Y. : Harcourt, and World Inc.
Tanner, D., & Tanner, L. N.(1980). Curriculum development : Theory into practice. New York : Macmillan Publishing Co.
Tyler, R. W.(1949). Basic principles of curriculum and instruction. University of Chicago Press.

CHAPTER

07

교육행정의 이해

제1절 교육행정의 개념

Ⅰ. 교육행정의 정의

교육행정(educational administration)은 어떠한 관점에서 접근하느냐에 따라 다양한 개념이 있다. 교육행정은 넓은 의미에서의 행정의 개념에 포함되며, 일반적으로 행정은 공동의 목적을 달성하는 데 필요한 업무 수행 활동과 관련을 가진 개념이다. 이러한 행정의 의미를 좀 더 구체적으로 말한다면, 행정이란 주어진 목적을 달성하기 위해 하나의 조직체 내의 인적 · 물적 · 용역적 · 체제적 자원[1]을 확보 · 유지하고 구성원에게 동기를 부여하며, 업무를 조정 · 통합하는 것을 의미한다[2]고 할 수 있다.

가. 교육에 관한 행정

교육에 관한 행정은 국가의 통치 작용을 입법, 사법, 행정으로 구분하고, 행정의 각 하위 영역 중의 내무 행정의 일부분으로 보는 견해이다. 이러한 견해는 법의 규정에 중점을 두어 행정 작용에 있어서 권력적 · 강제적 요소가 강하며, 또 일반 행정 과정 속에서 교육행정을 이해함으로써 그 전문성과 독자성을 찾기 힘든 가장 초보적인 개념이라 할 수 있다.[3]

---

1) 오기형, 『전인교육 : 원리와 실제(상)』(서울 : 교육과학사, 1983), p. 60.
2) 정태범, 『교육행정학』(서울 : 정민사, 1996), p. 9.

교육에 관한 행정은 그 자체가 중앙 집권적이고 관료 통제적일 뿐만 아니라 교육의 성격마저도 결정짓게 된다. 교육행정에서와 같이 교육 실천면에 있어서도 국가가 정한 법규나 중앙 부서의 명령과 지시에 대한 충실한 복종만이 최대 관심사가 된다.

자율적이고 독창적인 교육 실천은 이단시되고, 법령 위반이 되어 교육은 통제적인 틀 속에서 획일적으로 이루어진다.[4]

나. 교육을 위한 행정

교육을 위한 행정의 입장에서 교육행정은 교육에 관한 행정의 입장과는 대조적이다. 이 관점은 교육 목적 달성에 이바지하는 행정의 수단적 역할을 강조하며, 행정 작용에 있어서 권력적 · 강제적 요소가 제거되고, 기술적 · 봉사적 요소를 중시하고 있다.[5] 즉 교육행정에서는 교육 목적 달성을 위하여 필요한 조건을 마련해 주는 조장적 활동을 하게 된다. 이러한 조건에는 인적 · 물적 · 용역적 · 체제적[6] 조건을 포함한다. 이러한 조건 정비적 교육행정에서는 행정 행위가 교육 활동을 위한 수단으로 작용하기 때문에 행정은 어디까지나 지원 내지 봉사 활동으로 작용해야 한다[7]는 것이다.

이 입장은 교육행정의 목적이 학생들의 성장과 발달을 위하여 제공되는 교수 · 학습 활동을 도와 주는 것에 있다는 점을 강조한 나머지, 행정의 목표 관리 활동을 소홀히 다룰 가능성을 배제할 수 없다.

다. 협동 행위설

교육행정은 교육 목적을 효율적으로 달성하기 위한 조직 구성원들의 협동적 행위라고 보는 관점이다.

이 입장은 사이몬(H. A. Simon)의 행정행위설의 영향을 받은 관점으로서, 사이몬은 행정을 공동 목표를 달성하기 위하여 협동하는 집단의 행위라고 정의하는 데서 시작되었다.[8]

---

3) 백현기, 『교육행정의 기초』(서울 : 배영사, 1981), p. 15.
4) 이형행, 『신교육행정』(서울 : 문음사, 1992), pp. 15~16.
5) 백현기, 전게서, p. 16.
6) 오기형, 전게서, p. 60.
7) 정태범, 전게서, p. 11.
8) 김창걸, 『교육행정학신론』(서울 : 형설출판사, 1994), p. 18.

이 입장은 학교나 교육기관의 특수성보다는 다른 공공기관 · 정부 조직 · 기업체 · 군대 · 교회 · 병원 등과 같은 조직 운영상의 공통점을 강조함에 따라 교육행정도 타 분야와 마찬가지로 많은 사회 과학자나 행동 과학자들의 연구에 힘입어 교육행정의 특유의 개념 · 법칙 · 이론 정립을 위한 체계적이고 과학적인 연구가 주류를 이루어 오고 있다.

김종철도 이러한 입장에서 교육행정이란 사회적 · 공공적 · 조직적 활동으로서의 교육을 대상으로 하고, 교육 목표 설정, 목표 달성을 위한 인적 · 물적 기타 지원 조건의 정비 확립, 목표 달성을 위한 계획과 결정, 집행과 지도, 통제와 평가 등을 포함하는 일련의 봉사 활동을 지칭하는 것이며, 교육 조직체 내에서의 집단적 · 협동적 행위를 위하여 효과적으로 지원하는 것을 본질이라고 정의하였다.[9)]

따라서 이 입장의 교육행정은 반드시 집단과 조직을 전제로 하여 이루어지며, 교육행정이란 교육 조직의 목표를 달성하기 위한 합리적인 협동 행위라고 할 수 있다.

라. 종합적 교육행정의 개념

지금까지 교육행정의 개념에 대한 국내 · 외의 접근은 어느 일면만을 강조함으로써 보편성과 포괄성이 결여되어 있다 할 것이다. 그러므로 교육행정의 개념을 종합적으로 접근해야 할 당위성과 필요성이 대두되는 것이다.

이 같은 관점에서 이상기는 「인간교육학」[*)]을 바탕으로 교육행정이란 교육행정의 주체가 교육 활동에 종사하는 사람과 기관을 위하여 그들에게 필요한 제 자원을

9) 김종철, 『교육행정학신강』(서울 : 배영사, 1994), p. 33.

*) 인간교육학은 인간교육을 연구의 대상으로 하는 하나의 학문 분야이다. 인간교육학은 현재 인간교육학회 창립 회장이며, 연세대학교 명예 교수로 재직 중인 오기형이 1935년에 일제하의 식민지 상황에서부터 시작해서 오늘날에 이르기까지 반세기여에 걸쳐서 인간교육에 관한 이념 · 개념체계 · 실천체제 그리고 사실과 경험을 연구의 대상으로 하는 학문적 · 전문직적 · 기술공학적 분야이다. 저간에 국내 · 외적으로 수많은 교육 · 교육학계의 동역자들이, 그리고 기타 관계 후원인사 및 기관들의 참여와 지원을 통해서 일선 학교교육 현장에 이르기까지 선구적 · 시범적 실천이 일관성 있게 전개되고 있는 교육학의 새로운 학문 분야이다.
현재는 인간교육학의 창시자인 오기형과 그의 동역자들이 인간교육 연구의 공동체인 「인간교육학회(The Society for the Study of Human Education)」를 1979년 10월에 창립하여 연구－개발－촉매적 시범 및 선구적 실천에 진력하고 있다. 특히 인간교육학회는 기초 연구, 개발, 자동화체제의 현장 적용 등 60여 년간의 학문적 배경과 실천적 현장 경험을 가지고 특히, 우리 나라 유 · 초 · 중등 학교교육의 정상화를 위하여 활동하고 있다.

정비하고, 지도와 감독을 베푸는 것이라고[10] 정의하고 있다.

2. 교육행정의 성격

교육행정의 성격은 매우 복잡 다양한 측면과 양상을 내포하고 있다. 교육행정은 교육학의 한 분야로서 교육학 자체는 물론 행정학 · 경영학 · 사회학 · 심리학 · 경제학 · 재정학 · 정치학 · 건축학 등 여러 가지 학문을 바탕으로 하여 새로운 종합과 생성의 과정을 거쳐 발전되어 왔고 아직도 발전의 과정에 놓여 있으므로 그 성격이 불투명한 면도 없지는 않다.[11]

교육행정의 성격은 교육행정만이 가지고 있는 특수적 성격이 있는가 하면 일반행정과 공통적으로 가지고 있는 공통적 성격도 가지고 있다.

백현기는 교육행정의 성격을 첫째 조장적 성격, 둘째 수단적 · 기술적 성격, 셋째 정치적 성격, 넷째 전문적 성격, 다섯째 민주적 성격을 들고 있다.[12]

남정걸은 교육행정의 성격을 일반적 성격과 독자적 성격으로 나누고, 일반적 성격을 조장적 성격, 수단적 성격, 민주적 성격으로, 그리고 독자적 성격을 교육 조직의 목표, 교육행정기관의 타 기관과의 관련성, 교육행정의 장기성, 교육행정 대상의 광범위성, 교육행정의 전문성, 교육행정 평가의 곤란성 등을 들었다.[13]

김창걸은 교육행정을 종합적인 관점에서 공공적 성격, 조장적 · 봉사적 성격, 수단적 · 기술적 성격, 전문적 성격, 민주적 · 정치적 · 중립적 성격, 특수적 성격을 들고 있다.[14]

3. 교육행정의 원리

교육행정의 원리란 교육 목적을 달성하기 위하여 교육행정 활동을 수행하는 데 있어 필수적인 이념적 규범이라고 할 수 있다.

교육행정의 원리는 모트(P. R. Mort)가 그의 저서 「교육행정의 원리」에 16개

10) 이상기 · 옥장흠, 『교육행정 및 교육경영』(서울 : 형설출판사, 1998), p. 6.
11) 김명한 외 3인 공저, 『교육행정 및 교육경영』(서울 : 형설출판사, 1996), p. 30.
12) 백현기, 『교육행정』(서울 : 을유문화사, 1975), pp. 19~23.
13) 남정걸, 『교육행정 및 교육경영』(서울 : 교육과학사, 1991), pp. 25~30.
14) 김창걸, 전게서, pp. 21~24.

항목의 원리를 제시한 것에 근거하고 있다.[15] 그에 의하면 교육행정가가 자기의 임무를 과학적 방법으로 수행하려면 상식적 판단(common sense judgment)과 균형적 판단(balanced judgment)이 있어야 한다고 하였다. 상식적 판단의 원리로서 14개의 원리를 들고, 이것을 다시 인도적인 것(humanitarian), 사려적인 것(prudential) 그리고 속도적인 것(tempo)의 삼군으로 분류하였다. 인도적인 것으로 ① 운용적 민주주의 ② 정치적 민주주의 ③ 공정 ④ 기회 균등의 원리를, 사려적인 것에는 ① 경제 ② 제약과 균형 ③ 자유와 방종 ④ 책임과 권위 ⑤ 단순성 ⑥ 충성 ⑦ 관성의 원리를, 속도에 관한 것으로는 ① 적응성 ② 신축성 ③ 안전성의 원리 등을 제시하였다. 이상 14개가 교육행정의 상식적 판단의 원리이다. 그는 이러한 원리가 실제로 적용할 때는 한두 개만이 단독으로 적용되는 것이 아니고 균형적 판단의 원리에 의하여 전체적으로 적용되어야 한다고 하였다. 그리고 상식적 판단과 균형적 판단 사이에는 경험적 지식의 원리가 적용되어야 보다 더 합리적인 판단을 할 수 있다고 하여 결국 16개의 원리를 주장한 셈이 된다.

백현기는 교육 법규상의 원리와 교육 실천상의 원리로 나누고, 교육 법규상으로 본 기본 원리로는 기회 균등의 원리, 민주주의의 원리, 지방 분권주의의 원리, 능률성의 원리, 적응성의 원리 그리고 안정성의 원리를 각각 제시하고 있다.[16]

김종철은 교육행정의 원리를 법제 면에서 본 기본원리와 운영 면에서 본 기본원리로 나누고, 법제 면에서 본 기본 원리로는 법치 행정의 원리, 기회 균등의 원리, 적도집권의 원리, 자주성 존중의 원리를, 그리고 운영 면에서 본 기본 원리에는 타당성의 원리, 민주성의 원리, 능률성의 원리, 적응성의 원리, 안전성의 원리, 균형성의 원리를 들고 있다.[17]

제2절 교육 조직

Ⅰ. 조직의 개념

인간은 조직 속에서 태어나서 조직 속에서 살다가 조직 속에서 죽는다. 이와 같이

15) ① 김창걸, 전게서, p. 18.
② P. R. Mort, Principles of School Administration(New York : McGraw-Hill Co., 1949).
16) 백현기, 『신고 교육행정학』(서울 : 을유문화사, 1964), pp. 32~34.
17) 김종철 · 이종재, 전게서, pp. 62~68.

인간의 삶과 조직과는 상호 불가분의 관계가 있다. 조직을 떠난 인간 생활을 생각할 수 없듯이 행정 활동도 조직을 전제로 했을 때만 성립될 수 있다. 조직은 인간을 위하여 존재하며 인간은 조직의 공동 목표를 달성하기 위하여 봉사한다.

이러한 조직의 정의는 학자들에 따라 다르다.

버나드(C. Baenard)는 "조직이란 두 사람 이상에 의한 의식적으로 조정된 활동이나 노력의 체계"[18]라 하였고, 가우스(J. M. Gaus)는 "조직이란 여러 가지 기능과 책임의 분배를 통하여 합의된 목적의 수행을 촉진하기 위한 인원의 배정"[19] 이라고 말하고 있다. 에치오니(A. Etzioni)는 "조직이란 일정한 환경 하에서 특정한 목표를 추구하며 이를 위하여 일정한 구조를 가진 사회적 단위"[20]라고 하였으며, 샤인(E. H. Schein)은 "조직을 업무와 기능의 분배, 권한과 계층의 위임을 통하여 어떤 특정한 조직 구성원의 공통된 목적 달성을 위한 다수인의 활동을 합리적으로 조정한 것"[21]이라고 보았다. 또한 캇츠(D. Katz)와 칸(R. L. Kahn)은 체제 모형을 도입하여 "조직을 개방 체제인 사회적 체제의 일종"[22]이라고 규정하고 있으며, 파슨스(T. Parsons)는 "조직을 그 조직이 속해 있는 더 큰 사회의 기능에 공헌하는 특정한 목적을 달성하기 위한 사회 단위"[23]라고 규정하고 있다.

2. 조직의 구조

조직을 구성하는 과정이나 절차에 따라서 다양하게 구분된다고 할 수 있다. 여기에서는 공식적 조직과 비공식적 조직, 계선 조직과 막료 조직, 관료제에 관해서 설명하고자 한다.

---

18) C. I. Barnard, The Function of the Excutive(Cambrige : Harvard Univ. Press, 1938), p. 73.
19) J. M. Gaus, et al., The Frontiers of Public Administration(Univ. of Chicago Press, 1936), pp. 66~67.
20) A. Etzioni, Modern Organization(New Jersey : Prentice-Hall, Inc., 1964), p. 4.
21) E. H. Schein, Organizational Psychology(New York : Prentice-Hall, Inc,. 1965), pp. 4~5.
22) D. Katz & R. L. Kahn, The Social Psychology of Organizaton(New York : John Wiley & Sons, 1966), pp. 26~28.
23) T. Parsons, Structure and Process in Modern Societies(New York : The Free Press, 1960), p. 17.

가. 공식적 조직과 비공식적 조직

조직의 발생 원인이 인위적이냐 아니면 자연발생적이냐에 따라 공식적 조직과 비공식적 조직으로 분류된다.[24)]

1) 공식적 조직(formal organization)

공식적 조직은 인위적 조직으로 조직 구성원들이 추구하는 공동 목표가 있어 그 조직의 공적인 목표를 추구하기 위하여 과학적 합리성을 근거로 하여 공식적인 의사 통로가 있고 권한의 배분이 이루어지는 조직이다. 그리고 조직 구성원들의 각 개인에게는 그 직위에 따라 공동 목표를 달성하기 위한 업무 수행의 역할이 명확하게 부여되며 능률성의 논리가 존재한다. 따라서 공식적 조직은 권위의 계층, 명료한 책임 분담, 표준화된 업무 수행, 비정의 인간관계 등을 특징으로 하는 조직이다.

2) 비공식적 조직(informal organization)

비공식적 조직은 자연발생적 조직으로서 형식적인 조직체 안에 있는 조직 구성원간에 직접적인 대면 관계를 통해서 이루어지는 것이며 준거 집단의 성격을 지닌다. 비공식적 조직의 발생 근원은 인간의 사회적 속성과 유사성을 추구하려는 경향, 그리고 자아실현적 욕구에서 찾을 수 있다. 따라서 공식적 조직의 내부에서 자연적으로 발생하는 소집단 또는 자생 조직으로, 공식적 조직과 달리 조직 특유의 생활 양식을 발전시킨다.

나. 계선 조직과 막료 조직

조직은 그 조직 내에서의 권한과 책임의 정도에 따라 구분되는 의무의 등급에 따라 계선 조직과 막료 조직으로 구분할 수 있다.[25)]

1) 계선 조직(line organization)

계선 조직은 명령 통일의 원칙 하에서 조직 존립의 목적이 되는 업무를 수행하면서

24) 곽영우 외, 『교육행정 및 교육경영』(서울 : 과학과 예술, 1993), pp. 85~86.
25) 상게서, pp. 87~88.

권한과 명령권을 독점하는 일차적 조직이다. 이 조직에서 계선의 권한은 조직체의 효과적인 목적의 수행을 위해서 계선적이며 수직적으로 행사된다. 따라서 조직 내의 업무는 지시 · 명령 단일화의 원리에 따라 경영자의 명령과 의사가 상부에서 하부로 직선적으로 전달된다. 또한 조직 내의 업무 내용과 목표는 그 성격에 준하여 수직적으로 분화된 권리와 책임이 부여되고 업무의 내용이 지시 · 전달되어 수행된다. 그러므로 계선조직은 구성원 상호간의 권한과 책임의 한계가 명백하고 의사 결정이 신속히 이루어짐으로써 강력한 통솔력을 발휘할 수 있다.

교육 조직에서 계선 조직은 교육인적자원부장관, 교육감, 교육장, 일선 학교의 교장, 교감, 그리고 주임 교사와 일반 교사의 구조로 이루어지는데 여기에서 교사의 기본적인 직능은 교수와 학습은 물론 교직원으로서의 모든 역할까지를 포함한다. 또 권한의 위임 관계는 계선 조직상의 상사는 부하에게 명령을 내리고 부하는 상사로부터 지시된 명령을 수행하고 보고하는 책임을 진다.

2) 막료 조직(staff organization)

막료 조직은 계선 조직으로 하여금 효과적인 목표를 성취할 수 있도록 지원 및 보조해 주는 조직으로 일명 참모 조직이라고도 한다. 이 조직은 계선의 상층부에 위치하여 계선 조직에 필요한 계획, 정보, 인사, 서무, 예산, 통계 등의 업무를 담당함으로써 계선 조직의 활동을 횡적인 측면에서 지원 및 보조하는 조직이다. 이 조직은 에머슨(H. Emerson)이 제창한 것으로 그 주요 특징은 계선 조직에서 최고위층의 독자적 지휘 통제의 장점을 살리고 참모 부서를 설치하여 보조적 · 조언적 효과를 얻으려는 데 있다.

3) 보조 조직

보조 조직은 보조 기관의 조직을 말하는 것으로 계선 조직 기능을 보조하기 위하여 계선 조직과는 별개로 외곽 또는 내부에 설치되어 있는 기관을 말한다. 예로서 계선 조직의 국정교과서 편찬에 관한 업무를 보조하기 위하여 설치되어 있는 국정교과서 주식회사와 그 산하에 있는 국정교과서 인쇄 공장의 조직이 있다.

보조 조직은 계선 조직의 관리 운영을 보조하는 기관이며 계선 조직의 주요 시책에 직접적으로 관련을 가지는 일은 없는 데 비하여 막료 조직은 계선 조직의 주요 시책에 관한 계획과 자문의 기능을 수행한다는 점에서 차이가 있다. 그러나 보조 조직이나

막료 조직이 다같이 계선 조직에 협조하고 그것을 지원하는 것이라는 점에서 공통된 점이 있다.[26]

다. 관료제

관료제는 사람에 따라서 다양하고 혼란스러운 개념이다. 라스키(H. J. Laski)는 관료제의 개념을 "정부의 통제력이 완전히 관리들의 수중에 장악되어 있기 때문에 그 권력이 일반 시민의 자유를 침해할 우려가 있는 정치 체제"라고 규정하였으며, 선례의 답습, 신축성의 결여, 행정 처리의 완만 등을 특징으로 하는 것을 보았다.[27] 이것은 통속적으로 관료제를 관료주의와 동일시하는 입장과 일맥 상통된 점이 있다. 즉 일반적으로 관료제라 하면 획일주의, 형식주의, 비밀주의, 무사안일주의, 할거주의 등의 병리적 현상을 수반하는 것으로 해석하게 된다. 영국의 파킨슨(C. N. Parkinson) 역시 이른바 파킨슨의 사회법칙을 발표하여 관료제를 통렬히 비판하였다. 그에 의하면 관리들은 되도록 많은 부하를 거느리고 자기들 서로를 위하여 일을 만들어 냄으로써 계속 비대화해 나간다는 것이다.

3. 조직의 원리

모든 조직은 설정한 목적을 달성하기 위하여 많은 노력을 하고 있다. 이러한 목적을 달성하기 위해서는 조직 운영과 관리의 원리, 즉 기준이 있어야 한다. 이러한 행정 조직의 원리는 일반적인 조직의 원리를 행정에 적용한 것으로 많은 행정학자들이 여러 가지로 표현을 달리하여 논의해 왔다. 일찍이 페이욜(H. Fayol)은 모든 조직체에 공통적으로 적용할 수 있는 원리로서 ① 분업의 원리 ② 권위의 원리 ③ 규율의 원리 ④ 단일 지휘계통의 원리 ⑤ 방향성 통일의 원리 ⑥ 전체 이익 우선의 원리 ⑦ 정당 보수의 원리 ⑧ 적도 집권의 원리 ⑨ 계층의 원리 ⑩ 적재적소의 원리 ⑪ 공정성의 원리 ⑫ 신분 보장의 원리 ⑬ 창발성 존중의 원리 ⑭ 단결정신 확립의

26) 김종철 · 이종재, 『교육행정의 이론과 실제』(서울 : 교육과학사, 1995), pp. 178～179.
27) ① H. J. Laski, "Bureaucracy" in Encyclopaedia of Social Sciences, Vo1. 3, MacMillan Co., 1930, pp. 70～73.
② 김종철 · 이종재, 전게서, pp. 184～186.

원리 등 14개의 기본적인 조직 원리를 들었으며, 무니(J. D. Mooney)와 레일러(A. C. Reller)는 조직의 3대 원리로서 ① 조정의 원리(coordinative principle) ② 계층의 원리(scalar principle) ③ 기능주의의 원리(functional principle)를 들고 있고[28], 몰페트(E. L. Morphet) · 잔스(R. L. Johns) · 렐러(T. L. Reller) 등은 공저인 『교육 조직과 행정』에서 조직의 효과성과 관련하여 ① 최고 책임자 단일화의 원리(single executive) ② 목적 일원화의 원리(unity of purpose) ③ 명령 일원화의 원리(unity of command) ④ 권한 및 책임 위양의 원리(delegation of authority and responsibility) ⑤ 분업화의 원리(division of labor) ⑥ 표준화의 원리(standardization) ⑦ 통솔범위 제한의 원리(span of control) ⑧ 안정성의 원리(stability) ⑨ 융통성의 원리(flexibility) ⑩ 안정성의 원리(security) ⑪ 인사 정책의 원리(personnel policies) ⑫ 평가의 원리(evaluation)와 같은 열두 가지 원리를 제시하였다.[29]

4. 우리 나라의 교육행정 조직

가. 중앙 교육행정 조직

중앙 교육행정 조직이란 중앙 정부가 교육행정을 담당하는 기관으로서 교육행정의 법률주의의 원칙에 따라 헌법을 정점으로 정부조직법, 교육인적자원부직제 등의 규정에 의거하여 대통령과 국무총리도 교육행정 조직에 포함시켜야 한다. 따라서 우리 나라 중앙 교육행정 조직은 대통령, 국무회의, 교육인적자원부로 구분할 수 있다.

1) 대통령

대통령은 행정부의 수반으로서 교육행정을 포함한 국가 행정권의 정점에 위치하고

---

28) ① J. D. Mooney and A. C. Reily, The Principles of Organization(New York : Harper & Brothers, 1939).
② 김종철 · 이종재, 전게서, pp. 179~180.

29) ① E. L. Morpht, R. L. Johns, and T. L. Reller, Educational Organization and Administration : Concepts and Issues, 3rd ed.(Englewood Cliffs, NJ : Prentice Hall Inc., 1974), pp. 96~102.
② 김명한 외, 전게서, pp. 159~160.

있다. 대통령의 교육행정에 관한 주요 권한으로는 교육에 관한 대통령령의 발포, 주요 교육 공무원 임명, 교육행정기관에 대한 지휘·감독, 그리고 국무회의 의장 역할 등을 들 수 있다.

2) 국무회의

국무회의는 대통령과 국무총리 및 국무위원으로 구성되는 합의제기관으로, 정부의 권한에 속하는 중요한 정책을 심의하는 행정에 관한 최고 심의기관이다.

국무회의는 교육 정책에 관해서도 최고 심의기관이 된다. 국무총리는 국무회의의 부의장으로서 국무회의를 통해서 교육행정에 영향력을 행사할 뿐만 아니라, 행정에 관하여 대통령의 명을 받아 행정 각부를 통할하는 권한과 총리령을 발하는 권한을 가지고 있다.

국무회의나 국무총리는 각 부처간의 정보를 분배하고 교환하는 수평적 조정기관으로서의 역할을 통해 교육 정책에 관한 다른 부처의 이해를 넓히고 협조를 촉진시킨다. 또한 국무회의는 대통령의 교육 정책에 관한 중요 계획이나 정책은 국무회의에 상정되기에 앞서 관련 부처와의 합의를 거쳐야 하기 때문에 관련 부처도 중앙의 교육행정에 영향을 주게 된다.

3) 교육인적자원부

중앙 교육행정 조직의 중추적인 교육인적자원부는 학교교육, 평생교육 및 학술에 관한 사무를 관장하며, 교육 관계 법령과 대통령의 지시·명령 및 국무회의의 결정에 따라 국가의 교육에 관한 정책을 입안하고 집행하는 최고의 교육행정기관이다.

교육인적자원부의 하부기관은 1차관보 2실 6국으로 구성되어 있으며, 교육인적자원부장관의 관장 업무를 지원하기 위해 자문기관인 국사편찬위원회, 중앙교육연수원, 국제교육진흥원, 국립특수교육원 및 교원징계재심위원회 등을 두고 있으나 이들은 중앙 교육행정 조직에 직접 포함된다고 볼 수는 없다.

교육인적자원부장관은 국무위원으로서 국가의 최고 정책 결정에 참여할 뿐만 아니라 교육행정의 최고 책임자로서 교육인적자원부 소관 업무를 통할한다.

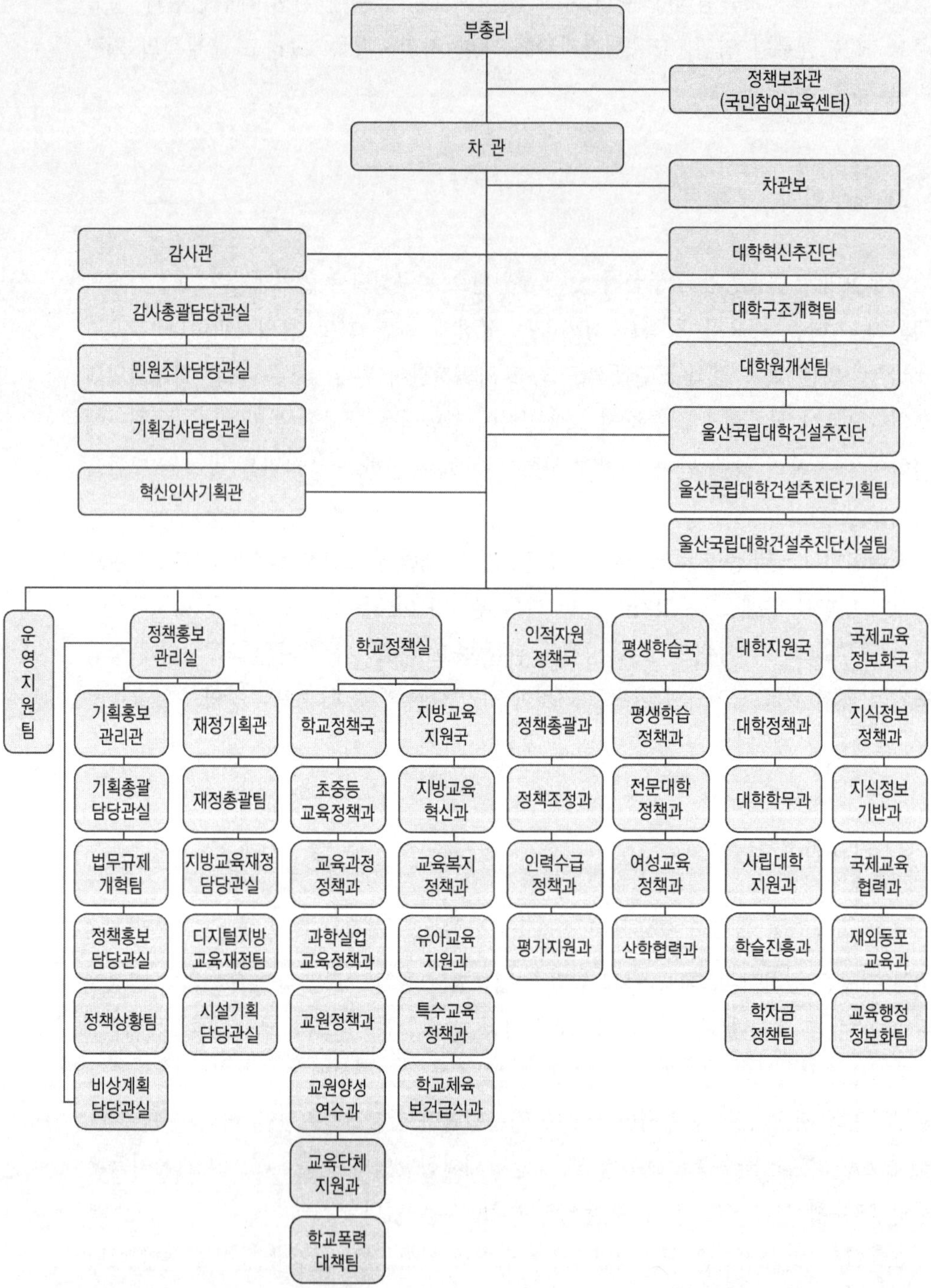

그림 7.1 **교육인적자원부 직제**(http : //www.moe.go.kr 교육인적자원부 2007년 현재)

5. 교육자치제도

가. 교육자치제의 본질

1) 교육자치제의 개념

우리 나라 교육자치제의 법적 근거는 헌법 제31조 제4항에 "교육의 자주성 · 전문성 · 정치적 중립성 및 대학의 자율성은 법률이 정하는 바에 의하여 보장된다."와 교육기본법 제 5조(교육의 자주성) "① 국가 및 지방자치 단체는 교육의 자주성 및 전문성을 보장하여야 하며, 지역의 실정에 맞는 교육의 실시를 위한 시책을 수립 · 실시하여야 한다. ② 학교 운영의 자율성은 존중되며, 교직원 · 학생 · 학부모 및 지역 주민 등은 법령이 정하는 바에 의하여 학교 운영에 참여할 수 있다." 이와 같이 교육 자치 제도의 기본 정신인 교육의 자주성 · 전문성 · 정치적 중립성 및 지역의 특수성을 헌법과 교육 기본법에 규정하고 있다.

그러므로 교육 자치 제도는 교육행정에 있어서 지방 분권의 원칙 아래 교육에 관한 의결기관으로서의 교육위원회와 교육위원회의 사무장 격으로 또는 의결된 교육정책의 집행기관인 교육감을 두고 민주적 통제와 전문적 지도 사이에 조화와 균형을 얻게 하여 인사와 재정을 비롯하여 교육행정을 일반 행정으로부터 분리 · 독립시킴으로써 행정의 제도와 조직면에서 교육의 자주성을 보장하려는 것이 교육 자치 제도이다.[30]

2) 교육자치제의 이념과 원리

교육자치의 이념이란 교육 자치를 행함에 있어서 목표로 삼고 지향해야 할 지침이나 준거 또는 가치 체제를 의미한다. 원래 이념이란 다의적인 개념이며, 당위적이고 규범적으로 개념화한 것이기 때문에 입장과 견해를 달리함에 따라 상이하게 정의할 수 있는 포괄적 개념이다. 교육 자치의 이념은 교육 자치를 이행할 목표의 구실뿐 아니라 교육 자치의 문제를 해결하는 데 가치 판단과 평가 준거의 구실을 함으로써 교육자치제의 합리성과 일관성을 보장하게 된다.

30) 김종철 · 이종재, 전게서, p. 211.

교육 자치가 '교육에 관한' 또는 '교육을 위한' 지방 자치 또는 지방 행정이라는 관점에서 교육 자치의 이념을 두 가지로 도출할 수 있다. 첫째는 민주성의 이념이요, 둘째는 전문성의 이념이다. 전자는 지방 자치에 보다 중점을 둔 이념이며, 후자는 교육에 보다 중점을 둔 이념이다. 그런데 민주성이나 전문성의 이념이 고도의 일반성과 추상상을 면치 못하기 때문에 현실에 의미를 부여하고 소정의 목표를 달성하는 행동 지침이 되도록 구체성을 띠기 위해서는 교육 자치의 원리로 표현된다. 그리하여 민주성의 이념은 주민 자치의 원리와 지방 분권의 원리로, 전문성의 이념은 일반 행정으로부터의 분리 · 독립의 원리와 전문적 관리의 원리로 구체화된다.

주민 자치의 원리란 교육 사업을 그 지역의 실정과 특수성을 고려하여 그 지역 주민의 공정한 의사에 따라 자율적으로 실시하여야 한다는 것이다. 지방 분권의 원리란 중앙의 획일적이고 직접적인 통제에서 벗어나 중앙으로부터 권한을 이양받아 지방의 교육행정기관이 독자적 · 창의적 교육을 해야 한다는 것이다. 일반 행정으로부터 분리 · 독립의 원리란 교육의 특수성과 자주성을 확보하기 위하여 교육행정에 관한 전문 지식과 기능을 겸비한 인사가 교육행정을 담당해야 한다는 것이다.[31)]

나. 현행 교육자치제도

현재 시행하고 있는 교육자치제의 주요 내용은 다음과 같다.[32)]

1) 교육위원회

◨ 교육위원회의 설치(제3조)

· 시 · 도의 교육 · 학예에 관한 중요 사항을 심의 · 의결하기 위하여 시 · 도에 교육위원회를 둔다.

◨ 교육위원회의 구성 및 정수(제57조)

· 교육위원회는 7인 내지 15인의 교육위원으로 구성하며, 시 · 도별 교육위원의 정수는 인구, 지역적 특성 등을 고려하여 [별표 1]과 같이 한다.

---

31) 남정걸, "한국 교육자치제의 발전 과제", 한국 교육행정의 발전과 전망 (서울 : 과학과 예술, 1993), p. 138.

32) 지방교육자치에 관한 법률 제7849호, 2006. 02. 21. 개정.

◨ 선거구 및 정수(제58조)

· 교육위원은 교육위원의 선거구 단위로 선출한다.

· 교육위원의 선거구는 인구, 행정 구역, 지세, 교통 기타 조건을 고려하여 이를 확정하되, 시 · 도별 선거구의 명칭, 구역 및 선거구별 교육위원 정수는 [별표 2]와 같이 한다.

· 시 · 도의 교육감은 시 · 도를 하나의 선거구로 하여 선출한다.

◨ 선거인단의 구성(제62조)

· 교육위원 또는 교육감의 선거인단은 선거일 공포일 현재 초 · 중등교육법 제31조(학교운영위원회의 설치)의 규정에 의한 학교운영위원회위원 전원(이하 "학교운영위원회선거인"이라 한다)으로 구성한다.

· 선거일 현재 교육위원 또는 교육감의 선거인이 공직선거 및 선거부정방지법 제18조에 해당하는 경우는 선거권이 없다.

◨ 교육위원의 임기(제4조)

· 교육위원의 임기는 4년으로 한다.

◨ 교육위원의 자격(제60조)

· 교육위원은 학식과 덕망이 높고 시 · 도 의회의원의 피선거권이 있는 자로서 후보 등록일로부터 과거 2년 동안 정당의 당원이 아닌 자이어야 한다.

· 교육 또는 교육행정 경력이 있는 자 (이하 "경력자"라 한다)로서 교육위원 후보자가 되고자 하는 자는 후보 등록일을 기준으로 교육 또는 교육행정 경력이 10년 이상 있거나 양 경력을 합하여 10년 이상인 자이어야 한다.

◨ 교육위원의 겸직 금지(제5조)

교육위원은 다음 각 호에 해당하는 직을 겸할 수 없다.

· 국회의원 · 지방의회의원

· 국가공무원법 제2조에 규정된 국가 공무원 및 지방공무원법 제2조에 규정된 지방공무원과 사립학교법 제2조의 규정에 의한 사립학교 교원, 다만 고등교육법 제2조의 규정에 의한 대학, 산업대학, 교육대학, 방송통신대학, 기술대학 및 이에 준하는 각종 학교와 다른 법령에 의하여 설치된 대학의 전임강사 이상의 교원은 제외한다.

· 사립 학교를 설치 · 경영하는 법인의 임직원

교육위원은 당해 지방자치단체의 교육기관(교육행정기관, 교육연구기관, 교육연수, 수련기관, 도서관, 교원 · 학생 복지후생기관 등을 포함한다)과 영리를 목적으로 하는 거래를 할 수 없으며, 이와 관련된 재산의 양수인 또는 관리인이 될 수 없다.

◨ **교육위원의 권한－교육위원회의 의결 사항**(제8조)

교육위원회는 당해 지방자치단체의 교육 · 학예에 관한 다음 각호의 사항을 심의 · 의결한다.

1. 시 · 도의회에 제출할 조례안
2. 시 · 도의회에 제출할 예산안 및 결산
3. 시 · 도의회에 제출할 특별 부과금 · 사용료 · 수수료 · 분담금 및 가입금의 부과와 징수에 관한 사항
4. 시 · 도의회에 제출할 기채안
5. 기금의 설치 · 운용에 관한 사항
6. 대통령령으로 정하는 중요 재산의 취득 · 처분에 관한 사항
7. 대통령령으로 정하는 공공 시설의 설치 · 관리 및 처분에 관한 사항
8. 법령과 조례에 규정된 것을 제외한 예산의 의무 부담이나 권리의 포기에 관한 사항
9. 청원의 수리와 처리
10. 외국 지방자치단체와의 교류 협력에 관한 사항
11. 기타 법령과 시 · 도 조례에 의하여 그 권한에 속하는 사항

2) 교육감

◨ **교육감**(제20조)

· 시 · 도의 교육 · 학예에 관한 사무의 집행기관으로 시 · 도에 교육감을 둔다.
· 교육감은 교육 · 학예에 관한 소관 사무로 인한 소송이나 재산의 등기 등에 대하여 당해 시 · 도를 대표한다.

◨ **국가행정 사무의 위임**(제21조)

· 국가행정 사무 중 시 · 도에 위임하여 시행하는 사무로서 교육 · 학예에 관한 사무는 교육감에게 위임하여 행한다. 다만, 법령에 다른 규정이 있는 경우에는 그러하지 아니한다.

◨ **관장 사무**(제22조)

· 교육감은 교육·학예에 관한 다음 각호의 사항에 관한 사무를 관장한다.

1. 조례안의 작성
2. 예산안의 편성
3. 결산서의 작성
4. 교육 규칙의 제정
5. 학교 기타 교육기관의 설치·이전 및 폐지에 관한 사항
6. 교육과정의 운영에 관한 사항
7. 과학·기술 교육의 진흥에 관한 사항
8. 사회 교육 기타 교육·학예 진흥에 관한 사항
9. 학교 체육·보건 및 학교 환경 정화에 관한 사항
10. 학생 통학 구역에 관한 사항
11. 교육·학예의 시설·설비에 관한 사항
12. 재산의 취득·처분에 관한 사항
13. 특별부과금·사용료·수수료·분담금 및 가입금에 관한 사항
14. 기채·차입금 또는 예산 외의 의무 부담에 관한 사항
15. 기금의 설치·운용에 관한 사항
16. 소속 국가 공무원 및 지방 공무원의 인사관리에 관한 사항
17. 기타 당해 시·도의 교육·학예에 관한 사항과 위임된 사항

◨ **교육감의 선출**(제58조의 제3항)

· 시·도의 교육감은 시·도를 하나의 선거구로 하여 선출한다.

◨ **교육감의 임기**(제23조)

· 교육감의 임기는 4년으로 하되, 1차에 한하여 중임할 수 있다.

· 제1항의 임기는 전임자의 임기가 만료된 다음날부터 개시한다. 다만, 전임자의 임기가 만료된 후에 실시하는 선거와 궐위로 인한 선거에서 선출된 교육감의 임기는 당선이 결정된 때부터 개시되며 전임자의 잔임 기간으로 한다.

3) 보조기관(제33조)

· 교육감 밑에 국가 공무원으로 보하는 부교육감 1인(인구 800만 명 이상이고

학생 170만 명 이상인 시·도는 2인)을 두되, 대통령령이 정하는 바에 따라 고위 공무원단에 속하는 일반직 공무원 또는 장학관으로 보한다.

· 부교육감은 당해 시·도 교육감이 추천한 자를 교육인적자원부 장관의 제청으로 국무총리를 거쳐 대통령이 임명한다.

· 부교육감은 교육감을 보좌하여 사무를 처리한다.

· 제1항의 규정에 의하여 부교육감 2인을 두는 경우에 그 사무 분장은 대통령령으로 정한다. 이 경우 그 중 1인으로 하여금 특정 지역의 사무를 담당하게 할 수 있다.

· 교육감 밑에 필요한 보조기관을 두되, 그 설치·운영 등에 관하여 필요한 사항은 대통령령이 정한 범위 안에서 시·도의 조례로 정한다.

· 교육감은 제5항의 규정에 의한 보조기관의 설치·운영에 있어서 합리화를 도모하고 다른 시·도와의 균형을 유지하여야 한다.

4) 하급 교육행정기관

◨ 하급 교육행정기관의 설치(제36조)

· 시·도의 교육·학예에 관한 사무를 분장하게 하기 위하여 1개 또는 2개 이상의 시·군 및 자치구를 관할 구역으로 하는 하급 교육행정기관(이하 '교육청'이라 한다)을 둔다.

· 교육청의 관할 구역과 명칭은 대통령령으로 정한다.

· 교육청에 교육장을 두되 장학관으로 보하고, 그 임용에 관하여 필요한 사항은 대통령령으로 정한다.

· 교육청의 조직과 운영 등에 관하여 필요한 사항은 대통령령으로 정한다.

◨ 교육장의 분장 사항(제 37조)

· 교육장은 시·도의 교육·학예에 관한 사무 중 다음 각 호의 사무를 위임받아 분장한다.

· 공·사립의 유치원·초등학교·중학교·공민학교·고등 공민학교 및 이에 준하는 각종 학교의 운영·관리에 관한 지도·감독

· 기타 시·도의 조례로 정하는 사무

그림 7.2 시 · 도 교육청의 소속기관 직제 (자료 : 서울특별시교육청)

다. 학교운영위원회[33]

1) 학교운영위원회의 설치(제31조)

· 학교 운영의 자율성을 높이고 지역의 실정과 특성에 맞는 다양한 교육을 창의적으로 실시할 수 있도록 하기 위하여 국·공립 및 사립의 초등학교·중학교·고등학교 및 특수학교에 학교운영위원회를 구성·운영하여야 한다.
· 국·공립 학교에 두는 학교운영위원회는 당해 학교의 교원 대표·학부모 대표 및 지역 사회 인사로 구성한다.
· 국·공립 및 사립 학교에 두는 학교운영위원회의 위원 정수는 5인 이상 15인 이내의 범위 안에서 학교의 규모 등을 고려하여 대통령령으로 정한다.

2) 학교운영위원회의 기능(제32조)

국·공립 학교에 두는 학교운영위원회는 다음 각 호의 사항을 심의한다.
· 학교 헌장 및 학칙의 제정 또는 개정에 관한 사항
· 학교의 예산안 및 결산에 관한 사항
· 학교 교육과정의 운영 방법에 관한 사항
· 교과용 도서 및 교육 자료의 선정에 관한 사항
· 정규 학습 시간 종료 후 또는 방학 기간 중의 교육 활동 및 수련 활동에 관한 사항
· 교육공무원법 제31조 제2항의 규정에 의한 초빙 교원의 추천에 관한 사항
· 학교 운영 지원비의 조성·운용 및 사용에 관한 사항
· 학교 급식에 관한 사항
· 대학입학 특별 전형 중 학교장 추천에 관한 사항
· 학교 운동부의 구성·운영에 관한 사항
· 학교 운영에 대한 제안 및 건의 사항
· 기타 대통령령, 시·도의 조례로 정하는 사항

국·공립 및 사립 학교에 두는 학교운영위원회는 학교 발전 기금의 조성·운용 및 사용에 관한 사항에 대하여 심의·의결한다.

33) 초·중등교육법 2005. 12. 29. 개정.

3) 학교 발전 기금(제33조)

- 제31조의 규정에 의한 학교운영위원회는 학교 발전 기금을 조성할 수 있다.
- 제1항의 규정에 의한 학교 발전 기금의 조성 및 운용 방법 등에 관하여 필요한 사항은 대통령령으로 정한다.

4) 학교운영위원회의 구성 · 운영(제34조)

- 제31조의 규정에 의한 학교운영위원회 중 국립 학교에 두는 학교운영위원회의 구성 · 운영에 관하여 필요한 사항은 대통령령으로 정하고, 공립 학교에 두는 학교운영위원회의 구성 · 운영에 관하여 필요한 사항은 대통령령이 정하는 범위 안에서 시 · 도의 조례로 정한다.
- 사립 학교에 두는 학교운영위원회의 위원 구성에 관한 사항은 대통령령으로 정하고, 기타 운영에 관하여 필요한 사항은 정관으로 정한다.

제3절 장학의 행정

1. 장학의 개념

장학에 대한 개념 규정은 논자에 따라, 그리고 접근의 시각에 따라 다양하다. 그러나 한 가지 중요한 사실은 장학은 교육행정에 있어서 가장 중핵적인 영역이라는 점이다.

장학이란 원래 영어의 supervision으로서 이것은 super와 vision의 합성어이다. super는 위에(above) 또는 보다 우수한 (superior to) 이란 뜻이고, vision은 보기(sight) 또는 바라보기(view)란 뜻으로서 supervision은 '위에서 바라본다', 또는 '우수한 사람이 높은 곳에서 본다'라는 뜻이 되어 전통적으로 시학(inspection) 또는 감시 · 감독의 개념으로 쓰여 왔다. 그러나 오늘날에는 그 의미가 학교 교육에 초점이 맞추어짐에 따라 학생의 학습 행위를 돕는 교사의 교수 활동을 향상시키는 데 필요한 전문적·기술적·봉사적 활동으로 일반화되고 있는 추세이다.

우리 나라의 경우 통념적으로 장학이라 하면 교육인적자원부나 시·도 교육청 또는 시·군 교육청의 공식적으로 임명된 전문직인 장학관이나 장학사의 활동을 장학이라고 부르고 있다.

일반적으로 장학은 학생들의 성장과 발달을 증진시키기 위하여 교사들의 활동 등을 전문적으로 개선·향상시키는 일이라 정의할 수 있다.

2. 장학의 기능

장학의 궁극적인 목적은 교사의 교수 활동을 향상시켜 학생의 학습 행위를 돕는 데 있다. 따라서 장학의 기능도 이와 같은 장학의 기본 목적을 실현하는 일과 일치해야 할 것이다.[34)]

맥너니(McNerney)는 장학의 기능으로 교수 과정에 대한 방향 제시와, 교수 과정에 대한 효과의 평가라 하였다.[35)] 橋本勝三은 장학의 기능을 진단, 치료, 예방, 개선 등 일련의 과정으로 해석하고 있다.[36)] 맥킨(McKean)과 밀즈(Mills)는 장학의 기능으로 지도성의 발휘, 조정, 자원과 봉사의 역할, 평가 등을 제시하고 있다.[37)] 김종철은 전술한 바와 같이 장학의 기능을 교사의 전문적 성장을 돕는 활동, 교육 운영의 기획과 평가를 돕는 활동, 학습 활동을 개선하는 활동이라 하였다.[38)]

3. 장학의 유형

장학의 유형은 분류 기준과 관점에 따라 여러 가지로 나눌 수 있다. 여기서는 장학의 유형을 크게 행정 조직 수준과 장학 방법의 두 가지 측면에서 살펴보기로 한다.

---

34) 김창걸, 『교육행정학 및 교육경영』(서울 : 형설출판사, 1987), pp. 214~215.
35) C. T. McNerney, Educational Supervision (New York : McGraw-Hill, 1949), p. 1.
36) 橋本勝三, 『지도 조언』(동경 : 유비각, 1953), p. 52.
37) R. C. McKean and H. H. Mills, The Supervisor(New York : The Center for Applied Research in Education, Inc., 1964), pp. 8~9.
38) 김종철, 전게서, pp. 236~237.

가. 행정 조직상의 장학 유형

1) 중앙 문교장학[39)]

중앙 문교장학은 중앙 교육행정의 조직 수준으로 교육인적자원부 내에서 이루어지는 장학이다. 이러한 중앙 문교장학은 주로 교육인적자원부의 학교 정책실을 중심으로 이루어지지만 그 인접 부서의 관리 행정과 관련하여 장학 활동이 이루어지기 때문에 장학 행정과 관리 행정을 엄밀히 구별하기가 어렵다. 중앙 문교장학의 특징을 이들 부서가 교육인적자원부 내의 계선 조직에 속하면서도 막료 조직으로 주로 전문적 조언을 하는 데 있다. 중앙 문교장학의 내용은 교육인적자원부 장학관의 직무 내용과 관련된다. 중앙 문교장학의 개념은 교육 활동의 전반적인 기획·조사·연구·관리·지도·감독을 통하여 중앙의 행정 업무를 보좌하는 참모 활동이다.[40)]

2) 지방 학무장학

지방 학무장학은 조직 수준으로 보아 지방 교육자치 조직에 해당되는 장학으로 서울 특별시를 비롯하여 부산·인천·대구·광주 등 광역시와 각 도의 교육청 및 그 산하의 시·군·구의 교육청에서 이루어지는 장학 활동이다. 지방 학무장학의 담당자는 학무국에 속하는 장학관과 장학사이다.

3) 학교교육 장학

학교교육 장학은 학교 조직 수준을 단위로 하여 학교 내 장학으로 학생의 학습을 촉진시키고 학교 조직의 목적을 달성하기 위하여 교사의 행동에 직접적인 영향을 줄 수 있도록 학교 조직에 의해 공식적으로 지정된 행동이다.[41)]

다시 말해서 학교교육의 수업 장학은 자의적이거나 일시적으로 결정된 행동이 아니고 공식적으로 지정된 행동으로서의 권위적 상징이며 장학 담당자가 직무를 수행하는 과정 중에서 가장 핵심적인 것으로 교사의 행동에 직접적인 영향을 주는

39) 상게서, pp. 307～313.
40) 김창걸, 『교육행정 및 교육경영의 이론과 실제의 탐구』(서울 : 형설출판사, 2003), pp. 353.
41) R. J. Alfonso, R. Firth and R. F. Neville, Instrucation Supervision : A Behavioral System(Boston : Allyn and Bacon, 1975), pp. 35～36.

것이다. 그리고 궁극적인 목적 달성을 위하여 학생의 학습을 촉진시키는 장학인 것이다.

나. 장학 방법상의 장학 유형

1) 임상장학

임상(clinical)이라는 말은 원래 병리(pathology)를 함축하는 말이긴 하나 교사와 장학 담당자의 대면성(face to face relationship)과 교실 내에서 이루어지는 교사의 실제 행위에 초점을 두고 있는 의미로도 사용된다. 그러나 임상장학은 교사의 결점이나 불건전한 행위에 대하여 장학 담당자가 교정(remedy)하는 의미로는 사용되지 않는다. 임상장학(clinical supervision)은 1950년 말에 코간(Cogan)에 의해 처음으로 사용되었으며 수업장학(instructional supervision)과도 같이 쓰인다.[42)]

에치슨(Acheson)과 겔(Gall)은 임상장학을 교실 내에서의 교수 활동에 대한 합리적인 수정에 관심을 두고, 수업 계획, 관찰, 분석의 순환 과정을 통한 수업 개선에 초점을 둔 장학이라고 정의하였다.[43)]

2) 동료장학

학교 조직에서의 동료장학은 1970년대부터 교사들의 수업 개선에 대한 관심이 고조되고 반면에 전통적인 장학에 대한 불신감과 부담감이 증대되면서 새롭게 대두된 장학 형태이다.[44)] 그러나 동료장학에 관해서는 문헌상 이론이나 실행에 있어서 아직도 그 개발이 미흡한 상태이어서 동료장학에 대한 용어 자체도 명확히 정립되지 않아 'peer supervision' 또는 'colleagueship in supervision'으로 혼용되고 있는 실정이다.[45)]

일반적으로 동료장학은 수업자와 관찰자가 공동으로 추구하는 목적을 수업 개선에 두고 있는데, 이는 수업자와 관찰자 사이의 상·하위 계층관계를 떠나서 상호 존경과

42) 송미섭·라동환, 『교육행정 및 교육경영론』(서울 : 형설출판사, 1991), pp. 313~ 316.
43) C. A. Reavis, Teacher Improvement Through Clinical Supervision(Bloomington, Indiana : Phi Delta Kappa, 1978), p. 17.
44) 송미섭·라동환, 전게서, pp. 325~332.
45) T. J. Sergiovanni, ed., Supervision of Teaching(Alevandria, Virginia : Association for Supervision and Curriculum Development, 1982), p. 90.

지지 그리고 이해의 도움을 주는 동료적 관계를 전제로 한다.[46] 즉 이러한 동료장학에 있어서의 동료적 관계는 관찰자(참가자)와 자유 의사로 함께 일하는 사람 사이의 계층 없는 상태로서[47] 수업자와 관찰자 사이에는 강한 동료의식(colleagueship)이 작용하는데, 그것은 인간 정신 구조의 내적 상태로부터 발현되어 수업자와 학습자 및 관찰자를 동일시 함으로써 태도화된다는 것이다.[48]

3) 자기장학

임상장학을 필요로 하지 않거나 원하지 않는 교사에게 제공할 수 있는 세 번째 선택 대안은 자기장학이라 이름 붙인 것으로 한 교사가 혼자 독립적으로 자신의 전문적 성장을 위하여 일하는 과정이다.[49]

이것은 외부의 강요나 지도에 의해서 보다는 교사 자신이 전문적 성장을 위하여 스스로 계획을 세우고 실천해 나가는 자율적 장학을 말한다. 따라서 이 경우에 장학사(관)나 행정가는 개인 교사의 자율적 활동에 대한 하나의 자원 인사로서 봉사할 뿐이다. 이 자율적인 자기장학은 비교적 교직 경력이 많고, 혼자 일하기를 좋아하는 유능한 교사들에게 적합한 효과적인 장학 방법이다. 교사 자신이 자기의 수업 장면을 녹화 또는 녹음하였다가 계속 되돌려 보거나 들으면서 수업 개선을 위해 노력할 수도 있으며, 학생들의 피드백 자료를 분석하여 스스로 수업 개선을 위해 노력할 수도 있다. 또한 혼자 전문 서적을 읽거나 전문가를 찾아가 협의할 수도 있다.

4) 전통적 장학

이것은 전통적으로 실시해 온 장학 방법으로서 행정적 감독(administrative monitoring) 또는 약식장학을 말한다. 이것은 교사가 부과된 과제와 책임을 전문적인 방법으로 수행하고 있는지를 확인하기 위하여 교장이나 교감이 예고 없이 잠시 방문

---

46) J. J. Koehn and G. A. Goens, "The Talent We Nourish : A Word for Supervisors", Educational Leadership, 1977, p. 587.
47) D. R. Ronald, "A Colleagiate Instructional Improvement Using Peer Teams Trained In Clinical Supervision", Unpublished Doctoral Dissertation, University of Illinois, 1980, p. 12.
48) T. J. Sergiovanni, ed, Supervision of Teaching(Alexandria, Virginia : Asssociation for Supervision and Curriculum Development, 1982), p. 39.
49) 주삼환 역, 『장학론 : 선택적 장학체제』(서울 : 문음사, 1986), pp. 87~100.

하여 감독하는 '불시방문장학(drop-in-supervision)'이다.[50]

이 불시방문장학은 행정가(교장이나 교감)에 의한 잠깐 동안의 비공식적 방문이기에 관찰 전에 관찰 계획이 서 있지 않고, 관찰자가 교사의 행동 형태를 기록할 수 있을 만큼 충분히 오랫동안 머물지 않으며, 사후 협의회도 따르지 않으므로 장학 담당자와 교사들은 이를 비효과적이라 보고 있다.

5) 인간자원장학

장학은 과학적 관리장학에서 인간관계장학을 거쳐 신과학적 장학이라는 외적 권위에 의한 장학의 형태로 발달해 왔다. 그 후 수정주의 운동의 한 부분으로 나타난 새로운 장학 형태가 인간자원장학이다.[51] 인간자원장학(human resources supervision)은 인간의 무한한 잠재력을 중시하여 인간의 활동성과 책임감 그리고 인간적이고 전문적인 성장에 기반을 두고 있으며, 학교에서의 교육과정 계획과 교육 활동은 인간 조직 내에서만 이루어질 수 있다는 기본 가정을 하고 있다. 따라서 개인의 욕구와 학교 목표 및 과업을 통합시키려고 하는 것이다. 특히 인간자원장학에서는 직무 만족에 대한 중요성을 강조하고 있다. 이러한 직무 만족에 대한 관심은 인간관계장학에서도 같은 맥락에서 중시하고 있는데, 인간관계장학에서의 직무 만족은 학교 운영의 효율화를 위한 수단적 의미로 본다는 점에서 인간자원장학과는 다르다. 즉 인간관계장학에서는 교사들을 의사 결정에 참여시킴으로써 교사들의 직무 만족을 증가시키고, 이로써 조직 목표 달성을 위한 효과성을 증가시킬 수 있다는 가정을 하게 된다. 그러나 인간자원장학은 학교의 효과성을 증대시킬 목적으로 교사들을 의사 결정에 참여시키고, 그 결과 교사들은 중요하고 뜻 있는 일을 성취하는 경험을 통하여 직무 만족을 느끼게 된다고 보고 있다.

6) 인간교육장학[52]

이 인간교육장학은 이상기가 '인간교육학'에 학문적 뿌리를 두고, 학교 단위의 장학에 관하여 그 새로운 이념, 이론, 실천 체제, 사실과 경험 등에 대하여 이상적이면서도 현실적인, 개념적이면서도 구체적인 그리고 특정적이면서도 통합적인 접근으로 논리적 · 체계적인 학문적 연구 활동의 전개를 새롭게 시도하고 있는 장학 이론이다.

50) 상게서, p. 101.
51) 송미섭 · 라동환, 전게서, pp. 324~325.
52) 이상기, 『한국장학의 새로운 방향-인간교육학의 입장에서』, 교육행정학연구(제5권 제 1호)(서울 : 교육행정학연구회, 1987), pp. 51~91.

인간교육장학은 앞에서 살펴본 임상장학 · 동료장학 · 전통적 장학 · 인간자원장학 등 모든 장학론의 기본이 되는 접근이라고 할 수 있다.

이상기는 장학에 대한 개념 규정은 논자에 따라, 그리고 접근의 시각에 따라 다양함을 전제로 하고 있지만, 기존의 재래적 · 외래적 관점과는 다른 차원에서 다음과 같이 규정한다.

"장학이란 바로 교수－학습 전개과정 그 자체에서 교사가 우수하고 건전한 교육을 평등화하는 본연의 직무 수행을 보다 더 창의적 · 효율적으로 향상할 수 있도록 촉진하고 도와 주는 것이다."

이 정의가 규정하고 있는 장학의 기본 속성은 4 가지이다.

첫째는 장학의 핵심체는 바로 교수－학습 전개과정의 현장, 즉 교실이고,

둘째는 교육의 질적 향상 기준은 우수하고 건전한 교육의 평등화이며,

셋째는 장학의 기대 성과는 교사 직무 수행의 창의적 · 효율적 향상이고,

그리고 넷째는 장학의 성격은 촉진적 · 조력적 작용이다는 것이다.

특히, 넷째의 속성인 장학의 작용에는 다시 3가지, 즉 ① 지도 작용 ② 조건 · 환경정비 작용 ③ 감독 작용이 있는데 이들 중에서 조건 · 환경정비 작용이 핵심적 자리를 차지한다.

제4절 교 육 제 도

1. 교육 제도의 개념

가. 교육 제도의 개념

교육 제도라는 말을 할 때 흔히 우리는 학교라는 조직체를 연상한다. 본래 영어의 institution이라는 말이 기관을 뜻하는 단어이기도 하다. 그러나 입학시험 제도도 교육 제도의 일부이며, 초 · 중 · 고등 교육의 6－3－3－4제의 학제도 교육 제도이다. 그러고 보면 기관, 조직, 집단같은 외형적인 것이 교육 제도인가 하면, 절차, 활동, 규범, 가치관에다 지위, 구실, 관계와 같은 무형의 요소들도 포함하는 셈이다.[53]

53) 정진환, 『교육제도론』(서울 : 정민사, 1994), pp. 34～35.

김종철에 의하면 "교육 제도라 함은 국가 사회의 의도적 교육 활동이 특정한 형식과 조직을 통하여 비교적 안정되고 영속적인 형태를 갖추게 된 것을 말하며, 특히 그것이 법제화됨으로써 표준화와 안정성을 가져옴을 의미한다. 교육 제도 중 가장 핵심이 되는 것이 학교 제도 또는 학제임은 물론이다."[54] 또한 그는 교육 제도 성립의 주체로서 국가를 지목하고, 교육 제도의 성격으로서 형식성과 안정성을 들고 있다. 국가의 지배적인 교육 이념을 교육 정책을 통하여 실현시키기 위해서는 그 형식이 표준화되고 안정적으로 운영되어야 한다는 것이다.

따라서 교육 제도란 국가의 교육 이념 및 교육 목적을 달성하기 위한 국가적 차원의 인위적 장치로서 교육 활동(교수, 학습, 교육 자원 경영, 교육행정, 교육 연구, 교육 개발 등)[55], 그리고 교육의 주체, 교육의 목적, 교육의 내용, 교육의 수단과 방법 등 교육 조직의 구성 성분[56]에 관한 표준은 물론 기준을 총칭하는 개념이라 할 수 있다.

나. 교육 제도의 유사 개념[57]

1) 교육 이념

교육 이념이란 교육의 본질과 기본 목표에 관한 이상과 당위성, 교육과 국가, 사회와의 관련성에 관한 기본적 개념, 그로부터 나오는 교육 운영의 기본 원리 등을 포함하는 광범위한 개념이다.[58] 좀더 자세히 말하면, 교육 이념은 교육의 목표와 본질에 대한 기본 원리이고, 교육 운영의 원리에 대한 기본 논리이며, 교육에 있어서의 가치 체계, 교육을 바라보는 인식 체계, 교육 활동에 있어서의 행동 체계 등을 제시해 주는 원리적 사고의 틀이다.[59] 그것은 우리가 교육을 어떻게 인식하고 운영하며, 교육을 통하여 무엇을 달성할 것인가에 대한 목표와 방향의 준거와 논리를 제공해 준다. 따라서 교육 이념은 고도의 추상성을 가지면서도 실천의 저변에 깔려 있는 기본적 원리로서 강력한 힘을 가지고 있다. 교육 이념은 교육 발전을 위한 이상과 목표를 제시해 주는 동시에 현실을 이끌어나가는 원동력이 되기 때문이다.

---

54) 김종철, 『교육행정의 이론과 실제』(서울 : 교육과학사, 1985), pp. 3～4.
55) 오기형, 『교육 인간화의 기본 과업』(서울 : 인간교육학회, 1991), pp. 219～220.
56) 이상기, 『교육 조직의 구성 성분에 관한 연구-인간교육학을 중심으로』, 미래교육연구(제13권 제11호)(익산 : 사단법인 참마음교육학회, 2006), pp. 3～16.
57) 정진환, 전게서, pp. 47～51.
58) 김종철 편, 『현대교육론』(서울 : 서울대학교 출판부, 1986), p. 265.
59) 하인호, 『교육정책과 기획』(서울 : 문우사, 1989), pp. 39～40.

2) 교육 정책

교육 정책이란 사회적 · 공공적 · 조직적 활동으로서의 교육 활동에 관하여 국민의 동의를 바탕으로 하면서 국가의 공권력을 배경으로 강행되는 기본 방침 또는 지침을 의미하며, 그것은 교육 활동의 목적, 수단, 방법 등에 관한 최적의 대안을 의도적 · 합리적으로 선택한 것이라 할 수 있다.[60)]

3) 교육 기획

교육 기획은 교육 정책, 교육 계획, 교육행정을 맞물려 돌아가게 하는 톱니바퀴 같다. 따라서 교육 정책 및 교육행정의 성공적인 수행 여부는 교육 기획에 의하여 좌우될 수 있다. 좁은 의미에서 교육 기획은 세부적인 교육 계획이 수립되기 이전의 모든 과정을 의미하며, 넓은 의미에서 교육 기획은 교육 계획 수립 이전의 단계와 교육 계획 수립 단계의 모든 과정을 포함할 뿐만 아니라 교육 계획의 단계에 있어서도 학자들 사이에 반드시 논점이 일치하지는 않는다.

4) 교육행정

교육 이념은 교육 정책에 반영되고, 교육 정책은 교육 계획의 단계를 거친 후 교육행정의 지원에 의하여 비로소 실현되어진다. 교육 제도는 사회 제도의 하나로서 교육 정책을 구체적으로 법제화한 것이며, 교육행정은 법제화된 교육 제도를 운영한다. 교육행정은 좁은 의미에서 교육 조직의 목적을 달성하기 위한 활동으로서 교육 활동이 그 목적에 적합하게 수행될 수 있도록 도와 주는 지원 활동이라고 할 수 있다. 그러나 오늘날의 교육행정은 광범위하고 적극적인 개념으로 확대되고 있다.

5) 학교 제도

학교 제도(school system, school ladder system)는 학제 또는 학교 교육 제도와 동의어로 사용되며, 교육 제도의 핵심을 이루는 부분으로 학교 계통과 학교 단계에 따른 교육 목표, 교육 내용, 수업 연한, 취학 연령, 학교 간의 종적 연결(접속 내지 분화 관계)과 계열간 학교 간의 횡적 연결(연계 관계) 등에 관한 제도와 운영 등을

60) 김종철 편, 전게서, p. 263.

의미한다. 여기서 학교 계통은 여러 유형의 학교를 의미하고, 학교 단계는 학교 급별 간의 구분을 의미한다. 그러므로 학교 제도는 교육 제도의 하위 체제 중의 하나라고 볼 수 있고, 교원 양성 제도, 교육행정 재정 제도 및 사회 교육 제도들과의 상호작용 속에서 유지, 발전될 수 있으므로 교육 제도와는 불가분의 관계에 있다.[61)]

가) 학교 계통

학교 계통(school stream)은 학교 제도라는 포괄적 개념 가운데 계열별로 구성된 종적, 수직적인 학교 종별, 즉 각종의 학교 계열을 의미한다. 이러한 학교 계통은 국가의 사회 계층 구성 여부에 따라 계급 사회의 복선형적 학교 계통(dual school system)과 평등 사회의 단선형적 학교 계통(single school system)으로 구분될 수 있다. 영국, 프랑스 등의 유럽형 학제는 학교 계통이 복선형적 성격을 띠고 있고, 미국, 일본 등의 학제는 단선형적 성격을 가지고 있다. 이러한 학교 계열로는 보통교육 학교 계통, 교사교육 학교 계통 및 특수교육 학교 계통 등이 있다.[62)]

나) 학교 단계

학교 단계(school level)는 여러 가지 유형의 학교들을 횡적, 수평적으로 분단 내지 구분한 학교 계제(school ladder)를 의미한다. 이러한 학교 단계는 일반적으로 학습자의 심신 발달 단계, 교육의 목적, 내용 및 사회적 적절성 등에 따라 구분된다고 볼 수 있다.

학교 단계는 초등 교육(primary education), 중등 교육(secondary education), 고등 교육(higher education)의 3단계로 구분하는 것이 일반적이다. 그러나 이러한 학교 단계의 구분은 국가와 지역에 따라 상이한 경우가 많기 때문에 UNESCO 에서는 취학 전 교육(pre-primary education), 초등 교육(primary education), 중등 교육(secondary education) 및 고등 교육(higher education)으로 분류하여 사용하고 있다.

다) 기간 학제

기간 학제는 학제의 주류를 이루는 학교 교육 형태로 우리 나라의 경우 현행 6-3-3-4제의 정규 학교 교육에 관한 제도를 뜻한다.[63)] 그러므로 여기에는 초등 학교,

61) 김영철 외, 『학교제도 발전연구』(서울 : 한국교육개발원, 1981), p. 25.
62) 정재철, 『학교제도의 개념과 연구과제』(서울 : 중앙대학교 출판부, 1966), 중앙대학교 논문집 제11집, pp. 53~54.
63) 상게논문, pp. 53~54.

중학교, 고등 학교, 대학교(교육 대학, 전문 대학 포함) 및 대학원이 포함된다.

라) 방계 학제

방계 학제는 기간 학제의 보완적 기능을 수행하거나 사회 교육의 성격을 가지고 정규 학교의 교육과정에 준하는 교육을 실시하기 위한 학교제도를 뜻한다. 여기에는 방송 통신 고등학교, 방송 통신 대학, 공민 학교, 고등 공민 학교, 기술 학교, 고등 기술 학교 및 각종 학교 등이 포함된다.

2. 교육 제도의 특성

교육 제도의 개념은 여러 수준에서 파악될 수 있다. 교육 제도의 개념적 수준을 어디에 두느냐에 따라 그 특성과 기능도 달라질 수밖에 없다. 교육 제도는 그 형식성과 포괄하는 범위에 따라서 흔히는 학교 제도, 사회 교육 제도 그리고 이를 지원하는 행정 제도, 제도의 뿌리라고 할 수 있는 관습과 사회적 전통 등으로 분류해 볼 수 있다. 이러한 교육 제도는 다음과 같은 특성을 지니고 있다고 하겠다.[64]

첫째는 형식성이다. 교육 제도는 사회의 유지 발전, 그 구성원의 자아 실현을 위해 고안된 하나의 사회적 기구이므로, 교육의 형태, 내용, 방법, 평가, 기간 등에 걸쳐서 나름대로의 형식화된 기준을 갖게 마련이다.

둘째는 안정성이다. 교육 제도가 사회적 유용성을 발휘하기 위해서는 제도의 안정성이 확보되어야 한다. 국가 사회의 의도적 교육 활동은 보통 특정한 형식과 조직을 통하여 비교적 안정되고 영속적인 형태를 갖게 마련인데, 그것은 대체적으로 법제화됨으로써 교육 제도의 안정성이 확보된다.

셋째는 민주성이다. 현대에 이르러 교육은 국민의 학습권을 보장하고 국민의 능력에 따라 교육받을 수 있도록 제도적으로 기회를 균등하게 보장해야 한다는 것이다. 다만 여기서 유의해야 할 것은 교육 참여의 기회를 개방적으로 허용해야 한다는 의미에서 뿐만 아니라, 학습 결과의 평등을 보장할 수 있는 제도적 장치의 개발이 강구되어야 한다는 것이다.

넷째는 복지성이다. 교육은 국민들로 하여금 자아를 실현하고, 장래의 직업을 준비

64) 정진환, 전게서, pp. 38~40.

시켜 줌으로써 사회에 대한 적응 능력을 배양시켜 준다. 교육 제도의 발달사에서 볼 수 있듯이, 교육이 소수 귀족의 독점에서 다수 대중과의 공유로 넘어 오게 된 것은 교육이 갖는 복지성 때문이었다. 따라서 국민 각자가 충분히 자기 성취를 할 수 있도록 교육 제도가 이를 보장해 주어야 한다.

다섯째는 적응성이다. 교육 제도는 효과적인 교육을 위해서 통일적이고 안정적으로 운영될 필요도 있지만, 사회 변동과 그때 그때의 시대적 상황을 반영하여 유연하게 대처해야 한다. 오늘날과 같이 지식의 폭발과 급속한 사회 변동의 시기에는 더욱 그러하다.

여섯째는 정의성이다. 정의의 개념은 적어도 모든 형식적 제도의 규범이다. 교육도 하나의 사회 제도로서 운영되는 한 그것이 실현시켜야 할 가치는 무엇보다도 '정의'의 개념에 일관된 원리를 다루면서 학습의 장을 제공하는 것이어야 한다. 교육에서의 정의의 문제는 교육 제도가 창출하는 가치를 어떻게 배분해야 하는 문제에 관한 것이다.[65)]

3. 교육 제도의 원리[66)]

가. 공교육의 원리

국민 교육 제도는 국가의 발전과 국민의 복리 증진을 전제로 확립되는 것이다. 국민 교육 제도를 운영하기 위해서는 국가가 모든 국민에게 교육을 받을 수 있는 기회를 공적으로 마련해 주어야 한다는 원리이다. 즉 교육을 받을 권리를 보장해 주는 원리이다. 그런데 이와 같은 교육을 받을 권리를 보장해 주기 위해서는 먼저 의무성과 무상성 및 중립성이 전제되어야 가능하다. 의무성이란 어린이를 가정이나 직장으로부터 자유롭게 교육기관에 접근시키는 의무를 말한다. 무상성이란 교육에 필요한 경비를 모두 공비로 접근할 수 있음을 뜻한다. 중립성이란 정치적·종교적·당파적 또는 교사의 가치관 등의 문제가 어린이의 교육기관에의 접근에 방해가 되어서는 안 된다는 의미이다.

---

65) 이돈희, 『교육정의론』(서울 : 고려원, 1992), pp. 15~17.
66) 김창걸, 『교육행정학 및 교육경영 신강』, pp. 412.

나. 기회 균등의 원리

이것은 민주주의의 자유와 평등 사상을 실현시키기 위한 교육적 장치인 것이다. 따라서 어떤 조건, 즉 인종·사상·빈부·지역적 조건·사회적 지위·경제적 지위·신체적 조건·종교적 문제 등에 구애됨이 없이 모든 사람에게 교육을 받을 기회를 제공해 주어야 한다는 원리이다. 우선 기회 균등의 원리를 실현하기 위해서는 각종의 학교를 어느 곳에나 조화롭게 설치해야 한다. 물론 기회 균등이란 학습 능력에 대한 차이를 고려하지 않고 교육의 기회를 균등하게 부여하는 의무 교육 단계의 교육이 중심이 되지만, 능력주의에 입각하여 학습을 계속할 능력이 있으나 사회·경제적인 여건이 학습을 방해할 때는 장학 제도나 사회 보장 제도 등을 통해 그의 능력을 충분히 발휘할 수 있는 기회를 제공해야 한다.

다. 의무 교육의 원리

전술한 두 원리는 의무 교육의 원리와 밀접한 관계를 가지고 있다. 그러므로 다소 중복이 되지만 의무성과 무상성과 함께 교육을 받을 권리를 보장하는 것이다. 교육을 받을 권리를 보장하기 위해서 국가나 지방자치단체는 취학 아동들을 수용할 학교를 설립할 의무가 있고, 학부모는 아동들을 취학시킬 의무가 있으며, 그 누구도 취학을 방해해서는 안 된다는 의무가 또한 있는 것이다. 오늘날 의무 교육은 확대·연장이 될 뿐만 아니라 공권력 기관에 의한 교육 조건 보장의 의무가 강화되고 있으며 보상 교육(compensatory education)의 측면이 강조되고 있다.

4. 현행 학제의 구조

우리 나라 현행 학제는 이미 앞에서 설명한 바와 같이 유치원, 초등 학교, 중학교, 고등 학교, 대학 및 대학원으로 이어지는 정규 학교 교육 제도이다.[67]

67) 윤정일 외, 『교육행정학원론』(서울 : 학지사, 1999), pp. 215~218.

가. 유치원

취학 전 교육으로서 유치원은 유아를 교육하고 적당한 환경을 주어 심신의 발육을 조장하는 것을 목적으로 한다(초 · 중등교육법 제35조). 유치원에 취학할 수 있는 연령은 만 3세부터 초등 학교 취학시기 전까지의 유아이다.

나. 초등 학교

초등 학교는 국민 생활에 필요한 기초적인 초등 보통 교육을 하는 것을 목적으로 하며(초 · 중등교육법 제38조), 기초 학교인 동시에 의무교육기관으로서의 성격을 지닌다. 초등 학교의 수업 연한은 6년이다.

다. 중학교

중학교는 초등 학교에서 받은 교육의 기초 위에 중간 학교로서의 중등 보통 교육을 하는 것을 목적으로 한다(초 · 중등교육법 제41조). 중학교는 중등교육기관으로서 현재 의무교육기관으로 되어 있다. 수업 연한은 3년이다.

라. 고등 학교

고등 학교는 중학교에서 받은 교육의 기초 위에 중등 교육과 기초적인 전문 교육을 하는 것을 목적으로 한다(초 · 중등교육법 제44조). 고등 학교는 중간 학교로서의 중등 교육과 종국 학교로서의 전문 교육을 실시하는 후기 중등교육기관으로서의 이중의 성격을 갖는다. 이에 따라 고등 학교에는 보통 교육을 주로 하는 인문 고등 학교와 전문 실업 교육을 주로 하는 농업 · 공업 · 상업 · 수산 및 해운 등의 실업 고등 학교가 있으며, 이 둘의 기능을 모두 가지고 있는 종합 고등 학교가 있다. 고등 학교의 수업 연한은 3년이다.

마. 고등교육기관

우리 나라의 현행 교육법상 고등교육기관에는 대학, 사범 대학, 교육 대학, 전문

대학, 방송 통신 대학, 개방 대학, 대학 과정의 각종 학교 등이 있는데, 여기서는 기본 학제에 속한다고 보는 대학, 교육 대학, 사범 대학, 전문 대학에 관한 것만을 살핀다.

① 대학(교육 대학과 사범 대학 포함)은 국가와 인류 사회 발전에 필요한 학술의 심오한 이론과 그 광범하고 정치한 응용 방법을 교수·연구하며, 지도적 인격을 도야하는 것을 목적으로 한다(고등교육법 제28조). 대학의 수업 연한은 4년 내지 6년이다. 대학원은 고등교육법 제2조에 규정된 독립적인 교육기관이 아니고 대학을 구성하는 기관으로서의 성격을 지니고 있다.

② 교육 대학은 초등 교사 양성을 목적으로 하며, 사범 대학은 중등 교사 양성을 목적으로 한다. 다만 사범 대학의 경우 교육 대학과 달리 독립적으로 설치되어 있는 경우는 없으며, 종합 대학 내에 설치되어 있기 때문에 여기서는 교육 대학에 대해서만 언급한다. 교육 대학은 초등 학교의 교원을 양성함을 목적으로 하며(고등교육법 제41), 현재 국립 또는 공립에 한하여 설립하도록 되어 있다(고등교육법 제42조). 대학과 마찬가지로 교육 대학의 수업 연한은 4년이다.

③ 전문 대학은 사회 각 분야에 관한 전문적인 지식과 이론을 교수·연구하고 재능을 연마하여 국가 사회의 발전에 필요한 중간 직업인을 양성함을 목적으로 한다(고등교육법 제47조). 전문 대학의 수업 연한은 2년 내지 3년이며, 전문 대학 졸업자는 대학에 편입할 수 있다(고등교육법 제51조).

5. 학제의 유형

학교 제도의 유형은 그것을 분류하는 학자의 관점에 따라 여러 가지로 분류된다. 곧 학교의 계통성을 중심으로 한 분류, 이념적 기조를 중심으로 한 분류, 개인들이 선택하는 전략적 범위를 중심으로 한 분류 등이 있다.[68)]

가. 계통성을 중심으로 한 분류

1) 단선형

단선형 학제(single ladder system)는 전 국민에게 단일한 학교 제도가 적용되는

68) 한국교육행정학회, 『교육제도』(서울 : 한국교육행정학회, 1995), pp. 129~138.

것이다. 곧 단선형 학제는 연속한 단일의 학제(one track school system)로서 지배 계층과 서민 계층 사이에 존재하는 교육 제도상의 차등을 없애고 공통의 초등 학교로부터 시작하여 수업 연한이나 자격이 동등하게 주어지는 중등 학교에 연결되는 통일적 학제이다. 그것은 또한 단일한 사다리를 올라가는 것 같은 제도라는 데서 계제형(ladder system)이라고 한다.

2) 복선형

복선형 학제(dual ladder system)는 단선형의 대류형으로 하구형 학교 계통과 상구형 학교 계통이 이중 조직(dual system)으로 병존하는 학제이다. 곧 복선형 학제는 지도자 계층의 학교 계층과 시민 계통의 학교 계통이 분리되어 있는 제도이다. 그러므로 복선형은 단계성보다 계통성이 우선되며, 그것도 사회 계급적 또는 계층적 계통성으로 되어 있는 제도로 사회 계급 또는 계층을 재생산하는 기능을 담당하여 사회 계급 또는 사회 계층을 고정화하기 때문에 계급적 학제(caste school system)라고도 불린다. 이 때문에 복선형 학제는 교육에 대한 계획적인 국가의 통제를 용이하게 하는 비민주적이며 지배 계층의 학제라는 비판을 받는다.

3) 분기형

분기형 학제(gabelungs system)는 복선형과 단선형의 중간 형태로서 상호 관련을 가지지 않는 하구형 학교 계통과 상구형 학교 계통이 이중 조직으로 병존하는 학제인데, 복선형의 기초 부분이 통일되고 그 위의 부분에서 복수의 학교 계통이 병존하는 학교 제도이다. 이것은 각 나라의 현실적 학제를 설명하기 위하여 독일의 비교교육학자 Hiker에 의하여 분류된 학제의 한 유형이다.

나. 이론적 기초를 중심으로 한 분류

1) 서구 자본주의형

명시적으로 민주적임을 표방하나 본질적으로 계급적인 성격을 띠고 있다. 이 유형에서는 능력 위주로 조기 선발 방식이 채택된다. 물론 피지배 계급의 저항을 완화하기 위한 타협적 장치가 학제 내에 도입되기도 하여 지역에 따라 상당히 진보적인 학제가 현실화하기도 하였으나, 근본적으로는 부르주아 계급의 지배를 배제할 정도의 개혁이 달성된 것은 아니다.

2) 미국 자본주의형

미국 자본주의형 또한 자유 경쟁의 원리에 토대를 둔 민주성을 강조하나 실질적으로는 빈곤 계층에 대한 교육 기회의 박탈 효과를 가져와 역시 계급적인 성격을 극복하지 못한다. 의무 교육의 무상화나 진학에 있어서 상대적 자유가 민주적 학제의 요소를 구비하고 있으나, 기층 민중에게는 계속 교육이 현실적으로 어렵다. 특히 우수한 고등 교육을 받기 위해서는 매우 많은 비용을 지불하여야 하기 때문에 실질적으로 교육 기회의 평등이 실현되기 어려운 실정이다.

3) 북유럽의 사회 민주주의 유형

북유럽의 사회 민주주의 유형은 자본주의와 사회주의의 결합을 목표로 구성된 학제이다. 이 유형에 있어서 경제는 본질적으로 자본주의적 시장 경제의 원리에 의하여 지배되지만 학교는 사회주의적 이념에 의하여 운영되는 것을 의미한다.

4) 사회주의형

사회주의형 학제는 생산 노동과 교육의 결합을 중시하는 제도이다. 단선형의 무상 의무 교육의 보장은 가장 특징적인 조건의 하나이다.

5) 제3세계 신식민주의형

제3세계 신식민주의형 학제는 중심지배국(대표적으로 미국)의 학제를 모방하고 있으나 실지로는 반민주적, 반민중적, 반민족적인 특성을 지니는 학제이다. 지배 계급은 자신의 계급적 이익을 관철하기 위한 교육 정책을 주도한다.

6) 제3세계 사회주의형

사회주의 이념을 교육이 구심점으로 삼는 제3세계 사회주의형 학제는 노동자 계급을 교육 주체로 정치시켜 교육 평등을 강조하는 학제이다.

탐구과제

1. 교육행정의 원리에 관하여 설명하시오.
2. 공식적 조직과 비공식적 조직의 차이점을 비교하시오.
3. 현행 교육자치제도에 관하여 설명하시오.
4. 학교 운영위원회에 관하여 설명하시오.
5. 장학 행정의 유형에 관하여 설명하시오.

읽을거리

김종철(1985). 『교육행정의 이론과 실제』 서울 : 교육과학사.

김창걸(1987). 『교육행정학 및 교육경영』. 서울 : 형설출판사.

김창걸(2003). 『교육행정 및 교육경영의 이론과 실제의 탐구』. 서울 : 형설출판사.

남정걸(1993). 『한국 교육자치제의 발전 과제』. 한국 교육행정의 발전과 전망, 서울 : 과학과 예술.

송미섭 · 라동환(1991). 『교육행정 및 교육경영론』 서울 : 형설출판사.

오기형(1991). 『교육 인간화의 기본 과업』 서울 : 인간교육학회.

이상기(1987). "한국장학의 새로운 방향 - 인간교육학의 입장에서", 교육행정학연구(제 5권 제1호) 서울 : 교육행정학연구회.

이상기(2006). "교육 조직의 구성 성분에 관한 연구 - 인간교육학을 중심으로", 미래교육연구(제13권 제11호) 익산 : 사단법인 참마음 교육학회.

정진환(1994). 『교육제도론』 서울 : 정민사.

주삼환 역(1986). 『장학론 : 선택적 장학체제』. 서울 : 문음사.

지방교육자치에 관한 법률 제 7849호, 2006. 02. 21. 개정.

초 · 중등교육법 2005. 12. 29. 개정.

Alfonso, R. J., Firth, R. and Neville, R. F.(1975). Instrucation Supervision : A Behavioral System. Boston : Allyn and Bacon.

Koehn, J. J. and Goens, G. A.(1977). "The Talent We Nourish : A Word for Supervision", Educational Leadership.

McKean, R. C. and Mills, H. H.(1964) The Supervisor. New York : The Center for Applied Research in Education, Inc.

McNerney, C. T.(1949). Educational Supervision. New York : McGraw-Hill.

Reavis, C. A.(1978). Teacher Improvement Through Clinical Supervision(Bloomington, Indiana : Phi Delta Kappa.

Ronald, D. R.(1980). "A Colleagiate Instructinal Improvement Using Peer Teams Trained

In Clinical Supervision", Unpublished Doctoral Dissertation, Univiersity of Illinois.
Sergiovanni, T. J. ed.(1982). Supervision of Teaching(Alevandria, Virginia : Association for Supervision and Curriculum Development.
橋本勝三(1953). 『지도 조언』. 동경 : 유비각.

CHAPTER

08

교육방법과 교육공학의 이해

교육방법은 어떻게 하면 잘 가르칠 수 있는가에 대한 이론적이고 실천적인 해답을 제시하고 있으며, 교육공학은 교육방법의 효과적인 현장 적용을 위한 보다 세부적인 실천 지침을 제공하고 있다.

제1절 교육방법과 교육공학의 개념

1. 교육방법이란?

교육방법은 '교육'과 '방법'이라는 두 개의 단어로 구성된 합성어이다. 쉽게 풀면 '교육목적 달성을 위한 방법'으로, 낱말의 의미론적 해석만을 두고 본다면 교육방법이란 교육이라는 상위 목적을 달성하기 위한 효과적이고 효율적인 수단인 것이다. 즉, 우리들이 앞서 배웠던 교육과정이 '무엇을 가르칠 것인가? (what to teach)'에 대한 의문이라면 교육방법은 '어떻게 가르칠 것인가? (how to teach)'에 대한 해답을 제시하는 교육의 영역인 것이다.

여기서 우리의 주요한 관심사는 좋은 교육방법을 추구하는 것이다. 좋은 교육방법이란 무엇일까? 다음 두 예를 통해 알아보자. 첫째, 수학교과에서 인수분해 원리를 소개하는 과정에서 A란 방법을 사용했더니 3시간이 걸렸는데 B란 방법은 단 1시간

내에 대다수의 학생이 이해했다면 두 번째 방법이 첫 번째 보다 더 좋은 교육방법인 것이다. 엄밀히 말해, 여기서 B란 교육방법은 A방법보다 효율성(efficiency)이 높은 수업이라고 말해도 좋을 것이다. 두 번째 예로, 과학교과에서 가속도 법칙을 가르치려고 할 때, 동일한 시간에 컴퓨터 프로그램을 활용한 시뮬레이션을 활용한 C란 방법을 사용했을 때가 종래의 텍스트 중심의 D방법을 사용했을 때보다 학생들이 가속도 법칙에 대해 이해한 폭과 깊이가 증가하였다면, D방법보다 C방법이 효과성(effectiveness)이 높으며 우리는 C방법이 더 좋은 교육방법이라고 말할 수 있다. 이처럼 교육방법은 더 좋은 수업을 위해 예컨대, A와 C방법에서처럼 효과성과 효율성이 높은 수업방법을 개발하고 적용하여 현장 실천을 높이는 데 관심이 있다. 다시 말해 좋은 교육방법이란 교육목적 달성을 제대로 할 수 있으며(효과성), 최소의 노력으로 최대의 교육 결과를 얻을 수 있는(효율성) 방법이 무엇인지를 밝혀 내고 현장에 실천하는 데 관심이 있는 것이다.

아울러 최근에는 매력성[1)]과 안전성[2)](安全性)도 좋은 교육방법의 중요한 요소로 부각되고 있다. 나아가 최근의 학습자들은 효율성이나 효과성보다는 매력성을 더 중시하는 경향이 있으며, 장기적으로 보더라도 매력성이 다른 두 가지보다 훨씬 더 중요하다고 보는 학자도 많다. 따라서 교육방법은 배우고 가르치는 과정이 효과성, 효율성을 기본으로 하면서 보다 재미있으면서도 교육적인 가치가 높은 안전한 방법으로 교육과정이 수행되기를 바라는 것이다.

그렇다면 왜 좋은 교육방법이 요구되는 것일까? 이에 대한 답은 어려운 곳에서 찾기보다 우리의 삶에서 쉽게 찾을 수 있다. 우리의 하루 일상은 24시간이라는 시간적 한계에 부딪쳐 있고 대부분의 사람들이 주어진 시간을 쪼개서 자신에게 부과된 일을 하거나 여러 사회 활동에 참여하고 있다. 한편 사회가 날로 첨단화되고 전문화됨에 따라 하루 중 배우는 데 사용되는 시간은 점차 많아지게 되고, 배움에 더욱 많은 시간을 투자하는 사람일수록 사회적인 위치도 상승한다는 사실은 주변에서 어렵지 않게 접할 수 있다. 좋은 교육방법은 이처럼 제한된 시간에 더욱 많은 지식을 습득해야 하는 현대의 교육상황에서 학습에 따른 시간을 단축시켜 줄 수 있을 뿐만 아니라 그 과정을 즐겁고 안전하게 수행할 수 있도록 인도한다. 즉 효과성, 효율성, 매력성,

---

1) 학습자의 동기유발 · 유지 정도와 관련이 되어 있으며, 일반적으로 매력성이 높을수록 학습자는 학습내용을 즐겁게 학습할 수 있으며 그에 따른 만족감도 높아진다고 알려져 있다.

2) 배움의 과정이 도덕적으로도 안전한가의 여부와 관련된 것이며, 교육목적 달성이라는 전제하에 체벌, 위험적 요소, 비윤리적 방법을 동원한 학습이 아니라, 학습자의 인권과 안전성이 보장된 형태의 수업방법을 의미한다.

안전성이 높은 좋은 교육방법을 통해서만이 기하급수적으로 증가하는 지식을 성공적으로 학습하고 나아가 스스로도 새로운 지식을 만들어 낼 수 있는 인간을 육성해 낼 수 있기 때문이다. 이렇게 학습에 투자해야 할 시간과 노력이 줄게 되고 동시에 즐겁고 안전하게 학습할 수 있다면, 남은 시간으로 학습내용에 대해 심도 높은 토론 시간을 늘리거나 평소 자신의 관심 영역에 더 많은 시간을 할애할 수 있다. 가족과 친구들과의 인간적인 만남 시간을 더 가질 수 있어 보다 윤택하고 인간적인 삶을 누리는 것은 교육방법의 발전에 따른 부가적인 혜택이다.

이상과 같은 논의에 따라, 교육방법이란 교육목적에 도달하기 위해 적절한 교육내용을 효과적 · 효율적으로 전달하기 위한 의도적이고 계획된 활동으로 정의할 수 있다.

2. 교육공학이란?

교육공학에 대해 얘기할 때 '공학(工學, technology)'이라는 말에 낯설어하는 사람이 의외로 많다. 예를 들어, 기계, 생명, 건축, 전기, 전자, 소프트웨어 등과 결합한 생명공학, 전기공학, 소프트웨어공학 등은 쉽게 이해가 되지만 교육과 공학은 뭔지 모르게 어울리지 않는 연결로 보이는 것이다. 이는 우리가 자주 접하는 공학이란 말이 첨단 기계를 제작한다거나 건물을 짓는 것과 같이 '짜여져 있으며', '인간 생활에 새롭고 유용하며 첨단 제품을 개발하는' 데에 주로 사용되기 때문이다. 이와 같은 생각은 교육계에 종사하는 사람들도 별반 다르지 않는데, 교육과 공학과의 관계를 제대로 이해하지 못하여 교육공학을 기껏해야 교실수업이나 교육환경에 텔레비전이나 비디오 혹은 컴퓨터 소프트웨어, 인터넷, 와이브로(WiBro)[3] 등의 교육용 콘텐츠나 첨단 기자재를 수업에 활용하는 정도로만 이해하는 경우가 많다.

이러한 오해는 공학을 사고(思考)의 합리적인 체계나 문제를 해결하는 과학적인 방법으로 인식하지 못하는 데서 연유한다고 하겠다. 사실, 공학이 담고 있는 보다 근원적인 의미를 살펴보면(이를테면 생명공학, 전기공학의 경우), 그 귀착점은 문제를 '과학적으로 해결'하려는 방법적인 요소와 관련 있으며, 그 근원에는 '사고를 체계적이고 합리적으로 수행'하려는 인지적(認知的)인 요소가 내재해 있다. 이를테면 생명공학은 생물학에 기반을 두고 있으며, 생물체의 유용한 특성을 이용하여 기초적

3) Wireless Broadband Internet의 줄임말로, 이동하면서도 초고속인터넷을 이용할 수 있는 무선 휴대인터넷을 말함

학문과 이를 기반으로 DNA 재조합 기술 등을 응용한 여러 가지 새로운 과학적인 방법을 제시하는 것을 목적으로 두고 있다(두산대백과사전, 2006). 다시 말해 생명공학은 생물체의 유용한 특성이 무엇인지를 체계적인 사고과정을 통해 이끌어 내고, 도출된 문제의 해결을 위해 여러 과학적인 방법을 동원하는 학문적 특성을 갖고 있는 것이다. 마찬가지로 교육공학도 교육학이라는 체계적인 이론에 두고 있다는 점과 교육문제 해결에 있어 과학적인 방법과 체계적인 사고를 중시한다는 점에서 생명공학이나 전기공학과 다를 바 없다. 다만 생물학에 기반을 둔 생명공학인지 물리학에 기반을 둔 전기공학인지, 교육학에 기반을 둔 교육공학인지가 유일하게 구별되는 특징인 것이다. 이런 점에서 본다면, 우리는 공학이라는 말이 공과(工科)·이과(理科) 계통의 말과만 어울리는 것이 아니라, 인문·사회계열의 말과도 자연스럽게 연결될 수 있음을 알게 된다.

따라서 교육공학이란 교육의 효과를 높이기 위해 교육이론에 기반한 체계적인 사고와 과학적인 방법을 통해 교육적 관심사를 해결하려는 학문으로 정의할 수 있으며, 여기에는 교수·학습을 위한 과정과 자원을 설계, 개발, 활용, 관리, 평가에 관한 사항이 포함된다.

이러한 이해를 바탕으로 교육공학의 발전 과정, 개념, 교육공학과 교수공학에 대해 알아보도록 하자.

가. 교육공학의 발전 과정

교육공학은 시대에 따라 많은 변화를 거쳐 왔다. 교육공학의 연원은 그리스의 소피스트와 유럽의 코메니우스 등에서부터 찾아볼 수 있으나 근대적 의미의 교육공학의 시작은 미국에서 '교육 엔지니어링(educational engineering)'이라는 개념을 사용한 20세기 초반부터라고 할 수 있다. 교육공학의 발전은 미국을 주도로 진행되었다고 해도 지나치지 않을 만큼 여러 학자들의 이론과 실천 사례들이 제시되었으며, 현재에 이르러서도 이론과 실천에 관한 적절성 논쟁이 끊임없이 제기되고 있다. 이러한 점에서 교육공학은 '현재 진행형이고 역동적이며 끊임없이 개척이 필요한 학문'이라고 할 수 있다.

교육공학의 역사적 배경에 대해 시간 흐름에 따라 대략 살펴보기로 하자.

1923년 미국에서 시각교육국(Department of Visual Instruction)이 조직되면서, 종래의 판서나 교사 설명 중심의 언어 위주의 수업방식에서 탈피해 그림이나 사진

등의 시각자료를 수업에 적극적으로 활용하려는 움직임이 시작되었다. 이는 교육에 있어서 구체적인 경험을 강조하고자 하는 교육사조와 함께 대두되었는 데, 그 당시 많은 학생들이 교실수업 상황에서 다양한 경험들을 실제로 접하지 못함으로 인해 다분히 추상적이고 불확실한 개념으로 학습 내용을 이해하는 경향이 강하다는 지적을 반영한 것이었다. 이 때 미국 시각교육국을 중심으로 추상적인 개념의 이해를 돕는 여러 시각화된 교재가 출간되면서, 종래의 텍스트 일변도의 수업방식에서부터 현실을 투영하는 다양하고 생생한 그림과 사진을 활용한 수업방식으로의 변화를 모색하기 시작한 계기가 되었다. 이러한 시각교육(visual instruction)의 출발은 현대 교육공학의 서막을 알리는 의미 있는 일로 기록된다.

이후 1930년대 말부터 서서히 등장한 당시 신기술(new technology)에 바탕을 둔 음향 녹음, 축음기의 보급, 유성영화는 시각교육에 청각적인 요소를 통합하도록 하였는데, 이른바 시청각교육(Audio-Visual Instruction)으로 발전하게 된 기폭제가 되었다. 시청각교육은 다양한 시청각매체를 이용하여 학습자의 눈과 귀 등을 통한 감각기관을 통해 학습내용을 효과적으로 전달하기 위한 것으로, 시청각 교구를 효과적으로 사용하여 직접 경험하기 힘든 범위의 학습 내용을 시간과 공간을 초월해 가르칠 수 있다는 점에서 시각교육보다 발전된 형태의 교육으로 평가된다. 한편 시청각교육은 시각교육에서 단지 청각적인 요소를 접목했다는 점 이상의 교육공학적 의미가 있는데, 이는 당시의 교육학자 Dale(1961)의 경험의 원추(Cone of Experience) 모형에 의해서였다. Dale은 경험의 원추 모형을 제시하여 종래의 시각교육의 이론적 한계[4]를 극복하였으며, 시청각자료를 학습자가 가지는 경험의 단계에 따라 체계적으로 분류하고 교수·학습과정에서 시청각 자료의 활용이 어떠한 기여를 할 수 있는가를 보여주었다는 점에서 현대 교육공학의 체계적 발전을 이끈 대표적인 학자로 자리매김하고 있다. 그러나 비록 당시 시청각교육이 기존 시각교육에 대한 인식을 뛰어넘는 진일보한 발전을 이루었으나, 여전히 시청각교재를 독립적인 교수자료가 아닌 교사에게 부여된 보조물만 간주하려는 경향이 강하였다. 또한 각 시청각매체의 상대적인 효과 비교에만 지나치게 관심을 가진 나머지, 전체 수업맥락 속에서 각 매체를 어떻게 바라보고 각 매체의 특성을 수업에 어떠한 방법으로 효과적으로

4) 당시는 시각 또는 시청각자료를 언제, 어떻게, 무슨 목적으로 사용해야 효과성이 좋을지에 대한 개념이 정립되지 않아 단지 텍스트나 판서 내용을 대체하는 용도로만 사용하는 경향이 강하였다. 이에 Dale은 경험의 원추 모형을 제시함으로써, 여러 시각자료를 체계적으로 분류하고 지식의 유형에 알맞은 매체의 활용방안에 대한 모델을 제시하였다.

반영할 것인가에 대해서는 논의가 부족하였다.

시청각 커뮤니케이션 교육(Audio-Visual Communication Instruction)은 1970년대에 들어서 교수·학습의 과정의 양방향적인 의사 전달을 중시한 커뮤니케이션 개념과 교수·학습체제의 개념을 도입하여 대두된 교육공학의 발전된 형태로 소개되었다. 이 이론은 사물과 기계 중심적인 산출물(product) 지향에서, 커뮤니케이션의 역동적 관계를 중심하는 과정(process) 지향으로 전환하는 데 큰 공헌을 하였다. 그러나 교수와 학습, 매체와의 통합적인 접근의 개념을 적용하는 것이 용이하지 않고, 커뮤니케이션의 개념이 실제와의 관련에 있어 미약하다는 제한점이 지적되기도 하였다(한국교육공학회, 2006). 그러나 이 이론은 교육에서 통신을 접목하였다는 점에서 최근 인터넷 기반의 교육공학의 시초를 제공하고 있다.

교육공학은 그 외에 교수심리학과 체제이론(systems theory), 커뮤니케이션 이론, 소프트웨어 개발이론, 인지과학 등 여러 분야의 영향을 받게 되었다. 특히 체제이론[5]은 교육공학을 하나의 과학적 학문으로 정착시키고 발전시키는데 가장 큰 공헌을 했다고 할 수 있다.

최근에는 21세기 지식기반사회, 열린교육사회, 평생교육사회에 적합한 교육체제로 사이버학습, e-러닝, 원격교육 등이 주목받고 있으며, 새로운 세기와 함께 전개되는 정보사회에서 정보·통신 기술의 발달은 교육내용, 교수·학습방법, 교육평가 등의 교수·학습과정에서 지금보다 더 나은 수준의 학습자 중심의 교육을 요구하고 있다. 이러한 시대적 요구에 대해 교육공학은 정보 및 자원의 공유, 상호작용의 용이성, 학습자중심의 적극적 학습, 행정의 효율성, 교육과정의 탄력성·용이성·비용효과성 측면에서 그 진가를 발휘하고 있으며 날로 그 필요성이 높아지는 교육 영역이라 할 수 있다. 아울러 교육공학은 새로운 기술과 교육방법의 출현에 대해 항상 예의주시하고, 과거와 현재, 미래 교육의 성공적인 조화·발전을 위해 지속적으로 적응(adaptive)하려는 노력이 요구된다. 이러한 점에서 교육공학은 전술(前述)한 바와 같이 '현재진행형이고 역동적이며 끊임없이 개척이 필요한 학문'인 것이다.

---

5) 교수행위를 전체적으로 바라보고 어느 한 요소에 대한 결정이나 변화를 줄 때 관련 모든 요인을 고려한 체계적이며 과학적인 접근 방식을 의미한다. 예를 들면, 한 학생의 수업 결손 원인을 밝히는 데 있어서 한 가지 변인에 귀착하기 보다는 인성변인, 가정학습변인, 교사변인, 학습환경변인, 지능변인, 자아개념변인, 성취동기변인, 학습습관변인 등의 여러 요소들을 종합적으로 고려하는 방법을 들 수 있다.

나. 교육공학의 개념과 관심 영역

교육공학의 개념은 미국교육공학회(AECT[6])에서 주도하였는데, 1977년에 처음으로 정의하였고 이후 교육공학 분야의 전문적인 측면과 테크놀러지 측면의 급격한 변화에 부응하고자 1994년도에 재정의하였다. 이 개념에는 그 동안 연구를 통해 발전을 거듭한 교육공학의 다양한 영역이 제시되어 있다.

> *"Instructional Technology is the theory and practice of design, development, utilization, management and evaluation of processes and resources for learning[7]."*
> (Seels & Richey, 1994, p. 9).

이를 우리말로 번역하면 "교육공학이란 교수 – 학습을 위한 과정과 자원을 설계, 개발, 활용, 관리, 평가하는 이론과 실제이다." 이를 부분별로 나눠 설명하면 다음과 같다.

1) 교수 – 학습을 위한

교육공학은 교수자의 교수능력 향상과 학습자의 학습능력 향상을 목적으로 하고 있다.

2) 과정과 자원

과정이란 어떤 특정한 결과를 향한 일련의 조작 혹은 활동으로, 교육공학에서 관심을 가진 과정에는 설계과정과 전달과정이 있다. 과정은 구체적으로 투입(input), 활동(actions), 그리고 산출(output)을 포함한 하나의 계열을 의미한다. 과정을 다룬 연구의 한 예가 최근에 실시되고 있는 교수전략에 관한 연구, 교수전략과 학습 유형과 매체와의 관계를 다룬 연구 등이 있다. 자원이란 학습을 지원하는 원천으로서 지원체제, 교수자료 및 교수환경을 포함한다. 자원분야는 교수자료의 사용과 커뮤니케이션의 과정에 대한 관심으로 성장하였으나, 자원이란 교수 – 학습과 과정에 사용되는

---

6) Association for Educational Communications and Technology.
7) 여기 learning에는 문맥상으로 instruction을 내포하고 있다. 따라서 learning & instruction(교수 – 학습)으로 번역하였다.

고안물과 자료뿐만 아니라 요원, 예산 및 시설까지를 지칭한다. 또한 자원은 개개인의 학습을 도와 주고 능률적으로 수행하는 데 도움을 줄 수 있는 모든 것을 포함한다(교육공학 용어사전, 2006).

3) 설계, 개발, 활용, 관리, 평가

교육공학 분야에 종사하고 있는 전문직들이 연구하고 활동하는 영역을 의미한다. 과정과 자원을 설계하고, 개발하며, 이를 현장에 적용하고 활용하며, 이에 필요한 인적, 물적, 시간적 자원을 관리하고, 그 과정과 결과를 평가한다.

4) 이론과 실제

교육공학은 이론에 머무는 것이 아닌 실제적인 분야이다. 실제는 문제해결을 위한 지식의 적용으로, 연구와 경험에 의해 축적된 지식체계가 있어야 하며, 이런 지식체계를 문제해결에 적용하는 분야임을 의미한다.

다. 교육공학과 교수공학

미국에서는 교육공학(Educational Technology)과 비슷한 의미로 교수공학(Instructional Technology)이라는 용어도 널리 쓰이고 있다. 한때 우리 나라에서도 『교수공학의 정의와 영역(학지사, 1995)』이라는 책이 번역되어 교육공학과 교수공학의 의미를 체계적으로 구분해야 한다는 의견이 분분하였으며, 현재도 이 둘을 명확히 구분해 사용하는 학자도 있다.

하지만, 그 구분은 전체 교육공학의 위상을 흔들만한 큰 의미를 가지고 있는 것은 아니라고 보는 견해가 많다. '교수공학'이라는 용어를 선호하는 사람들은 '교수'라는 말이 테크놀러지의 기능을 설명하는데 더 적합하고, '교육공학'이라는 용어는 학교교육에만 한정적으로 쓰인다고 생각하는 경향이 강하다. 반면, '교육공학'이라는 용어를 선호하는 사람들은 '교육'이라는 용어가 '교수'를 포함하며 학교, 사회, 회사 등 어느 환경에서도 사용할 수 있는 포괄적인 용어라고 생각하기 때문이다. 우리 나라에서는 학교교육의 영향에서 교육공학이라는 용어가 보편화되어 있지만, 서양에서는 교육계를 포함한 전(全) 영역을 포괄하는 의미에서 교수공학이 더 많이 쓰이고 있다(백영균 외, 2006).

3. 교육방법과 교육공학의 관계

지금까지 교육방법과 교육공학에 대해 알아보았다. 현행 우리 나라 교육대학이나 사범대학의 교육과정을 보면 '교육방법 및 교육공학'으로 교육방법과 교육공학 과목이 별개로 개설되어 있기보다 통합하여 있는 것이 대부분이다. 최근에는 일부 대학에 교육공학 전공이 개설되어 교육공학 하위 영역에 대해 체계적인 교육이 이루어지기도 하지만 대부분의 대학에서는 통합하여 수업이 이루어지고 있다. 이는 교육대학이나 사범대학 교직과정에 '교육방법 및 교육공학'으로 명시되어 있기도 하거니와 학자에 따라서는 교육방법과 교육공학을 굳이 명세적으로 구별할 필요가 없다는 필요성에 의한 것이기도 하다.

그렇다면 교육방법과 교육공학은 어떤 관계를 갖고 있는 것일까? 왜 우리는 이 둘은 서로 분리하지 않고 통합하여 배우는 것일까? 이에 대해서 여러 의견들이 있지만 대략 다음과 같이 몇 가지 점에서 생각할 수 있다.

첫째, 무엇보다도 교육방법에 관한 논의는 공학이란 측면을 배제하고는 설명이 불완전하기 때문이다. 예컨대, 학습자에게 개념, 원리, 법칙 등을 해설하거나 설명을 통하여 학습시키는 강의식 수업방법에 대해 논하고자 할 때, 효과적인 설명방법을 위해 멀티미디어 매체(컴퓨터, 실물화상기, 콘텐츠 등)나 과학적인 수업설계이론을 포함하지 않는다면 현실과 동떨어진 절름발이 교육이 될 수 있기 때문이다. 따라서 교육방법은 교육공학을 위해, 교육공학은 교육방법을 위해 서로 상보적이고 필요충분한 조건 관계라 할 수 있다.

둘째, 이론과 실천의 병행 관계이다. 교육방법은 다분히 선언적인 이론을 담고 있는 경향이 강하다[8]. 이에 반해 교육공학은 교육방법의 여러 이론에 대해 실제 학교 현장에서 적용 가능한 실천적인 방안을 도출한다. 때문에 교육방법에서 이론적으로 가능하나 실제적인 적용 사례가 없는 영역에 있어 교육공학은 실천적인 사례를 제시할 수 있으며(예를 들어, e-러닝을 활용한 수준별학습의 적용이나 인터넷과 위성방송을 이용한 개별화 교육 등), 교육공학의 실천적인 사례를 바탕으로 새로운 교육방법 이론이 새롭게 소개되기도 한다.

8) 교육방법이 교육의 전(全) 영역을 포괄하고 있는 특징이기도 하다. 교육방법이 실천적인 지침을 전혀 제공하지 않는 것은 아니지만, 교육의 전 영역에 대해 포괄적으로 접근하여 이론을 양산하는 경향을 지칭하여 일컫는 의미다.

마지막으로, 교육공학의 과학적인 접근법은 수업현장 및 교육현장에서의 교육방법의 질적 개선을 위한 구체적이고 실무적인 지침을 제공해 주기 때문이다. 이를테면, 수업을 설계하기 위한 학습자의 분석, 수업목표의 분석, 필요한 매체의 분석 등을 통한 정확한 자료의 수집과 이해는 수업방법 개선을 위한 자료를 제공한다(변영계, 김영환, 2000).

그러나 최근에 이르러 교수·학습에 있어 사고의 체계적인 접근방법이나 공학적인 문제 해결 방식의 중요성이 강조됨에 따라 교육방법을 교육공학의 하위 영역으로 포함시키는 경향이 점점 많아지고 있다. 이러한 경향은 대학원의 전공영역에도 뚜렷이 나타나는데 '80~90년대에 많았던 교육방법 전공은 점점 줄어들고 있는 반면, 교육방법 및 교육공학 전공 또는 교육공학 전공은 점점 늘어나고 있는 것이 이러한 사실을 잘 말해 주고 있다.

제2절 교육방법과 교육공학의 관심 영역

1. 교육방법의 영역

예로부터 후세를 가르친다는 것은 중요한 사회적 덕목으로 여겨졌고 이를 담당하는 전문직이 나타났다. 서양 역사에서 본다면 기원전 5~4세기의 소피스트들이 최초로 가르치는 일을 업으로 했다고 할 수 있다(Saettler, 1990). 소피스트들은 준비된 강연, 즉흥적 강연, 자류토론 등 세 가지 방법을 주 교수방법으로 사용하였다. 그 후 소피스트들의 뒤를 이은 전문적 교수자들에 의해 교육의 효과성을 높이기 위한 새로운 형태의 교육방법이 제안되고 시도되었으며, 그러한 노력은 최근의 다양한 교육방법의 발전을 촉진시켰다.

다만 본 책의 개론서임을 감안하여, 여기서는 그간 논의되어 온 교육방법의 영역을 몇 가지 기준에 따라 간략히 분류하는 정도로 소개하였다.

가. 교육의 주체에 따른 분류

교수－학습의 과정에서 누가 적극적으로 주도하느냐에 따른 분류로 ① 교사중심

② 학생중심 ③ 혼합형 교육방법 등이 있다. 이 분류 기준은 교육방법 분류에 대한 가장 오래되고 일반적인 것으로, 새로운 교육 이론이나 방법 또는 교육 매체가 소개될 때 지금도 주요한 논의 기준으로 고려되고 있다.

나. 수업 규모에 따른 분류

수업 규모에 따라 다양한 교육방법이 나타날 수 있다. 예를 들면, 학습집단의 크기에 따라 ① 대집단 수업, ② 중집단 수업(흔히 일반 수업을 의미함), ③ 소집단 수업, ④ 개별 수업으로 분류될 수 있으며, 일반적으로 대집단 수업은 40명 이상, 소집단 수업은 20명 이하로 구성된다. 이 외에도 도달해야 할 학습목표의 양이나 수업 장소 등도 수업 규모의 하위 분류로 사용되기고 한다.

다. 커뮤니케이션 구조에 따른 분류

수업을 교사와 학생 간의 커뮤니케이션의 과정이라고 보는 관점으로 흔히 ① 일제 학습, ② 집단 학습, ③ 개별 학습 등으로 분류한다. 과거에는 주로 일제 학습의 형태가 지배적이었으나, 점차 여럿이 어울려서 생각하고 문제를 해결하는 집단 학습 형태가 다수 도입되었으며, 최근에는 평생교육 및 e-러닝이 강조되면서 개별 학습 형태가 점차 주목받고 있는 추세이다.

라. 교수-학습 환경에 따른 분류

최근 사이버 교육의 성장과 더불어 새롭게 대두된 분류 기준으로, ① 면대면(또는 오프라인), ② 원격(또는 온라인), ③ 혼합형[9] 형태로 나뉜다. 면대면 수업 방법은 교실수업을 중심으로 이루어진 전통적인 수업 형태이며, 원격 수업 방법은 컴퓨터, 네트워크 등의 온라인 매체를 활용한 수업 형태이며, 원격 수업 방법은 면대면 수업의 장점과 원격 수업의 장점을 혼합한 것으로, 기존 면대면 중심으로 이루어진 교육을 온라인 교육으로 보완하거나 자율 학습 방식에 온라인 협동 학습을 접목하는 방식, 다양한 온라인 학습 전략에 오프라인으로 보조하는 방법 등 다양한 방법으로의 확장을 시도하고 있다.

9) Blended learning : 혼합 학습. 흔히 블렌디드 러닝으로 불리운다.

마. 현장 활용성에 따른 일반적 분류

이 분류는 수업자나 학습자 혹은 이를 둘러싼 인적·물적 지원이나 토대에 대한 분명한 기준에 의한 것 보다는 오랫동안 학교 현장에서 자주 활용되고 있는 일반적인 수업 형태에 관한 분류이며, 시대별로 강조된 교육 사상이나 가치와도 관련이 깊다. ① 강의법, ② 토의법, ③ 발견 및 탐구법, ④ 협동학습, ⑤ 자기주도적 학습의 다섯 가지 방법이 널리 알려져 있는데, 최근에는 IT[10] 등의 첨단 매체를 활용한 다양한 수업방법이 소개되고 있다.

이상으로 그간 논의되어 온 교육방법의 관심 영역을 몇 가지 기준에 따라 간략히 소개하였다. 그러나 여기 제시된 각 교육방법은 여러 상황이나 학습자에게 일률적으로 적용될 수는 없으므로, 그 방법을 사용하는 교사도 상황에 따라 각기 다른 방법을 사용해야 하는 것을 전제로 하고 있다.

2. 교육공학의 영역

앞 장에서 교육공학의 개념과 관심 영역에 대해 간략히 살펴보았는데, 여기에서는 이를 기초로 Seels와 Richey[11](1994)에 의해 제안된 교육공학의 다섯 가지 영역에 대해 세부적으로 알아보도록 하자. [그림 8.1]에서 나타나듯이 각 영역들은 상호 보완적이며 서로 영향을 주고받지만, 반드시 연속적인 관계는 아니다. 이론가나 연구자는 한 영역에 국한해서 활동할 수 있지만, 실무자는 대개 하나 이상, 또는 여러 영역에 걸쳐 능력을 발휘해야 하는 경우가 많다. 최근 한국교육공학회[12](2006)에서 제시하는 각 영역의 세부 내용은 다음과 같다.

10) Information Communication : 정보 통신
11) 이들은 교육공학의 영역에 대해 설계, 개발, 활용, 관리, 평가의 다섯 가지 영역으로 분류하였으며, 교육공학 영역 분류에 있어 대다수가 이들의 분류를 인용되고 있다.
12) 아래 교육공학의 영역의 기술은 2006년 한국교육공학회에서 발간한 교육공학 용어사전의 내용을 발췌한 내용임

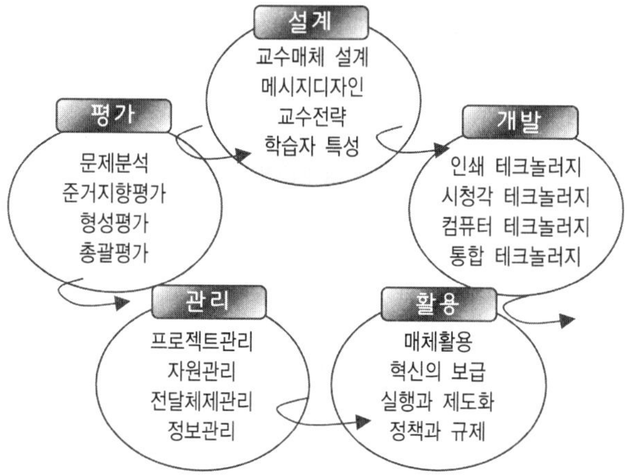

그림 8.1 교육공학의 영역(Seels & Richey, 1994)

가. 설계(design)영역

설계란 학습에 관한 조건들을 구체화하는 과정이라고 할 수 있다. 설계영역은 교수심리학을 그 모체로 한다고 할 수 있다. 체제이론(systems theory)이 도입되면서 교수행위를 일회적인 행사로 보는 것이 아니라 여러 요소들이 긴밀히 연결되어 서로 영향을 주고받는 거시적인 입장에서 체계적으로 바라보게 되었고 교육공학을 학문으로 정착시킨 원동력이 되었다. 설계영역에 대한 연구와 실제는 다시 교수체제설계(Instructional Systems Design : ISD), 메시지 디자인, 교수전략, 학습자 특성의 하위 영역으로 나눠볼 수 있다.

1) 교수체제설계

교수체제설계(ISD)는 분석, 설계, 개발, 실행, 평가의 단계를 포함하는 조직화된 과정이다. 분석이란 무엇을 학습할지 결정하는 과정이고, 설계란 어떻게 학습이 이루어질지 구체적으로 정하는 과정이며, 개발은 교수 자료를 제작하는 과정이며, 실행은 개발된 교수자료를 실지로 적용해 보고 상황에 맞게 전략을 펼치는 것을 의미한다. 평가는 교수의 적절성을 따져보는 과정이다. ISD는 선형적이며 반복적인 과정이며, 일관성과 완벽성이 요구된다. 하나의 과정이 결핍되었을 때는 그 결과의 질이 크게 달라질 수 있기 때문에 개개의 절차는 매우 중요하다고 할 수 있다.

2) 메시지 디자인

메시지 디자인이란 메시지의 물리적 형태를 어떻게 조작할 것인가 계획을 세우는 것을 의미한다. 메시지 디자인은 인지와 파지의 원리를 이용하며 송신자와 수신자의 직접적인 의사소통을 돕기 위한 메시지의 물리적 형태를 결정하는 과정이다. 미시적인 수준인 시각 기호, 페이지와 스크린에 관한 내용이 많으며 매체와 학습과제에 따라 디자인이 달라진다. 활자의 크기, 페이지의 편집, 색상의 결정이 메시지 디자인의 예라 할 수 있다.

3) 교수전략

교수전략이란 한 학습단위 내에서 일어나는 학습활동들을 선택하고 순서화해 정하는 것이다. 교수전략에 관한 연구는 교수에 필요한 여러 구성요소에 대한 지식을 축적하게 해준다. 교수전략은 학습 상황, 학습 내용, 바라는 학습 결과 등에 따라 달라지며, 동기나 정교화 등 학습 과정이나 절차에 관련된 요소들을 다룬다.

4) 학습자 특성

학습자 특성이란 학습에 영향을 미치는 학습자의 경험적 배경이다. 이 영역에서는 설계시에 고려해야 할 학습자의 특성들에 관해 다룬다. 학습자의 동기에 관한 연구 등은 학습전략의 영역과 중복되기도 한다.

나. 개발(development)영역

개발이란 설계에서 구체화된 내용을 물리적으로 완성하는 것을 말한다. 개발의 원류는 시청각매체의 제작이라 할 수 있다. 영화의 제작은 시청각운동을 촉발시키고 현대적 의미의 교육공학을 정착시킨 시발로 볼 수 있다. 개발은 단순히 매체를 제작한다는 것 이외에 다음과 같은 사항을 내포하고 있다.

① 내용이 중심이 되는 메시지를 담고 있어야 한다.
② 이론에 기반한 교수전략이 포함되어야 한다.
③ 하드웨어, 소프트웨어, 교수자료 등 테크놀러지의 물리적 실재가 있어야 한다.

개발영역에는 인쇄 테크놀러지, 시청각 테크놀러지, 컴퓨터 기반 테크놀러지(computer-based technologies), 통합 테크놀러지(integrated technologies)로 나눠진다.

1) 인쇄 테크놀러지

책이나 시각자료를 제작하는 테크놀러지를 말하며 학습자료 제작의 기반을 형성하고 있다. 지각, 읽기, 정보처리, 학습이론 등의 영향을 받았다. 인쇄 테크놀러지는 선형적, 일방적, 정적이며, 학습자 중심이다. 또한 학습자에 의해 정보가 재조직되거나 재구성될 수 있다.

2) 시청각 테크놀러지

기계 또는 전자기기를 이용해서 시청각 메시지를 제작 또는 전달하기 위한 방법들이다. 시청각 교육은 교수에 있어서 하드웨어를 활용하는 특징을 갖는다. 이 때는 음향이나 시각적 내용을 재생하기 때문에 언어 등 상징체계를 이해하는데 전적으로 의존하지 않는다. 시청각 테크놀러지는 다음과 같은 특징을 가지고 있다. ① 대개 선형적이지만 역동적인 시각자료를 제공한다. ② 개발자에 의해 사용이 미리 결정된다. ③ 교사 중심적이며 상호작용성이 낮다.

3) 컴퓨터 기반 테크놀러지

컴퓨터를 이용해 디지털화된 자료를 제작하고 전달하는 방법이다. 컴퓨터 기반 테크놀러지는 정보가 디지털화되어 주로 스크린을 통해 전달된다. 컴퓨터 보조학습(computer-assisted instruction : CAI), 컴퓨터 관리학습(computer-managed instruction : CMI), 컴퓨터 기반학습(computer-based instruction : CBI) 등의 학습 형태가 있다고 할 수 있다. 컴퓨터 기반 테크놀러지는 ① 순서대로, 또는 순서와 상관없이 무작위로 사용될 수 있다. ② 개발자의 의도 뿐만 아니라 학습자의 뜻에 따라 사용을 달리할 수 있다. ③ 내용은 추상적인 형태로 언어, 상징체계, 그림과 함께 제시된다. ④ 개발과정에서 인지과학의 원리가 적용된다. ⑤ 학생 중심적 학습이 이루어질 수 있으며 높은 상호작용성을 나타낼 수 있다.

4) 통합된 테크놀러지

컴퓨터의 통제 아래 여러 형태의 매체를 포괄하는 자료의 제작과 전달 방법을 말한다. 대용량의 하드드라이브와 메모리를 갖춘 컴퓨터와 비디오 디스크 플레이어, 오디오 시스템 등이 네트워크로 연결되어 있는 형태를 말한다. 통합된 테크놀러지는 다음과 같은 특징을 갖는다. ① 순서대로, 또는 순서와 상관없이 무작위로 사용될 수 있다. ② 개발자의 의도 뿐만 아니라 학습자의 뜻에 따라 사용을 달리할 수 있다. ③ 내용은 추상적인 형태로 언어, 상징체계, 그림과 함께 제시된다. ④ 개발과정과 적용에서 인지과학과 구성주의(constructivism)원리가 적용된다. ⑤ 학생중심적 학습이 이루어질 수 있으며 높은 상호작용성을 나타낸다. ⑥ 내용은 학습자의 경험에 비추어 학습자에 관련지어 사실적으로 전달된다. ⑦ 학습은 인지활동을 야기시키며, 지식이 구성되도록 짜여져 있다.

나일주와 정인성(2000)은 여기에 네트워크 테크놀러지를 더해 최근 각광을 받고 있는 컴퓨터통신 환경과 이를 이용한 연구와 개발을 언급하였다.

다. 활용(utilization)영역

활용은 학습을 위해 과정(processes)과 자원을 사용하는 행위이다. 활용은 곧 학습자와 학습자료 및 활동들을 연결시키고, 학습자를 이에 맞게 준비시키며, 수업활동 중의 학습자를 이끌며, 결과에 대해 평가하며, 조직에서 이런 행위를 지속적으로 할 수 있도록 조직하는 일을 포함한다. 활용영역은 교육공학의 영역 중 가장 오랜 역사를 가졌다고 볼 수 있다. 체계적인 설계나 제작이 이루어지기 전부터 학교 현장에서 시청각매체가 이용되어 왔기 때문이다. 21세기 초에 미국에 학교 박물관이 생겨나면서 시각운동이 일어났다. 교사들은 교실에서 극장영화와 단막극을 사용할 방법을 찾았고, 이에 교육목적으로 제작된 필름 시장을 형성하게 되었다. 1920년대 이미 도시학교에서는 시각교육 예산으로 프로젝터, 스테레옵티콘(stereopticon, 초기 프로젝터의 일종으로 시각효과를 위해 2장씩 제작된 슬라이드를 투사하도록 만들어짐), 영화필름 대여, 호롱불 슬라이드 등을 지원하게 되었다. 매체의 활용에 관한 초기 실험연구도 이루어져 제1차 세계대전 동안 군인 교육을 위해 개발된 영화의 효과를 민간인을 대상으로 알아보게 되었다. 1982년에는 하이니크, 몰렌다, 러셀(Heinich, Molenda, and Russell)이 제안한 ASSURE 모델이 매체의 활용을 체계화하였다.

ASSURE 모델이란 매체의 체계적인 이용을 위한 절차 모형으로 학습자 분석(analyze learner), 목표 제시(state objective), 매체 및 자료선정(select media and materials), 매체 및 자료이용(utilize media and materials), 학습자 참여(require learner participation), 평가 및 개선(evaluate and revise)의 절차를 거친다.

1960년대 후반 '혁신의 확산(diffusion of innovation)' 개념이 확산되면서 새로운 전기를 맞았다. 혁신의 확산이란 로저스(Rogers, 1962)의 저서에서 나온 개념으로 '새로운 아이디어를 받아들이도록 촉진시키며 정보를 알리기 위한 커뮤니케이션 과정'으로 요약할 수 있다. 이 개념의 도입으로 활용은 매체의 단순한 이용을 넘어 새로운 매체의 적용을 하나의 혁신으로 인식하고 정보제공자의 입장에서 새로운 아이디어를 받아들이도록 설득하는 데 관심을 갖게 하였다. 조직개발(Organizational Development : OD)의 개념도 도입되었다. OD란 "조직환경의 빠른 변화에 대응하기 위해 조직 내의 믿음, 태도, 가치, 구조를 변화시키기 위한 복잡다기한 교육전략"이다. OD는 조직의 계획된 변화를 야기시키는 것을 목적으로 하는 것으로 개인에 관심을 갖는 혁신의 확산과는 대별된다고 할 수 있다.

활용의 영역은 다음과 같이 구분할 수 있다.

1) 매체활용(media utilization)

학습을 위해 매체를 체계적으로 활용하는 것이다. 다시 말하면, 교수설계 계획에 맞게 의사결정을 하는 과정이다. 영화를 수업에 활용하는 방법은 학습자의 특성이나 요구에 맞게, 또는 교사가 바라는 수업의 결과에 따라 달라져야 한다.

2) 혁신의 확산(diffusion of innovation)

개인이 새로운 아이디어를 채택하도록 의사소통하는 과정으로 인식, 설득, 결정, 활용, 확인의 단계를 거치며, 최종 목표는 변화이다. 로저스(Rogers, 1962)에 따르면 개인이 혁신을 받아들이거나 거부하는 데에는 다섯 단계를 거친다. 첫째, 지식을 통해 존재를 인식한다. 둘째, 일정한 태도를 형성하게 된다. 셋째, 수용할지 거부할지 결정을 내리게 된다. 넷째, 활용해 본다. 다섯째, 활용해 본 후 일정한 심리적 보상을 요구하며, 이를 변화시키고 발전시키는 재창조 현상이 일어날 수 있다.

3) 실행 및 제도화(implementation and institutionalization)

실행이란 교수자료나 전략을 실제 현장에 적용하는 것을 말한다. 제도화는 교수혁신이 조직 내에서 일회적 적용이 아닌 지속적이며 일상적인 형태로 이루어지며 문화로 자리잡는 것을 말한다. 실행에는 교수혁신이 조직 내에서 개인에 의해 제대로 이용될 수 있도록 주변 환경을 조성해 주는 것을 말한다. 제도화는 조직의 구조와 체제 내에 혁신을 통합시키는 것을 말한다. 실행 및 제도화가 중요한 것은 과거 거대한 교육공학 프로젝트들이 실행과 제도화에 필요한 적절한 조치를 해 주지 못함으로써 실패한 데 기인한다.

4) 정책과 규제(policies and regulations)

교육공학의 확산과 이용에 영향을 미치는 사회의 규칙과 행위를 의미한다. 여기에는 교육방송을 위한 법개정, 저작권 법, 시설과 프로그램의 설립기준, 행정 조직의 정비 등이 포함된다.

라. 관리(management)영역

관리란 계획, 조직, 조정, 감독 등을 통해 교육공학을 통제하는 것을 말한다. 교수조직의 크기가 증가함에 따라 인적, 물적 자원과 이에 따르는 설계와 개발의 노력이 달라진다. 관리는 성공적인 교수처치를 위해 거시적인 측면의 변화가 요청된다. 관리영역에는 다음과 같은 하위 영역이 있다.

1) 프로젝트 관리

교수설계와 제작 프로젝트를 계획, 모니터, 통제하는 활동이다. 프로젝트 매니저들은 프로젝트의 수행이 원활하게 될 수 있도록 계획, 일정관리, 조정의 업무를 맡는다. 협상하고, 예산을 세우고, 정보모니터 체제를 수립하고, 프로젝트의 진행을 평가해야 한다. 프로젝트 관리는 종래의 다른 프로젝트와는 달리 ① 프로젝트 팀이 새로 구성되거나 단기간의 활동을 하는 경우가 많다. ② 프로젝트 매니저들은 한시적 상사이기 때문에 영향력이 적다. ③ 프로젝트 매니저들은 정규 상사들보다 더 많은 권한과 유연성을 가진다.

2) 자원관리

자원관리란 자원을 지원할 수 있는 체제와 서비스를 계획, 모니터, 통제하는 활동이다. 자원이라 함은 인적 자원, 예산, 시간, 시설, 교수자원, 물품 등을 말한다. 비용효과성과 학습의 효과성을 정당화하는 것이 중요한 두 가지 특징이다.

3) 전달체제

관리교수 자료가 분배되고 전달되는 방식과 체제를 계획, 모니터, 통제하는 방식과 관계된다. 예를 들어, 원격교육기관에서 교육이 이루어지기 위해서는 하드웨어와 소프트웨어, 학습자와 교사를 위한 기술 지원, 교수설계자와 교사를 위한 지침 등이 갖추어져야 한다. 흔히 전달체제관리는 자원관리체제에 의존한다.

4) 정보관리

학습을 위한 자원을 제공하기 위해 정보의 저장, 전송, 처리를 계획하고, 모니터하고, 통제하는 활동이다. 개발영역에서 사용된 테크놀러지들은 저장과 전달에 관한 기법들이다. 전달과 정보의 전송 등은 통합된 테크놀러지를 통해 이루어진다. 정보관리는 접근성과 사용자 친근성을 담보하기 위한 중요한 요소이다. 기업의 질 관리를 달성하기 위해 각광을 받고 있는 정보관리는 교육계에도 영향을 끼치고 있다.

마. 평가(evaluation)영역

평가는 교수와 학습의 적절성을 결정하는 과정이다. 평가영역은 교육연구 방법의 발달과 함께 성장하였다. 하지만, 평가와 전통적인 연구와 다른 점은 전통적인 교육연구가 지식의 확대에 그 목표가 있다면, 평가연구는 프로젝트, 프로그램, 제품의 개선, 확장, 중단에 따른 의사결정을 하기 위한 자료를 얻는 것을 목적으로 한다. 평가는 확고한 가치판단을 하기 위한 것이지 가설의 검증을 목적으로 하지 않는다. 평가영역은 다음과 같이 나눌 수 있다.

1) 문제 분석

정보수집과 의사결정 전략을 사용해 문제의 속성과 범위를 결정하는 것이다. 문제

분석의 목적은 요구(needs)를 찾아내고, 문제가 교수적 처치로 해결될 수 있는 것인지 아니면 다른 접근 방법을 사용해야 하는지 결정하고, 한계, 자원, 학습자 특성을 파악하거나, 목표설정, 최우선 과제 설정 등을 하기 위한 것이다.

2) 준거지향평가(criterion-referenced measurement)

학습자의 지식, 기술, 태도가 미리 설정된 기준에 도달했는지 측정하는 기법과 관계된다. 절대평가라고 불리기도 하는 준거지향평가는 "90점 이상 득점한 학생, 또는 20개 이상 맞는 학생은 시험을 통과한다"와 같이 기준을 정하고 이를 넘어선 학습자는 목표에 도달한 것으로 간주한다.

3) 형성평가(formative evaluation)와 총괄평가(summative evaluation)

형성평가는 교수자료나 교수의 지속적인 개선을 위해 정보를 수집하는 과정이다. 총괄평가는 교수자료나 교수의 가치나 적절성을 측정하기 위한 정보수집 과정이다.

제3절 교육방법과 교육공학의 발전

교육에 있어서 교육방법과 교육공학 영역의 발전은 상상을 초월할 정도로 발전되어 왔다. 새로운 첨단기자재의 개발과 교육적 활용, 구성주의를 비롯한 새로운 교육철학의 등장, 가상현실(virtual reality)을 활용한 수업 등은 교육방법과 교육공학의 현재를 보여주는 좋은 예들이다. 본서는 개론서임을 감안하여 이러한 여러 변화들 중 교육방법과 교육공학에서 최근 강조되고 있는 e-러닝에 대해 살펴봄으로써 미래 교육방법과 교육공학의 발전에 대해 생각해 볼 수 있는 기회를 갖고자 한다.

1. e-러닝 열풍

국어사전에는 '굵은 나무줄기가 흔들릴 정도로 세차게 부는 바람'을 '열풍'으로 정의하고 있다. 그간 우리 사회는 과외 열풍, 부동산 열풍, 다이어트 열풍, 한류 열풍 등 수많은 열풍을 경험하고 있다. 그 중 최근 교육 분야의 열풍으로는 단연 e-러닝 열풍을 들 수 있을 것이다.

이러한 e-러닝 열풍에 편승하여 최근에는 컴퓨터 기술에서부터 의료 윤리에 이르는 거의 모든 종류의 교육 서비스를 온라인으로 제공하고 있다. 대학의 경우도 예외가 아니어서 한국교육학술정보원(KERIS)이 펴낸 '2002 교육정보화 백서'에 따르면 2002년 기준으로 전국 204개 대학 e-강의실[13]은 일반 강의실 2만 1천 663실 중 1만 1천 568실로 무려 53.5%의 구축률을 보이고 있는 것으로 나타났다. 미국의 경우도 상황은 비슷하여 2002년 기준으로 학생 수가 10,000명이 넘는 대학 가운데 90% 가량이 원격교육을 제공하고 있으며, 그 중 대다수는 인터넷을 이용하고 있다고 한다. 한편 스탠포드대 총장인 캐스퍼(Casper)는 '인터넷교육이 어느 정도로 위력을 발휘할지는 모르겠지만 분명한 것은 향후 10년 이내 현재의 시설 교육이 상당 부분 온라인 교육 방식으로 바뀌게 될 것은 확실하다(Muller, 2000)'고 전망하여 미래교육에서 온라인 교육의 확산 가능성에 대해 예견하였다.

e-러닝 열풍은 대학뿐만 아니라 매년 엄청난 금액을 인적자원 개발 분야에 투자하고 있는 기업과 정부 조직들에까지 확산되어, 최근에는 인적개발 교육을 위해 오프라인 기반의 교실 강의의 비율보다 온라인을 통한 교육의 비율이 급속도로 증가하고 있다.

2. e-러닝이란?

e-러닝이라는 용어가 쓰이기 시작한 지 어언 10년이 되어 간다. 원래 e-러닝이라는 용어는 기업교육 등에서 널리 사용되었으나 3~4년 전부터 사이버학습, 온라인학습, 인터넷학습 등 여러 가지 용어로 혼재되어 쓰이더니, 최근에 와서는 e-러닝이라는 말로 자연스럽게 통일되고 있는 추세이다.

한편, e-러닝에서의 'e'의 의미 해석을 살펴보면 대단히 흥미로운 점을 발견할 수 있는데, 즉 e-러닝에서의 'e'의 의미가 학자들의 관심 분야나 연구 경향에 따라 매우 다양하게 정의되고 있다는 점이다. 이를 요약하면 〈표 8.1〉과 같다.

13) 전자칠판, 영상, 음향 장비, 웹 등을 이용하여 적극적인 쌍방향 교육 및 유연하고 다양한 학습 경험을 제공하는 강의실을 말한다.

한편 이와 같은 'e'의 정의를 바탕으로 e-러닝의 정의와 관련하여 한국교육학술정보원(2003)은 '정보통신기술을 활용한 온라인 학습체제 및 e-강의실 구축, 인터넷을 통한 멀티미디어 강의자료의 실시간 활용, 사이버 교육 및 온라인 원격교육 실시 등을 통해 수요자 중심의 교육을 구현하는 교수-학습 방법'으로 규정하였다. Cisco 기업은 e-러닝을 '컴퓨터나 네트워크를 이용하여 교육, 연수 그리고 정보 분야가 통합되어 정보나 교육을 제공하는 것'이라고 정의하고 있다. 한편 SmartForce 웹사이트는 e-러닝이란 '실시간에 이루어지는 역종적인 학습으로 개인의 협력 학습을 가능하게 하는 포괄적이고 통합적인 학습이며, 하나의 사업이 될 수 있는 것'이라고 전망하였다.

표 8.1 e-러닝에서 'e'의 의미

출 처	e의 의미	설 명
IDC, 2000	internet-enabled	· 인터넷을 통한 상호적 교육을 의미하며, 'live'와 'self paced'라는 특성을 지님 · 인터넷 기반의 교육 지원과 교육활동이 가능하게 하는 educational content, learning services, delivery solutions을 의미
PwC, 2000	easy	· 소프트웨어와 시스템 등을 통해 보다 접근하기 쉬운 교육 환경 마련
Elliot Masie, 2000	experiences extension expansion	· e는 우선 경험(experiences)을 의미하고, 둘째로 학습 선택권의 확장(extension)을 지칭하며, 마지막으로 학습기회의 확대(expansion)를 의미하는 것으로 새롭게 해석될 필요성 제기
유영만, 2001	engagement expression encouraging edutainment experience	· e는 단순히 전자적 도움이나 웹의 기술적 측면만을 지칭하는 전자적인(electronic) e가 아니라 학습자 스스로 학습활동에 적극적으로 관여하는 과정 (engaegment)를 지칭하며, 학습결과를 스스로 표현(expression)할 수 있는 기회를 제공하고 장려(encouraging)함으로써 재미있고 유익한 에듀테인먼트(edutainment)를 추구해서 오프라인과 구분되는 독특한 학습경험(experience)을 제공하는데 주력함을 의미

이처럼 e-러닝의 정의에 대해 다양한 개념이 존재하나 여기에서는 e-러닝을 오프라

인 교육의 영역에서 확대된 개념으로, 개인이나 조직의 성과목표를 달성하기 위해 설계된 컴퓨터(CD-ROM, 인터넷, 인트라넷 등)에서 제공되는 교육으로 정의한다. 여기에는 정보 제공을 1차적인 목적으로 개발된 온라인 강의(정보 강좌) 뿐만 아니라, 특정한 직무기술의 습득을 위해 설계된 강의(실무 강좌)도 모두 포함되며 그 주요 내용을 제시하면 다음과 같다.

① 학습 목적과 관련된 콘텐츠 개발
② 학습 과정을 지원하는 사례 및 실무 중심의 교수방법 적용
③ 콘텐츠 및 방법의 전달 과정에 텍스트 및 사진과 같은 매체 요소 활용
④ 교육목표 달성과 연계된 새로운 지식과 기술의 습득

〈표 8.1〉에 제시된 바와 같이 이러한 정의에는 e-러닝의 대상과 방법, 목적에 관한 몇 가지 요소가 포함되어 있다.

① **대상** : e-러닝 강의에는 콘텐츠(정보)와 학습자가 이 내용을 학습할 수 있도록 돕는 교수방법(기법)이 모두 포함된다.

② **방법** : e-러닝 강의는 구술 또는 인쇄 형식의 텍스트와 도해, 사진, 애니메이션 또는 비디오 등과 같은 영상물을 네트워크를 통해 전송한다.

③ **목적** : e-러닝 강의의 목적은 학습자들이 개인적인 학습 목표를 성취하거나 조직의 목표를 향상시키는 방향으로 자신의 직무를 수행할 수 있도록 돕는데 있다.

간단히 말해, e-러닝에서의 'e'의 개념은 강의 내용을 전자 형식으로 저장할 수 있도록 디지털 방식으로 변환하는 '방법'으로서의 접근을 의미한다. 그리고 'learning'의 개념은 강의 내용과 학습자들이 강의 내용을 학습할 수 있도록 돕는 수단으로서의 '대상'과 학습자들이 개인적인 교육 목표를 성취하거나 업무성과를 개선하기 위해 필요한 제반 기술을 조직적 차원에서 지원할 수 있도록 하기 위한 근거로서의 '목적'을 의미한다고 할 수 있다.

이러한 정의는 e-러닝의 목표가 ① 학습자들이 개인적인 학습 목표를 달성할 수 있도록 지원하고 ② 교육의 성과를 높이기 위해 업무에 적용할 수 있는 지식 및 기술을 양성하는 데 있음을 시사한다.

3. e-러닝 코스웨어의 개발 과정

효과적인 e-러닝 코스웨어(courseware)[14]는 [그림 8.2]에 요약되어 있는 것과 같이 하나의 체계적 과정을 통해 개발된다. 최근 시중에 e-러닝 개발 과정에 대한 서적들이 많이 나와 있으므로 여기서는 개요만을 다루도록 한다.

가. 수행 분석(performance analysis)

모든 e-러닝 프로젝트는 시작단계에 있어서 ① e-러닝 코스웨어가 개인이나 조직의 목표달성을 지원하는지 여부, ② 목표달성을 위해 e-러닝이 가장 최선의 방법인지를 알아내기 위한 수행 분석을 해야 한다.

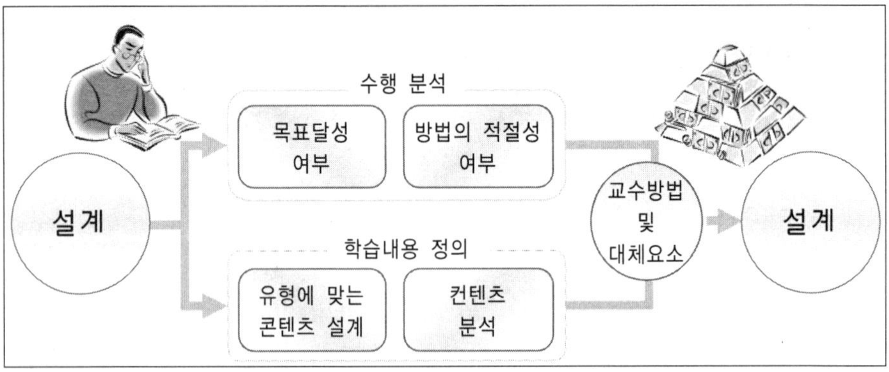

그림 8.2 효과적인 e-러닝 설계과정

특히 과제에 대한 목적과 그에 따른 e-러닝 개발의 필요성과 개발 과정 등을 체계적으로 분석하고 정의함으로써 불필요한 고비용 교육비용이 지출되지 않도록 유의해야 한다. 분석 결과 e-러닝 교육과정이 반드시 필요한 경우에는 오프라인 강의, OJT(on-the-job training : 직장내 교육), e-러닝, 혼합(blend) 방식 등의 다양한 교육방법들의 효과성을 상호 고려해야 한다.

14) course와 software의 합성어로, 컴퓨터를 활용한 각종 교육과정 시스템에 사용되는 프로그램과 데이터를 통틀어 일컫는 용어다.

나. 학습내용 정의하기

모든 분석을 마쳤으면 직무의 수행이나 교육목적 달성에 반드시 필요한 학습내용을 정의한다. 특히, 교육과정을 통해 업무 성과를 개선하려면 e-러닝 개발 초기 단계에 직무상의 과업 및 이를 수행하는 데 필요한 기술 분석에 착수해야 한다. e-러닝 개발팀은 업무상의 기술과 지식을 정의하기 위해 직장 내 전문 요원들의 행동을 관찰하고 면담을 하게 된다. 광범위한 교육 목적으로 개발된 코스웨어의 경우에는 e-러닝 개발 팀이 수록될 대주제 및 관련 소주제를 정하기 위한 콘텐츠 분석 작업을 수행한다. 이 직무 분석 또는 콘텐츠 분석을 토대로 전자 강의 내용을 사실과 개념, 과정, 절차 및 원리 부분으로 구성하게 된다. 〈표 8.2〉에는 이러한 콘텐츠 유형에 대한 일반적인 정의가 나와 있다.

표 8.2 5가지 유형의 e-러닝 콘텐츠

콘텐츠 유형	정의	예
사실	구체적이고 고유한 사례 또는 데이터	회사 접속 화면 내 비밀번호는 krs이다
개념	다수의 예가 포함되어 있는 하나의 분류 범주	웹 페이지 비밀번호
과정	각종 이벤트 또는 행위의 연속적 흐름	성과 분석 과정
절차	단계별 실천 과정을 통해 수행되는 과업	접속 방법
원리	세부 지침 적용 과정을 통해 수행되는 과정	판매 마무리 기법

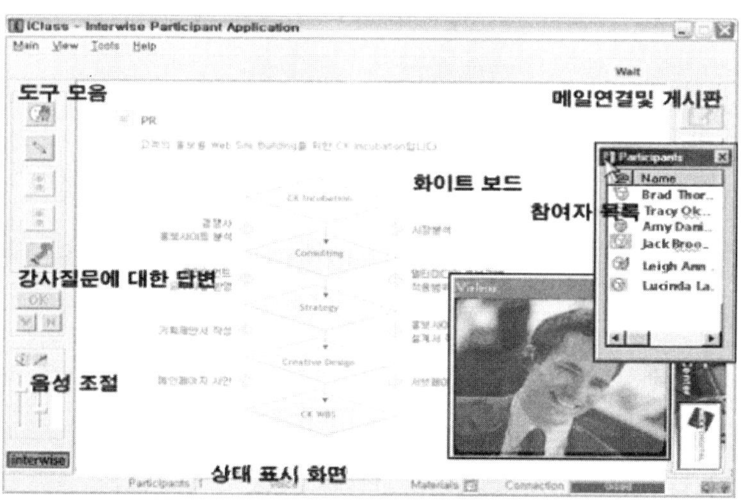

그림 8.3 국내 한 업체의 SAP 교육에 대한 온라인 강의 화면

예를 들어, [그림 8.3]에 나와 있는 화면은 국내 한 업체의 SAP[15] 교육에 대한 사용법을 교육하기 위해 설계된 e-러닝 강좌에서 발췌한 자료이다. 여기에 삽입된 콘텐츠는 하나의 진행 절차를 보여주며, 이 화면은 사용자가 코스웨어를 효과적으로 활용하기 위해 따라야 할 모의 진행 절차를 예시하고 있다.

직무 또는 콘텐츠 분석이 끝나면 설계팀에서 전체적인 개요와 학습 목적이 수록된 강의 청사진을 작성하게 된다. 이후 세부 강의 교본을 작성하고 강의의 목적을 효과적으로 달성할 수 있는 교수방법을 선정하게 된다.

다. 교수방법 및 매체 요소 정의

교수방법이란 e-러닝 코스웨어를 지원하기 위한 세부적인 교육 기법(technique)을 말한다. 이러한 교수방법에는 사례 제시, 모의 연습, 피드백 제공 등과 같은 기법들이 포함된다. [그림 8.3]에는 교수방법 사례로 피드백과 모의 연습 과정이 예시되어 있다. 매체 요소는 텍스트 및 도해를 제시하기 위해 사용되는 시청각 기법으로 정의되며 텍스트, 내레이션, 음악, 2D 이미지, 사진, 애니메이션 등이 여기에 포함된다. 위 SAP 강좌의 경우 데모 진행 과정을 오디오 내레이션을 통해 음성으로 설명해주며, 애니메이션 그래픽을 통해 동영상으로 설명한다. 기본 원칙 중 하나는 교수방법과 전달 수단으로서 매체 요소를 성공적으로 운용하기 위해서는 학습자들이 그 진행 과정을 효과적으로 이해해야 하며 새로운 지식과 기술을 자기 것으로 소화할 수 있도록 적극 지원해야 한다는 것이다.

4. e-러닝에 사용되는 매체의 효용성

컴퓨터 기반 교육(Computer Based Instruction), 즉 CBI로 널리 알려진 컴퓨터를 통한 교육 방식의 역사는 30년 이상 거슬러 올라간다. 초창기 메인프레임 컴퓨터[16]를

15) SAP : 비즈니스 소프트웨어 솔루션으로 예를 들어, 물품에 대한 구매를 할 때 물품 요청 → 구매 처리 → 물품 입고 →대감 지급 과정이 자동으로 처리되는 소프트웨어를 총칭함. 특정 회사를 지칭하기도 함

16) 기억 용량이 크고 많은 입출력 장치를 신속하게 제어함으로써 다수의 사용자가 함께 쓸 수 있는 대형 컴퓨터이다. 주로 대기업이나 은행의 업무 처리, 대학교나 연구소 등의 실습이나 연구에서 다량의 단말기를 연결하여 사용한다. 일반적으로 전산실이라 불리는 곳에 설치되어 있으며 각 단말기를 통하여 입력되는 자료와 작업을 처리한다. 근래에 마이크로 컴퓨터가

기반으로 구현된 교육 자료는 기본적으로 행동 심리학자 스키너(B. F. Skinner)에 의해 제시된 교육용 기계의 전자적 변형 장치를 통한 산발적 질문 형식의 텍스트 화면으로 구성되어 있었다. 즉 컴퓨터 프로그램이 다중 선택형 질문에 대한 답변 내용을 분석하면 사전 작성된 피드백 정보가 수강생의 답변 내용에 맞게 화면에 표시되는 방식이었다. 이러한 초창기 컴퓨터 강좌는 주로 메인프레임 컴퓨터 시스템을 사용하는 교육과정에 활용되었다. 기술이 점차 발전하고 진정한 의미의 멀티미디어 구현이 가능해짐에 따라 코스웨어는 현실적인 그래픽, 오디오, 칼라, 애니메이션, 복합 시뮬레이션 영역 등에 있어 한층 정교해졌다.

그러나 아래 연구 결과에 의하면 매체의 복합성이 증가했다고 해서 반드시 학습 능률이 향상되는 것은 아니라는 점을 보고하고 있다.

1920년대 촬영 기술의 발달로 촉발된 강의 전달 기술의 새로운 패러다임은 전 사회적으로 교육 개선 효과에 낙관적인 전망을 불러일으켰다. 일례로 미국 육군은 1947년에 영상 교육이 교실 강의보다 교육 효과가 클 것이라는 가정 하에 최초의 매체 비교 조사 작업을 실시했다. 미 육군은 1947년 영상 전송 교육이 전통적인 교실 또는 교재 위주의 강의 방식보다 훨씬 더 효과적인 학습 성과를 가져온다는 사실을 증명하기 위해 조사를 실시했다. 이를 위해 마이크로미터 단위 읽기에 관한 세 가지 강좌가 준비되었다. 첫 번째 교육과정은 마이크로미터 단위 읽는 방법을 내레이터가 설명하는 데모 영상으로 구성했다. 두 번째 교육과정은 교실에서 진행되었다. 교사는 동일한 대본을 사용하고, 스틸 슬라이드 사진과 함께 실제 장비를 사용하는 데모 장면을 넣었다. 세 번째 교육과정은 자율 학습용 교재를 이용하는 강좌로, 필름과 동일한 텍스트와 더불어 이동 방향을 표시하는 화살표가 있는 사진이 사용되었다. 학습자는 무작위로 선정된 하나의 교육과정에 배치되었고 교육과정이 끝난 후에는 마이크로미터 단위를 읽을 수 있는지 확인하기 위해 시험을 치뤘다. 어느 집단이 가장 뛰어난 학습 성과를 나타냈으리라 예상하는가?

세 집단의 학습 성과에 전혀 차이가 없는 것으로 밝혀졌다(Hall & Cushing, 1947). 그러나 가장 최근에 개발된 매체가 더 효율적일 것이라는 사실을 입증하기 위해 50년간 조사가 실시되었지만, 결과는 그러한 가설을 전혀 지지하지 않았다. 수백 번에 걸친 매체 비교 조사 결과 거의 예외 없이 학습 효과에 아무런 차이가 없음이 입증되었다(Clark, 1994; Dillon & Gabbard, 1998).

일반화됨에 따라 그 중요성이 줄어들고 있으나, 아직도 대규모 전산 시스템을 요구하는 곳에서는 메인프레임 컴퓨터를 통해 처리한다(두산동아 정보통신용어사전, 2003).

이상의 미 육군 실험 조사에서와 같이 다양한 매체를 통해 전달되는 강의 과정의 교수방법이 유사했다. 따라서 강의 내용을 컴퓨터 화면을 통해 보던지 교재로 읽건 간에 배우는 것은 동일했다. 이 매체 비교 조사로 알게 된 것은 학습을 일으키는 것은 매체가 아니라 교수방법이라는 사실이다. 본질적인 의미에서 교수방법이 동일하다면 전달 방법에 관계없이 학습 효과가 동일하다고 할 수 있다.

이상에서 알 수 있는 점은 각 매체 요소는 교수방법의 구현 과정에서 다른 매체가 제공하지 못하는 독특한 기회를 제공한다는 점이다. 다시 말해, 새롭게 소개된 매체나 첨단 기능이 내장된 매체가 반드시 e-러닝에 반드시 효과적으로 사용되는 것은 아니라는 점이다. 이는 e-러닝의 과정에서 매체가 갖는 기능을 최대한 활용하려면 전달 매체가 갖는 고유의 기능을 학습자의 학습을 효과적으로 지원하는 방향으로 활용해야 함을 시사하고 있다.

5. e-러닝의 차별성

현실적으로 하나의 매체가 다양한 교수방법을 효과적으로 전달할 수는 없는 법이다. 예를 들어, 종이 문서를 이용하여 애니메이션 효과를 구현한다는 것은 상당한 제약이 따를 수밖에 없다. 그렇다면 e-러닝은 다른 교육방법과 비교하여 어떤 장점이 있는 것일까?

e-러닝만의 독특한 교수방법에는 잠재적 가치가 매우 뛰어난, 1) 개별적인 피드백 제공, 2) 종합적인 의사소통의 장 제공, 3) 가상 현실(virtual reality) 제공 등의 세 가지 방법이 있다.

가. 개별적인 피드백 제공

앞의 [그림 8.3]에 나와 있는 SAP 교육 화면에서 학습자는 가상의 소프트웨어를 마치 교실에서 사용하는 것처럼 연습할 수 있다. 이 실제 연습 과정에 앞서 학습자는 SAP 교육 콘텐츠상의 텍스트 형식을 지정하는 데 필요한 절차를 내레이션으로 설명해 주는 데모용 애니메이션을 볼 수 있다. 이 학습 과정에서 컴퓨터가 맡는 중요한 역할은 학습자가 시뮬레이션 영상을 보면서 취하는 행동을 각종 조언이나 피드백을 제공하는 프로그램을 통해 즉각적인 오류 수정이 가능하도록 분석하는 것이다.

최근에 개발되는 e-러닝 강좌에는 인공지능 알고리즘을 도입하여 학생의 학습진도와 수준에 맞게 다양한 피드백이 제시되어 실제 교실 수업을 능가할 정도의 피드백이 제시되는 사례도 있다. 특히 우리 나라처럼 다인수 학급에서 성공적인 개별화 수업을 위해서는 피드백 방식의 실전 연습 방법을 더욱 구체화할 필요가 있다.

나. 종합적인 의사소통의 장 제공

e-러닝은 면대면 교육이 제공하기 힘든 종합적인 의사소통의 장을 제공할 수 있다는 점에서 효과적인 교육방법이라 할 수 있다. 잘 설계된 커뮤니케이션 기능을 활용하여 공동학습을 진행하거나 자율학습에 있어서도 어렵지 않게 전문가의 도움을 받을 수 있다.

[그림 8.4]에서와 같이 국내 한 B업체의 e-러닝 강좌의 왼쪽 메뉴를 자세히 살펴보면 기존의 컴퓨터 전달 강의와 e-러닝 강의를 구분하는 또 다른 특징, 즉 다른 사람과의 커뮤니케이션 기능이 있음을 알 수 있다.

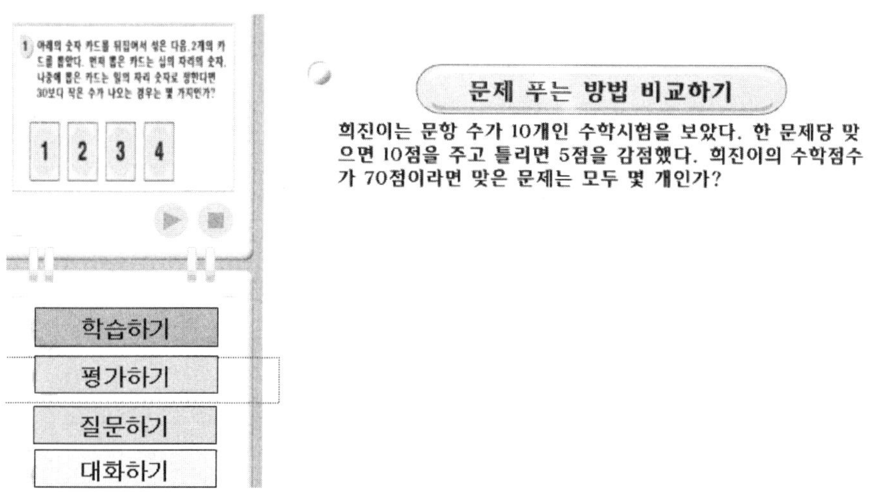

그림 8.4 국내 B업체의 e-러닝 강좌

최초의 CBT[17] 강좌는 개별 학습 방식으로서 다른 사람과의 상호작용 과정이 전혀 없거나 거의 없도록 설계되었다. 그러나 소프트웨어 기술의 발전과 인터넷의

17) Computer Based Training의 약자로 컴퓨터에 기반한 학습을 의미한다.

등장으로 이러한 한계가 많은 부분 해소되었다. 학습자는 채팅이나 원격학습 기능을 사용해 컴퓨터에서 실시간으로 다른 사람과 대화를 나누거나 이메일 또는 게시판을 통해 서로 다른 시간대에 있는 상대방과 의견을 나눌 수 있다.

그러나 아직까지 우리 나라 e-러닝 강좌에서 다른 사람(교사 및 학습자)과의 커뮤니케이션 기능을 활발히 지원하는 경우는 드물다. 미국의 경우도 마찬가지여서 미국의 2001년 산업 보고서에 따르면 e-러닝에서 커뮤니케이션 기능을 제대로 활용하는 사례는 거의 없는 것으로 나타났다. 컴퓨터 강좌의 상당 부분(77%)은 오직 학습자와 컴퓨터만이 상호작용하도록 사전 설계된 프로그램으로 구성되어 있다(Galvin, 2001).

이러한 원인은 여러 가지가 있을 수 있으나, 1) 의사소통 기능에 필요한 소프트웨어 제작에 많은 비용이 수반된다는 점과, 2) 아직까지도 의사소통은 사람과 사람이 직접 만나서만 잘 이루어질 수 있다는, 즉 면대면 학습에 익숙해진 사용자 때문이라는 의견이 지배적이다. 중요한 것은 두 번째 문제인데, 의사소통 기능을 위해서 처음부터 지나치게 많은 기능을 추가하거나 현실과 동일하게 하려는 것보다 작은 단위부터 하나씩 그 활용 사례를 늘려가는 것이 필요하다. 예컨대, 처음에는 게시판이나 메일을 이용하는 것에서부터 커뮤니티, 채팅으로, 최종적으로 종합적인 커뮤니케이션 기능을 구현하는 것이 좋다.

다. 가상 현실 제공

잘 설계된 e-러닝 강좌는 교실수업에서는 수행하기 어려운, 이를테면 위험이 수반되는 용광로 체험이나 우주공간에서의 속도 실험, 수중에서 부력 체험 등의 학습에 대해 가상현실이나 시뮬레이션 기법 등을 통해 효과적으로 수행할 수 있도록 도와준다. [그림 8.5]에 나와 있는 화면은 시뮬레이션 기법을 통해 학습이 이루어지는 사례이다.

이 강좌를 통해 학습자는 거리와 빛의 밝기와의 시뮬레이션을 통해서 물리교과의 한 영역인 '광원'과 '광도'와의 관계를 체계적으로 학습할 수 있다. 이 강좌는 프로그램 상의 광도측정기와 사진기를 통하여 거리를 달리하여 사진을 촬영하고 그 결과를 그래프로 보여 주면서 탐구 → 예측 → 해결 → 평가의 순으로 진행된다. 탐구과정에서는 관련 영역에 필요한 다양한 자료와 참고 사이트가 제시되고, 이를 바탕으로 학습자는 컴퓨터상에 제시된 가상의 탐구 기구를 이용하여 마치 실험실에서 실험하듯 여러 가지 변인을 통제하면서 학습을 할 수 있게 된다.

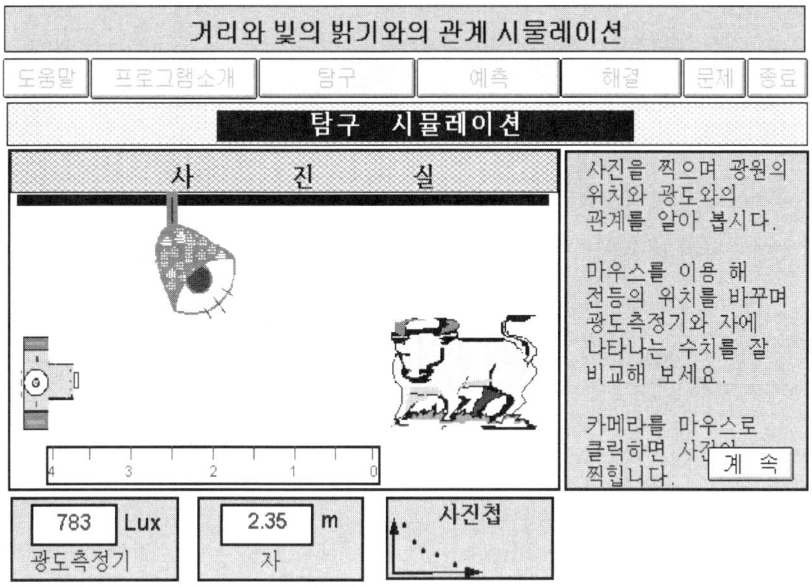

그림 8.5 학습자가 시뮬레이션 프로그램을 통해 '광원'과 '광도'와의 관계를 학습하는 장면

예측 단계에서는 탐구단계에서의 실험을 바탕으로 콘텐츠에서 제시되는 문제에 대해 예측하게 하고, 이에 대해 사이버 담당 교사의 피드백이 제공된다. 해결 및 평가단계에서는 좀 더 복잡한 응용문제를 해결하는 과정과 실험한 내용을 바탕으로 물리학적인 개념이 형성될 수 있도록 도와 주는 과정이 전개된다. 이 과정을 통해 학습자는 물체로부터 광원까지의 거리와 광도(빛의 밝기의 정도)와의 관계를 설명할 수 있으며, 물리교과의 난해한 영역 중의 하나인 빛의 변화를 다양한 컴퓨터 시뮬레이션을 통해 짧은 시간에 압축해서 보여주는 시뮬레이션 기법의 강력한 기능을 보여 준다.

오늘날의 컴퓨터는 상호작용 및 시뮬레이션 기법 외에도 텍스트, 오디오, 비디오, 사진 등의 문자 및 그래픽 이미지를 전달하기 위한 여러 가지 매체 요소를 갖추고 있다. 따라서 한 강좌를 통해 구현할 수 있는 매체 요소의 다양성과 종류는 머지않아 인간의 인식과 비슷한 수준으로 도달할 것으로 전망된다.

6. e-러닝의 유형

e-러닝 과정은 대부분 웹 기반으로 구현되지만 강좌마다 서로 다른 학습 이론이 적용된다. 지난 100여 년 동안 대표적으로 세 가지 유형의 학습 이론이 소개되었는데, 이 각각의 이론이 오늘날 제공되는 여러 강좌에 고루 반영되어 있다. 〈표 8.3〉에 정리된 이 세 가지 관점은 ① 정보습득으로서의 학습 ② 반응-강화로서의 학습 ③ 지식구성으로서의 학습이다.

표 8.3 e-러닝의 세 가지 유형

유형 : 기초 이론	강의 설계 내용	강의 설계 목적
수용형(receptive) : 정보습득이론	실무 활용 기회가 제한된 다수 정보 포함	정보 제공
지시형(directive) : 반응-강화이론	신속한 피드백 과정을 통해 학습자가 자주 반응하도록 요구	실무 지원 절차
발견학습형[18] (guided discovery) : 구성주의이론	업무상의 현실 문제 및 지원 자원 제공	실무 지원 원리

가. 정보습득으로서의 학습

정보습득이론의 관점에 따르면 학습은 인간의 기억에 정보를 채워 넣는 과정으로 풀이된다. 이러한 관점에서 볼 때 유용한 교수방법은 화면에 많은 양의 텍스트를 제시하는 방식과 같이 가능한 한 효율적으로 많은 양의 정보를 제공하는 것이다.

교사의 주된 업무는 정보를 전달하는 것이고 학습자의 주된 업무는 그것을 습득하는 것이다. 대개 학습자는 스폰지로, 교사는 물통으로 비유된다. 이러한 전제 하에

18) 발견학습형(guided discovery)은 학생들로 하여금 질문에 답함으로써 선택된 기능이나 개념을 발견하도록 하는 것이다. 교사는 천천히 그리고 점차적으로 학생들이 바람직한 반응을 하도록 일련의 질문을 한다. 교사는 단계적으로 질문을 하고 반응을 강화시키며 필요하다면 부가적 단서를 제공한다. 질문은 학생들이 다음 질문에 이르는 정확한 반응을 끌어내도록 계획되어야 한다. 이 유형의 장점은 학생들에게 자기 나름대로의 발견으로 성공감을 체험할 수 있다는 것이며, 단점은 학생의 수행이 제한적일 수 있다는 것이다. 발견학습형은 공 던지기나 공차기 등 멀리 보낼 수 있는 방법을 발견하도록 하는 운동을 지도할 때 효과적이다.

설계되는 교수 방식을 여기서는 '수용형' 또는 '보여주고 – 말하기'식 강의학으로 지칭하고 있다. 이러한 이론적 토대 위에 구축된 e-러닝 강좌는 종종 다양한 매체를 통해 정보를 제공하지만 학습자의 인식 체계에 과중한 부담을 줌으로써 실전 연습 과정을 통한 학습 기회를 제공하지 못한다는 단점이 있다. 이런 유형의 강좌는 실무 지원보다는 정보 제공을 목적으로 설계된 e-러닝 과정에서 보편적으로 발견된다.

나. 반응 강화로서의 학습

반응 – 강화 학습이론에 따르면 학습은 '자극(예 : 2 + 2 =__)'과 '반응(예 : 4)' 간의 연상 작용의 강화 또는 약화 과정으로 풀이된다. 이러한 관점에서 유용한 교수방법은 반복 훈련에 의한 연습 과정으로 교사는 질문을 제기하고 정확한 답변에 대해서는 칭찬을, 잘못된 답변에 대해서는 벌칙을 준다. 따라서 교사의 주된 업무는 짧은 단원을 제시한 후 그에 관한 질문을 던져 답변 결과에 따른 피드백 정보를 제공하는 것이고 학습자의 주된 업무는 질문 내용을 정확히 이해함으로써 피드백 정보를 기준으로 답변 내용을 정정하는 것이다. 이런 유형의 교육과정을 여기서는 '지시형' 또는 '주고 – 받기식' 교육 프로그램으로 지칭한다. 이 교수 방식의 특징은 단문식 진행 구조, 데모 또는 예시, 피드백 정정 과정을 통한 반복 실전 연습에 있다. 이러한 접근 방식은 주로 최종 사용자용 소프트웨어 운용 기술과 같은 세부 진행 절차를 가르치기 위해 설계된 강좌에서 사용된다.

다. 지식 구성으로서의 학습

구성주의 학습이론에 따르면 학습은 학습자가 하나의 통일된 내면적 개념을 수립할 때 효과가 발생한다는 것이다. 이러한 관점에서 유용한 교수방법은 학습자의 학습을 촉진하고 안내하는 과정으로 학습자는 수신 정보의 처리 방법에 관한 교사의 지도를 통해 실제적인 직무 과업(예 : 금융 상품의 교차 판매)을 성공적으로 달성하려고 시도한다. 따라서 교사의 주된 업무는 인식 과정을 안내하는 것이며, 학습자의 주된 업무는 직무 관련 문제의 해결이라는 측면에서 자신에게 제시되는 자료의 의미를 정확하게 파악하는 것이다. 이러한 교수 방식을 '발견학습형'이라고 하는데, 이 유형의 e-러닝 강좌는 교육과정을 통해 전달되는 세부 지침을 업무 진행상 예측할 수 없는 상황에 적용해야 하는 장기적인 학습을 요하는 경우에 가장 큰 효력을 발휘한다.

탐구과제

1. 교육방법 및 교육공학의 발전이 학교교육에 미치는 긍정적인 면과 부정적인 면을 나열하고, 부정적인 요인을 최소화할 수 있는 방안을 토의해 보시오.
2. 최근 새롭게 개발되고 있는 첨단 소프트웨어와 매체(예를 들어, 최신형 휴대폰, DMB, 게임 등)를 하나 선정하고, 그 매체가 교육에 효과적으로 활용될 수 있는 실제 혹은 가상적인 사례를 말해 보시오.

읽을거리

김신자 · 이인숙 · 양영선(1999). 『교육공학의 이론과 실제』. 서울 : 문음사.

나일주 · 정인성(2000). 『교육공학의 이해』. 서울 : 학지사.

백영균 외(2006). 『교육방법 및 교육공학』. 서울 : 학지사.

변영계, 김영환(2000). 『교육방법 및 교육공학』. 서울 : 학지사.

한국교육공학회(2006). 『교육공학 용어사전』. 서울 : 교육과학사.

한국교육학술정보원(2002). 교육정보화백서.

한국교육학술정보원(2003). 교육정보화백서.

Clark, R. C.(1994). Media will never influence leaning. Educational Technology Research and Development, 42(2), 21-30.

Clark, R. C.(1999). Developing technical training. Silver Spring, MD : International Society for Performance Improvement.

Clark, R. C.(2000). Four architecture of learning. Performance Improvement, 39(10), 31-37.

Dewey, J.(1916). Democracy and Education. NY : McMillan.

Dillon, A., & Gabbard, R.(1998). Hypermedia as an educational technology : A review of the quantitative research literature on learner comprehension, control, and style. Educational Psychology, 81, 240-246.

Galbraith, J. K.(1967). The new industrial state. Boston, MA : Houghton Mifflin.

Galvin, T.(2001). Industry 2001 report. Training, 38(10), 40-75.

Gentry, C. G.(1991). Educational technology : A question of meaning. In Anglin, G. J.(Ed.), Instructional technology : Past, present, and future. Englewood, CO : Libraries Unlimited.

Hall, W. E., & Cushing, J. R.(1947). The relative value of three methods of presenting learning material. Journal of Psychology, 24, 57-62.

Heinich, R.(1991). The proper study of instructional technology. In Anglin, G. J. (Ed.), Instructional technology : Past, present, and future, 59-81. Englewood, CO : Libraries Unlimited.

Heinich, R., Molenda, M., Russell, J. and Smaldino, S.(1999). Instructional media and technologies for learning(6th Ed.). Upper Saddle River, NJ : Merrill.

Leshin, C. B., Pollock, J., & Reigeluth, C. M.(1992). Instructional design strategies and tactics. Englewood Cliffs, NJ : Educational Technology Publications.

Muller, H.(2000). Stanford's Casper, Fortune, 142(9), 275-288.

Reigeluth, C. M.(1999). What is instructional-design theory and how is it changing? In Reigeluth, C. M.(Ed.). Instructional-Design theories and models : A new paradigm of instructional theory, Volume II. 5-29. Mahwah, NJ : Lawrence Erlbaum.

Rogers, E. M.(1962). Diffusion of innovations. NY : The Free Press.

Saettler, P.(1990). The evolution of American educational technology. Englewood, CO : Libraries Unlimited.

Seels, B. B., & Richey, R. C.(1994). Instructional Technology : The definition and domains of the field. Washington, DC : Association for Educational Communications and Technology.

CHAPTER

09

교육평가의 이해

제1절 교육평가의 의미

Ⅰ. 교육평가의 의미

인간이 존재하는 한 교육은 계속 행하여지고, 교육이 존속하는 한 어떤 형태로든 평가활동도 계속된다. 그렇기 때문에 인간, 교육, 그리고 평가라는 세 가지 개념은 서로 떨어질 수 없는 관계이다. 인간다운 인간을 만들기 위하여 교육이 필요하고 올바르고 참다운 교육을 하기 위해서는 평가가 필요하다. 반대로 보다 나은 평가결과나 자료에 의해 보다 개선되고 발전된 교육이 가능하고 이 같은 교육을 통해 인간은 보다 발전되어 왔다.

교육평가의 정의는 교육평가에 대한 견해와 강조점의 차이로 인하여 많은 학자들이 서로 다른 평가모형을 제안하고 있어 그 의미가 다양하다. 여기에서는 학자에 따른 교육평가의 의미와 관점에 따른 교육평가의 의미를 살펴본다.

가. 학자에 따른 교육평가의 의미

그러면 교육평가라는 개념은 어떻게 정의될 수 있는가? 몇몇 학자들의 견해를 제시하고 종합적으로 정의를 해 보고자 한다.

· Gronlund(1976 : 6) : 평가란 측정 또는 비측정된 결과 정보에 의하여 가치를

판단하는 과정이다.

- 김정권(1987 : 222) : 진보적 · 향상적 가치추구 내지 창조를 목적으로 한 교육활동을 통해서 인간행동이 변화되어 가는 양과 질을 일정한 증거에 의해서 따지고 재는 과정이다.
- 강봉규 · 이종성(1986 : 220) : 교육적 의사결정을 목적으로 교육활동의 가치와 효과를 결정하는 과정이다.
- Tyler(1949 : 105) : 평가의 과정이란 본질적으로 교육과정 및 수업의 프로그램에 의하여 교육목표가 실지로 어느 정도 실현되었는지를 밝히는 과정이다.
- Glaser : 평가는 교수의 적응과 적정화를 위하여 교수의 각 단계활동을 계속적으로 확인 점검하는 과정이다(황정규, 1992 : 76).
- Stufflebeam 외(1974 : 40) : 평가는 의사결정자에게 의사결정의 대안을 판단하는 데 필요한 적절한 정보를 획득, 기술하고 제공하는 과정이다. 교육적 의사결정의 종류에 따라서 맥락평가(context evaluation), 투입평가(input evaluation), 과정평가(process evaluation), 산출평가(product evaluation)로 나누고 이를 종합적으로 CIPP 모형이라고 명명하였다.
- Scriven(1967) : 평가는 다양한 교육적 수단들이 갖는 장점, 진가, 가치 등에 대한 질문에 해답을 추구하는 일이다. 평가는 그 자체가 이러한 가치판단의 결정을 위한 방법론적인 활동이다. 즉 평가는 가치의 판단 그 자체이지, 그것이 무엇을 위해 쓰이느냐 하는 것은 별개의 문제이다. 평가자는 판단에 독단이나 편견을 배제하기 위하여 탈목표평가(goal free evaluation)라는 개념을 제안하였다.
- Parlett과 Hamilton(1977 : 10) : 평가는 교육의 과정과 절차에 관련된 요소들을 명료화하여 보여 줌으로써 교육의 개선을 가져오고자 하는 사람들에게 도움을 주고 빛을 밝혀 주는 일이다. 곧 평가는 교육을 개선하기 위한 연구와 같은 의미를 지닌다. 평가는 단순히 객관적인 자료의 수집을 통해 판단을 내리는 일만이 아니라, 교육활동 그 자체에 도움을 주고 조명의 길을 밝혀 주는 활동이다.

이상의 여러 학자들의 견해를 종합해 보면, 교육평가란 '교육의 전체과정이나 활동에서 각 과정이나 활동의 적절성, 효율성, 타당성을 확인하고 보다 나은 교육의 과정을 설계하기 위하여 다양한 자료와 정보를 수집, 분석하고 그러한 자료와 정보에 근거하여 질적인 판단을 하는 과정'이라고 정의할 수 있다.

나. 관점에 따른 교육평가의 의미

교육평가의 의미를 바라보는 관점은 크게 목표달성관점, 의사결정관점 그리고 가치판단중심관점으로 나누어 볼 수 있다. 목표달성관점에서 바라보는 교육평가는 바람직한 행동변화가 실제로 어느 정도나 발생하고 있는가를 보는 것으로 이는 교육평가의 의미를 목표지향적으로 해석하는 관점이다. 목표달성모형(Goal Attainment Model : GAM)은 교육과정, 수업 또는 행정적 조치 및 경영·관리를 통해 교육목표나 교육을 위한 제도적, 행정적 목표가 달성된 정도를 사정하는 평가도구이다. 대표적인 학자들로는 Tyler, Provus, Hammond 등이 있으며, 이들의 공통적인 특징으로는 목표성취 여부를 평가하기 위해서는 필연적으로 목표나 성취기준을 설정하지 않을 수 없다는 점이다.

의사결정관점(decision model)에서 평가의 본질은 그 어떤 것의 선택과 의사결정에서 찾으려는 관점으로 평가의 의미를 의사결정자에게 필요한 정보를 제공하여 의사결정을 돕는 과정이라고 본다. 즉 의사결정을 필요로 하는 의문을 규명하고, 그것에 대한 여러 가지 해결대안을 마련하며, 이 대안들을 판별할 수 있는 정보를 수집하여, 마지막으로는 선택된 대안이 본래의 기대에 부응하였는가를 결정하는 과정이 곧 평가의 본질적인 의미라고 보는 입장이다. 이러한 의사결정 지향적인 평가관은 일찍이 Cronbach(1963)에 의해서 제안되었는데, 그는 교육평가를 교육 프로그램에 대한 결정을 내리기 위하여 정보를 수집, 사용하는 것이라고 보았다. 이 모형은 평가자의 역할을 의사결정에 필요한 정보를 기술하고, 획득하고, 제공하는 일에 국한시키려는 입장을 취한다.

가치판단모형(judgemental model)에서는 평가를 본질적으로 전문가에 의해 전문적 지식과 기술을 바탕으로 하여 평가하고자 하는 대상 또는 내용의 가치를 체계적으로 판단하는 활동이라고 보는 입장이다. 따라서 평가에 있어 목표가 얼마나 달성되었느냐는 문제뿐만 아니라 목표 그 자체의 가치에도 관심을 기울여야 한다는 것이다. 이것은 곧 평가자가 교육과정이나 교육 프로그램에 의한 목표를 수동적으로 받아들일 것이 아니라 그것이 가치 없는 것으로 판단되었을 때는 거부하는 태도도 가져야 한다는 것이다. 그리고 가치판단모형에서는 전문가의 지식과 기술, 자질과 경험을 중시하고 판단을 내리기 위해 어떤 기준을 사용할 것인가에 중점을 둔다. Stake의 안면모형, Scriven의 탈목표모형 등이 이에 속한다.

한편, 교육평가 개념은 시험, 검사, 측정 등의 용어와 때로는 혼용하거나 엄격하게 구분하여 사용하지 않음으로써 문제가 야기되기도 한다. 특히, '교육평가'라고 하면 곧 '시험'을 의미하는 것으로 오해하는 사람들이 많다. 물론 교육평가 개념에는 시험의 의미가 포함되기는 하지만, 시험이 곧 교육평가라고 생각하는 것은 적절하지 않다. 검사나 측정도 마찬가지이다.

참고로 평가라는 개념의 의미를 보다 분명히 하기 위하여 유사한 개념의 하나인 시험의 의미를 포함하는 교육측정(educational measurement)과 비교해 보면 다음과 같다(김준권 · 손충기, 1998 : 276-278).

첫째, 발달순서로 볼 때 교육측정 활동은 교육평가보다 먼저 일어났다.

둘째, 측정이 객관성을 강조한 나머지 수량적 자료를 찾아내는 일에 주안점을 둔다면, 평가는 교육목표가 얼마나 달성되었는가에 주안점을 둔다.

셋째, 측정은 신뢰도에 보다 관심을 두는 데 비하여, 평가는 타당도에 보다 관심을 둔다.

넷째, 측정은 표준화된 도구의 개발에 신경을 쓰거나 그러한 도구를 보다 가치롭게 간주하는 것에 비하여, 평가는 구체적인 상황에 필요한 도구개발에 주력한다.

다섯째, 측정이 규준집단에 비추어 본 개인의 양적 기술(記述)을 강조하는 데 비하여, 평가는 교육목표에 비추어 본 양적 · 질적 기술을 강조한다.

여섯째, 측정은 환경변인을 무시하거나 오차변인으로 간주하는데 비하여, 평가는 환경변인을 행동변화의 중요한 자원으로 파악하여 그 특성의 파악에도 주목한다. 일곱째, 측정이 횡단적 방법에 의한 검사 실시 방법을 적용하는 데 비하여, 평가는 횡단적 · 종단적 방법을 목적에 따라서 혼용한다.

제2절 교육평가의 기능과 유형

1. 교육평가의 기능

교육평가는 그 목적과 형태에 따라서 다양한 기능을 갖는다. 교육평가는 그 자체로서 개선이나 반성, 반향설정 등 긍정적 기능 또는 순기능을 응당 지니는 것으로 이해되고 있다. 그러나 시험이나 측정의 결과, 또는 평가자나 중요 타자의 태도, 행동양식 등에 따라 부정적 기능 또는 역기능을 하기도 한다. 따라서 교육평가 순기능뿐만 아니라 역기능을 잘 이해하고 그것의 억제방법에 대한 탐구가 요청되고 있다.

학교교육에 관련하여 교육평가의 기능을 살펴보면 다음과 같다.

Remmers와 Gage는 기준의 유지기능, 선발의 기능, 학습동기화 기능, 학습지도의 조력 기능, 교사・교수법・교재・교과내용 등의 평가와 판단기능, 교육경험의 제공기능 등 6대 기능으로 구분하였다(1955 : 10-21). Lindquist(1951 : 3-18)는 학습촉진 기능, 학습지도 개선 기능, 생활지도 기능, 교육정치 기능 등 네 가지를 제시하였다. 또 김정권(1987 : 222)은 교육평가의 기능을 심리적 기능(非目的 기능)과 교육활동의 효율화 기능으로 2대별하고, 전자에는 학습자에게 미치는 正的 否的 영향, 학생의욕의 환기 기능, 인간형성적 기능 등으로 세분화하고, 후자는 학습의 진단과 치료, 생활지도, 상담의 자료 제공, 학습촉진, 학습자 자신의 자기평가, 교육과정과 학습지도법의 개선, 교육정치, 학교교육의 수준 유지, 기타 등으로 세분화하여 제시하였다.

여러 학자들의 견해를 종합하면 교육평가의 기능은 다음과 같이 정리할 수 있다.

첫째, 학생 개개인의 학업성취도를 평가하는 기능이다. 일정한 목표와 목적을 지니고 체계적으로 이루어지는 활동이 교육이므로 교육목표가 어느 정도(집단적으로 뿐만 아니라 개인의 경우) 달성되고 달성되지 못했는가, 달성되지 못한 주요 원인은 무엇인가 등에 대한 통찰을 얻도록 돕는 기능을 갖는다.

둘째, 개인차원과 집단차원에서 학습에 있어서 곤란한 점이 무엇인가를 파악할 수 있는 기회를 제공하는 기능을 갖는다. 학습에 있어서 곤란점은 다양하게 파악될 수 있다. 즉, 학습자가 지니고 있는 곤란점, 교사가 지니고 있는 곤란점, 교수-학습 과정상의 곤란점, 교육환경이 안고 있는 곤란점 등을 고려할 수 있으며, 교육평가는 결국 어떤 점이 학습을 곤란하게 하며 교육목표 달성을 어렵게 하고 있는가를 이해하는 데 도움을 준다.

셋째, 학습촉진의 기능을 지닌다. 평가는 학생의 학습촉진을 위해 필요한 학습동기 유발기능을 수행한다. 물론 이러한 교육평가의 기능이 순기능으로서 이해될 수 있는가의 문제가 있다. 즉, 교육평가의 학습촉진 기능이 진정한 의미에서 자율적인 학습동기를 유발시키는 것인가, 아니면 학생들의 스스로 하고자 하는 마음에서 우러나는 학습촉진이라기보다는 강제된, 타율적인 힘에 못이겨 수행하는 학습이냐 하는 문제다. 교육평가가 긍정적인 학습촉진 기능을 수행하기 위해서는 자율적이고 자의적인 학습 동기유발이 가능하도록 해야 한다. 그러기 위해서는 학생들의 개인차에 부응하는 평가, 시험이나 검사, 측정 등의 무기화를 지양하는 평가가 되어야 하며 평가자의 생각 깊은 평가 방법에 대한 탐구가 요청된다.

넷째, 교육평가는 교육과정, 수업자료, 수업과정, 그리고 학급조직 등의 여러 측면에 대한 교육적 효과성을 점검하고 개선할 자료제공 기능을 수행한다. 따라서 교육평가란 결과로서의 교육성취도 뿐만 아니라 투입요소와 과정요소에 대한 평가도 포함되는 넓은 개념이며 활동이다.

다섯째, 교육평가는 교육정책 결정을 위한 자료제공의 기능을 수행한다. 이 기능은 전국적인 규모 또는 특정 지역단위의 교육평가에 드러나는 기능이다.

여섯째, 교육평가는 생활지도와 상담을 위한 기초자료 제공 기능을 수행한다. 어느 면에서는 생활지도 과정이나 상담과정도 교육평가 영역에 포함될 수 있다. 그러나 교육평가의 1차적인 기능을 학생 이해에 둔다고 할 때, 그 이해에 바탕을 둔 생활지도와 상담이 보다 효과적으로 수행될 수 있는 것이다.

이상의 여러 기능과 더불어 고찰해야 할 것이 교육평가의 역기능이다. 교육평가란 순기능만을 수행하는 것이 아니라 학생들에게 부정적인 영향을 미치는 측면도 있다. 교육평가의 역기능 측면은 주로 학생들의 정의적 특성을 왜곡시키는 기능으로서 불안감의 조성, 정서적 안정감의 파괴, 부정적 자아개념의 형성, 부적절한 우월의식의 형성, 자포자기 등 다양하게 나타날 수 있다. 물론 이러한 현상들이 교육평가의 본질적 기능은 아니더라도, 그 과정에서 나타나는 것이 사실이다. 이러한 역기능 측면이 나타나는 원인은 다양하지만 가장 중요한 것은 평가자의 평가관과 평가과정, 평가결과의 해석 등의 부적절성을 지적할 수 있다. 평가란 항상 부적절성을 내포하고 있는 것이므로 분류나 선발, 처벌이나 인간규정의 절대적인 기준을 제공해 주리라는 기대는 버려야 할 것이다.

2. 교육평가의 유형

평가의 유형은 그 준거에 따라 여러 가지로 분류될 수 있다. 즉, 평가기준에 따라 상대평가(상대비교평가 · 규준지향평가) · 절대평가(절대기준평가 · 목표지향평가)로, 지도과정에 따라 진단평가 · 형성평가 · 총괄평가(총합평가)로, 비교여부에 따라 비교평가 · 비비교평가로, 형식성에 따라 형식적 평가 · 비형식적 평가로, 시점에 따라 사전평가 · 사후평가로, 방식에 따라 양적 평가 · 질적 평가로, 평가의 주체에 따라 내부평가(자체평가) · 외부평가로, 발달역사에 따라 전통적 평가 · 대안적 평가로, 평가하는 인간특성에 따라 능력평가, 인성평가로 분류된다.

이 모든 유형을 다 살펴볼 수 없으므로 여기서는 먼저, 평가현장에서 중요하게 다루어지고 있는 상대평가(상대비교평가 · 규준지향평가)와 절대평가(절대기준평가 · 목표지향평가)를 대비시켜 논의하고, 이어 학습상황과 밀접히 관련지어 이루어지는 진단평가, 형성평가, 총합평가 및 평가하는 인간특성에 따른 능력평가, 인성평가 유형에 대하여 살펴보기로 한다.

가. 상대평가와 절대평가

상대평가는 상대비교평가 또는 규준지향평가라고도 하는데, 이는 학생을 그가 속해 있는 집단구성원들의 점수결과에 비추어 상대적 서열로 나타내는 방법을 말한다. 따라서 상대평가에서는 주어진 교육목표의 달성도와는 상관없이, 각 학생이 다른 학생보다 점수가 높은가, 낮은가에 따라서 그의 위치(서열 · 석차)를 결정하게 된다. 그러므로 한 학생의 점수가 높다고 하더라도 그 집단의 다른 학생의 점수가 높으면 상대적으로 그 학생의 위치는 낮아지게 되며, 반대로 그의 점수가 상당히 낮다고 하더라도 다른 학생의 점수가 낮으면 상대적으로 그 학생의 위치는 높아지게 된다. 그렇기 때문에 여기에서의 평가기준은 집단의 내부에서 결정된다.

상대평가는 사물의 특성분포처럼 학습자의 능력이나 학업성취가 정규분포(정상분포; normal distribution)를 이룬다는 전제하에서 출발한다. 그러므로 교사는 자신이 아무리 효과적인 교수활동을 전개한다 하더라도 거기에는 우수한 학습자와 열등한 학습자가 존재하기 마련이라고 믿는다. 즉, 교사는 학습장면에서 충분한 학습을 하는 학생도 있고 불충분한 학습을 하는 학생도 있으며, 또한 실패하는 학생도 당연히 있기 마련이라고 기대한다. 상대평가의 기준은 진술한 바와 같이 학생집단의 내부에서 결정되는데, 학생들이 획득한 점수들이 바로 그것이다. 각 학생이 획득한 점수가 다른 학생들의 점수보다 높은가 또는 낮은가에 따라 그의 상대적 위치가 달라진다. 따라서 표시되어 나온 수치(석차)는 교육목표의 성취도라기보다는 같은 학생집단에서의 위치 · 서열을 의미하는 것이며, 그 이상의 의미를 주지는 못한다. 상대평가체제는 주로 학생들의 개인차를 밝혀 내는 데 초점을 두기 때문에 '선발적 교육관'의 입장을 취한다.

끝으로, 상대평가체제의 장 · 단점에 대하여 살펴보기로 한다. 먼저, 상대평가의 장점을 살펴보면 첫째, 학생들의 개인차의 변별이 용이하다는 점이다. 상대평가는 여러 개인의 상대적인 비교를 기초로 하여 이루어지는데, 이러한 비교는 근본적으로 각 개인이 가진 개인차를 인정함으로써 가능하다. 둘째, 교사의 편견을 배제할 수 있다. 상대평가는 객관성 있는 개인차 변별을 강조하며 검사의 제작기술과 엄밀한 성적표시 방법을 채택하고 있기 때문에 교사의 편견이 개입될 가능성이 적다. 셋째, 외발적인 동기유발에 도움이 된다. 학교에서 실시하는 모든 시험은 그 결과로 얻어지는 자료수집에 목적이 있기도 하지만, 학생 상호간의 경쟁을 통하여 더욱 열심히 공부하게 하는 자극제가 되기도 한다.

반면, 상대평가의 단점은 첫째, 교육목표의 달성도에 상관없이 학생들의 등급을 매기고 서열을 정함으로써 지적 계급주의를 발생시킨다. 둘째, 평가의 기준은 그 집단 내부에서만 통하기 때문에 타집단과의 비교가 불가능하다. 셋째, 참다운 학력평가가 불가능하다. 넷째, 학생들간의 경쟁의식을 지나치게 조장할 우려가 있어 학생의 정신건강에 좋지 않은 영향을 미칠 수 있다. 다섯째, 인간의 발전 가능성에 대한 신념이나 교육의 효과에 대한 신념을 흐리게 할 우려가 있다. 여섯째, 현대학습이론에 부합되지 않는다. 현대학습이론은 외발적인 동기가 아니라 내발적인 동기유발을 권장하고 있을 뿐만 아니라 적절한 교수활동에 의해 거의 모든 학생에게 만족스러운 성취를 가능하게 할 수 있다는 입장을 취하고 있는데, 상대평가는 이를 인정하고 있지 않다.

절대평가는 절대기준평가 또는 목표지향평가라고도 하는데, 이 평가체제는 학생을 그가 속해 있는 집단구성원들의 점수결과에 비추어 나타내는 것이 아니라, 주어진 교육목표를 실질적으로 어느 정도 달성하였는가, 즉 교육목표의 달성도에 의하여 평가하는 방법이다. 따라서 절대평가체제에서는 평가기준이 되는 구체적인 교육목표가 사전에 반드시 설정되어야 하고, 학습 후의 학생의 학업성취도는 이 교육목표를 직접적으로 반영하여 평가되지 않으면 안 된다.

오랜 기간 동안 학교교육에서 상대평가체제가 채택된 것은 공교육제도가 선발적 교육관에 기초를 두고 있었기 때문이었다. 상대평가는 선발적인 교육체제의 맥락 속에서 발전되고 정당화되었다. 그러나 학교교육의 목적이 높은 수준의 교육을 받기에 알맞은 소수의 학생을 선발하고 예언하는 데 있는 것이 아니라 모든 학생들의 능력을 최대한으로 개발시키는 데 있는 것인 만큼, 이러한 '발달적 교육관'에 부합되는 새로운 평가체제로서 절대평가체제가 필요하게 되었다. 따라서 선발적 교육관에서 발달적 교육관으로의 변화는 절대평가체제의 출현의 원동력이 되었다. 또한, 교육의 질적 관리에 대한 관심의 증대도 절대평가체제의 필요성을 더욱 높였다. 일정한 교육기간 동안에 투입된 물적·인적 자원이 올바르고 효과적으로 활용되었는가에 대한 판단은 학습자가 교육목표를 얼마만큼 달성했는가를 평가하지 않고서는 불가능하다.

한편, 교육과정의 설계에 있어서의 새로운 동향도 절대평가체제의 강화에 영향을 미쳤다. 즉, 교육효과를 높이기 위한 교육목표의 구체화, 교육내용의 적절화, 교수활동의 효율화, 그리고 이에 입각한 평가 및 평가결과의 활용이 강조됨으로써 절대평가가 더욱 필요하게 되었다.

절대평가의 특징은 검사의 타당성을 강조하는 데 있다. 상대평가체제에서는 검사도구의 신뢰도가 크게 강조되는 반면, 절대평가체제에서는 타당도, 즉 원래 측정하려고 의도했던 교육목표를 얼마나 충실하게 측정하고 있느냐를 강조한다. 또한, 절대평가체제는 효과적인 교수활동에 의하여 모든 학생이 설정된 교육목표를 달성할 수 있다고 믿기 때문에 자연히 검사점수의 분포는 부적 편포(負的 偏布), 즉 오른쪽으로 치우친 분포곡선이 될 것을 기대한다. 또한, 절대평가체제는 인간의 무한한 가능성과 교육의 효과에 대한 신념을 믿는다. 반면, 상대평가체제에서는 어느 집단이든 성공적인 학생과 실패적인 학생들이 섞여 있기 마련이며, 그것은 극히 자연스러운 현상이라고 믿고 있다. 그러나 절대평가체제에서는 인간이 노력하기에 따라서 무한히 발전될 수 있으며 또한, 학습자는 누구나 그에 알맞은 학습기회가 제공된다면 주어진 교육목표에 도달할 수 있다는 신념을 강조한다. 절대평가체제는 인간의 무한한 가능성과 교육의 효과에 대한 신념을 기초로, 교육을 통해 모든 학생들이 기대했던 목표에 도달할 수 있다는 기본철학을 신봉한다. 끝으로, 절대평가체제의 장·단점에 대해서 살펴보기로 한다.

먼저, 절대평가의 장점을 보면 첫째, 교육개선을 위한 실질적인 자료를 제공한다. 여기에서는 평가의 결과를 누가적으로 비교·검토하게 함으로써 교육의 질적 향상을 도모할 수 있다. 둘째, 교수-학습활동의 개선에 도움을 준다. 학습자가 성취하고 있는 학습부분과 실패하고 있는 학습부분을 발견하기 매우 쉬우며, 교수-학습활동에서 보충 또는 개선되어야 할 부분이 무엇인가를 쉽게 알 수 있게 해 준다. 따라서 학습자 개개인의 학습 진전 상황을 밝혀 알맞은 지도를 실시하는 데에도 유리하다. 셋째, 학생들에게 성공감과 성취감을 맛보게 한다. 절대평가는 목표지향적인 평가이기 때문에 설정된 교육목표가 달성되었을 때 학습자에게 보다 많은 성취감 또는 성공감을 갖게 해 준다. 그럼으로써 학생들의 긍정적인 자아개념과 정서발달을 가능하게 하여, 정신건강에도 도움을 준다. 또한, 이러한 요소들은 학습에 대한 내발적인 동기유발의 요인으로 작용하게 된다. 넷째, 의미있는 점수를 제공해 준다. 절대평가에서 얻어진 점수결과는 그 점수 자체가 중요한 의미를 갖는다. 즉, 점수가 높을 때에는 그만큼 설정된 교육목표에 가깝게 도달되었음을 의미하고 반대로, 낮을 때에는 목표에 그만큼 미달하고 있음을 의미한다. 다섯째, 협동학습을 조장한다. 학습장면에서 학생들간의 경쟁보다는 협동을 강조함으로써 협동학습을 촉진시킬 수 있다. 여섯째, 불필요한 지적 능력의 구분을 배제한다. 학생들의 등급과 서열을 매겨 학생들의 능력을 구분하는 지적 계급주의를 배격한다.

반면, 절대평가의 단점을 보면 첫째, 학생들의 개인차 변별이 어렵다. 학습자 개인간의 능력 비교는 어렵고, 우열을 판정하기도 쉽지 않다. 둘째, 학습활동에 대한 외발적인 동기유발에 부적절하다. 학습장면에서는 외발적인 동기유발 방법도 중요하게 작용하는데, 학생들의 경쟁을 통한 외발적 동기유발에는 적절하지 못하다. 셋째, 통계적 활용에 난점이 있다. 통계처리는 정규분포이론 하에서만 가능하기 때문에 이러한 정규분포를 인정하지 않는 절대평가에서는 통계처리가 불가능하며, 통계처리를 한다 해도 아무런 의미가 없다. 넷째, 절대기준의 설정에 어려움이 있다. 절대기준을 설정하기 위해서는 각 교과의 학문구조에 대한 분석과 학습과제의 위계적 분석이 필수적으로 요구되는데, 그 작업이 고도의 전문성을 요구하기 때문이다. 교육에 있어서 절대기준은 교육목표이지만, 이러한 교육목표를 누가 정하고 어떻게 정하느냐 하는 것은 결코 쉬운 일이 아니다.

나. 진단평가, 형성평가, 총괄평가

의사가 환자를 효과적으로 치료하기 위해서 필수적으로 먼저 해야 할 일이 환자의 상태에 대한 정확한 진단인 것처럼, 교육활동에 있어서도 교사가 효과적인 교수-학습지도를 하기 위해서는 학습자가 가지고 있는 출발점행동(기초학력의 정도, 선행학습의 정도, 언어능력 등의 인지적 출발점행동과 학습흥미, 학습동기, 성격특성 등의 정의적 출발점행동), 즉 학습준비도를 제대로 파악해야 한다. 이처럼 일정한 수업에 들어가기 전에 학습자의 출발점행동을 확인하는 평가를 진단평가라고 한다.

진단평가는 교수-학습지도에서 여러 기능을 가지게 되는데, 이러한 기능을 대략 네 가지로 정리하면 다음과 같다. 첫째, 출발점행동(인지적 · 정의적 출발점행동)을 확인하여 적절한 후속조치를 취하게 한다. 어떤 교과나 단원의 학습을 위해서는 학습자의 출발점행동을 정확히 확인하여, 그 후속조치가 필요할 경우 해당 조치를 취해야 한다. 교수활동은 학생들이 현재 가지고 있는 능력수준과 지식・기능 및 정의적 특성을 토대로 전개될 때 보다 훌륭한 효과를 기대할 수 있다. 둘째, 학생들을 특정 하위코스나 소집단에 정치(定置; 배치)하고자 할 때 그에 대한 증거를 제공해 준다. 셋째, 학습의 중복을 피하게 해 준다. 학생이 이미 알고 있는 내용을 중복해서 학습하게 하면 시간과 노력의 낭비는 물론, 학습자의 학습흥미를 잃게 할 염려가 있는데, 이를 예방하기 위해서 진단평가가 필요하다. 넷째, 학습곤란에 대한 사전대책을 포함한 교수전략의 수립에 도움을 준다. 진단평가는 학습자의 기초학력・선행학습 정도・적성 등의 인지적 특성과 흥미・태도・성격 등의 정의적 특성을 밝혀, 이를 토대로 적절한 교수전략을 세우게 하는 데 도움을 준다.

진단평가의 유형에는 출발점행동 확인을 위한 진단평가, 정치를 위한 진단평가, 그리고 교수전략 수립을 위한 진단평가 등이 있는데 이에 대하여 차례대로 살펴보면 다음과 같다.

첫째, 출발점행동 확인을 위한 진단평가는 모든 학생들은 동등한 기초학력이나 특성을 갖고 있지 않으므로 이들을 동일한 출발점에서 지도한다는 것은 잘못된 것이다. 새로운 학습에 들어가기 전에 필수적으로 학습해야 할 과제의 숙달이 불충분한 학생과 충분한 학생을 함께 배치하여 수업을 진행시킨다면 만족스러운 학습결과를 기대하기 어렵다. 학생이 새로운 학습과제에 임할 때 가지고 있는 인지적・정의적 행동특성을 진단하는 데 이용되는 평가를 출발점행동 확인을 위한 진단평가라고 한다. 둘째, 정치를 위한 진단평가인데, 여기에는 학습자의 학교간 정치(배치)를 위한 진단평가와 학습자의 학교 내 정치를 위한 진단평가, 그리고 학습자의 학급 내 정치를 위한 진단평가가 포함된다. 먼저, 학습자의 학교간 정치를 위한 진단평가는 일반계・농업계・공업계・상업계・수산해운계・가사실업계・과학계・체육계・예술계・외국어계・국제계 고등학교 등과 같이 종류가 다른 학교에 학습자를 정치하기 위한 진단평가를 말한다. 그리고 학습자의 학교 내 정치를 위한 진단평가는 일반계 고등학교에 있어서 문과・이과나 취업계열・대학진학계열 등과 같이 학교 내에서 학생들을 정치하기 위하여 행해지는 진단평가를 말한다. 또한, 학습자의 학급 내 정치를 위한 진단평가는 학습자를 우수반, 열등반, 보통반으로 나누거나 혹은, 진단결과에 따라 적절한 수업집단으로 학생들을 분류하는 학급 내 정치를 위한 평가를 말한다. 셋째, 교수전략 수립을 위한 진단평가인데, 학습의 능력, 적성, 희망, 흥미 등의 개인차를 인정한다면 교수방법도 이 개인차에 따라 다양화되어야 한다. 이와 같이 학생들의 개인차에 부합되는 교수전략을 수립하기 위하여 행하는 평가를 교수전략 수립을 위한 진단평가라고 한다.

형성평가는 수업의 개선을 위한 평가로서 교수-학습지도 활동이 진행되는 도중에 학생들의 학습진전 상황에 대하여 피드백을 주고, 교수-학습지도 방법을 개선하기 위해서 실시하는 평가를 말한다. 따라서 형성평가는 학습이 진행되는 도중에 실시되는 평가이므로 학습의 극대화를 위한 것이 가장 큰 목적이라고 할 수 있다. 또한, 형성평가는 학생 개개인의 현재 위치나 진전상황을 분명히 밝혀 줌으로써 개인의 능력에 맞도록 학습진도를 개별화할 수 있게 해 준다. 이러한 평가는 학습의 진행과정에서 주기적으로 자주 행해지게 된다. 여기에서의 '자주'라는 말의 한계는 명확한 것은 아니지만, 일반적으로 주어진 단원에 속하는 소단원 또는 주제에 대한 지도가 끝날 때마다 실시된다는 의미이다.

이렇게 함으로써 학습곤란의 누적현상을 미리 방지하여 효율적인 학습활동이 이루어지도록 한다. 형성평가의 결과에 의해서 학습자의 상당수가 학습곤란을 겪고 있거나 학습결손을 보이는 것이 밝혀지면, 이는 단순히 학습자에게만 책임을 돌릴 수 없다. 이 경우 교사는 필요하다면 교육목표를 학습자의 수준에 맞게 조정하고 교육내용의 구성을 보다 쉽게 하거나, 혹은 교수-학습지도 방법을 개선하도록 해야 한다.

형성평가는 각 문항별로 정답과 오답을 확인하여 교수의 효율성과 학습자의 학습결손 여부를 결정하는 데 활용하는 평가방식이기 때문에 절대평가체제로 행해지는 것이 좋다.

형성평가의 기능은 네 가지로 나누어 볼 수 있는데, 학습지도 활동의 조정, 학습활동의 강화, 학습곤란의 확인과 교정, 교수전략의 개선 등이 그것이다.

첫째, 교수-학습지도 활동을 조정하게 해 준다. 형성평가를 통해서 얻어진 정보를 토대로 교수-학습지도 활동을 조정하여 적절한 교정 또는 보충수업의 기회를 제공하게 되면 학습결손의 누적현상을 피할 수 있게 된다. 이렇게 되면 학습자는 새로운 학습과제를 성공적으로 성취할 수 있게 된다. 둘째, 학습활동을 강화해 준다. 형성평가를 통해서 교육목표 달성의 진전상황을 학습자가 직접 확인하게 되면 자신감과 만족감을 얻게 되어 보다 적극적으로 후속학습에 임하게 된다. 셋째, 학습곤란을 확인하여 교정하도록 해 준다. 형성평가의 결과에 의해서 학생들은 자신의 학습곤란을 스스로 확인하며, 그것을 제거해 나가는 데 힘쓰게 된다. 넷째, 교수전략을 개선하게 해준다. 형성평가의 결과에 의해서 교육과정 전반, 즉 교육목표의 조정, 교육내용의 변경, 교수-학습지도 방법의 개선, 교육평가 방법의 개선 등의 전반적인 교수전략을 재구성할 수 있다.

총합평가는 진단평가나 형성평가와는 달리 한 학기에 1~2회 정도, 1년에 2~4회 정도 실시하는 평가로서 학기 말이나 학년 말에 종합적으로 교육목표의 달성도를 평가하는 것을 말한다. 이 총합평가는 대개 절대평가체제로 행해지는 것이 보통이나, 간혹 상대평가체제로 행해지기도 한다. 이 결과는 학생의 성적으로 기록되고 학부형에게도 통보된다.

총합평가의 기능은 여러 가지로 설명될 수 있으나, 여기에서는 대략 여섯 가지로 정리해 보기로 한다.

첫째, 성적을 판정하게 해 준다. 종합평가의 주된 목적은 주어진 교육목표의 달성도를 전반적으로 확인하여, 그 결과를 학생의 성적으로 부여하는 데 있다. 둘째, 후속학습에 대한 성공을 예언하게 해 준다. 총합평가의 결과는 학생들의 학습지도와 생활지도의 기초자료가 된다. 교과목에 따라서 어느 정도의 차이는 있으나, 총합평가에 의해서 확인된 학생의 현재의 성적은 다음 학기나 학년 또는 상급학교에서 얻을 성적을 예언하는 데 도움을 준다. 셋째, 교수전략의 수립에 대한 정보를 제공해 준다. 총합평가는 해당 단원의 학습지도 방법의 개선에 대한 정보로 활용할 수는 없지만, 그 결과는 후속적인 교수전략을 수립하는 데 좋은 정보를 제공해 준다. 넷째, 집단간의 학습효과를 비교할 수 있게 해 준다. 학교간 또는 학급간의 학업성취의 비교는 총합평가에서 얻어진 결과에 의해서 이루어진다. 다섯째, 학생의 학업성취에 대한 피드백을 제공해 준다. 학생 각자의 학습진보가 어느 정도 이루어지고 있는가 하는 정보를 학생에게 알려 주는 것이 형성평가의 주된 목적인데, 총합평가도 필요에 따라 이 같은 목적으로 활용될 수 있다. 교과목을 학습하는 도중에 비교적 넓은 범위에 걸친 총합평가의 결과나 교과목 전반에 대한 총합평가의 결과를 학생들에게 통지하는 것, 즉 학생에게 진전상황을 알려 주는 것은 피드백의 효과를 거둘 수 있다. 여섯째, 자격을 판정하게 해 준다. 총합평가는 학생이 지닌 능력이나 기능, 지식이 요구하는 정도의 자격이나 기준에 부합되는지를 판정하게 해 준다. 입학시험이나 자격시험 등이 이러한 기능을 수행한다.

다. 평가하는 인간특성에 따른 유형

교육평가는 학습자의 어떤 인간 특성을 평가하느냐에 따라서 능력평가와 인성평가로 구분할 수 있다.

1) 능력평가

능력평가는 사람이 무엇을 할 수 있느냐, 어느 정도의 능력을 소유하고 있으며, 무엇이 얼마나 우수하고 무엇이 얼마나 부족한가를 확인하려는 것이다. 이 평가는 일반적으로 속도평가라고 할 수 있다. 즉 주어진 시간 동안에 문제를 해결하는 정도를 기준으로 능력을 평가하려는 것이다. 능력평가는 다시 적성평가(aptitude evaluation)와 학력평가(achievement evaluation)로 나눌 수 있다. 적성평가는 장차의 학습 및 특정 영역의 발달능력의 예언적 성격을 띤다. 적성은 다시 일반적성과 특수적성으로 나눈다. 일반적성은 지능을 말하며, 특수적성은 예언적성, 사무적성, 언어적성, 직업적성 등 보다 세분화된 분야에서의 발달 가능성과 능력 발휘 정도를 일컫는다.

학력평가는 과거, 현재, 혹은 미래의 학습 정도와 학습력을 평가하려는 것으로 교육현장에서 가장 보편화되어 있는 평가형태이다.

2) 인성평가

인성평가는 이 개념이 의미하는 바와 같이, 인간심리의 내적 구조와 상태를 평가하는 것이다. 성격, 적응, 기질, 흥미, 태도, 가치관, 불안, 자아개념, 만족과 불만족도 등 다양한 인간 구인(constructs)의 현재 상태 혹은 변화 경향을 평가하는 것을 일컫는다.

인성을 평가하기 위해서는 그 방법이 적절해야 하며 신뢰로운 측정이 전제되어야 한다. 관찰법, 면접법, 사회성측정법, 자기보고법, 표준화 검사법 등이 측정하고자 하는 특성에 따라서 유효 적절하게 활용되어야 한다.

이와 같은 교육평가 유형 외에도 주관식 평가와 객관식 평가, 교사 작성평가와 표준화 검사를 이용한 평가 등으로도 구분할 수 있다. 오늘날 학교교육에서 특히 강조되는 평가의 형태는 수행평가(performance evaluation)이다.

수행평가란 학습자가 실제로 수행할 수 있는 것이 무엇인가를 중심으로 평가하는 것으로, '진실한 평가', '진짜평가' 등으로 불리기도 한다. 따라서 얼마나 알고 있느냐 보다는 "무엇을 얼마나 잘 할 수 있느냐"에 1차적인 관심을 갖는 평가이다. 종래의 평가가 학습자들이 암기하고 있는 지식 소유 정도 평가에 치중한 점을 반성하고 학생들이 직접 말하는 것, 쓰는 것, 수행해 낸 산출물을 직접 평가 대상으로 삼아야 한다는 것이 수행평가의 근본적인 의도이다. 이와 같은 평가는 문제해결의 과정과 결과물, 작품구성 결과, 실험실습 장면, 보고서 작성 내용이 평가 등에 주안점을 둔다.

제3절 교육평가의 절차

1. 교육목표의 확인 및 교육목표의 구체적 분석

교육목표는 교수－학습활동의 지침이 될 뿐만 아니라 평가의 기준이 된다. 따라서 어떤 검사가 학습자의 교육목표 달성도를 충실히 측정해 준다면 그 검사는 좋은 검사라고 할 수 있다. 그러므로 좋은 검사를 만들기 위해서는 무엇보다도 먼저 교육목표를 재확인하고 학습자가 성취해야 할 수준을 알아보아야 한다. 이 때 교육목표에는 교육과정을 구성할 때 이미 설정된 목표는 물론 교사 자신이 설정한 목표도 포함되어야 한다.

교육목표는 내용과 행동의 두 요인으로 규정되며, 이러한 내용과 행동의 두 요인을 교육목적의 이원적 요소라고 한다. 여기에서 내용이란 행동의 발현될 수 있는 원천으로서 학습경험 속에 포함된 것이고, 행동이란 그 내용을 통하여 얻게 되는 결과로서 교육의 궁극적 목표가 된다. 여기서 말하는 행동은 한 인간의 심리적인 과정 전체를 지칭하는 것으로서 외현적 행동은 물론 내현적 행동까지도 포함된다.

교육활동은 교육목표에 포함된 이 이원적 요소, 즉 행동과 내용에 비추어 교육목표를 구체적으로 분석하고 확인하는 작업에서부터 시작되어야 한다. 왜냐하면 교육목표가 구체적으로 분석되고 확인되지 않으면 평가의 기준이 불명확하기 때문에 어떤 내용을 소재로 어떤 행동을 측정하는 검사를 재작해야 하는지에 대한 객관적이고 타당한 기준이 마련될 수 없기 때문이다.

그러므로 교육목표의 진술은 내용의 구현을 위하여 있을 어떤 행동이라는 이원적 요소가 현저히 드러나 보이도록 구체적으로 결정해야 하며 이에 따라 단원을 전개하고 또 그 목표의 달성도를 평가하게 되는데 우선 이원분류표의 작성이 필요하다. 이원분류표를 작성하는 일은 평가활동의 가장 기본적인 계획이며 이것을 작성하지 않고 제작한 검사는 타당성을 보장받기 어렵다. 이원분류표를 작성함으로써 교육목표에 부합되는 타당성이 있는 평가를 할 수 있고 또한 자칫하면 어느 한 부분에 치중하여 출제하게 될 위험성을 배제할 수 있기 때문이다. 따라서 교사제작 검사의 경우에 이원분류표를 이용하면 손쉽게 논리적 타당도를 검증할 수 있다.

한편 교육목표를 구체적으로 분석한다는 것은 학습의 결과로 학습자에게 나타나기를 기대하는 행동이 무엇인가를 명확히 파악하는 일이다. 행동면에서 생각해 보면 교육목표는 결국 어떠한 행동을 할 수 있는 인간을 만드느냐의 표시이므로 목표에 포함되고 있는 두 요소 중에서 행동이 핵심적 목표이고 내용은 행동이 발현될 수 있는 원천이라고 간주한다.

2. 평가장면의 설정

교육목표에 대한 구체적인 분석작업이 이루어지면 세분화된 행동을 측정할 수 있는 검사장면을 설정하고 거기에 사용할 도구를 마련해야 한다. 여기에서 검사장면이라 함은 분류된 행동의 학습 정도가 가장 잘 나타날 수 있는 상황을 말한다.

교육평가의 검사장면은 물리적인 기구에 의한 직접적인 측정이 가능한 신체검사의 경우보다 훨씬 더 복잡하고 다양하다. 그리고 교육평가의 검사장면은 평가자의 능력에 따라서 보다 적절하게 설정될 수도 있고, 보다 부적절하게 설정될 수도 있다. 따라서 교육평가에 있어서는 평가자가 측정하려고 하는 행동의 학습 정도가 가장 잘 노출될 수 있는 검사장면을 설정해야만 타당하고 신뢰로운 결과를 얻을 수 있다. 그리고 이와 같은 검사장면 설정의 적절성 정도는 평가자의 평가기술에 따라 좌우된다.

교육평가는 측정대상이 인간이라는 점에서 물리학적인 측정이나 다른 동물들을 대상으로 한 측정에 비하여 많은 제한점을 가지고 있다. 특히 많은 경우에 있어서 교육목표의 이원적 요소 중 행동면이 불명확해지고 대개 간접적인 측정결과를 거쳐야 하기 때문에 검사장면 설정에 고도의 전문적인 기술을 필요로 한다.

3. 검사도구의 제작

검사장면을 설정한 다음에 해야 할 일은 실제로 검사에 사용할 도구를 제작하는 일이다. 즉 교육의 궁극적 목표인 행동의 증거를 수집하는 데 이용할 도구를 제작하는 것이다. 물론 검사장면을 설정하는 일과 검사문항을 제작하는 단계는 아주 밀접한 관계를 가지고 있고, 시간적으로 거의 동시에 이루어질 수도 있다.

평가도구는 그 질에 따라 측정결과의 타당도와 신뢰성이 좌우되며 평가목적의 충족여부가 좌우된다는 점에서 매우 중요하다. 좋은 검사문항을 제작하기 위해서는 검사문항의 제작 및 검사의 구성에 관한 전문적인 지식과 경험을 갖추어야 한다.

4. 검사의 실시와 결과 정리 및 분석

지금까지 설명한 여러 단계, 즉 교육목표의 확인과 구체적 분석, 검사장면의 설정, 검사도구의 제작은 검사를 실시하기 위하여 이루어진 준비단계에 속한다. 이러한 준비 작업이 모두 완료되면 교육목표에 제시된 행동의 증거를 수집하는 검사의 실시 단계에서는 피검사자들이 충분히 그리고 솔직하게 있는 그대로의 행동을 발현시킬 수 있는 상황을 조성하는 일이 무엇보다 중요하다. 따라서 이 단계에서는 검사실시의 횟수 및 시기, 검사장의 물리적 조건, 검사의 지시, 피검사자의 동기유발 등 검사 실시에 따른 제반 문제가 검토되어야 하는 바, 다음과 같은 점에 특별히 유의해야 한다. 첫째, 일반적으로 검사의 실시 시기는 검사의 목적이나 종류에 따라서 결정된다. 둘째, 검사장의 물리적 조건이 통제되어야 한다. 셋째, 검사의 지시는 간결하고 명확해야 한다. 넷째, 피검사자들의 검사에 대한 동기를 유발시켜야 한다.

검사가 끝나면 피검사자들이 반응한 결과, 즉 행동의 증거를 정리해야 한다. 이 단계에서는 검사결과는 채점하고 채점한 점수를 기록하여 평가의 기초 자료를 만들어 낸다. 그러나 채점은 아무리 객관적으로 그리고 정확하게 했다고 할지라도 채점결과에는 거의 언제나 고정적 오차와 변산적 오차가 포함되어 있다는 사실에 유의해야 한다.

교육목표의 달성도는 양질의 검사를 통하여 얻은 자료에 의해서 평가되어야 한다. 교육목표를 아무리 정확히 진술하고, 그에 따라 이원분류표를 작성하고 또한 그에 따라 문항을 제작하였다 할지라도 검사자체의 양호도를 검증해 보지 않았다면 그 검사의 결과에 대하여 확신을 가질 수가 없는 것이다. 그러나 대부분의 교사 제작검사는 이러한 통계적 절차를 밟지 않았기 때문에 검사의 질을 정확히 판단하기가 힘들다.

검사의 결과는 두고두고 활용할 수 있는 학생이해 자료이므로 활용하기에 편리하도록 기록하고 관리해야 한다. 일반적으로 검사결과를 기록하고 보존하는 데는 행정적 목적과 지도적 목적의 두 가지 목적이 있다. 행정적 목적은 문서의 형태로 보관하는 데 있지만 지도적 목적은 피검자들의 학업지도 및 생활지도에 수시로 활용하는 데 있다. 검사결과를 기록하고 보존하는 데 있어서의 어려움은 이 두 가지 목적을 모두 충족시켜야만 하는 데서 비롯된다.

우리 나라의 학교현장에서는 모든 검사결과를 생활기록부에 일원화하여 기록하고 이를 영구보존하는 데 치중하고 있는 반면에 검사결과를 지도적 목적으로 활용하는 경우는 간과하고 있다. 검사결과는 학생들의 학업지도 및 생활지도에 수시로 활용될 수 있는 학생이해 자료라는 점을 감안해 볼 때, 앞으로는 검사결과의 기록 및 관리에 있어서 행정적 목적뿐만 아니라 지도적 목적도 충족할 수 있도록 배려해야 할 것이다. 그러기 위해서는 우선 검사결과의 기록을 행정적 목적의 기록과 지도적 목적의 기록으로 이원화해야 할 것이다. 그리고 지도적 목적의 기록양식은 학생 개개인에 대한 기록과 각종 검사 결과 및 여타 정보를 구체적이고 분석적이며 그리고 누가적으로 기록할 수 있도록 설계되어야 할 것이며, 활용에 편리하도록 카드화하는 방안도 검토해 보아야 할 것이다.

5. 결과의 해석 및 활용

교육평가 활동의 결과는 일차적으로 교육목표의 달성도라는 측면에서 해석된다. 그러나 부차적으로는 교육과정의 전 국면과 관련하여 해석될 수 있다. 즉 교육평가 활동의 결과는 교육목표의 설정, 학습경험의 선정 및 조직, 학습지도 및 평가 등 교육과정의 제국면의 적절성과 효율성에 대한 정보를 제공해 줄 뿐만 아니라 각 국면의 개선에 활용될 수 있는 것이다.

학교 현장에서 교육평가 활동의 결과는 직접적으로 다음과 같이 활용할 수 있다.

첫째, 교육적 정치(placement)를 위한 자료로 활용할 수 있다. 교육적 정치란 학생의 학력이 최대한 발휘될 수 있도록 교육 상태에 학생을 배치시키는 것을 말한다.

둘째, 학생들의 학습결원을 진단하고 이에 대한 교정지도 계획을 수립하는 데 활용할 수 있다.

셋째, 수업과정에서 학생들이 당면하는 학습곤란을 극복하고 학습지도 방법을 개선하는 데 활용할 수 있다.

넷째, 생활지도를 위한 자료로 활용할 수 있다.

다섯째, 학생 개개인의 성적을 평정하는 자료로 활용될 수 있다.

제4절 교육평가의 문제와 동향

1. 교육평가의 문제

교육평가가 어떤 문제점을 안고 있으며, 반성하고 개선해 나가야 할 점이 무엇인가는 여러 가지 측면에서 논할 수 있다. 여기에서는 편의상 교육평가의 문제를 평가관 및 평가목적상의 문제, 평가내용 및 대상의 문제, 평가방법상의 문제 등의 범주로 나누어 우리나라 각급 학교교육에서의 평가가 지니고 있는 일반적인 문제를 종합적으로 검토해 보고자 한다. 그리고 현대 교육평가의 동향을 살펴본다.

가. 평가관, 평가목적상의 문제

- 전도된 교육평가관 : 인간이해가 아닌 인간규정 평가관, 측정관
- 총괄평가 위주(양 위주)의 결과중심 교육평가
- 학생평가 위주의 평가 관행 : 교육평가의 대상과 자료, 시간은 무한하다.
- 교육과정 자체의 평가관 부족
- 시험이 곧 교육평가라고 보는 관점
- 인간 내 변산보다는 인간간의 변산에만 주목하는 교육평가

나. 평가내용 및 대상의 문제

- 지적 영역 일변도의 평가관행
- 단순 지식의 암기와 이해 등 하등 정신능력 중심의 교육평가
- 교과서 중심의 교육평가 내용

다. 평가방법상의 문제

- 상대평가, 규준지향평가 위주의 교육평가
- 지필 검사 일변도의 평가방식
- 사지택일형 객관식 중심의 평가방식
- 너무 빈번한 평가 횟수

이 외에도 강승호 등(1996)은 학교 교육현장에서 발견되는 교육평가에 대한 몇 가지 신화적인 믿음을 다음과 같이 지적하고 있다.

첫째, 시험은 곧 경쟁이라는 믿음을 가지고 있다.

둘째, 시험은 학습동기를 유발한다는 믿음을 가지고 있다.

셋째, 숫자는 언제나 정확하다는 믿음을 가지고 있다.

넷째, 객관식 검사만이 신뢰할 수 있다는 믿음을 가지고 있다.

다섯째, 평가의 결과는 모두 학생의 책임이라는 믿음을 가지고 있다.

이와 같은 교육활동에 관련되어 있는 사람들의 교육평가에 대한 신화는 결국 교육평가의 본질을 왜곡시키는 결과를 초래한다.

2. 교육평가의 동향

교육은 그 본질 추구를 위한 노력과 더불어 사회의 변화에 따라서 변화에 변화를 시도하고 있다. 교육의 목적이 바뀌고 있고, 내용이 변화하고 있으며, 교육방법이 하루가 다르게 바뀌고 있다. 이러한 변화는 교육평가 분야도 마찬가지다. 오늘날의 교육평가는 종래의 상대평가 체제의 결함을 반성 개선하면서 학생의 능력신장과 교육의 책무성 평가라는 절대평가 체제(성취수준 평가체제)의 평가관으로 바뀌고 있다.

특히, 최근들어 세계적으로 교육평가 분야에서 관심있게 다루는 내용은 국가수준의 성취도 평가, 교육기관의 교육체제 평가, 교육평가에서 컴퓨터 활용의 보편화, 교수-학습과정 개선평가, 학습자 중심의 수행평가 등이다(국립교육평가원, 1996).

여기에서는 이러한 동향 중 학습자 중심의 수행평가 내용을 살펴보고자 한다.

가. 수행평가의 정의 및 특징

위기로서 진단되고 있는 현행 교육의 개선을 위해서는 전통적인 교육평가의 절차나 방법이 보다 바람직한 것으로 바뀌어야 할 필요가 있다. 그러한 바람직한 방향이라 함은 우선 전인교육을 조장할 수 있고, 교사의 교수방법을 개선하는 데 필요한 적절한 정보를 제공할 수 있으며, 학생 개개인의 장·단점을 파악하여 수업이 진행되는 과정에서 교육적인 처방을 할 수 있고, 학생의 창의성이나 문제해결력 등 고등 정신기능을 신장시킬 수 있는 것을 말한다. 이러한 요구에 부응할 수 있는 평가방식으로서 최근에 많이 논의되고 있는 것이 질적평가라고 할 수 있으며, 이 질적평가의 방법이나 절차를 가장 잘 드러내는 것이 바로 수행평가이다(백순근, 1996).

이러한 수행평가는 실상 전혀 새로운 것이라고는 할 수 없다. 즉 서술형 검사, 구술시험, 실기시험, 실험실습 등의 수행평가의 세부 유형들을 살펴보면 알 수 있듯이 대부분은 우리가 이미 알지만 학교에서 주로 사용하지 않는 것들이다. 하지만, 이하의 논의에서 알 수 있듯이 그 시행 환경이나 이론적 배경 등에 있어서 많은 차이가 있으며, 기본적으로는 학생을 등수와 성적으로 양극화시켜 파악하는 것이 아니라 개개인의 특성과 개성을 파악하여 학생에 대한 질적 이해를 꾀한다는 점에서 주된 차이가 난다고 볼 수 있다. 또한 통제된 인위적인 상황보다는 가능하면 실질적이고 자연스런 상황하에서 평가하고자 한다는 점을 차이로 들 수 있다.

수행평가에서는 학생이 배우고자 하는 지식이나 기능을 평가함에 있어서 객관식 평가에서와 같이 답지의 적절한 선택이 곧 지식이나 기능의 습득의 증거라는 가정을 부정하고, 학생이 답안을 작성하거나 행동으로 직접 나타내는 것을 통해 직접적으로 성취 여부를 측정하고자 한다. 이러한 수행평가를 정의하는 데에 있어서 학자마다 의견이 조금씩 다르지만, 대략 다음과 같은 대표적 정의로 표현해 볼 수 있을 것이다.

> 수행이란 어떤 구체적인 상황하에서 실제로 행동을 하는 과정이나 그 결과를 의미하고, 수행평가란 학생 스스로가 자신의 지식이나 기능을 나타낼 수 있도록 산출물을 만들거나, 행동으로 나타내거나, 답을 작성하도록 요구하는 평가방식이다.

대부분 단편적인 지식만을 암기하도록 조장하는 기존의 평가방식을 지양하고, 학생의 고등 사고 기능을 파악하고 개별적인 학습을 신장하기 위해 사용될 수 있는 수행평가의 성격은 다음과 같다.

첫째, 수행평가는 학생이 문제의 정답을 선택하게 하는 것이 아니라, 자기 스스로 정답을 작성(구성)하거나 행동으로 나타내도록 하는 평가방식이다. 한 가지 정답만을 선택하게 하는 평가 방법으로는 학생이 그 반응을 선택하게 되는 인지 과정이나 문제해결 과정을 파악하기 어렵다. 경우에 따라서는 자기의 능력과는 무관하게 우연히 정답을 선택하는 경우도 있을 것이다. 그러나 자신이 옳다고 생각하는 답을 직접 작성(또는 수행)하게 하면(그것을 글로 쓰게 하든, 말로 하게 하든, 행동으로 하게 하든) 학생의 인지적 구조나 문제해결 과정을 비교적 쉽게 파악할 수 있게 된다.

둘째, 수행평가는 추구하고자 하는 교육목표를 가능한 한 실제 상황하에서 달성했는지 여부를 파악하고자 한다. 예를 들어, 학생의 작문 실력이 좋아졌는지 여부를 파악하기 위해서, 가상적인(또는 강요된) 상황을 설정하고 다른 작가들이 이미 써 놓은 작품들을 제시한 다음 잘 쓴 글을 선택하게 하거나 질이 낮은 글을 선택하게 하는 것이 아니라, 어버이날에 즈음하여 부모님께 편지를 직접 쓰게 한 다음 그것을 보고 평가하는 것이다. 다시 말해서, 추상적인 상황하에서 정답을 선택하게 하여 평가하기보다는 실제적인 상황에서 직접 관찰할 수 있는 방식으로 평가하고자 하는 것이다. 이처럼 수행평가에서는 실제적인(통제되거나 강요된 상황이 아니라 자연스러운) 상황을 강조하기 때문에, 통제된 상황하에서 이루어지는 전통적인 실기시험과는 다소 구별된다.

셋째, 수행평가는 단편적인 영역에 대해 일회적으로 평가하기보다는 학생 개개인의 변화와 발달 과정을 종합적으로 평가하기 위해 전체적이면서도 지속적으로 이루어지는 것을 강조하는 방식이다. 예를 들어, 어떤 한 시점에서 일부 영역에 대해 포괄적으로 평가를 하는 기말시험이나 대학수학능력시험, 혹은 대학별 입학시험보다는 교실에서 교사가 학생 개개인의 변화, 발달 과정을 진단, 평가하기 위해 수시로 관찰하거나 면담을 통해서 그 결과를 누가적으로 기록하는 형태의 평가가 수행평가의 입장에 더 부합한다고 하겠다.

넷째, 수행평가는 개개인을 단위로 해서 평가하기도 하지만 집단에 대한 평가도 중시한다. 예를 들어, 하나의 연구 과제를 주고, 팀을 이루어서 공동으로 그 과제를 해결하도록 한 후 팀을 단위로 평가하는 것이다. 아울러 개인이나 집단을 평가할 때, 다른 사람이나 다른 집단과 비교해서 평가하는 것(상대평가)이 아니라 객관적인 평가 준거에 근거하여 평가하는 목표지향평가(절대평가) 형태를 취하게 된다. 따라서, 수행평가는 학생 상호간의 지나친 경쟁을 유도하는 것이 아니라 학생 상호간의 협력을 유도하게 된다.

다섯째, 수행평가는 학생의 학습 과정을 진단하고 개별학습을 촉진하려는 데 그 목적이 있다. 즉, 수행평가는 학생의 선발, 분류, 배치를 위한 목적에 사용할 수도 있지만, 학생의 지적 수준을 진단하고 학생의 이해 수준을 높이며 개별 학습을 촉진하는 데 일차적인 목적이 있다. 따라서, 교수-학습 평가의 과정이 교수-학습 과정과 분리되기보다는 하나의 통합된 형태로서 교수-학습 과정의 한 부분이 된다고 할 수 있다.

여섯째, 수행평가는 학생의 인지적인 영역(창의성이나 문제해결력 등 고등 사고 기능을 포함) 뿐만 아니라 학생 개개인의 행동 발달 상황이나 흥미, 태도 등 정의적 영역 그리고 체격이나 체력 등 신체적인 영역에 대한 종합적이고 전인적인 평가를 중시하고 있다. 이를 위해 교사들은 학생들의 인지적인 성취도 뿐만 아니라 정의적인 측면이나 신체적인 측면에서의 성취도를 파악하고 그것의 성장, 발달을 촉진하기 위해서 교육적인 애정을 가지고 끊임없이 노력해야 한다(국립교육평가원, 1996).

나. 수행평가의 유형

수행평가의 유형을 보면 이제까지 전혀 볼 수 없었던 완전히 새로운 것들이라고 할 수 없으며, 사실상 몇몇 덜 '학구적인' 지식 영역에서는 이미 성공적인 표준으로 확립되어 오기도 하였다. 리사이틀, 연기, 예술작품 전시, 그리고 체육 경연 등은 많은 곳에서 활발히 시행되고 있는 것들이다. 수행평가의 유형들에는 그러한 것들 외에도 여러 가지가 포함될 수 있는 바, 대표적인 유형들로는 서술형 검사, 논술형 검사, 구술시험, 찬반토론법, 실기시험, 실험실습법, 면접법, 관찰법, 프로젝트(연구보고서), 포트폴리오 등이 있다.

이러한 기법들은 앞에서도 말했듯이 과거에도 있었던 것이기는 하지만, 기존의 권위나 가치관에 대한 수동적인 수용보다는 자기 나름의 세계를 재창조하는 과정 중심의 인지 심리학을 근거로 하여 창의성이나 문제해결력 등 고등 사고 기능을 파악하고 신장하기 위한 교육평가의 기법으로 새롭게 각광받고 있다. 특히, 수행평가는 통제된 상황하에서 이루어지는 전통적인 교수-학습 평가의 방식과는 달리 가능한 한 실제적인 상황을 강조하기 때문에 지행일치를 촉구하게 되고 전인교육을 강조하게 된다. 아래에서는 각각의 유형에 대해서 간단히 설명한다.

서술형 검사는 흔히 주관식 검사라고 하는 것으로 문제의 답을 선택하는 것이 아니라 학생들이 직접 서술하는 검사형태이다. 모범답안을 상정하고 있는 경우가 많고, 수학의 경우 단순한 답의 암기보다는 문제해결의 과정을 보고자 한다.

논술형 검사는 일종의 서술형 검사라고 볼 수 있으나 특별히 상정하고 있는 정답이 없는 상태에서 개인 나름의 생각이나 주장을 창의적이고 논리적이면서도 설득력 있게 조직해야 함을 강조한다는 점에서 구별된다. 논술형 검사는 서술된 내용의 깊이 뿐만 아니라 글을 조직하고 구성하는 능력을 동시에 평가하게 된다. 또한 내용의 적절성, 문장 구조, 단어 사용, 원고 작성법, 문단 양식 등의 소영역으로 나누어 평가해 볼 수 있을 것이다. 이러한 논술형 검사를 통해 고등 사고 기능을 평가할 수 있게 된다.

구술시험은 종이와 붓이 발명되기 전부터 시행되어 오던 가장 오래된 수행평가의 형태로서, 학생으로 하여금 특정 교육 내용이나 주제에 대하여 자신의 의견이나 생각을 발표하도록 하여 학생의 준비도, 이해력, 표현력, 판단력, 의사소통 능력 등을 직접 평가한다. 구술시험은 학생들이 대학이나 대학원을 졸업하기 위해서 졸업 시험이나 논문 심사의 한 과정으로 거쳐야 하는 관문처럼 생각하는 시험의 한 형태이지만, 초·중등학교에서도 쉽게 사용할 수 있다.

찬반토론법은 사회적으로나 개인적으로 서로 다른 의견을 제시할 수 있는 토론주제를 가지고 개인 혹은 집단별로 찬반토론을 하도록 한 다음 의견을 개진하기 위한 사전준비의 충실성, 토론 내용의 논리성, 반대의견을 존중하는 태도, 토론 진행 방법 등을 총체적으로 평가하는 방법이다. 아울러 찬반토론의 과정을 자세히 관찰함으로써 토론 진행 과정에서 지도력을 발휘하여 토론을 이끌어 가는 사람, 당당하게 자기 주장을 피력하는 사람, 남의 의견을 차분히 듣고 모두의 의견을 집약하는 능력을 발휘하는 사람, 또는 상대방에게 의견을 자유롭게 제시하도록 한 다음 결론은 자기 의견대로 끌고가는 사람 등 여러 가지 유형의 성격도 파악할 수 있다. 이러한 찬반토론법은 논술형 검사와 구술시험을 통해 얻을 수 있는 정보를 모두 얻을 수 있는 장점이 있는 반면, 학생 수가 많은 경우 개별 학생들이 발언할 기회를 충분히 가지지 못하는 단점도 있다.

수행평가에서 언급되는 실기시험이 기존의 실기시험과 다른 점은 실기를 하는 상황의 성격이다. 즉 통제되거나 강요된 상황이 아닌 실제적 상황을 중시한다. 예를 들어, 농구를 배우고 난 뒤의 실기시험에서, 기존의 평가가 정해진 자리에서 5개의 슛을 하도록 하여 골인된 숫자와 슛의 자세로 평가한다면, 수행평가에서는 학급 또는 학교 대항 농구시합을 실제로 하는 것을 관찰하여 학생들을 평가한다.

실기시험은 예체능 분야에서 주로 사용되어 오던 방법이나, 요즈음은 예체능 이외의 분야에서도 많이 시도되고 있다. 예를 들어, 말하기, 읽기, 쓰기 등의 분야에서 직접 학생들에게 말하거나, 읽거나, 쓰게 한 다음에 보통 2명 이상의 교사나 채점자가 평가하는 방식이다.

실험실습법은 주로 자연과학 분야에서 많이 사용되는 것으로 어떤 과제에 대해서 학생들로 하여금 직접 실험 · 실습을 하게 한 후 그 결과보고서를 제출하게 한다. 이 때 학생들은 개인 단위로 할 수도 있고 팀 단위로 공동작업을 할 수도 있으며, 평가자는 학생들의 실험 과정을 직접 관찰한 것과 제출된 결과보고서를 동시에 고려하여 평가한다. 계획 및 고안, 조작기능 및 실험 수행, 관찰 및 기록, 자료해석 및 실험, 책임감, 창의성 및 습관 등의 하위 영역으로 나누어 평가할 수 있다.

면접법이란, 평가자와 학생이 서로 대화를 통해서 얻고자 하는 자료나 정보를 수집하여 평가하는 방법이다. 즉, 평가자가 학생과 직접 대면하여 평가자가 질문하고 학생이 대답하는 과정을 통해 지필식 시험이나 서류만으로는 알 수 없는 사항들을 알아보고 그것을 평가하는 방법이다. 면접하는 방법은 한 명의 평가자와 한 명의 학생이 일 대 일로 하는 면접, 여러 명의 평가자와 한 명의 학생이 하는 다수 대 일로 하는 면접, 반대로 일 대 다수가 하는 면접 등이 있다. 면접법의 장점은 보다 심도 깊은 정보를 얻을 수 있으며, 사전에 예상할 수 없었던 정보나 자료를 얻을 수 있고, 진행상 융통성을 발휘할 수 있는 것 등이다.

관찰법은 학생을 이해하고 평가하기 위한 가장 보편적인 방법이다. 교사들은 늘 학생들을 접하고 있으며 개별 학생 단위로나 집단 단위로나 항상 관찰하게 된다. 예를 들어, 학생들 간의 사회적 관계구조를 파악하기 위해 한 집단 내에서 개인간 또는 소집단간의 역동적 관계를 집중적으로 관찰하는 것이다. 특히, 나이가 아주 어리거나 지적 능력이 지나치게 낮은 학생들을 대상으로 평가하기 위해서는 평가 상황을 의도적으로 마련할 수 없는 경우가 있기 때문에 인위적이 아닌 자연적인 상황에서의 관찰법을 자주 사용하게 된다.

객관적이고 정확한 관찰을 하기 위해서는 관찰 대상을 있는 그대로 기술하는 일화 기록법이나, 체크리스트나 평정척도 등을 이용하기도 하고, 경우에 따라서는 비디오 녹화를 한 다음 분석하기도 한다(백순근, 1996).

프로젝트(연구보고서)법은 각 교과별로나 범교과적으로 여러 가지 연구 주제 중에서 학생의 능력이나 흥미에 적합한 주제를 선택하되, 그 주제에 대해서 자기 나름대로 자료를 수집하고 분석, 종합하여 연구보고서를 작성하도록 하는 것이다. 프로젝트를 통해 학생들은 자신이 가진 지식과 기능을 겉으로 드러내게 된다. 프로젝트는 넓은 범위의 능력들을 요구하는데, 주로 학생들이 일을 착수하는 능력과 창의적으로 이끌어 나가는 능력을 보고자 한다. 교사는 이미 잘 알려진 우수 행동의 표준에 비추어서 각각의 프로젝트에 점수를 매긴다. 학생들은 자신이 수행한 것을 교실에서 혹은 다수의 청중 앞에서 실제로 보여주거나 전시할 것을 요구받는다.

프로젝트는 개인 학생간 혹은 집단간의 경쟁 형태가 될 수도 있고, 아니면 전체 학생들이 열심히 협력하여 함께 수행하는 형태가 될 수도 있다. 그룹 단위로 이루어지는 평가는 학생들이 계획, 연구, 토론, 집단 발표 등을 해야 하는 복잡한 문제를 함께 해결해 나가도록 해 준다. 학생들의 협동을 조장하고 가치로운 결과를 얻도록 해 주는 것이 이 기법의 큰 매력이라고 할 수 있다(Rudner, 1991).

포트폴리오의 원래 뜻은 서류가방 또는 서류철이다. 이것은 교사에게 평가받기 위해 학생들이 제출하는 자료가 몇 개의 작품 혹은 수행 결과로 구성된 서류철이나 서류가방의 형식을 취하기 때문에 붙여진 이름이다. 포트폴리오는 하나 이상의 분야에서 노력, 진보, 성취 정도를 보여주는 학생들의 작품을 의도적으로 모은 작품집이다. 간단히 말해서 포트폴리오란 학생의 경험과 성취를 기록한 다양한 정보를 포함하는 서류철인 것이다. 학생들은 차곡차곡 자신의 작품을 모아 둠으로써 자기 자신의 변화 과정을 스스로 파악할 수 있고, 교사들은 학생들의 과거와 현재 상태를 쉽게 파악할 수 있고 앞으로의 발전 과정에 대해서도 적절한 조언을 해 줄 수 있다. 이 방식은 단편적인 영역에 대한 일회적 평가가 아니며, 학생 개개인의 변화, 발달 과정을 종합적으로 평가하기 위해 전체적이면서도 지속적인 평가를 강조하는 것으로 수행평가의 대표적인 기법 중의 하나이다.

다. 수행평가의 절차

학교현장에서 수행평가를 실시하는 절차를 보면, 먼저 학습자들의 개인차에 대한 진단을 실시하여 그들을 적절히 배치해야 한다. 그리고 나서 그들에게 부합되는 학습목표를 설정하여 제시하여야 하는데, 이 때는 학습자들의 적극적인 참여가 마땅히 허용되어야 한다. 다음으로, 설정한 학습목표를 달성하는 데 필요한 다양한 과제를 선정해야 하는데, 여기에서도 학습자들의 참여를 적극 권장해야 한다. 그리고 수행평가 계획서를 작성하여 성취수준과 평가영역을 구체화한 다음, 평가방법의 선정 및 평가도구를 제작하여야 한다. 이어, 수행과제를 학생들에게 제시하여 성취해 나가게 하고, 그 수행과정은 물론, 결과에 대하여 다각적인 평가를 실시하여 그 평가결과들에 대한 분석자료를 수업활동과 학습활동의 개선에 적극 활용해야 한다. 끝으로, 평가결과에 대한 각종 기록을 잘 정리하여, 후속적인 지도활동에 참고해야 한다. 이 같은 수행평가의 절차를 도식으로 나타내 보면 [그림 9.1]과 같다.

학습자의 개인차 진단 및 배치	· 학습능력(선수학습 정도 등) 및 학습양식 등을 포함한 인지적 영역의 행동특성의 차이 · 학습동기, 흥미, 태도, 자아개념 등을 포함한 정의적 영역의 행동특성의 차이 · 신체발달 등을 포함한 심리운동적(기능적) 영역의 행동특성의 차이 · 기타 생활환경과 성 차이 등

↓

학습목표의 설정 · 제시	· 인지적 영역의 행동특성과 관련된 성취목표 · 정의적 영역의 행동특성과 관련된 성취목표 · 심리운동적 영역의 행동특성과 관련된 성취목표

↓

다양한 학습과제의 선정	· 교수－학습 활동 유형에서 요구하는 수행과제 · 학습자 개별 수행과제

↓

수행평가 계획서 작성 (평가방법 및 채점기준의 결정 등)	· 관찰 : 학생에 대한 변화 · 향상 등 기록 · 포트폴리오, 실기, 보고서, 토론, 실험 · 실습 체크리스트, 채점기준표 · 지필검사(학습지) 등에 대한 계획

↓

학습활동의 전개 및 수행평가의 실시	· 학습자가 선택한 과제 수행 · 교사가 학습자를 고려하여 부여하는 과제 수행 · 수행평가의 실시

↓

평가결과에 따른 피드백(교정)	교수－학습지도 활동의 개선 및 개인별 · 집단별 학습지도 (보충학습지도 · 심화학습지도)

↓

최종 평가결과에 대한 분석 및 기록표 작성	· 수행평가 결과 기록표 작성 · 개인별 또는 집단별 향상 보고표 작성 · 개인의 특성변화에 대한 서술식 기록 작성

그림 9.1 수행평가의 절차

라. 수행평가의 제한점

수행평가의 여러 장점에도 불구하고 이제까지 학교에서의 평가가 선다형 지필검사에서 크게 벗어나지 못했던 이유는, 수행평가가 너무나 새로운 것이어서 널리 알려지지 않았다기보다는 그리고 시대적 변화에 따른 필요성을 인식받지 못해서라기보다는 아래와 같은 제한점들이 존재하기 때문이다. 이에 대한 극복과 해결을 위해서라도 먼저 문제가 무엇인지를 정확히 파악하는 일이 앞서야 할 것이다. 이하에서는 크게 세 가지로 나누어서 제한점을 간단히 지적해 보고 그에 대해 논의해 보겠다.

우선, 질적 접근 방식을 택하는 수행평가는 그 채점에 있어서 평가자의 주관에 많이 의존하게 되고 따라서 채점의 신뢰도, 즉 객관도의 확보에 많은 어려움이 생기게 된다. 평가자의 주관을 최대한 배제하고 객관성을 확보하기 위해서는 '평가자간 그리고 평정자 내 신뢰도'에 관심을 두어야 한다. 이를 '객관도'라고도 불리는데, 즉 객관도란 한 평가자가 다른 평가자와 얼마나 유사하게 평가하였느냐의 문제와 한 평가자가 많은 측정 대상에 대하여 계속적으로 일관성 있게 측정하였느냐의 문제로 구분되는 것이다. 수행평가와 같은 질적 평가에서는 채점이 평가자의 주관적 판단에 상당부분 의존할 수밖에 없기 때문에 채점 결과의 신뢰도 확보가 쉽지 않다. 주관적 판단은 보는 사람의 눈에 비추어 판단한 결과로서 사람마다 다를 수 있어 논쟁의 소지를 안고 있기 때문이다.

수행평가가 갖는 두 번째 제한점은, 선다형 검사에 비해서 실시하기가 어려울 뿐만 아니라 인적 · 물적 자원이 많이 소요되고 비용과 시간 면에서도 상당한 투자를 요구한다는 것이다.

우리는 흔히 학생이 학교에 들어서는 순간 평가가 시작되고 모든 학교생활은 평가의 연속이라고 말하면서도 실상 평가는 중간고사와 기말고사에 의해서만 이루어진다는 것을 알고 있다. 또한, 학생의 지적 · 정의적 · 심동적 측면을 다양한 방식으로 파악하려 하기보다는, 평가하고 해석하기에 쉬운 것만 평가하고 그것도 될 수 있으면 대규모 지필시험이라는 손쉬운 방법으로 평가하려는 경제성 우선의 관행이 유지되어 왔음을 의미한다. 여기에 대한 대안으로서 수행평가가 제기되고 있기는 하지만, 이는 달리 말하면 경제성의 포기를 의미하는 것이기도 하므로 많은 시간적 · 물질적 비용을 요구하게 되는 것이다.

세 번째 제한점으로는, 교사의 자질 문제를 꼽을 수 있다. 수행평가는 교수-학습의 결과뿐만 아니라 과정까지도 평가하고자 하고 통제적 상황이 아닌 자연스러운 상황에서 평가가 일어나도록 의도하기 때문에, 공정하면서도 정확한 측정을 할 수 있는 교사를 무엇보다도 필요로 한다.

교사가 학생이나 학부모 등으로부터 불신받는다면, 수행평가의 결과 기술되거나 평정되어 나온 자료물은 아무 소용이 없게 될 것이다. 따라서 교원 양성에 있어서 평가의 태도나 측정 방법에 대한 철저한 제고가 있어야 하고, 교사가 양심에 따라 합리적이고 자율적인 판단을 내릴 수 있는 근무 여건을 조성해 주어야 한다. 이 문제는 수행평가에 있어서의 교사 혹은 평정자의 훈련에 관련해서 뒤에서 다시 다루기로 한다.

탐구과제

1. 교육평가의 기능을 설명하시오.
2. 수업과정의 단계에 따른 평가의 분류 및 형태를 진단평가, 형성평가 및 총괄평가로 나누어 볼 수 있다. 각각의 의미와 특징 그리고 제한점을 설명하시오.
3. 상대평가와 절대평가의 장점과 단점을 각각 설명하시오.
4. 수행평가란 무엇을 의미하는가?
5. 수행평가의 절차를 설명하시오.
6. 수행평가의 종류를 제시하시오.
7. 교육평가의 결과를 활용하는 데는 행정적 목적과 지도적 목적 두 가지가 있다. 각각의 의미를 설명하고, 지도적 목적을 활성화시키기 위한 방안을 생각해 보자.

읽을거리

국립교육평가원(1996). 수행평가의 이론과 실제.

김대현 외(2003). 『교육과정과 교육평가』. 서울 : 학지사.

김재춘 외(2005). 『교육과정과 교육평가』. 서울 : 교육과학사.

김종서(2002). 『최신 교육학개론』. 서울 : 교육과학사.

남명호(1995). "수행평가의 타당성 연구". 박사학위 논문. 고려대학교.

백순근(1995). "인지심리학의 학습 및 학습자관이 교육평가에 주는 시사", 교육학연구. 제33집. 3호.

백순근(1996). "교수·학습평가의 새로운 대안 : 수행평가". 국립교육평가원.

석문주 외7(1997). 『학습을 위한 수행평가』. 서울 : 교육과학사.

석문주(2005). 『학습을 위한 수행평가』. 서울 : 교육과학사.

성태제(1995). "고등정신능력 신장을 위한 교육평가 방안 탐색". 교육의 국제경쟁력제고를 위한 평가방안 탐색. 국립교육평가원.

이종승(1988). 『교육평가의 양적·질적 접근 방법, 학교학습 탐구』. 서울 : 교육과학사.

이칭찬, 황선경(2003). 『교육과정과 교육평가』. 동문사.

허경철(1988). "객관식 일변도 평가 방식의 문제점과 그 개선 방향". 교육과정연구회.

황정규(1987). 『학교학습과 교육평가』. 서울 : 교육과학사.

Bruer, J. T. (1993). Schools for Thought : A Science of Learning in the Classoom. Cambridge, MA : The MIT Press.

Congress of the United States Office of Technology Assessment(1992). "Performance Assessment : Methods and Characteristics", Testing in American Schools. March,

1992.

Elbow, P.(1991). Foreword. In P. Belanoff & M. Dickson (Eds.), Portfolios : Processand Product. Portsmouth, NH : Heinemann Boynton/Cook.

Kay Burke(1992). Authentic Assessment : A Collection. IRI/Skylight Publishing, Inc.

Lawrence M. Rudner(1991). Assessing Civics Education. Eric Digest Series1991.(gopher : //vmsgopher.cua.edu~tech.txt)

Linn & Gronlund(1995). Measurement and Assessment in Teaching. Prectice-Hall, Inc.

Scriven, M.(1967). The Methoddogy of Evaluation. In Tyler, R., Gagne, R., & Scriven, M. Perspectives on Curriculum Evaluation. AREA Monograph Series on Curriculum Evaluation, No. 1. Chcago : Rand McNally.

CHAPTER 10

생활지도와 상담

제1절 학습자의 행동 특성과 지도

1. 현대사회의 학습자 행동 특성

가. 급격한 신체 변화 및 성적 욕구 관심의 증가

청소년의 가장 중요한 특징은 급격한 신체적 변화, 즉 성장급등(growth spurt) 현상이다. 청소년기에는 성호르몬의 분비에 따른 신체적 성숙과정이 급격히 가속화됨에 따라 여러 가지 신체적 변화가 나타나게 된다. 특히 청소년들은 신체적 외형에 있어서 현저한 변화를 경험하게 되는데 그들의 체격은 짧은 시기에 급격히 성장하여 10대 중·후반에는 이미 성인과 유사한 크기로 성장한다.

신체발달과 더불어 운동능력이 현저하게 발달하게 되어 여러 가지 운동과 스포츠에 더욱 흥미를 느끼게 되어 몰두하게 된다. 그 결과 운동능력이 더욱 발달하게 되며 아울러 자신의 운동능력에 대한 성취감과 자신감을 형성하게 된다. 따라서 청소년기에는 신체적 외형뿐만 아니라 체격과 운동능력이라는 신체적 기능이 성인수준으로 성장하게 된다. 또한 외형적인 신체적 변화뿐만 아니라 생식기능과 관련된 성적 성숙(sexual maturity)이 일어난다. 이러한 신체의 급격한 변화는 심리적 세계에도 커다란 영향을 미치게 된다.

우선, 급격한 신체적 변화는 자기개념에 변화를 초래한다. 인간은 누구나 자신에 대한 신체상(body image)을 가지고 있으며 이러한 신체상은 자기개념의 기본적이고 중추적인 요소를 이루고 있다. 대부분의 청소년들은 신체적 변화가 일어나기 전에 그에 대한 예비지식을 가지고 있지 못한 경우가 많다. 따라서 신체적 변화에 적응할 만한 심리적 준비가 되어 있지 않은 자기개념의 혼란을 경험하게 된다. 이러한 신체적 변화를 경험할 때, 당황하게 되고 자신들의 신체적 변화가 정상적으로 이루어지고 있는 것인지의 여부에 대해 염려하게 된다. 아울러 급격한 신체적 변화는 청소년으로 하여금 신체에 대한 관심을 증폭시킨다. 즉, 자신의 신체와 외모에 대한 관심이 증가할 뿐만 아니라 변화된 자신의 신체에 대한 타인의 평가에 예민해지게 된다. 따라서 이 시기에 운동이나 다이어트를 통해 몸매를 가꾸기 위해 노력하며 의복, 장신구에 대한 관심이 늘어나게 된다.

신체적·성적 발달에는 개인차가 심하게 나타난다. 유전이나 영양상태와 같은 성장요인에 따라 개인차가 크기 때문에 자신의 신체적·성적 발달 상황을 주위의 친구들과 비교하게 되어 부정적이고 열등한 신체상과 자기개념을 형성하기도 한다. 또한 신체적 변화는 청소년의 사회적 행동에 영향을 미치게 된다. 청소년들은 육체적인 면에서는 성인 수준에 도달해 있지만 사회적 지위의 측면에서는 미성숙자로 대우받는 현실 속에서 여러 가지 갈등을 경험하게 된다. 우리 사회는 미성숙한 개체인 청소년이나 학습자에게 사회적 또는 성적 행동에 많은 규제를 가하는 한편 때로는 체격과 나이에 걸맞은 어른스런 행동을 기대하기도 한다. 아동에서 성인으로 성장하는 과도기로서의 청소년기는 신체적 성숙, 심리적 성숙, 그리고 사회적 지위의 불균형으로 인한 심리적 갈등과 혼란을 경험하기 쉽다.

또한 청소년기는 사춘기라고 할 만큼 성에 대한 호기심이 급격하게 증대된다. 이 시기에는 이성의 육체와 성 기관, 그리고 성 행위에 대한 호기심이 증폭되어 성에 관한 책자와 포르노 사진 및 비디오 등에 강한 관심을 나타내게 된다. 다양한 성적 자극과 음란물에 대한 접촉은 성 행위에 대한 욕구를 증폭시키게 되어 실제로 많은 청소년들이 자위행위 뿐만 아니라 키스, 애무, 성기 접촉 등의 다양한 성 경험을 한다.

청소년들은 성적 욕구에 대해 다양한 방식으로 대처하고 있는 것으로 보인다. 그 첫 번째 대처방법은 성적 욕구에 대한 청교도적인 억제이다. 성에 대한 관심이나 욕구는 비도덕적이고 불건전한 것으로 의식적으로 억제하고 금기시해야 한다고 생각하는 것이다. 이러한 대처방법이 성공적인 경우도 있지만 지나친 성욕의 역제는 성에 대한 두려움과 혐오감을 형성할 수 있으며 간헐적으로 솟아오르는 성적 욕구에 대한 죄의식과 자괴감을 형성할 수도 있다.

두 번째 방법은 성적 욕구의 간접적인 해소방법이다. 즉 성과 관련된 다양한 매체를 통해 성적 욕구를 간접적으로 만족시키거나 성적인 상상을 하는 간접적인 해소방식이다. 이러한 대처방식의 대표적인 것이 음란물을 접하는 것이다. 우리 사회에는 다양한 음란물이 널리 유포되어 있으며 이러한 음란물을 통해 성에 대한 불건전하고 파행적인 관념과 행위양식을 습득하기도 한다. 또한 사회적으로 금기시하는 음란물 시청에 대한 죄의식을 내면적으로 키워 나갈 수도 있다. 뿐만 아니라 이러한 음란물의 시청은 실제적인 성행위에 대한 호기심과 충동을 자극하여 행동화를 초래할 위험성이 있다.

세 번째 대처방법은 자위행위이다. 자위행위는 대다수의 청소년들이 성 욕구를 해소하는 중요한 배출구이다. 특히 남학생에게 있어서는 더욱 그러하다. 그러나 자위행위는 청소년에게 여러 가지 심리적 갈등을 초래하는 경우가 많다. 어떤 청소년은 자위행위에 지나치게 몰두하기도 하고, 어떤 청소년은 자위행위에 대한 죄의식을 지니기도 한다. 또한 자위행위에 대한 잘못된 지식으로 인한 남모르는 불안과 고민을 지닌 청소년들도 드물지 않다.

마지막 대처방법은 직접적인 성 경험의 추구이다. 청소년 중에는 이성친구나 매춘부와의 성행위를 통해 성적 욕구를 직접적으로 배출하려는 사람들도 있다. 자기행동에 대한 통제능력이 미숙한 청소년들의 경우, 문란한 성 행위에 탐닉하게 되거나 때로는 성폭행, 성추행과 같은 파행적인 성범죄 행동을 나타날 위험성이 있다.

이처럼 청소년의 성에 대한 높은 관심을 긍정적으로 평가하면, 성인으로서 성숙한 성 생활을 영위하기 위한 준비노력이라고 볼 수 있다. 즉 청소년기는 성에 대해서 배우고 익히는 교육의 시기이자 연습의 시기라고 할 수 있다. 그러나 청소년들의 성에 대한 관심을 건강하고 성숙하게 해소할 수 있는 사회적 여건과 교육적 노력이 부족한 우리의 현실 속에서는 청소년들이 성과 관련된 고민과 부적응을 경험할 소지가 많다.

나. 과도한 학업의 부담

우리 나라 청소년과 학습자들은 누구나 학업과 관련된 심한 스트레스 속에서 산다고 해도 과언이 아니다. 부모, 교사, 학교를 포함한 사회 전체가 학습자에게 학업의 부담과 압력을 주고 있다. 대부분의 학습자들은 그들의 시간 대부분을 학업에 전념하도록 생활이 짜여져 있다. 정규학교 수업뿐만 아니라 보충수업, 과외수업, 자율학습 등으로 학업에 대한 비중이 압도적이다. 이러한 학업부담 때문에 누구나 동경하는 자유로운 여가나 취미활동, 그리고 다양한 과외활동을 유보하거나 포기해야 하는 상황 속에서 살아간다. 또한 학업능력과 학업수행이 중요시되는 우리의 교육현실은 학습자들의 자기개념과 가치관을 왜곡시킬 수 있다. 학업성적에 의해 학생의 가치가 평가되는 현실 속에서 지적인 능력에 과도한 비중을 두는 자기개념을 형성할 수 있다. 따라서 많은 학생들이 학업성적에 과도하게 매달리고 집착하게 된다. 우리나라 학습자들에게 '고 3 증후군'이라는 말이 생길 만큼 시험 철이나 입시철이 되면 신경증적인 부적응 현상을 나타내는 학생들이 생겨나고 있다. 또한 학업에만 지나치게 전념하여 대인관계나 과외활동을 등한시하는 학생들이 많다. 그 결과 균형적인 인격의 발달이 이루어지지 못하고 매우 편협하며 편향적인 가치관을 지닌 불균형적인 성격을 형성하기도 한다.

학업성적이 부진한 학생은 마치 열등한 인간인 것처럼 부정적인 자기관을 형성하게 된다. 학업성적이 상대적으로 평가되는 우리의 교육현실 속에서 성적이 우수하여 유수한 상급학교에 진학하게 되는 상위권 학생은 소수인 반면 다수의 학생들은 소위 '중하위권'에 속하게 된다. 이러한 다수의 중하위권 학생들은 부모나 교사뿐만 아니라 친구들로부터도 인정받지 못하여 자신을 열등하게 평가하는 부정적인 자기관을 갖게 될 수 있다. 특히 자기정체감을 형성해 가는 시기에 학업에 대한 지속적인 좌절감을 경험하게 되면 자기 자신에 대한 뿌리 깊은 비하감과 열등감을 지니게 될 수도 있다.

이렇듯 학업에 대한 커다란 부담과 압박감을 느끼고 있는 청소년들은 누구나 그로부터의 해방과 탈출을 꿈꾸고 있다고 해도 과언이 아니다. 더구나 학업에 대한 성과가 만족스럽지 못하고 부모나 교사의 심리적 지원이 효과적으로 이루어지지 못할 경우, 청소년들은 파행적인 탈출구로 도주할 가능성이 높다.

다. 심리적 독립 욕구의 증대

청소년기는 아동에서 성인으로 전환하는 중간단계이다. 즉 부모에게 모든 것을 의존해야 하는 무력한 아동기에서 부모로부터 독립하여 자율적인 삶을 살아가는 성인으로 변화해 가는 전이과정이 청소년기이다. 따라서 이 시기는 부모에 대한 의존으로부터 벗어나 독립적인 삶을 살아가기 위한 준비와 훈련이 이루어지는 시기이다. 아울러 청소년들은 육체적으로 성장할 뿐만 아니라 지적인 성장도 급격히 이루어진다. 따라서 부모나 교사의 간섭과 규제를 벗어나 독립적이고 자율적인 삶에 대한 욕구가 증대된다. 독립적인 판단과 행위 능력이 부족하고 아동기에 부모가 보여주던 보호와 인도가 이 시기에는 간섭과 규제로 느껴지기 시작하고 부모나 교사의 입장에서는 청소년들은 '덩치만 큰 아이'로 여겨진다. 보호와 인도가 필요한 미숙한 아동으로서의 관념이 여전히 남아있는 부모나 교사는 청소년의 판단과 행위가 아직은 미덥지 못하다.

이렇듯 청소년기는 부모의 보호욕구와 청소년의 독립욕구가 첨예하게 부딪히는 시기이기도 하다. 이 과정에서 부모와 청소년 자녀 간에 '힘 겨루기'의 갈등이 일어나게 된다. 강력한 경제적 · 지적 · 사회적 힘을 지닌 부모는 아직 미숙해 보이는 자녀의 자율욕구를 통제하는 반면, 자기 주장적이고 독립욕구가 강한 청소년기의 자녀는 부모의 통제 시도에 강력하게 저항한다. 많은 청소년들이 지니는 부모와의 갈등은 이러한 맥락에서 이해될 수 있다.

청소년들은 독립과 자율이 욕구를 지니는 한편 경제적 · 정서적 · 사회적으로 아직 부모에게 의존하는 상태이다. 경제적 능력을 갖추지 못한 청소년들은 부모에게 의식주를 의존해야 하고 정서적으로 부모의 지원이 필요한 상태이다. 따라서 청소년들이 시도하는 독립의 노력은 한계에 부딪힐 수밖에 없다. 뿐만 아니라 심리적 독립은 부모의 보호와 인도를 포기하고 스스로 결정하여 행동하는 일이기 때문에 자신의 결정과 행동에 대한 책임을 짊어지는 일이기도 하다. 따라서 독립은 힘겹고 두려운 일이다. 이러한 부담과 불안은 청소년으로 하여금 오히려 부모의 보호 안에 안주하고 의존하려는 상태로 복귀하려는 마음을 일으키기도 한다. 이러한 점은 대부분의 청소년들이 경험하는 '독립과 의존의 딜레마'이며 많은 청소년 문제가 이러한 심리적 갈등으로부터 파생될 수 있다. 그러나 심리적 독립을 위한 청소년의 노력과 시도는 그것이 설혹 성공하지 못한다 하더라도 매우 긍정적인 면을 지니고 있다. 즉 독립적인 삶을 살아가야 하는 성인으로 성장하기 위한 건강한 시도이자 몸부림이기 때문이다. 이렇듯, 청소년기는 의존과 독립의 갈등을 겪으며 서서히 독립적인 존재로 성장해나가는 시기이다.

라. 인간관계의 확대

청소년기는 인생의 여러 단계 중에서 인간관계가 급격히 확대되고 가장 활발하게 이루어지는 시기이다. 특히 학교라는 공간은 학습자들로 하여금 자연스럽게 교우관계가 급격하게 확대시키는 장소이다. 아동기의 초보적인 교육관계에서 성격, 관심사.

가치관, 취미, 종교 등과 같은 내면적 기준에 의해서 교우대상이 선택되는 보다 심화된 교우관계로 발전한다. 또한 이 시기에는 교제하는 교우대상이 확대될 뿐만 아니라 조직화되고 집단화되는 경향이 있으며 친구와 교제하는 대화와 활동의 폭이 현저하게 확대된다. 따라서 개별적인 교우관계 뿐만 아니라 관심사, 취미, 가치관, 종교관을 공유하는 동료들과 동아리 등을 형성하여 집단적으로 활동하고 교우관계를 유지하는 경향이 생겨나며 아울러 인지적 능력의 발달로 인해 상대방의 관점에서 상대방의 생각과 감정을 이해할 수 있는 공감능력이 발달함으로써 교우관계의 깊이도 한층 더 심화된다.

청소년기에는 동성친구와의 관계뿐만 아니라 이성교제에 대한 깊은 관심과 시도가 나타나게 된다. 성에 대한 관심과 호기심이 증대됨과 더불어 이성친구에 대한 관심과 동경이 증폭된다. 이렇듯, 청소년기는 동성친구 뿐만 아니라 이성친구를 포함하여 인간관계가 확대되는 시기이다. 따라서 교우관계에 대한 관심과 활동이 증대됨에 따라 청소년기에는 교우관계와 관련된 고민과 갈등도 많다. 청소년들은 상대방을 이해하고 수용하며 친밀한 인간관계를 맺을 수 있는 정서적 공감능력과 사교적 기술이 미숙한 상태이므로 교우관계에서 많은 갈등을 경험하게 된다. 또한 청소년기의 교우관계는 매우 불안정한 경향이 있다. 친구들 사이에서 잦은 대립과 다툼을 경험하게 되고 따라서 친한 친구가 자주 바뀌는 현상이 일어나게 된다. 이러한 교우관계의 불안정으로 인하여 우울, 분노, 불안과 같은 심리적 동요와 혼란을 경험하게 된다.

이상에서 살펴보았듯이, 청소년기에 인간관계에 대한 관심이 증대되고 인간관계의 폭과 깊이가 확대되는 것은 성인으로서의 성숙한 인간관계를 위한 사교적 능력을 성장시키는 노력의 일환이라고 볼 수 있다. 따라서 이 시기에 활발하고 깊이 있는 인간관계의 경험유무가 성인기의 인간관계에 많은 영향을 미치게 된다.

마. 자아정체감 형성을 위한 노력

Erikson(1968)에 의하면, 청소년기는 자아정체감을 형성하기 위한 노력이 이루어지는 시기이다. 청소년기는 신체적, 심리적, 사회적 측면에서 급격한 변화를 경험하는 시기이기 때문에 청소년들은 이러한 변화 속에서 '과연 나는 누구인가'라는 물음에 자주 직면하게 된다. 또한 우리 사회에서 청소년기는 인생을 결정하는 주요한 진로와 직업을 선택하고 계획하는 시기이기 때문에 청소년들은 '앞으로 무엇을 위해 어떻게 살 것인가?'하는 물음에 대해서 자주 생각하게 한다. 이렇듯, 청소년기는 자아정체감

Erikson

을 형성하기 위한 노력이 이루어지는 시기이다.

자아정체감은 대인관계, 역할, 목표, 가치 및 이념 등에 있어서 자기가 지니는 고유성, 즉 '자기다움'에 대한 자각과 이에 부합되는 자기통합성과 일관성을 견지해 나가려는 의식적 또는 무의식적 노력이라고 정의할 수 있다. Erikson(1968)에 따르면 자아정체감의 형성과 확립이 청소년기에 비로소 시작되는 것도 아니며 청소년기에 끝나는 것도 아니지만 자아정체감의 문제가 가장 두드러지는 것은 청소년기라고 하였다. 그 이유는 다음과 같다.

첫째, 청소년기는 내적 충동의 질적·양적 변화가 많은 시기이다. 사춘기에 접어들면서 신체적 발달과 성적 성숙이 급격히 증가하게 되면서 신체내부에서 일어나는 여러 충동들이 질적인 변화를 일으킨다. 따라서 어느 날 문득 거울에 비친 달라진 자신의 모습을 비쳐 보고 청소년들은 스스로에게 '너는 누구냐?'라고 속으로 묻게 되면서 자아정체감의 문제에 직면하게 된다.

둘째, 청소년들은 상충적인 사회적 요구에 자주 부딪히게 된다. 청소년은 아동도 성인도 아닌 경계인으로서의 특징 때문에 다양한 양가적인 상황에서 자신의 위치 및 역할 규정의 문제에 부딪히게 된다. 이와 같은 양가적인 상황과 요구에 자주 직면하게 되면서 청소년들은 자신의 위치와 역할을 어떻게 규정하고 대처해야 할 것인가 하는 문제에 부딪히게 된다.

셋째, 이 시기의 청소년들은 자신의 지적 능력, 학업성적이나 성취, 가치관이나 인생관, 가족의 사회경제적 신분 등을 비롯하여 자신의 이상과 현실 사이에서 방황하며 고민하게 된다.

청소년들은 의식적이든 무의식적이든 자아정체감의 형성과 확립을 위한 다양한 시도와 노력을 하게 된다. 이 시기에 자신의 이상에 알맞은 동일시의 대상을 찾게 된다. 가깝게는 부모, 친척, 교사, 사회적 유명인사나 연예인이나 운동선수, 나아가서는 세계적 의인들에 대해 관심을 갖게 되고 동일시의 대상으로 삼는 경우도 있다. 그러나 마땅한 동일시의 대상을 찾지 못하거나 능력과 여건의 괴리 때문에 동일시를 초래하는 경우가 많다. 또한 이 시기의 청소년들은 아직 자신의 존재에 대한 굳건한 확신을 갖지 못하기 때문에 소속집단에 동일시하려는 경향이 있으며 집단적 정체감을 통해 자아정체감을 형성하려고 시도한다. 흔히 이러한 청소년 중에는 집단적 정체감에 지나치게 몰입하여 매우 편협하고 배타적 경향을 나타내는 사람도 있다. 자아정체감의 형성에는 사회적 측면도 관여한다. 이 시기의 청소년들은 자신의 가치관과 선호뿐만 아니라 부모나 교사와 같은 주변사람들의 기대에도 부응해야 한다는 부담을 지니게 된다.

이렇듯, 청소년들은 자아정체감의 형성을 위해서 많은 노력을 하게 되지만 많은 청소년들이 자아정체감의 형성을 위한 여러 가지 시도에서 성공하지 못하고 혼란을 경험하게 된다. 이렇게 자신의 존재와 자기가 추구해 나갈 가치에 대한 확신이 서지 않을 때 심각한 정체감 혼미(identity confusion)에 부딪히게 된다. 이러한 갈등을 긍정적으로 극복하지 못할 때, 청소년들의 고민은 점점 심화되는데 이러한 현상을 Erikson은 정체감 위기라고 명명하였다.

Marcia(1966)는 청소년들이 지니게 되는 자아정체감의 유형 및 수준을 네 가지로 분류한 바 있다. 첫째는 제일 낮은 성취수준에 해당하는 정체감 확산(identity diffusion)의 상태이다. 정체감 확산의 상태는 자아정체감의 형성에 대한 관심과 노력이 결여된 상태이다. 두 번째의 자아정체감 성취수준은 정체감의 조기성숙(identity foreclosure)이다. 이는 정체감 위기를 경험하지 않은 채 바로 부모나 교사와 같은 권위적 존재에 의해 주어진 가치관과 인생관을 선택의 여지없이 그대로 받아들여 쉽게 동조하는 상태를 의미하여 외부적 상황의 변화나 충격에 부딪히면 외견상 유지되던 정체감이 붕괴되는 위험을 내포하고 있다. 세 번째 성취수준은 정체감 유예(identity moratorium)의 상태이다. 정체감 유예의 상태는 정체감 위기를 경험하고 적극적인 정체감 탐색을 하게 되지만 여러 가지 대안을 가능한 정체감으로 지닌 채 특정한 정체감에 대한 확신을 갖지 못하고 실천적 행동을 옮기지 못하는 상태를 뜻한다. 마지막으로 가장 높은 성취수준은 정체감 성취(identity achievement)의 상태이다. 이 수준은 이미 정체감 위기를 통해 정체감 형성을 위한 탐색과 고민을 거쳐 나름대로의 정체감을 어느 정도 확고하게 정립하고 이를 위해 행동으로 옮겨가는 상태를 의미한다.

이 밖에도 청소년기에는 여러 가지 심리사회적 발달이 이루어지는 시기이다. 인지적 발달이 급격히 진행되어 고도로 추상적이고 논리적인 사고를 할 수 있게 되며 성인 수준의 사고능력이 발달하게 된다. 또한 정서적 발달도 이루어져서 매우 세분화되고 다양한 감정을 경험하게 되며 풍부한 감정생활을 할 수 있게 된다. 아울러 활발한 대인관계를 통해 타인의 관점에서 내면적 사고와 감정 상태를 조망할 수 있는 사회적 공감능력과 다양한 사교적 기술이 급증하는 시기가 청소년기이다.

2. 학습자가 겪는 어려움들

가. 학업 및 진로의 문제

우리 나라 학습자들이 학업에 대한 많은 정신적 부담감과 압박감을 느끼고 있다는 것은 여러 연구에서 확인된 사실이다. 학습자의 스트레스에 대해서 고등학생을 대상으로 연구한 황정규(1990)에 따르면, 학업성적에 대한 스트레스가 가장 큰 것으로 나타나고 있다. 특히 시험에 실패했거나 성적의 부진 및 저하로 야단맞을 때 학습자들은 가장 심한 스트레스를 경험한다고 보고하였다.

학습자들이 경험하는 학업과 관련된 문제는 몇 가지 유형으로 나누어 볼 수 있다. 첫 번째의 학업관련 문제는 성적 저하로 인한 걱정과 스트레스이다. 정서저하로 인한 부모나 교사로부터 꾸중과 질책을 받게 되면 심리적 충격이 더욱 커진다. 학습자에게 있어서 학업성적은 매우 중요한 심리적 의미를 지닌다. 학업성적은 부모, 교사, 친구들로부터 자신의 가치를 인정받는 주요한 근거가 된다. 따라서 학업성적의 저하는 이들로부터 자신이 인정받지 못하고 자신의 가치가 떨어지는 것으로 받아들이게 되어 심한 좌절감과 열등감을 초래하는 등의 정서적 문제로 확대될 수 있다.

두 번째 유형의 학업문제는 시험불안이다. 많은 학습자들이 시험 특히 중요한 시험을 볼 때 매우 심한 불안을 느낀다. 어떤 학생은 시험이 다가오면 불안하고 초조하여 주의집중이 되지 않고 잠을 정상적으로 자지 못하며 두통과 소화불량 등 여러 가지 신체적 증상을 나타내기도 한다. 이러한 시험불안은 성적에 대한 지나친 집착과 성적저하에 대한 두려움과 관련되어 있다.

세 번째 유형의 학업문제는 학업능률의 저하이다. 학업에 대한 동기도 높으며 실제로 많은 시간을 공부하는 데도 불구하고 학업성적이 오르지 않거나 학업성적이 부진한 점을 호소하는 학생들이 많다. 이러한 문제를 지닌 학생은 스스로 좌절감에 휩싸이게 되며 부모 역시 안타까움과 실망감을 느끼게 된다. 이렇게 학업능률이 저하되는 학생들의 문제는 그 원인에 따라 몇 가지 유형으로 나누어 볼 수 있다. ① 학업능률이 오르지 않는 학생들 중에는 주의집중의 곤란을 호소하는 학생들이 많다. ② 공부방법이 효율적이지 못한 학생들이 많다. ③ 학습능률이 오르지 않는 학생 중에는 잘못된 공부습관을 지닌 학생들이 있다. ④ 학생의 지능수준이 낮은 경우이다.

학업과 관련된 문제의 네 번째 유형은 공부에 대한 회의와 동기저하이다. 이 유형의 학생들은 학업에 대한 동기가 부족한 학생들이며 공부하기가 싫고 무의미하다고 느껴지며 따라서 공부에 소홀해지게 된다.

마지막으로 학업과 관련하여 파생되는 문제들이 많다. 지나친 학업에 대한 몰두나 집착으로 인하여 교우관계를 지나치게 소홀히 하거나 교우관계를 맺지 못하게 되고 결과적으로 친구들로부터 따돌림과 소외를 당하는 학생, 성적에 대한 지나친 경쟁으로 인하여 생겨나는 교우관계의 갈등과 질투, 성적이 부진한 학생에 대한 무시와 놀림, 공부와 학업성적으로 인한 부모와 자녀의 갈등과 같이 여러 가지 학습자 문제가 학업과 관련하여 파생될 수 있다.

대부분의 학업문제는 진로문제와 밀접하게 관련되어 있다. 학습자 자신이나 부모와 교사들이 학업을 중시하는 주된 이유는 학업성적이 우수한 상급학교로의 진학과 불가분의 관계에 있기 때문이다. 따라서 학업문제와 진로문제는 동전의 앞면과 뒷면의 관계와도 같다. 진로선택이 중요하기 때문에 학업이 강조되고, 학업문제로 인해 진로선택에 어려움이 따르기 때문이다.

학습자들이 흔히 부딪히게 되는 진로문제 역시 몇 가지 유형으로 나누어 살펴보자. 첫째, 가장 많은 학습자들이 당면하는 진로문제는 현실로 희망의 현저한 괴리일 것이다. 많은 학습자들이 진학하고자 희망하는 상급학교와 자신의 성적에 의해 합격 가능한 상급학교 간에 괴리가 생길 때 진로에 대한 고민을 하게 된다.

둘째, 진로에 대한 압박감과 두려움을 느끼는 학생들이 많다. 좋은 학교에 진학해야 한다는 것에 집착하고 이로 인한 압박감을 많이 느끼며 그렇지 못하면 자신의 인생에 커다란 불행이나 문제가 생길 것이라는 두려움을 지니는 학생들이 이에 속한다. 세 번째 유형의 진로문제는 진로선택의 갈등문제이다. 이러한 진로선택의 문제는 학생의 적성, 흥미, 가치관, 졸업 후 진로 등 여러 가지 요인을 고려해야 하기 때문에 상당한 방황과 혼란을 느낄 수 있으며 자아정체감 문제와도 밀접히 관련되는 문제이다. 또한 진로선택에는 학습자 개인의 특성과 바람뿐만 아니라 부모의 기대와 바람이 무시할 수 없는 요인이기 때문에 부모와 자녀간의 의견대립이 생길 수 있으며 자칫 부모-자녀관계의 갈등으로 비화될 수 있다.

학업 및 진로의 문제는 학습자들의 중요한 고민인 동시에 학습자에게 고유한 문제이기도 하다. 실제 상담 장면에서 학습자 자신이나 의뢰한 부모 또는 교사가 일차적으로 호소하는 문제가 학업 및 진로문제인 경우에도 좀 더 자세히 탐색하게 되면 사실상 여러 가지 문제가 복합적으로 관련되어 있는 경우가 많다.

나. 인간관계의 문제

학습자의 인간관계 문제를 인간관계의 영역에 따라 크게 3가지 영역, 즉 가족관계, 동성친구 관계, 이성친구 관계에서 발생하는 문제로 나누어 살펴보고자 한다.

학습자가 경험하는 가족관계의 문제는 크게 부모와의 문제와 형제 자매와의 문제로 나누어 볼 수 있다. 먼저 부모와의 문제를 살펴보면, 김창대 등(1992)은 학습자들이 부모와의 관계 속에서 나타내는 문제의 세부적 내용으로 부모와의 거리감 · 소홀 · 무관심, 부모와의 의사소통이 안됨, 부모의 지나친 관심과 개입, 자녀에 대한 부모의 차별과 비교, 부모에 대한 무서움, 부모의 체벌 · 구타 · 학대, 부모와의 공유시간 부족, 문제부모로 인한 문제, 결손가정에서 생기는 문제 등을 들고 있다. 학습자들이 부모와의 관계에서 나타내는 문제는 이처럼 매우 다양하다. 그러나 이러한 다양한 문제는 부모와 학습자 자녀의 관계 유형 속에서 파악될 수 있으며 학습자들이 흔히 보고하는 갈등적인 부모-자녀 관계는 크게 3가지 유형으로 나누어 볼 수 있다.

첫째, 통제적이고 지배적인 부모의 경우이다. 이러한 부모는 자녀의 생활방식, 가치관, 이성 관계, 진로 등에 대해서 적극적으로 개입하고 관여하며 자녀가 자신의 방식과 가치에 따르도록 요구한다. 이에 대해 순종적이고 의존적으로 부모의 지시를 일방적으로 따르는 학습자는 자기정체감이나 자율성에 있어서 미숙한 상태에 머무르게 되며 부모의 삶을 대신 살아주는 셈이 된다. 이런 유형의 학습자 자녀 중에는 강하고 지배적인 부모에게 겉으로는 대항하지 못하고 수동저항적인 태도를 지니고 여러 가지 생활적인 이유를 핑계로 부모의 뜻에 반하는 수동공격적인 행동을 나타내기도 한다.

둘째, 자녀에 대해 방임적이고 무관심한 부모들이 있다. 이러한 부모는 경제적 또는 정서적으로 자녀를 지원하는 일에 무관심하거나 무력한 부모들이 많다. 이 경우 학습자 자녀들은 부모의 경제적 또는 심리적 지원을 받지 못하기 때문에 혼자서 자신의 생활을 영위해 나가야 하는 심한 부담감, 결핍감, 고독감을 느끼게 된다. 이런 학습자의 경우는 가족 밖의 인간관계가 더욱 중요하게 되며 만족스런 친구관계나 이성관계를 형성하지 못할 경우에는 심한 심리적 우울과 혼란을 경험할 수도 있다.

셋째, 자녀에게 지나치게 의존적인 부모이다. 가정의 의사결정이나 부양책임을 자녀에게 부여할 뿐만 아니라 정서적인 지지나 위안, 경제적인 문제까지도 자녀에게 기대하는 부모들이다. 이러한 자녀는 자유로운 사회활동이나 진로탐색이 제한될 수밖에 없다.

이 밖에 학습자들은 형제 자매와의 관계 속에서도 많은 갈등을 경험할 수 있다. 부모의 재정적 · 심리적 지원을 받는 과정에서 자녀로서의 형제 자매는 경쟁적인 관계에 서게 될 수 있다. 이러한 형제 자매 사이에서 흔히 경험되는 갈등 관계를 형제간 경쟁(sibling rivalry)이라고 한다. 형제 자매 관계에는 내면적으로 경쟁적 심리가 존재하며 부모로부터 학업에 대한 경제적 지원과 심리적 지지의 측면에서 형제 자매 간의 경쟁이 심화되어 서로에 대한 질투와 미움이 악화될 수 있다.

형제간 서열에 따라 가족 내에서 기대되는 역할은 다르다. 형이나 누나는 연장자로서 동생을 보살피고 인도하는 역할이 주어지는 반면, 동생은 형이나 누나를 따르고 존중하는 역할이 주어진다. 이러한 서열에 따른 역할기대와 역할수행의 괴리는 갈등의 한 요인이 될 수 있다.

동성친구와의 교우관계에서 발생하는 문제는 그 발생 요인에 따라 4가지 하위유형으로 나누어 볼 수 있다.

첫째, 교우관계를 형성하는데 어려움을 겪는 학습자들이 많다. 즉 친구를 사귀지 못하고 소외되거나 따돌림을 당하는 학습자이다. 이러한 학습자들은 외로움과 소외감을 느끼며 위축되게 되고 따라서 학교생활이 즐겁지 못하고 오히려 고통스럽게 되기 때문에 학교에 가는 것을 두려워하게 된다.

둘째, 많은 학습자들이 교우관계를 심화시키는데 어려움을 겪는다. 학습자들은 단짝친구와 같이 매우 친밀하고 진정한 친구를 찾는 경향이 있다. 피상적인 교우관계를 넘어서서 서로 신뢰하고 속마음을 서로 나누며 정서적인 수용과 지지를 주고받을 수 있는 절친한 교우관계를 원한다. 그러나 많은 학습자들이 이러한 교우관계를 형성하는 데 실패하여 고독해하거나 고민하게 된다.

셋째, 교우관계에서 빈번한 다툼과 갈등을 겪는 학습자들이 많다. 학습자기는 교우관계가 매우 불안정한 시기이다. 따라서 친한 친구 사이에서도 갈등이 생기게 되면 갈등을 해결하는 능력이 미숙하기 때문에 배신감과 적대감을 느끼게 되거나 다툼과 싸움으로 발전될 수 있다.

넷째, 교우관계에 대한 지나친 몰두로 인해 학업에 지장을 받거나 비행을 저지르게 되는 학습자들도 있다. 지나치게 친구를 좋아하고 많은 친구들과 사귀며 친구들과 어울리고 놀기를 좋아하여 공부할 시간을 내지 못하는 학생들이 이에 속한다. 이러한 학생 중에는 성적이 저하되고 친구들과 놀기 위해 돈을 많이 쓰게 되거나 밤늦게 귀가하는 등의 문제가 파생되게 된다.

그밖에도 학습자들이 교우관계에서 경험하는 고민은 다양하다. 학교 또는 같은 반의 친한 소집단간의 갈등과 경쟁, 단짝에 대한 지나친 집착과 편협한 교우관계, 교우들에 대한 지나친 피해의식과 공격행동, 전학이나 이상 등으로 떠나간 단짝 친구에 대한 상실감 등 교우관계에서 여러 가지 어려움을 겪는 학습자들이 있다.

학습자들이 이성친구와의 관계에서 흔히 경험하게 되는 문제는 크게 5가지 유형으로 나누어 볼 수 있다.

첫째, 이성친구에 대한 지나친 관심과 몰두이다. 이성친구를 사귀기 위해 학업에 지장이 생길 만큼 많은 시간을 투여하거나 학습자로서는 지나치게 밀착된 관계를 맺게 되어 학교에 결석을 하면서 이성친구를 만나거나 돈을 많이 쓰고 학업을 소홀히 하게 되는 경우도 있다. 또한 이성친구와 성 관계를 갖게 되어 임신을 하게 되어 고민을 하게 되는 경우까지 생겨날 수 있다.

둘째, 이성친구와 교제하는 과정에서 여러 가지 심리적 갈등을 경험하는 학습자도 있다. 사귀는 이성친구와 다투거나 갈등이 생겨 고민하는 경우나 한 이성친구를 두고 동성친구와 경쟁을 하게 되는 삼각관계에 빠져 괴로워하는 경우가 이에 속한다.

셋째, 이성친구에 대한 지나친 수줍음과 불안이다. 이성친구에 대한 호기심과 관심을 가지고 있으나 막상 이성친구와 접촉하게 되면 수줍음과 부적절감 때문에 제대로 행동하지 못하고 불안해하는 학습자들이 드물지 않다. 이런 학습자 중에는 이성을 대하는 적절한 방법을 배울 기회가 없었고 이성교제 기술이 미숙한 학생들이 있다.

넷째, 일부 학습자 중에는 이성친구에 대한 지나친 거부감과 혐오감을 지닌 사람들이 있다. 이성과 이성교제에 대한 왜곡된 생각과 신념을 지니고 있어 이성친구에 대해서 불필요한 혐오감과 적개심을 지니고 있다. 따라서 이런 학습자들은 이성친구의 접근에 지나치게 예민한 반응을 보이거나 이성친구에 대한 과도한 회피반응을 보이는 학습자들이 있다.

다섯째, 학습자들은 이성교제로 인해 부모와의 갈등을 경험하기 쉽다. 이성교제 자체를 반대하거나 현재 사귀고 있는 이성친구를 반대하거나 친밀한 이성교제에 대해서 간섭하는 부모에게 학습자들은 반발하게 된다. 따라서 이성교제는 남녀 학습자의 문제를 벗어나 부모와의 갈등으로 비화되는 경우가 적지 않다.

다. 자아정체감 및 가치관의 문제

학습자들에게 흔히 나타나는 자아정체감 및 가치관 문제는 그 내용에 따라 자기개념의 문제, 가치관 및 인생관의 문제, 종교적 또는 실존적 문제, 진로문제 등으로 볼 수 있다.

학습자의 자아정체감과 관련된 첫 번째 문제유형은 자기개념의 문제로서 많은 학습자들이 자기 자신에 관한 여러 가지 속성을 수용하는 데에 어려움을 의미한다. 자신의 신체적 심리적 특성을 부정하고 불편해 하며 열등한 것으로 받아들이는 경우가 많다. 자아개념의 문제는 그 영역에 따라서 몇 가지로 구분되는 데 첫째는 외모나 신체적 특성에 대한 불만과 열등감이다. 둘째는 자신의 능력과 성격에 대해 불만이다. 자신의 지적 또는 예술적 능력에 대해서 뿐만 아니라 자신의 성격에 대해서 부적절감과 열등감을 지니게 된다. 셋째, 학습자 중에는 자신과 가족의 사회경제적 지위나 신분에 대해서 불만과 열등감을 지니는 경우가 많다. 부모의 학력이나 직업, 경제적 능력, 가족관계 등에 대해서 불만을 느끼고 친구들과 비교하여 열등감을 지니는 학습자들이 드물지 않다. 이렇듯, 자기 자신을 구성하는 것들에 대해서 불만을 느끼고 회의를 품으며 변화를 위한 시도가 학습자들이 나타내는 자아정체감과 관련된 주요한 문제들이다,

두 번째 유형의 문제는 가치관 및 인생관의 문제이다. 학습자들은 '나는 무엇인가?' 라는 물음과 더불어 여러 가지 선택상황에 부딪히게 되면서 '나는 무엇을 위해 어떻게 살 것인가?'라는 물음을 제기하게 된다. 이러한 물음에 대한 고민과 혼란에서 파생되는 문제들이 가치관과 인생관의 문제이다. 이 밖에도 학습자들은 개인의 행동이나 사회적 현상에 대한 선악과 득실을 평가하는 진단기준의 부재나 혼란을 고통스럽게 경험한다. 뿐만 아니라 이러한 판단기준이 부모나 사회의 가치와 다름으로 인한 대립과 갈등을 경험하게 된다.

자아정체감과 관련된 세 번째의 문제유형은 실존적 또는 종교적 문제이다. 학습자기에 접어들면 인지적 발달과 더불어 삶에 대한 장기적 안목이 생겨나게 되어 인생의 의미에 대해서 많은 생각을 하게 되며 죽음에 대한 예상과 불안을 경험하게 된다. 이러한 과정에서 많은 학습자들이 삶에 대한 회의와 무의미감, 죽음에 대한 두려움, 종교에의 지나친 몰두나 반발 등의 소위 실존적이며 종교적인 문제를 나타내게 된다.

마지막으로 진로선택의 문제는 자아정체감과 밀접한 관계를 맺고 있다. 직업의

선택과 같은 진로선택은 학습자 자신의 적성, 지능, 성격, 흥미와 같은 자기이해와 삶의 가치와 목표를 선택하는 가치관 및 인생관이 관여되는 문제이기 때문이다.

라. 비행행동의 문제

학습자의 비행행동은 자신보다는 부모, 교사, 학교에 의해 문제시되어 상담기관에 의뢰되는 것이 일반적이다. 상담 장면에 흔히 의뢰되는 학습자의 비행문제를 유형별로 나누어 살펴보기로 한다.

첫째, 가장 흔한 학습자 비행의 문제는 폭력적 행동이다. 학교에서 자주 싸움을 하고 친구나 후배에게 폭력을 휘두르며 때로는 폭력과 더불어 금품을 갈취하는 행동을 상습적으로 나타내는 학습자들이 있다. 이런 상습적 폭력행동이 문제되는 학습자들은 불우한 가정에서 성장하여 가족에 대한 분노나 적개심을 학교나 교우관계에서 표출하는 경우가 많다.

특히 TV나 영화 등에서 폭력물을 접할 기회가 많고 폭력행위에 대해서 미화 또는 정당화하는 내용이 흔한 것도 학습자 폭력을 증가시키는 한 이유일 것이다.

둘째, 성비행의 문제이다. 학습자기는 성적 충동이 급증하고 성에 대한 호기심과 관심이 폭발적으로 증대된 시기이다. 이러한 학습자기에는 성적 자극과 쾌락을 추구하려는 충동에 대한 조절에 실패하여 여러 가지 성비행을 저지르는 학습자들이 드물지 않다. 국내에서 발생하는 성폭력 범죄는 연간 약 25만건으로 추정되고 있으며, 연령별로 보면 19세 이하가 36.0%, 20～25세가 21.6%로 나타나 성범죄의 약 57%가 학습자에 의해서 저질러지는 것으로 볼 수 있다. 사회 · 문화적 요인으로는 외설적인 영화, 비디오, 잡지, 만화, 소설 등의 성적인 자극과 또래집단을 매개로 성에 대한 그릇된 가치관을 형성하는 데다 사회 전반적으로 향락문화가 만연되어 일어난 사고로 볼 수 있다.

셋째, 약물남용 문제이다. 술, 담배, 본드, 환각제, 각성제 등의 여러 가지 중독성 물질을 상습적으로 남용하는 학습자들이 늘어나고 있다. 이러한 약물은 일시적으로 심리적인 고통과 불쾌감을 완화시켜 주는 효과가 있기 때문에 성격적으로 미숙하고 스트레스에 대처하는 능력이 부족한 학습자들이 심리적인 긴장감, 우울, 불안 등에 대처하는 방법으로 약물을 사용하게 된다. 약물남용의 가장 큰 문제는 그 약물에 대한 중독성으로 인하여 신체적, 심리적 의존현상이 생기는 점이다. 약물에 대한 동일한 복용효과를 얻기 위해서 점점 더 많은 양의 약물이 필요하게 되는 내성이 생기게 되고, 약물 사용을 중단했을 때는 몹시 괴로운 금단현상을 경험하게 된다. 약물 사용 자체가 불법적이고, 많은 비용이 필요하므로 약물을 조달하기 위해 불법적인 거래 등에 참여하게 되고 범죄 집단과 접촉을 하게 됨에 따라 다른 비행에 빠질 가능성이 높아지게 된다.

넷째, 가출, 외박, 늦은 귀가, 거짓말, 훔치기, 도벽, 도박 등과 같은 비공격적인 일탈행위들이다. 흔히 가출은 학습자들이 부모에 대한 불만이나 분노를 표현하는 저항수단으로 나타나는 경우가 많으며 비행집단에 속해 있을 경우 더욱 쉽게 발생할 수 있다. 이러한 비행행동 외에도 거짓말, 물건 훔치기, 도박을 습관적으로 행하는 품행장애적 행동문제와 미성년자로서 금기된 진한 화장, 옷차림, 머리모양, 염색 등을 하는 성인모방적 행동문제가 있다.

이러한 문제를 지닌 학습자는 상담에 비자발적이여서 상담동기가 낮은 경우가 많다. 학습자들은 흔히 열악한 가정환경에서 성장하거나 부모에 대한 분노와 적개심을 내면적으로 지니고 있는 경우가 많다. 뿐만 아니라 비행행동의 문제로 상담 장면에 오게 되는 학습자들은 이미 부모나 교사로부터 심한 꾸중과 질책을 받았으며 이에 대한 반발심과 분노를 지니고 있는 경우가 많다. 이들은 부모나 교사의 말에 따르기보다는 반발하게 되고 가정이나 학교보다는 비행친구 집단과 더 자주 어울리게 된다. 따라서 더 심한 비행행동을 저지르게 되고 부모나 학교로부터 더욱 강한 처벌을 받게 되는 악순환을 경험하는 경우가 많다.

학습자기의 사소한 비행으로 출발하여 이러한 악순환이 반복적으로 지속되게 되면 반사회적 성격특성으로 굳어져 반사회적 성격장애로 발전할 수 있다. 반사회적 성격장애는 사회적 규범에 대한 무시나, 위배, 권위에 대한 반발, 다양한 폭력적 또는 위법적 행위, 불법행위에 대한 죄의식 결여 등의 심리적 특성을 성격적으로 지니는 성격장애의 한 유형으로서 흔히 상습적 범죄행위를 저지르는 경우가 많다.

마. 정서 및 정신장애의 문제

학습자에게서 흔히 나타나는 정서장애 및 정신장애인 불안장애, 우울장애, 섭식장애, 정신분열증을 살펴보기로 한다.

상담실을 찾는 학습자 중에는 소위 불안장애에 속하는 어려움을 지닌 학생들이 많다. 이유 없이 불안하고 깜짝깜짝 잘 놀라며 늘 불길한 일이 일어날 것 같아 긴장되며 주의집중이 안 되고 사람 만나기가 두렵고 불편하다는 것은 내담자들이 흔히 호소하는 내용이다. 이러한 불안을 지나치게 지각하거나 위협적이지 않은 상황에서 부적절한 불안감으로 인해 생활적응에 상당한 지장을 받게 되면 불안장애라고 할 수 있다. 불안장애는 막연하게 불안을 경험하는 범불안장애, 갑작스럽게 매우 강한 불안상태에 휩싸이게 되는 공황장애, 특정한 대상이나 상황에 공포감을 느껴 회피반응을 보이는 공포장애, 불안감으로 인해 원치 않는 사고나 행동을 반복적으로 하게 되는 강박장애, 매우 충격적인 사건 후의 후유증으로 경험하게 되는 외상 후 스트레스 장애 등 다양한 하위유형이 있다. 특히 학습자들 중에는 여러 가지 상황이나 대상에 대해서 공포감을 지니고 있는 경우가 흔한데, 이 중에는 사회공포증, 학교공포증, 시험공포증 등이 있다. 사회공포증을 지닌 학습자들은 다른 사람 앞에서 자신이 부적절한 행동을 보이거나 상대를 불쾌하게 하여 부정적인 평가를 받게 되는 것에 대한 두려움이다.

학습자기에 흔히 경험되는 두 번째 유형의 정서장애는 우울증이다. 학습자기는 기분의 변화가 심한 불안정한 시기이다. 우울은 기본적으로 상실이나 손실에 대한 정서적 반응으로서 시험성적이 좋지 않거나 친구관계에 갈등이 생겨 이를 상실로 받아들이게 되면 우울감정이 느껴지게 된다. 이러한 우울증은 여러 가지 상실경험으로 인한 자기가치감과 자기존중감의 저하로 유발되는 경우가 흔하다. 학업성적의 저하나 부진, 자신의 외모나 신체에 대한 열등감, 교우관계에서의 소외나 따돌림, 친한 친구와의 결별이나 갈등 등의 사건들은 예민한 학습자들에게 우울상태를 유발시키게 된다. 우울증은 때로 자살행동을 유발할 수 있는 치명성을 지니고 있다.

여자 학습자에게 특히 나타나는 정신장애는 섭식장애이다. 섭식장애는 거식증과 폭식증이 있다. 거식증은 날씬한 몸매를 유지하거나 뚱뚱해지는 것을 방지하기 위해 건강유지에 필요한 최소한의 음식물마저 섭취하기를 거부하여 급격하게 체중이 감소하는 상태를 말한다. 이러한 거식증은 때로 영양실조로 인한 여러 가지 건강상의 문제를 야기하게 되며 심각한 경우에는 사망하기도 한다. 두 번째 유형의 섭식장애는 폭식증이다. 폭식증은 간헐적으로 많은 양의 음식을 폭식하고 그 결과로 체중이 증가되는 것에 대한 두려움 때문에 의도적으로 토하거나 이뇨제나 설사제 등을 복용하여 체중을 감소시키려는 노력이 반복되는 상태를 말한다. 이렇듯 폭식과 구토를 반복하는 과정에서 위장장애, 구강장애 등 여러 가지 건강문제가 파생된다.

세 번째 유형의 정서장애는 정신분열증이다. 10대 후반부터 발생률이 급증하는 매우 심각한 정신질환이다. 주요한 증상으로 주변 현실을 지각하고 이해하는 능력이 현저하게 저하되어 환각 및 망상으로 나타나고 사고의 논리성이 와해되어 조리가 없고 혼란된 사고와 언어행동을 보인다. 또한 감정표현이 부적절하며 매우 이상하고 괴이한 행동을 하기도 한다. 정신분열증이 발병하는 방식에는 크게 두 가지로 구분되는 데 그 첫째는 진행성 정신분열증이다. 이런 유형의 정신분열증은 매우 서서히 진행되어 가족이나 교사에 의해 쉽게 인식되지 않는 경우가 많다. 이 경우에는 대부분 성적이 서서히 저하하여 매우 부진한 상태가 지속되며 교우관계가 극히 제한되고 고립된 상태에 있게 된다. 또 다른 유형은 반응성 정신분열증으로서 어떤 충격적인 사건으로 인해 급작스럽게 정신분열적인 증상이 나타나는 경우이다. 이 경우에는 학습자의 행동과 매우 다른 부적절한 행동을 나타내기 때문에 쉽게 그 이상성이 관찰될 수 있다. 이렇게 정신분열증과 같이 심한 정신병 상태에 있는 학습자들은 전문가에 의뢰하거나 전문가와 긴밀한 협의 하에 집중적으로 돌보아 주어야 한다.

제2절 생활지도의 이해

1. 생활지도의 정의 및 목표

생활지도라는 말은 영어의 'guidance'를 우리말로 번역한 것이다. 이 단어는 안내, 지도, 감독, 관리 등의 의미를 갖고 있어서 생활지도는 청소년들을 바람직한 방향으로 안내, 지도, 훈육 및 통제하는 것을 의미한다. 이를 위해서 생활지도는 학교 또는 학교 밖에서 일어나는 개인이 그들 자신의 세계를 보다 정확히 이해하고, 또 그를 둘러싼 환경을 바르게 이해하여 현명하게 적응 · 성장할 수 있도록 도모해 주어야 하며, 사회생활에 필요한 지식, 기능, 태도, 가치 등을 습득시켜 효과적으로 사회에 공헌할 수 있는 자질을 길러 나가야 한다고 전제한다(김충기, 1996).

오늘날 교육 현장에서 생활지도가 중요시되고 있는 이유는 이것이 새로운 교육분야이기 때문에서가 아니라 그것은 실제적인 면에서 교육을 보다 충실하게 발전시켜 줄 수 있는 방법이기 때문이다. 그러한 방법으로서 생활지도는 자기발견을 통한 자기지도의 능력을 증진시키고, 자기검사, 자기이해, 자기통제, 자기실현을 하도록 조력하는 것이다. 즉, 생활지도는 개인적인 조언이며 또한 체계적 · 계획적 조언으로서 아동 · 학생이 스스로 결정하고 개척하도록 도와서 자신의 환경 속에서 현명한 선택과 적응을 할 수 있게 하는 작용인 것이다. 이러한 생활지도의 의미에서 알 수 있는 바와 같이 개인은 생활지도 활동을 통하여 자기발전과 자기이해에 조력을 얻을 뿐만 아니라, 그를 둘러싸고 있는 인위적 · 물리적 환경과도 원만한 관계를 맺을 수 있도록 도움을 받게 되는 것이다(장학표, 1983).

이를 위해서 생활지도에서 특히 강조되는 점은 자신에 대한 이해, 상황에 적응하는 능력, 자아실현이다. 따라서 생활지도는 개인으로 하여금 자기자신과 주위 세계를 잘 이해해서 현명한 선택과 적응을 하여 건전한 사회의 일원으로서 성장 · 발달할 수 있도록 하는 일련의 지속적인 조력과정이라고 할 수 있다. 여기에서 개인이라고 하는 것은 학교에서의 소위 문제학생과 정상학생을 포함한 모든 학생을 의미한다. 그리고 자신과 주위 세계를 이해한다는 것은 학생 자신의 능력 · 적성 · 흥미 · 성격 등과 아울러 자신의 잠재능력을 발견함으로써 자신에 대한 올바른 이해를 하도록 하는 것이며, 주위 세계에 대한 이해는 개인을 둘러싸고 있는 환경을 바르게 이해한다는 것이다. 더 나아가서 세계 속에서의 개인의 위치와 본인과 환경 간의 상호작용에 대한 바른 인식과 이해를 의미하는 것이다. 또한 인생은 계속적인 의사결정의 연속이며, 또한 개인과 환경과의 상호과정이라고 할 수 있으므로 합리적인 의사결정을 통한 현명한 선택이 이루어지지 않거나 주위 환경에 적응하지 못하면 인간은 제대로 성장 · 발달할 수 없고 나아가서는 자유롭고 책임성 있는 사회 성원이 될 수 없는 것이다. 따라서 개인으로 하여금 당면한 문제들을 바르게 해결해서 환경에 잘 적응하도록 함으로써 바르게 성장 · 발달하여 개인적으로는 자아실현을 하고, 궁극적으로는 바람직한 사회성원이 될 수 있도록 하는 봉사와 노력이 필요한데, 이는 어느 특정 대상이나 발달단계에 국한된 것이 아니라 전 학생을 대상으로 하는 지속적인 조력과정이라는 것이다(이재창, 1988). 그러므로 생활지도는 청소년들이 생활하고 있는 학교와 가정과 지역사회에 적응할 수 있도록 하기 위해서 자기이해와 적응력을 육성시켜 주는 과정이 된다. 또한 비행 등과 같은 특수한 상황에 직면하였을 때 바람직한 방향으로 문제를 해결하고 새로운 생활을 할 수 있도록 도와 주는 과정이다.

이런 생활지도의 목표를 살펴보면 다음과 같이 설명해 볼 수 있다.

첫째, 생활지도는 자신에 대한 올바른 이해를 목표로 한다. 사람에 따라서 각자 다른 능력, 적성, 흥미, 성격, 감정, 가치관, 태도, 외모 등을 가지고 있다. 각자의 타고난 자질과 환경이 다르므로 이 타고난 자질과 환경과의 상호작용에 의해서 각기 다른 개성을 발전시키게 된다. 이러한 개성을 발견해서 인정을 하고 바르게 이해시키는 것이 생활지도의 가장 중요한 목표가 되는 것이다. 자신에 대한 과소평가나 과잉기대를 하지 말고 있는 그대로의 자기를 발견해서 바르게 이해하도록 해야 한다. 자신을 바르게 이해하게 되면 자아정체감을 형성하여 자신의 존재가치도 인정한다.

둘째, 생활지도는 개개인의 잠재능력을 개발하는 것을 목표로 한다. 개인마다 발전 가능한 잠재능력이 있다. 문제는 이를 제대로 개발해 줄 여건이 마련되어 있지 않기 때문에 자신의 잠재능력을 제대로 발휘하지 못하고 인생을 산다는 것이다. 생활지도는 인간의 발달 가능성을 인정하고, 개인이 가지고 있는 잠재 능력을 최대한으로 개발해서 성장·발달할 수 있는 경험을 제공하는 것을 목표로 한다.

셋째, 생활지도는 자율적인 문제해결 능력의 신장을 목표로 한다. 우리 인생은 어떻게 보면 지속적인 문제해결 과정이라고 할 수 있다. 우리는 삶을 통해서 계속해서 문제해결에 직면한다. 생활지도의 중요한 목표 중의 하나는 개인으로 하여금 당면하는 문제를 다른 사람에게 의존하지 않고 혼자의 힘으로, 즉 자율적으로 해결할 수 있는 능력을 길러 주는 것이다. 자신의 문제를 자율적으로 해결하는 것은 결국 자신의 결정, 즉 행동에 대해서 책임을 지는 것도 의미한다. 이는 또한 민주시민으로서 갖추어야 할 필수적인 요건이 된다.

넷째, 생활지도는 현명한 선택과 적응을 목표로 한다. 현대사회의 특징은 한 마디로 급속한 변화라고 할 수 있다. 이러한 변화의 와중에서 우리는 쉴 사이 없이 선택을 해야 한다. 이전과 같이 사회의 구조와 기능이 비교적 단순하고 모든 지식과 정보가 제한되어 있던 사회에서는 우리의 선택도 비교적 용이했다. 진로를 예로 들면, 개인이 택할 수 있는 직업은 매우 제한되어 있었다. 그러나 오늘날 직종만 하더라도 이루 헤아릴 수 없으며, 계속해서 새로운 직종이 생겨나 선택 범위가 넓어지고 선택 기회가 증대되었지만 진로를 선택을 하기는 점점 더 어려워지고 있다. 이는 진로 선택에 국한된 문제만이 아니다. 우리의 일상생활의 모든 면에서 선택의 여지가 확대된 것이다. 따라서 자신의 처지에 맞는 현명한 선택을 하도록 하는 것이 생활지도의 주요한 목표이다. 현명한 선택을 하는 것은 어떻게 보면 적응을 잘하는 것과도 일맥상통한다. 현대사회의 변화 속에서 제대로 기능하기 위해서는 주위 환경에 적응할 수 있는 능력을 가져야 한다. 이러한 적응은 현명한 선택을 통해서 가능하다고 볼 수 있다.

다섯째, 생활지도는 전인적 인간 발달을 목표로 한다. 오늘날 우리 나라 교육이 당면한 가장 심각한 문제는 지식 편중 교육이라는 점이다. 즉, 지식 주입·입시 위주의 교육이 학교를 지배하고 있으며, 교육은 지식을 전달하는 것으로 여겨져 지적인 측면만을 강조하고 있다. 따라서 지적 측면이 아닌 사회적·정서적·신체적 발달이 골고루 이루어져야 한다. 생활지도는 이러한 전인교육을 목표로 지 · 덕 · 체의 조화로운 발달에 역점을 두어야 한다.

마지막으로, 생활지도는 민주시민의 육성을 목표로 한다. 우리 사회가 민주적이기 위해서는 사회 구성원이 민주적이어야 하는데 이렇게 사회 구성원을 민주시민으로 육성하는 역할을 담당하는 것이 생활지도이다. 따라서 생활지도는 개인으로 하여금 건전한 민주시민으로서 성장 · 발달할 수 있도록 모든 경험을 마련하는 데 목표를 두어야 한다(이재창, 1988).

2. 생활지도의 원리

모든 교육활동은 효과성을 고려한다. 생활지도도 예외일 수는 없다. 그러므로 효과적인 생활지도를 하기 위해서 목표나 프로그램의 적용이 합리적이어야 한다. 합리성을 추구하기 위해서는 기본 원리의 이해가 선행되어야 한다. 기본적인 원리에 의해서 구체적인 프로그램을 실행할 수 있기 때문이다. 생활지도에 있어서도 기본 원리를 이해할 필요가 있다.

첫째, 생활지도는 모든 학생을 그 대상으로 한다. 생활지도는 개인의 잠재 가능성을 개발시키는 교육적인 활동의 일부이므로 그 대상도 문제아나 부적응아, 고립아 등 주로 상담을 필요로 하고 도움을 필요로 하는 학생들을 모두 포함하고, 정상적인 학생들도 함께 생활지도의 대상이 되어야 한다. 현실적으로 교육 현장에서는 생활지도가 마치 문제아를 도와 주기 위한 수단으로 착각하고 있는 학생들이 많이 있음을 볼 때 생활지도의 의미와 필요성을 더욱 강조해야 할 필요가 있으며, 적극적인 홍보활동으로 이에 대한 폐단을 금지시켜야 할 것이다.

둘째, 생활지도는 모든 연령층의 학생을 대상으로 한다. 어떤 학부모나 교사, 행정가, 카운슬러들은 생활지도를 오직 중등학교 내의 활동으로 생각하는 경향이 있다. 이러한 태도는 우리들이 학생의 성장 · 발달에 관한 공부를 해 온 경험에 비추어 보아 갈등을 일으키게 될 것이다. 일정한 연령층에 있는 학생들은 자신과 다른 사람들에 관한 행동 유형을 배우려고 하고 지식을 얻으려고 한다. 이러한 학습을 획득하려는 과정이 계속되는 한 생활지도 역시 계속되어야 한다. 즉 생활지도의 대상이 어느 특정 학년에만 해당되는 것이 아니고 초 · 중 · 고등 · 대학 등 연령에 관계없이 모든 연령층을 대상으로 하여야 한다는 뜻이다. 나아가서는 일반 사회인까지도 포함시킬 수 있도록 대상이 확대되는 것도 더욱 바람직한 일이나, 그것은 학교 밖의 일이므로 이것은 제외된다.

셋째, 생활지도는 주로 개인의 존엄성과 개성 발달에 초점을 둔다. 현재 우리 학교의 노력은 지적 학습에 집중하고 있다. 즉, 인간 발달의 개인적 · 정서적 요소는 지적 발달에 저해를 받을 때에만 주의를 받게 된다. 우리가 전인이라고 말하고 있는 사람은 결코 지적 능력만이 발달한 사람은 아니다. 분명히 지 · 덕 · 체를 고루 겸비한 사람을 전인이라고 한다면, 학습자의 개성 발달은 주로 생활지도자들의 주요 관심이 되어야 한다. 또한 개성의 발달은 자기실현을 그 목표로 하고 있기 때문에 이를 위한 모든 헌신적인 노력이 생활지도 활동의 기본 방향이 되는 것이다.

넷째, 생활지도는 강제가 아니고 협동적 방향으로 이루어져야 하며 학교교육 계획이 통합된 일부가 되어야 한다. 학생들은 생활지도 활동에 강제로 응할 수 없다. 생활지도는 개인을 포함한 상호 승낙에 의하여 이루어진다. 승낙은 명백하거나 은연중에 주어져야 한다. 강제나 압력을 배제하는 것이 생활지도의 본분이다. 응하지 않는 학생이 생활지도 담당자에게 의뢰되어 왔을 때 언제나 후회나 반항 같은 행위가 변화되어야 한다. 생활지도는 외부적인 강제나 협박에 의하기보다는 내적 동기나 자발적인 변화를 일으키는 데 달려 있다고 본다.

다섯째, 생활지도는 자아발견과 자아발전을 복돋아 주고 자율적인 지도 능력을 기본으로 삼는다. 우리 모두는 남들에게 어떻게 하라고 말하는 것을 즐기고 있다. 하지만 우리는 또한 자기 자신만이 가지고 있는 양식과 행동 유형을 선택할 자유와 권리를 가지고 있다. 그러므로 생활지도는 학생들에게 자기 행동을 이해하도록 하고, 변화를 가져오도록 작용시키도록 돕는 역할을 해야 한다. 생활지도의 과정 속에서 단계적인 관여를 통하여 학생은 점차적으로 자기 이해에 속달되고 자기의 재능 개발과 자기의 문제해결에 이와 같은 지식을 적용할 줄 알게 된다.

여섯째, 생활지도는 치료나 교정보다 예방에 역점을 두어야 한다. 현대 의학이 초기에 있어서 여러 가지 질병을 치료하기에 치중하였으나, 최근에 와서는 예방치료에 역점을 두고 있는 방향으로 옮겨가듯이 생활지도도 처음에는 문제행동의 치료나 교정에 있고, 직업지도에 중점을 두고 지도하여 왔다. 그러나 앞으로의 생활지도의 방향은 문제해결에만 치중할 것이 아니라 사전에 미리 방지할 수 있는 예방지도에 앞장서야 할 것이다. 생활지도의 효율적인 실시와 지도는 카운슬러 뿐만 아니라 현직교사의 카운슬러화의 방향으로 나아가 많은 학생들을 개별적으로 지도하기 어려운 현실을 감안하여 교사가 담당해야 할 영역을 넓혀야 할 것이고, 문제 발생 후의 지도보다 사건의 미연 방지에 노력해야 할 것이다.

일곱째, 생활지도는 과학적 근거에 기초한 판단에 역점을 두고 있다. 생활지도는 학생의 올바른 이해와 행동의 객관적이고 구체적인 자료에 기초를 두고 시작하여야 한다. 생활지도상의 문제해결 과정에 이용되는 자료는 각종 표준화검사 자료, 현대 심리학적 원리의 적절한 이용과 해석 등으로 어느 정도 평가에 객관화시킬 수 있는 방법이다. 그리고 이것을 효과적으로 실제적 생활지도 활동에서 적절히 사용할 수 있는 인적 자원과 행정적 · 경제적인 자원이 필요하다.

여덟째, 생활지도는 참되고 진정한 사랑에 기초한 지도를 중시한다. 생활지도는 교육의 핵심적 요소로서 교육의 방향을 사랑으로써 지도해야 그 효과를 올릴 수 있는 것과 마찬가지로, 사랑의 바탕이 없이는 충실한 지도를 기대하기 어렵다. 변화하는 사회 속에서 창의적으로 사고하고 행동하는 적응력이 지적 교육과 정의적 교육을 통하여 길러져야 하고 적응력의 신장은 사랑의 바탕에 기초한 잠재력을 키워 나갈 수 있다.

아홉째, 생활지도는 처벌보다 선도 내지 지도가 선행되어야 한다. 생활지도는 청소년들의 건전한 성장과 문제해결을 돕기 위한 조직적인 봉사이며 활동이므로 학생 행위의 잘못을 판결하여 상이나 벌을 가하는 활동과는 거리감이 있다. 어떤 목표를 달성하기 위한 방법으로 경우에 따라 필요하면 훈련을 가할 수는 있다. 그러나 생활지도에서 사용되는 훈육은 바람직하지 않은 행위에 대하여 처벌을 의미하지 않는다. 처벌, 위협, 강제 등은 일시적으로 강력한 효력을 발휘할지 모르나, 영속적이며 근본적인 변화를 가져올 수는 없다는 것이다. 학교의 생활지도는 옳지 못한 학생들의 행동을 찾아내어 처벌하는 데 역점을 두는 것이 아니라 보다 적극적인 의미에서 그들의 옳고 바른 행동을 찾아내어 그것을 복돋아 주고 이끌어 나가는 것이라야 한다.

3. 생활지도의 실천 과정

생활지도의 주요 활동은 학생이해활동, 정보제공활동, 상담활동, 정치활동 그리고 추수활동 등 다섯 가지 활동으로 구성된다.

학생이해활동은 모든 학생들을 대상으로 학교 상담에서 조직적이고 체계적인 활동을 전개하기 위해서 학생들의 여러 가지 인적 사항, 학업 성취, 가정환경, 배경, 교우관계, 성격, 행동발달 사항, 흥미, 적성, 장래의 진로 등을 조사·평가·이해하기 위한 활동이다.

학생이해활동 혹은 개인조사활동의 기본적인 전제는 각 개인은 유사성이 있는 반면에 상이성이 있다는 것이다. 따라서 학생이해활동은 각 학생의 개별성을 밝혀 주는 자료 제공에 관심을 갖게 된다. 즉, 다른 학생과 비교해서 개인의 뚜렷한 특징을 형성하도록 하는 것이다. 조사 자료는 한 학생이 얼마나 다른 학생과 비슷하고 또 다른가를 설명해 준다. 학생이해활동의 주요 목적은 학생이 자신을 이해하고 의미 있는 의사결정을 내릴 수 있도록 하기 위해서 학생에 관한 정보를 수집하는 것이다. 사실, 학생들은 자신의 능력이나 자질 또는 장·단점 등을 알지 못하고 있는 경우가 허다하다. 학생 자신에 관한 바른 정보를 제공함으로써 학생이 자신을 이해하고, 자신을 위한 결정을 스스로 내리고, 이에 따라 행동하게 하는 것이 바람직한 일이다(이재창, 1988).

정보제공활동이란 개인을 둘러싸고 있는 환경에 관한 구체적인 내용으로서 자기자신을 비롯한 가정, 학교, 사회, 국가 또는 세계에 관한 사항 등을 학생들이 성장해 나가는 과정에서 자신의 주변환경을 이해하기 위한 자료와 장래 계획을 세우는 데 필요한 자료를 제공해 주는 활동이다. 즉, 모든 일을 결정하는 데에는 주어진 환경에 대한 여건을 정확히 파악하여 미래에 나타날 사태를 전망해야 한다. 이 때 필요한 것이 정보로서 미래를 준비하는 학생들은 자신의 문제를 해결하며 장래의 계획을 세우기 위해서 필수적인 자료가 된다. 이러한 정보활동의 영역으로는 교육정보, 직업정보 및 개인·사회적 정보가 있다.

교육정보란 교육적 기회에 관한 모든 정보, 이를테면 새로 입학한 학교에 관한 여러 가지 정보, 학생들이 선택한 여러 교과에 관한 정보, 장학금 및 기타 재정적 보조에 관한 정보, 상급학교 및 학과에 관한 정보 등을 의미한다. 그 밖에도 효과적인 학습방법에 관한 정보, 도서관 사용법에 관한 정보 등 직접적으로 학생들의 학습활동에 도움 되는 정보도 교육정보에 포함된다(이영덕·정원식, 1982). 학생들에게 교육정보를 제공해 주는 이유는 교육정보를 토대로 하여 자신의 교육 계획을 수립하여 학습의 기회를 최대한 활용하기 위해서이다. 직업정보는 직무와 취업에 필요한 자격 요건, 작업 조건, 보수, 승진유형, 현재와 미래에 있어서의 인력의 수요와 공급, 그리고 더 필요한 정보의 원천 등을 포함하는 직위, 직무, 직업에 관한 타당하고 유용한 자료를 의미한다. 개인 · 사회적 정보는 자기 자신과 타인의 이해를 위해서 다루는 정보이다. 다시 말해서 개인과 대인관계에 작용하는 인간적 · 물리적 환경의 기회와 영향에 관한 타당하고 유용한 자료이다. 이는 학생들로 하여금 자기이해와 타인과의 관계를 증진시키는 인간에 관한 정보를 의미한다. 자기 자신의 이해와 남과 잘 어울리는 것뿐만 아니라 남녀간의 이성관계, 예의범절, 여가활동, 가족관계, 재정적 계획, 건강한 생활 등과 같은 광범위한 영역의 정보를 포함한다.

상담활동이란 생활지도 활동의 중핵적인 활동이라고 할 수 있다. 이는 상담자와 내담자의 관계에서 상담면접의 기술을 통하여 학생들의 자율성과 문제해결을 생성시키는 동시에 학생들의 적절한 감정처리를 위하여 조력함으로써 정신건강을 향상시키고 현명한 선택과 적응을 돕는 활동이다. 상담활동은 대체로 협력적인 관계형성, 현실생활 장면에 대한 내담자의 견해를 구명하기 위한 탐색이 이루어지고 상담자의 해석, 내담자가 자신의 그릇된 개념을 시정하고 보다 정확한 개념을 형성하게 되는 재방향지움의 단계가 일어난다. 상담은 대상과 목적에 따라 다양하며 현재 학교나 사회기관 단체에서 그 중요성이 인정되고 있다. 상담활동은 이루어지는 장면에 의해 가족상담, 부부상담, 위기상담, 전화상담, 목회상담, 군대상담 등으로 구분할 수 있고, 발달 연령별로 취학 전 아동의 상담, 초등학생 상담, 중 · 고등학생 상담, 대학생 상담, 장 · 노년 상담 등으로 구분된다. 또한 특수 문제별로는 학습상담 문제, 성문제 상담, 비행청소년 상담, 직업 및 진로 상담 등으로 구분되기도 한다.

상담활동 정치란 한 개인의 위치를 찾는 것을 나타내는 말로써, 정치활동은 자기이해, 정보 및 상담의 과정을 통해서 얻어진 결과에 의해서 보다 나은 적응과 성장 또는 문제해결을 위하여 다음 단계에서 무엇을 어떻게 해야 될 것인가를 선택하고 결정하도록 도우며, 또 그 결정에 따라 잘 적응하도록 도와 주는 일련의 활동을 말한다(김충기, 1983). 이러한 정치활동에 대한 지도는 현대사회에서 더욱 요청되고 있다. 왜냐하면 사회가 더욱 분화되어 여러 가지 직업이 등장하게 된 상황에서 학생들은 어떠한 위치를 선택할 것인가에 더욱 혼란스러움을 경험하기 때문이다. 학생의 이러한 문제들을 해결해 주고 나아가서 학생이 선택한 사항을 실행할 수 있는 계기를 마련해 주는 것이 정치활동이다. 정치활동의 필요는 다른 모든 교육적 노력과 마찬가지로 개인과 환경에서 찾을 수 있다. 개인의 심리적 욕구는 무척 다양하고, 이 욕구들을 충족하기 위하여 이루어지는 일 가운데 하나가 정치활동이라고 하겠다. 특히 성취욕구, 인지적 욕구, 자아실현의 욕구가 정치활동을 통하여 어느 정도 충족되고 있다고 하겠다.

교육이 졸업과 동시에 끝나는 것이 아닌 것처럼 참다운 지도 역시 진급이나 졸업으로 끝나는 것이 아니다. 추수활동은 바로 이러한 지도의 계속성을 살리는 활동이다. 일반적으로 추수활동은 두 가지 경우를 생각해 볼 수 있다.

첫째, 좁게 보는 견해로서 상담이나 사례연구를 끝낸 다음에도 계속해서 내담자가 적응을 잘 하고 있는지를 지도하는 것이다.

둘째, 넓게 보는 견해로서 교육의 전체적인 성과나 생활지도의 성과를 계속해서 체계적으로 확인해 보는 것이다. 그 범위를 넓게 보든 좁게 보든 간에 한 대상을 지도하고 난 다음에 그 성과를 확인하면서 계속 체계적으로 지도하는 활동을 추수활동이라고 한다. 이렇게 볼 때 이미 지도를 받은 모든 사람이 다 추수지도의 대상이 될 수 있다. 그러나 현실적으로 모든 학생을 다 추수지도의 대상으로 삼을 수 없기 때문에 재학생, 중퇴생, 졸업생 가운데서 특히 계속적으로 지도를 필요로 하는 사람을 대상으로 하는 것이 상례이다. 추수활동의 목적은 한 마디로 말해서 이미 지도를 받았던 사람의 계속적인 성장·발달을 도우려는 것이다.

제3절 상담의 이해

1. 상담의 정의 및 본질

상담은 단순한 대화가 아니다. 또한 전문적인 지식과 정보를 필요로 하는 것을 상담이라고 할 수도 없다. 최근에 이르러 학교나 기업체 등에서 상담이나 상담이라는 용어를 비교적 안이하게 사용하는 경우가 허다하다. 대개의 경우 상담의 본질을 이해하지 못하고 있거나 그릇된 개념으로 파악하고 있는 현상이다.

지금 우리는 상담이라는 용어를 자주 사용하고 있다. 학자에 따라 상담의 개념을 다양하게 정의하고 있지만, 가장 포괄적이고 적절한 정의를 살펴보면, 상담이란 '도움을 필요로 하는 사람(내담자)이 전문적 훈련을 받은 사람(상담자)과의 대면관계에서 생활과제의 해결과 사고, 행동 및 감정적 측면의 인간적 성장을 위해 노력하는 학습과정이다'. 이러한 정의는 상담의 네 가지 특징을 강조하고 있다.

첫째, 상담의 구성요소에 대한 것으로서 상담은 내담자, 상담자, 두 사람의 대면관계로 구성된다. 즉 상담은 삶의 문제를 지니고 있으며 도움을 필요로 하는 내담자, 내담자의 문제해결을 도와줄 수 있는 전문적 지식과 능력을 지닌 상담자, 그리고 두 사람 간의 대면적 관계로 구성된다.

둘째, 상담은 내담자의 생활과제의 해결과 인간적 성장을 목표로 한다는 점이다. 상담은 내담자가 지닌 생활과제의 해결과 더불어 내담자의 사고, 행동, 감정 등의 제반측면에서 인간적 성장을 추구한다. 그러나 상담의 구체적 목표는 내담자가 지닌 문제에 따라서 다양하게 설정될 수 있으며 흔히 내담자와 상담자의 합의에 의해 정해지는 경우가 많다. 이러한 상담목표의 구체적 예로는 우울이나 불안과 같은 부정적 정서의 극복, 인간관계의 갈등해소나 인간관계 능력의 증진, 부적응적인 행동이나 습관의 교정, 학업 및 진로문제의 해결, 부적응적인 성격의 개선 등이 있다.

셋째, 상담은 이러한 목표를 향해 내담자를 변화시키는 학습과정이라는 점이다. 심리학에서 학습이라는 용어는 새로운 경험을 통해 긍정적 변화를 이루어가는 과정을 의미하며, 상담은 상담목표를 향해 내담자는 변화시키는 과정이다. 이러한 내담자의 변화는 상담자와의 관계 속에서 새롭고 긍정적인 체험을 통해 이루어지게 된다.

마지막으로 상담은 내담자와 상담자 간의 지속적인 상호작용과정이라는 점이다. 간혹 한두 번의 면접으로 끝나는 상담도 있지만, 내담자의 문제해결과 발전적인 변화를 위해서는 적어도 7~8회 이상의 면접이 필요하다는 것이 경험적으로 입증되어 있다. 즉 상담이 성과를 거두기 위해서는 여러 번의 면접을 포함하는 지속적인 상호작용이 필요하다.

한편, 20세기 말 상담은 인간문제, 특히 인류 전체의 개인적 문제를 해결하는 고도의 전문적 학문으로 확고한 위치를 차지하고 있으며 또한 실천적, 전문적으로 광범한 사회적 지지를 받고 있다. 특히 선진국에서 상담은 전문직으로 자리잡고 생활문화의 일부가 돼 사람들에게 큰 힘과 지혜, 그리고 용기와 희망을 주고 있다. 그래서 상담은 학문적으로 뿐만 아니라 제도적으로 짜임새를 갖추고 있으며 법률적으로도 뒷받침을 받고 있다. 이러한 여러 가지 특징에도 불구하고 상담을 정의하려면 그것의 본질이 무엇인가를 분명하고 구체적으로 밝혀야 한다.

첫째, 상담은 상담자가 한다. 상담자란 상담에 관련된 일정 수준 이상의 전문교육을 받은 전문가를 가리킨다. 상담자로서 전문적 활동을 하는 데 필요한 지식과 기능, 그리고 윤리의 최저수준을 어떻게 정의하느냐에 따라서 상담자의 자격기준도 달리 설정하겠지만 상담에 필요한 지식과 기능, 도덕수준을 갖추려면 학부 수준의 학사학위 취득자 정도로는 어렵다는 것이 공통된 인식이다. 대학원에서 상담을 전공한 석사학위 이상의 교육을 받은 사람을 전문적 상담자로 보는 것이 세계적 추세이다.

둘째, 상담은 힘 또는 능력을 기르는 것을 목적으로 한다. 유태인의 격언에 "물고기를 열 마리 주는 것보다 낚싯대를 하나 주는 것이 낫다"는 말이 있다. 열 가지의 문제를 해결해 주기 보다 스스로 문제를 해결하고 관리할 수 있는 힘 또는 능력을 기르게 하는 것이 훨씬 더 효율적이라는 뜻이다. 상담에서는 스스로 문제를 해결하는 힘을 기르는 것에 주안점을 두어야 한다.

셋째, 모든 사람은 문제를 가지고 있다. 사람이 살아 있음은 문제를 가지고 있음을 뜻한다. 삶이란 문제를 다루는 과정이다. 그 문제를 어떻게 이해하고 대응하느냐에 따라 삶의 양상이 달라진다. 꿈틀거리며 움직이는 것이 인간의 삶이다. 그래서 살아가려면 언제나 새로운 힘을 충전받아야 한다.

넷째, 상담의 기본 요소는 촉진적 의사소통이다. 상담은 대화로 하는 것이다. 하지만 우리가 일상 속에서 사용하고 있는 대화와는 그 의미가 다르다. 상담에서는 말로 나타낸 것보다 말로 나타내지 않고 있는 것도 중시하고 마음 속에 남아 있는 것들까지 관심을 가지고 이해하려고 노력한다. 말을 넘어 마음과 정황을 파악하여 내담자에게 삶의 힘을 복돋아 주는 것이 곧 상담이다.

다섯째, 상담은 통합적이고 체계적인 학문이며 동시에 실천이다. 의학이 하나의 학문이며 동시에 실천인 것처럼 상담은 통합적 학문이며 또한 현실적으로 실천되는 체계적 인간봉사의 하나이다. 상담은 교육학, 철학, 심리학, 사회학, 문화인류학, 정신의학 등이 교차하는 지점에서 인간의 개인적 문제를 다루는 통합적 학문이다.

요약하면, 상담이란 개인적 문제를 해결하도록 할 뿐만 아니라 다른 문제가 제기될 때 이를 적극적으로 다루어 행복과 성공을 이루어낼 수 있는 힘을 복돋아 주는 것이다. 힘을 길러 주는 것이 결국 상담이며 힘차게 살아 자신의 세계를 개척하고 성취와 행복의 길로 안내하는 것이 바로 상담이다.

2. 상담의 목표

상담에 관한 여러 가지 중요한 목표는 수년 동안 정립되어 왔다. 상담의 목표는 상담의 방향을 제시할 뿐만 아니라 상담의 효과를 평가하기 위한 기초로서 수립되었다. 이러한 목표는 매우 일반적인 것에서 세분화된 것으로 또는 추상적인 것에서부터 구체적인 것에 이르기까지 다양하다. 상담의 목표는 무엇에 두느냐 하는 것은 내용이나 방법, 또는 이론이나 분야에 따라 큰 차이가 있다. 하지만 여기에서는 상담의 목표를 그것이 지니고 있는 특징에 따라 소극적인 것과 적극적인 것으로 나누어 본다. 대체적으로 소극적 목표는 제거하거나 감소시킴으로써 달성될 수 있는 것이고, 적극적인 목표는 새롭게 형성하거나 증가시킴으로써 달성될 수 있는 것이라 할 수 있다.

상담은 사람들이 불편이나 고통을 경험할 때 시작하는 경우가 많다. 새로운 환경에 적응을 못하거나 쉽게 해결할 수 없는 문제가 있을 때에도 상담을 하게 된다. 상담은 사람들의 마음에 피를 흘리고 있는 곳에서 시작된다고 말하는 사람도 있다. 부정적 맥락이나 소극적 의미에서 자주 설정하는 상담의 소극적 목표에는 문제해결, 적응, 치료, 예방, 갈등해소 등이 있다.

한편, 상담의 목표는 부정적 인간특성을 제거하거나 약화시키고 긍정적 인간특성을 형성하고 강화시키는 것이라고 할 수 있다. 상담을 통해서 달성해야 할 긍정적이고 적극적 인간특성은 헤아리기 어려울 정도로 다양하나 몇 가지로 나누어 살펴보면, 긍정적 행동변화, 합리적 의사결정, 전인적 발달, 자아존중감, 개인적 강녕 등이 있다.

3. 상담의 기본 원리

상담이 개인이 가진 문제를 해결하고 적응활동을 증진시킴으로써 건전한 자아형성을 통한 성장을 돕는 것이기 때문에, 전문적 소양을 가진 상담자가 상담을 전개할 때에는 반드시 일정한 원리에 바탕을 두어야 한다.

첫째, 개별화(individulization)의 원리이다. 개별화는 내담자의 독특한 성질을 알고 이해하는 일이며, 적응을 잘 할 수 있도록 각 개인을 원조함에 있어서 상이한 원리나 방법을 활용하는 것이다. 따라서 개별화란 인간을 개별적 차이를 지닌 특정한 인간으로서 취급해야 한다는 것이므로 소위 내담자의 권리와 욕구로서의 개별화라고 표현함이 더 적절할 것이다.

둘째, 의도적 감정표현(purposeful expression of feelings)의 원리이다. 의도적 감정표현은 내담자가 그의 감정, 특히 부정적 감정을 자유롭게 표현하려는 그의 욕구에 대한 인식이다. 즉, 사람은 누구나 정당하고 잘한 일에 대하여 떳떳하게 표현할 수 있는 의사표현의 자유도 있지만 반대로 자기감정, 즉 부정적 감정을 표현할 수 있는 자유도 있다는 것이다. 특히, 상담자는 내담자가 가지고 있는 감정을 자유롭게 의도적인 표현을 할 수 있도록 온화한 분위기를 조성해 주어야 한다. 그러기 위해서 상담자는 압력이나 긴장으로부터 내담자를 완화시켜 주어야 할 것이며, 내담자 스스로를 이해하게 해 주어야 할 것이며, 심리사회적인 지지의 형태인 동시에 그의 부정적인 감정표현 자체를 진정한 문제로 인식할 수 있어야 할 것이다.

셋째, 수용(acceptance)의 원리이다. 상담자는 내담자에게 따뜻하고 명랑하며 친절하면서 수용적이어야 한다. 내담자를 하나의 인격체로서 존중하고 말이나 행동 특히, 비언어적 단서인 얼굴 표정 등에 주목해야 한다. 상담자는 내담자의 의견에 동의하지 못할 경우에는 동의하지 않는다는 사실을 분명히 전달하되, 그 표현이나 자세는 어디까지나 온화해야 한다. 다시 말해서 상담자와 내담자 간에 의견이 일치하지 않는 것과, 내담자를 수용하지 않거나 거부하는 것과는 구별되어야 한다.

넷째, 비심판적 태도(non judgemental attitude)의 원리이다. 비심판적 태도란 내담자의 문제에 대해서 '자네가 유죄이다', '무죄이다', '자네가 책임져야 한다'는 식의 말이나 행동을 삼가야 한다는 뜻이다. 내담자는 자기의 잘못이나 문제에 대하여 결과를 나무라거나 책임을 추궁하거나 잘못을 질책하는 것을 두려워한다. 그들은 죄책감, 열등감, 불만감, 고독감 등을 가지고 있기 때문에 타인의 비판에 예민하여 자신을 방어하고 안전을 추구하는 것은 당연한 일이다. 따라서 상담자는 객관적으로 그의 행동·태도·가치관 등을 평가하여야 하며, 어떠한 문제에 대하여 '유죄이다', '무죄이다', '책임져야 한다', '나쁘다'는 등의 과격한 언어로 다루어서는 안 될 것이다.

다섯째, 자기결정(self determination)의 원리이다. 상담과정에 있어서 상담자는 '자기 스스로 자기가 나아갈 방향을 결정하고 선택하려는 내담자의 결정'을 존중하며, 그 같은 욕구를 결정할 수 있는 내담자의 잠재적 힘을 자극하여 활동하게 할 수 있도록 지도해야 한다. 그러나 내담자가 자기결정과 선택의 자유·권리·욕구가 있다고 해서 무조건적으로 도와 주자는 것은 아니다. 그들의 자기결정의 권리·욕구 등은 내담자의 능력이나 법률 및 도덕적 규범, 사회기관 내에서만 이루어질 수 있다는 한계를 벗어나서는 안 된다.

여섯째, 비밀보장(confidentiality)의 원리이다. 상담과정 중 가장 중요하게 명심해야 할 사실은 상담자가 내담자와의 대화의 내용을 아무에게나 이야기하는 습관을 버리고 반드시 비밀을 지켜야 한다는 것이다. 상담은 본질적으로 내담자가 상담자를 신뢰하고 믿는 데에서 이루어진다. 따라서 어떠한 경우에 놓여 있는 문제라도 개인의 명예훼손이나 누를 끼치는 일을 이야기해서는 안 된다. 즉 상담자는 비밀을 지켜줄 윤리적 의무가 있는 것이다. 상담자의 윤리 가운데 가장 중요한 것은 무조건 내담자의 비밀을 보장하는 것이다.

4. 상담의 과정과 기법

상담은 상담자와 내담자가 만나기 시작해서 종결될 때까지 여러 번의 면접을 거치는 하나의 과정이다. 때로는 한두 번의 면접으로 내담자의 관심사와 문제가 해결될 수도 있겠으나, 교육기관에서의 상담만 하더라도 대체로 5~6회 이상에서 20여 회에 이르는 면접이 진행되는 것이 보통이다. 그러므로 상담 과정의 지속 시간에 따라 그 진행 과정이 달라질 수 있다. 그러나 1, 2회의 면접으로 끝나든 장기간 지속되든 그 과정을 단계적으로 구분해 볼 수 있다. 이 상담 과정의 단계는 문제의 정의에서부터 바람직한 행동의 실천에 이르는 상담자와 내담자의 공동 노력의 특징들을 나누어 본 것이다. 실제 상담 과정에서는 이런 분류가 분명하지 않고 서로 중복되거나 생략되는 경우도 있다. 그러나 이렇게 단계적으로 생각하는 것이 상담 과정의 이해에 도움이 될 뿐만 아니라, 실제로 상담을 효과적으로 진행시키려는 하나의 지침이 될 수도 있는 것이다. 상담의 과정은 대략 몇 단계의 절차를 거쳐 진행된다.

상담의 진행과정을 문제의 제시 및 상담의 필요성에 대한 인식, 촉진적 관계의 형성, 목표설정과 구조화, 문제해결의 노력, 자각과 합리적 사고의 촉진, 실천행동 계획, 실천결과의 평가와 종결 등의 7단계를 제시해 볼 수 있다.

첫 번째 단계는 문제의 제시 및 상담의 필요성에 대한 인식단계이다. 먼저 내담자에게 자신의 걱정거리, 문제, 찾아온 이유 등을 말하도록 한다. 내담자들은 문제에 대한 책임감을 회피하고 남을 비난하거나 자신이 운명의 피해자란 느낌에서, 전문적인 상담의 필요성을 절실히 느끼지 못하는 경우가 있다. 그러므로 문제의 배경 및 관계 요인들을 토의한 후, 내담자가 상담 과정에 적극적으로 참여하도록 해야 한다.

두 번째 단계는 촉진적 관계의 형성단계이다. 이 단계에서는 솔직하고 신뢰로운 관계를 형성하는 것이다. 내담자가 상담자에게서 느끼는 전문적 숙련성, 매력, 신뢰성 등은 상담 효과에 대한 긍정적 기대를 갖게 하는 요인이다. 상담의 촉진적 관계를 형성하는 데에는 상담자의 공감적 이해, 성실한 자세, 내담자에 대한 수용적 존중

및 적극적인 경청 등이 필요하다.

세 번째 단계에서는 상담의 목표 설정과 구조화가 이루어진다. 이 단계에서는 상담 과정의 방향과 골격을 분명히 한다. 내담자들은 흔히 상담자가 자신의 문제를 직접 해결해 주기 바라거나, 문제에 대한 해답 및 행동 방향을 제시해 줄 것을 기대한다. 구조화는 상담의 효과를 최대한도로 높이기 위해 상담의 기본 성격, 상담자 및 내담자의 역할 한계, 바람직한 태도 등을 설명하고 인식시켜 주는 작업이다. 구조화에 포함되는 사항은 상담의 성질, 상담자의 역할과 책임, 내담자의 역할과 책임, 상담의 목표 등이다. 아울러 시간과 공간적인 제한사항도 덧붙인다.

네 번째 단계에서는 문제해결 위해 노력하는 단계이다. 이 단계에서는 우선 문제에 관한 내담자의 감정 표현을 촉진하고, 제시된 문제를 다시 구체적으로 정의한다. 특히 문제의 성질을 명확히 하고 어떤 방법과 절차를 이용할 것인가를 먼저 결정해야 한다. 이 과정은 내담자의 문제의 성질이나 상담에 대한 요구 및 상담자의 이론적 입장에 따라서 달라지게 마련이다. 문제해결 단계에서는 현재의 문제 행동과 바람직한 목표 행동에 대한 내담자의 자각과 문제해결 과정에서의 실제 노력을 촉진하는 것이 필요하다. 이를 위해 문제 및 상담 목표에 관련된 내담자의 감정 및 생각을 탐색·정리하는 것이 바람직하다.

다섯 번째 단계에서는 내담자의 자각과 합리적 사고를 촉진시킨다. 자각은 자신과 생활 과정에서의 주요 경험 및 사건들을 이전보다 분명히 그리고 통합된 시야에서 재인식하는 것이다. 내담자가 상담의 목표에 도달하기 위해 필요한 자기 이해와 합리적 생각을 갖출 때까지 상담에 적극적으로 참여하도록 한다.

여섯 번째 단계에서는 실천 행동을 계획한다. 자각과 합리적 사고의 달성만으로써 상담이 끝나는 것은 아니다. 상담 중에는 앞으로 모든 문제가 잘 해결될 것 같지만 실제 생활에 부딪쳤을 때는 당황하는 경우가 많다. 내담자의 새로운 견해나 인식이 실생활에서 실현되도록 내담자의 의사결정이나 행동 계획을 도울 필요가 있다. 이 단계에서 이루어져야 할 목표는 내담자의 구체적인 행동 절차를 협의하고 세부적인 행동 계획을 작성하는 것이다.

마지막으로 실천 결과의 평가와 종결을 시도한다. 종결은 주로 내담자와 상담자의 합의에 의하여 이루어진다. 내담자가 종결을 희망하더라도 아직 불충분하다는 판단이 들 경우에는 '잘 대처해 나가는지 서로 확인해 보기 위해' 상담을 당분간 계속하도록 권유하는 것이 바람직하다. 또한 내담자로서는 상담을 종결한 후, '다시 문제가 발생하지 않을까', '혼자서 해결할 수 있을까'에 대해 불안해하는 경우가 있다. 상담의 종결이 자기를 배척하는 것으로 생각하는 내담자도 있으므로 상담자는 내담자가 이러한 문제에 갑자기 직면하지 않도록 서서히 종결시킨다.

한편, 상담관계를 원만하게 이끌어 가기 위해서는 몇 가지 기법이 있다. 이러한 기법들은 상담자마다 자신의 성격과 내담자의 요구에 가장 적합하다고 생각하는 형태로 나타나게 마련이다. 상담 기법이나 방법은 기본적인 상담자의 태도와 여러 방법의 바탕이 되는 이론적인 배경을 충분히 이해한 후에 활용되어야 한다.

상담자가 내담자를 만날 때의 첫 과제는 신뢰감을 형성하는 일이다. 처음에는 기법의 적용보다는 수용적이고 온화한 태도로서 내담자에게 깊은 관심을 나타내는 것이 무엇보다 중요한 일이다. 이러한 상담자의 태도와 관심이 보여져야만 내담자가 상담자를 믿고 편안한 상태에서 이야기를 할 수 있게 됨은 물론이다. 화제의 유도, 물리적 배치, 비밀보장의 확인 및 상담에 임하는 태도의 확인 등을 토대로 내담자와 래포(rapport)를 형성해야 한다.

흔히 내담자의 감정은 '큰 저류가 있지만 표면에는 잔물결만이 보이는 강물'에 비유된다. 즉 내담자의 감정은 수면상의 물결처럼 겉으로 보이는 표면감정이 있고 강의 저류처럼 보이지는 않으나 중심적인 내면 감정이 있는 것이다. 반영(反映)은 잔물결 속에 감추어져 있는 저류와 같은 내담자의 내면적 감정을 정확히 파악하여 내담자에게 전달해 주는 것을 말한다. 즉, 반영이란 내담자의 말과 행동에서 표현된 기본적인 감정·생각 및 태도를 상담자가 다른 참신한 말로 부언해 주는 것이다.

수용(受容)이란 "으음"이나 "예, 계속하십시오."와 같이 짧은 문구로 표현되는 상담자의 반응을 말한다. 이런 반응은 내담자에게 주의를 기울이고 있으며, 내담자의 말을 받아들이고 있다는 상담자의 태도를 나타내는 것이다. 이러한 수용의 기법은 상담의 초기 단계에서 많이 사용되지만, 내담자가 자신을 깊이 탐색하고 의미있는 자료를 고통스럽게 진술하는 상담의 종반기에서도 사용되는 경우가 있다.

구조화(構造化)란 상담과정의 본질, 제한조건 및 목적에 대하여 상담자가 정의를 내려주는 것이다. 다른 말로 하면 내담자에게 상담과정의 바람직한 체계와 방향을 알려 주는 것이다. 이러한 구조화를 통해 내담자는 상담 관계가 합리적인 계획을 가지고 있다는 점을 느끼게 된다. 이러한 의미에서 상담이 하나의 여행이라면, 구조화는 그 여행의 방향을 알리는 노선(路線) 표시에 비유될 수 있다.

바꾸어 말하기(paraphrase)란 내담자가 말하는 것을 상담자가 바꾸어 말하여 주는 것을 말하는데, 상담에 여러 가지로 도움이 된다. 첫째 바꾸어 말하여 줌으로써 내담자의 입장을 이해하려고 상담자가 노력하고 있음을 알려 주게 되며, 둘째 내담자가 한 말을 간략하게 반복함으로써 내담자의 생각을 구체화시키며, 셋째 내담자가 말하고 있는 바를 상담자 자신이 제대로 이해하고 있는지를 확인해 볼 수 있다.

경청(傾聽)이란 내담자의 말과 행동에 상담자가 선택적으로 주목하는 것을 뜻한다. 물론 상담자는 내담자의 말과 행동 하나하나를 그냥 흘려 보내서는 안 된다. 그렇다고 상담자는 내담자의 모든 말과 행동에 주목하여 반응할 수도 없다. 따라서 상담자가 경청할 때의 관건은 상담자가 상대적으로 더 비중을 두어야 할 내담자의 말과 행동을 선택하여 그것에 주목하는 것이다. 즉, 선택적으로 주목함으로써 내담자가 특정 문제에 대해 탐색하도록 한다. 이 때 상담자가 선택적으로 주목한 것이 내담자의 진술의 흐름에 적합한 것이라면 더욱 유익하다고 말할 수 있다.

내담자의 말의 내용을 요약(要約)하기 위해서는 말의 내용, 말할 때의 감정, 그가 한 말의 목적, 시기, 효과에 대해서 주의를 기울여야 한다. 요약은 여러 생각과 감정을 매회의 상담이 끝날 무렵 하나로 묶어 정리하는 것이다. 예를 들면, 내담자와 그의 부적절한 감정에 대하여 대화를 가진 후 "당신이 가정이나 학교, 현재 직업에 대하여 말한 것을 보면, 모든 생활에서 실패감을 느낀 것 같군요"라고 요약할 수 있다. 매회 또는 수회의 상담을 거친 후 이를 요약하면 한두 문장으로 표현하기는 쉽지 않다. 요약의 기본은 대화의 내용과 감정들의 요체 그리고 일반적인 줄거리를 잡아내는 것이다. 또한 내담자가 진술하는 말의 흐름을 요약한다는 것은 상담이 어디로 진행되고 있으며 현재 어디에 위치하고 있느냐를 파악하는 것이다.

명료화(明瞭化)는 내담자의 말 중에서 모호한 점을 내담자가 확실히 알도록 해 주는 것이다. 명료화는 내담자가 말하고자 하는 의미를 상담자가 생각하고, 이 생각한 바를 다시 내담자에게 말해 준다는 점에서 단순한 재진술이 아니다. 또한 상담자가 내담자의 반응을 이해할 수 없을 때 분명하게 말하여 줄 것을 요청하기도 한다. 내담자가 말하는 의미가 모호하거나 혼란되어 있을 때 "잘 이해를 못하겠습니다. 당신이 말하고자 하는 바를 좀 더 분명하게 말하여 주십시오.", "나는 당신이 직업에 대해서 느끼는 감정이 어떤지 잘 모르겠습니다." 또는 "예를 들어서, 간략하게 다시 말해 주시겠습니까?" 등으로 말할 수 있을 것이다.

상담에서의 해석(解釋)은 내담자에게 어떤 의미를 전달하고자 하는 상담자의 시도라고 볼 수 있다. 해석은 내담자의 여러 언행들 간의 관계 및 의미에 대한 가설을 제시하는 것이다. 즉 내담자로 하여금 과거의 생각과는 다른 각도에서 자기의 행동과 내면 세계를 파악하게 하는 것이다. 해석이 어떤 이론적 입장에서 도출되었느냐에 따라 그 내용이 달라질 것이다. 그러나 상담자가 해석을 통해 내담자에게 새로운 참조체계를 제공한다는 점은 동일하다. 상담자는 내담자가 이 새로운 참조체계를 통해 자신의 문제를 보고 자기가 처한 상황을 보다 잘 이해하며 환경에 능률적으로 대처할 수 있기를 바란다. 이러한 점에서 해석은 내담자의 말을 바꾸어 말하기나 느낌의 반영과 크게 다른 것은 아니다. 바꾸어 말하기와 느낌의 반영이 하는 기능의 하나는 내담자가 방금 말한 것의 내용 또는 느낌을 구체화하는 것이었다. 그리고 상담자는 주로 내담자의 참조체계에 따라 반응하는 것이다.

5. 상담이론

가. 정신분석 상담이론

정신분석이론에서 바라보는 인간을 비합리적이고 비관적인 결정론적인 존재로 보았다. 인간의 행동은 기본적인 생물학적인 충동과 본능을 만족시키려는 욕망에 의하여 동기화되는 것으로 개인을 현재에서 자신의 행위를 결정하고 그에 따른 책임을 질 수 있는 주체로 보기 보다는 오히려 5세 이전의 경험이 무의식 속에 잠재해 있는 심리 성적인 사건들에 의하여 결정되는 존재로 본다. 정신분석이론에서는 의식과 성격을 각각 세 요소로 구분하여 설명하였다. 즉, 한 개인이 현재 각성하고 있는 모든 행위와 감정을 포함하는 의식과 이용 가능한 기억으로 의식 부분은 아니지만 조금만 노력하면 의식 속으로 떠올릴 수 있는 생각이나 감정들을 포함하면서 의식과 무의식을 연결하는 전의식, 그리고 개인이 자신의 힘으로는 의식으로 떠올릴 수 없는 생각이나 감정들을 포함하며 자신이나 사회에 의하여 용납될 수 없는 감정이나 생각 혹은 충동들이 억압되어 내적 갈등을 경험하게 되고 이로 인해 왜곡된 증상이 출현하는 무의식으로 구분하였다. 성격 또한 쾌락의 원리에 따라 본능적 욕구를 만족시키려는 일념만을 갖고 움직이며 정신적 에너지의 저장소인 원초아, 현실의 원리에 입각하여 욕구 충족을 위해 적합한 대상이 발견될 때까지 긴장 해소를 보류하면서, 이차적 과정, 즉 현실적 사고 과정을 통하여 통제하고, 반응할 환경의 성질을 검토, 선정하고 욕구를 어떤 방법으로 만족시킬 수 있을 것인가 결정하는 자아, 그리고 한 사회의 전통적 가치와 이상의 내적 기준으로 성격의 도덕적 무기, 현실보다는 이상을, 쾌락 보다는 완성을 위해 작용하는 초자아로 구분하였다.

프로이드(S. Freud)는 잘 적응하는 개인이란 진정 사랑할 수 있고 일할 수 있는 사람으로 정의하였다. 적응을 방해하는 요소는 무의식 속에서 동기로 작용하고 있는 억압된 충동들 (과거에 자아가 적절하게 중재할 수 없었던 원욕의 충동)이다. 이와 같은 무의식의 내용을 의식화라는 과정을 통하여 내담자는 자신의 현재 행동의 적절성과 부적절성을 탐색할 수 있고 나아가서는 자신의 문제 행동의 원인을 통찰하게 되어 새로운 행동을 할 수 있게 되는 것이다. 즉, 상담의 목표는 내담자로 하여금 자신의 행동의 동기를 각성, 통찰할 수 있어서 의식 수준에서 행동할 수 있게 돕는 것이며, 상담의 목적은 무의식에 근거하고 있는 내담자의 문제 행동에 대한 각성과 통찰을 도와서 건설적인 성격으로 변화시킴으로써 진정 사랑할 수 있고 일할 수 있는 잘 적응하는 개인으로의 성장을 돕는 데 있다. 그가 주로 사용한 상담의 기법은 꿈의 분석, 자유연상, 저항과 전이의 해석 등의 방법을 통하여 무의식을 의식화시켰다.

정신분석이론은 인간은 자주 그 개인이 인지하지 못하고 수용할 수 없는 충동들에 의하여 사고나 행동이 동기화된다는 사실을 밝혀 주었다는 점, 담대하고 통찰력 있는 탐구를 통하여 최초의 체계적인 성격 이론과 최초의 효과적인 심리치료의 기술을 개발해 내었다는 점, 성격의 발달에 있어서 유아기의 중요성을 강조한 프로이드의 이론은 자녀 양육에 대한 각성과 연구를 자극하였다는 점, 심리치료에 있어서 면접 활용의 한 모형을 개발하였다. 신경증이나 치료 과정에 있어서 불안의 기능을 처음으로 확인하였고 해석, 저항, 전이 현상의 중요성을 강조했다는 것에 공헌을 하였으나, 그의 이론을 뒷받침해 줄 자료가 주로 통제되지 않는 상태에서 관찰한 불완전한 기록들과 자료에 근거한 추론의 결과라는 점, 정신분석의 결과에 대한 연구들이 그 효과성을 충분히 지지해 주지 못하고 있다는 점 등의 약점을 가지고 있어 비판을 받고 있다.

나. 행동주의적 상담이론

인간의 모든 행동은 학습을 통해 형성되므로 새로운 학습을 위한 새로운 조건들을 조성해 내는 것이다. 즉 행동주의적 상담이론은 부적합한 학습을 제거하고 적합한 반응들이 학습되도록 하는 과정으로 이루어진다. 행동주의적 상담이론은 다양한 상담기법을 제시하였는데, 체계적 감감법(단계적 둔화; systematic desensitization), 주장적 훈련(자기 표현 훈련; assertive training), 혐오치료(aversion therapy), 긍정적 강화(positive reinforcement), 조형(행동 조성; shaping), 모방학습(modeling), 토큰경제(대리 경제, 환권 보상치료; token economics) 등이 있다.

체계적 감감법은 공포나 불안을 제거하는 데 쓰이는 기술로 먼저 불안의 정도에 따른 불안위계목록을 작성하고, 근육이완 훈련을 받도록 한 후, 내담자가 이완 상태에 도달하면 불안위계목록 중 가장 적게 불안을 일으키는 장면부터 상상시켜 최대의 불안을 일으키는 장면을 상상해도 이완 상태에 머무를 수 있을 때 치료는 끝나게 된다. 주장적 훈련은 대인 관계에서 자기표현이 어려운 사람들에게 적합한 기술로 상담자와 내담자가 문제의 대인관계 상황을 놓고, 서로 역할을 바꾸어 가며 자신을 표현하는 역할 행동(role playing)을 통해 연습되어지고, 실제 상황에서 실행되어지도록 한다. 혐오치료는 전기 충격이나 구토제와 같은 혐오 자극을 가하여 바람직하지 못한 행동을 소거시키는 기술로, 처벌된 행동을 대체할 수 있는 바람직한 다른 행동을 강화해 줄 때 효과가 더 크다. 긍정적 강화는 바람직한 행동을 할 때마다 음식이나 칭찬과 같은 보상을 주어 그 행동을 강화시키는 행동이다. 조형(shaping)은 바람직한 행동을 여러 단계로 나누어 강화함으로써 점진적으로 바람직한 행동에 접근하도록 유도하는 기술이다. 모방학습은 인간은 적합한 모델의 행동을 관찰, 모방함으로써 새로운 행동을 학습할 수 있으므로 어떤 모델을 관찰하고 그 모델의 바람직한 행동을 모방하도록 하는 것이다. 토큰경제는 바람직한 행동을 인정해 주는 것만으로 별로 효과가 없을 때, 토큰을 주어 내담자가 원하는 물건이나 권리로 바꿀 수 있게 함으로써 바람직한 행동을 강화시키는 기술이다.

스키너(Skinner)는 인간의 행동이 법칙적으로 결정되며 예측 가능하고 환경적으로 통제가 가능하다고 주장함으로써 그의 인간본성에 대한 학문적 관심을 조작적 행동에 초점을 두어 왔다. 이러한 관심에 따른 연구로 스키너는 유기체의 행동을 조작적으로 강화 또는 소거시킬 수 있는 여러 방법들을 발견해 내었으며, 이는 곧 행동주의적 상담이론의 기술에 있어서 초석이 되었다. 스키너가 발견해 낸 인간행동의 원리에 대한 적용, 특히 상담기술과 관련한 적용은 매우 많고 넓은 범위로 확산되고 있다.

다. 인간중심 상담이론

로저스(C. R. Rogers)에 의해 창시된 이 이론은 인간의 잠재 능력에 큰 신뢰를 두고, 내담자로 하여금 자신의 문제해결 능력을 스스로 발견하고, 성장할 수 있는 촉진적인 조건을 제공하는 것을 강조한다. 상담목표는 충분히 기능하고 자기 실현화되어 가는 사람의 특성들은 내담자 중심이론의 기본적인 상담목표를 구성하는 데, 그 특성들은 경험에 대한 개방성, 자신에 대한 신뢰, 평가에 대한 내재적 과정에 참여하고자 하는 자발성이다. 상담기술로는 상담자가 갖추어야 할 인격적 특성 혹은 태도를 표현하고 전달하는 방법이라 할 수 있으며 이러한 태도에는 내담자와의 관계에서 일어나는 경험과 감정을 솔직히 표현하는 태도인 일치성(congruence) 혹은 진실성(genuineness), 내담자의 모습 그대로를 수용, 존중하는 태도인 무조건적인 긍정적 수용(unconditional positive acceptance), 내담자의 경험과 감정을 민감하고 정확하게 공감(empathy), 이해하는 태도인 공감적 이해가 요구된다.

프로이드와 마찬가지로 로저스의 인간에 대한 본성과 성격에 관한 현상학적 이론은 정서적인 장애를 가진 사람들을 치료한 경험이 바탕이 되었다. 즉, 그의 수많은 임상경험은 그의 성격이론에 영향을 주었으며, 이는 다시 효과 좋고 훌륭한 상담과 심리치료 이론을 형성하는데 사상적인 틀이 되었다. 로저스는 그의 성격이론에서 개인이 채택하는 대부분의 행위는 개인의 자아개념의 구조와 일치하며, 위협이란 인간이 그의 자아개념과 경험 사이의 부조화를 인식할 때 생긴다고 주장하였다. 따라서, 개인이 그 자신을 정직한 사람으로 인식하고 부정직한 행위를 할 경우 그는 위협의 상태에 있게 된다. 또한, 불안에 사로잡힌 사람이란 어떤 경험을 인식하거나 이를 상징화하는 것이 그의 현재 자아상에 극적인 변화를 강요한다는 것을 어렴풋이 지각하는 사람이다. 따라서 자신을 전적으로 애정이 많은 사람으로 지각하는 사람이 공격성과 적개심의 감정을 깊이 인식하는 것은 그의 자아개념을 필연적으로 재조직하게 만들며, 그는 적개심을 느낄 때마다 불안을 경험할 것이다. 이렇게 로저스는 '자아(self)'의 개념을 중시하고 현실자아와 경험의 불일치는 불안이나 여러 가지 정서적 장애에 빠진다는 생각 아래, 그에 적합한 상담이론을 발전시켜 나갔으며 여기서 발전된 내담자 중심 상담이론(client-centered counseling)에서는 자아개념과 전체 유기체가 더 일치하는 관계를 갖도록 돕고, 자아개념과 현상적 경험간의 일치를 높이는데 목적을 둔다.

정신분석, 행동주의 학습이론에 근거한 행동수정, 그리고 인간중심 상담이론 이외에도 교재에서는 설명하고 있지 않는 합리적 · 정서적 · 행동적 상담이론, 현실치료, 형태주의 상담이론, 교류분석이론, 실존주의 상담이론 등의 다양한 이론들이 있다. 현재로서 상담의 여러 접근 방법들을 모두 설명할 수 있는 이론은 없다. 학자와 상담자마다 자신의 접근 방식이 가장 좋은 방법이며 효과적이라고 생각하고 있다. 예를 들어, 일부 정신분석가들은 행동수정이 근본적 변화를 가져다 주지 못하며 기법 위주의 피상적인 단기 치료에 불과하다고 비판한다. 반면 일부 행동수정자들은 정신분석이론이 과학적 근거가 없으며 실제적 치료 효과도 없다고 주장하고 있다.

하지만 모든 접근 방법에는 그 나름대로 유용한 측면이 있으며 한 이론을 따른다고 해서 다른 이론을 배척할 필요는 없는 것이다. 하나의 방법만을 고수하다 보면 인간 행동의 다양한 측면을 소홀히 하기 쉬우며 저마다의 독특한 삶을 살아가고 있는 내담자들을 효과적으로 상담하기도 어렵기 때문이다.

한편, 상담을 하는 사람들은 대개 어렴풋이나마 상담의 정의와 방법에 대하여 자기 나름대로의 견해를 갖고 있다. 이러한 견해가 상담에 대한 피상적 이해에 그치지 않기 위해서는 주요 이론과 접근 방법을 연구하여 자기의 것으로 소화시키는 작업이 필요할 것이다. 특히 주목할 점은 여러 가지 접근 방법 중에서 자신의 개인적 편견이나 선입견에 맞는 일부분만을 채택해서는 안 된다는 것이다. 그렇게 되면 주요한 개념이나 개념에서 비롯되는 다양한 상담 기법들을 소홀히 하기 쉽다. 따라서 편의대로 취사선택을 하지 말고 체계적인 방식으로 여러 접근 방법을 통합하려고 노력해야 한다. 즉 보다 개방적인 자세로 여러 이론을 이해하면서 자기에게 적합한 개념과 기법들을 찾으려고 노력할 때 비로소 내담자를 이해하고 도와 줄 수 있는 능력을 갖추게 될 것이다.

제4절 향후 생활지도와 상담 탐구의 주요 내용

학교교육은 교과교육과 생활지도라는 두 가지 영역으로 구분하여 지도해 오면서, 그 동안 우리는 학교교육의 중핵적 활동으로서 일방적으로 교과교육만을 강조해 왔다고 해도 과언이 아닐 것이다. 물론 50년 전부터 생활지도의 교육이 강조되기 시작하였지만, 입시위주의 학교체제는 여전히 지속되어 상대적으로 생활지도는 간과되거나 유명무실하게 운영되어 여러 가지 문제 현상을 낳았다. 즉, 청소년의 가정, 학교 및 사회와 관련된 문제에서 시작하여 공교육의 위기, 학교중도 탈락문제, 그리고 학교폭력 문제까지 양적으로나 질적으로 심각해지고 있다는 점이다.

특히, 현재 가장 시급한 문제로 학교에서 교실이 파괴되고, 학교공동체가 무너지고, 교육이 황폐화되어 가며, 공교육이 심각한 위기에 놓여 있다는 점이다. "학교는 있어도 진정한 교육은 없고, 선생은 있어도 가르치고자 하는 의욕이 없으며, 학생은 있어도 배우고자 하는 열의가 없다"고 하는 것이 우리 교육의 현주소이다. 학교교육 붕괴의 문제는 단순히 교실에서 수업이 원활하게 진행되지 못하는 상황에 있는 것이 아니라 공교육의 총체적 위기와 불신의 문제로 이어지고 있다는 데 그 심각성이 있겠다. 수업 중에 소란을 일으키는 학생, 잠을 자는 학생, 만화책을 보는 학생 등 정상적인 수업에 방해가 되는 학생들은 이전에도 항상 존재했었다. 그러나 현재 학교에서 학생들의 일탈 정도가 학교 기능 자체를 마비시킬 정도로 심각해진 상태에 처했다는 점, 그것이 전국적으로 대부분의 학교에서 진행되고 있다는 점, 그리고 이전과 달리 우리 나라의 학교 교육자체를 거부하고 나아가 공교육체제에 대한 회의를 제기하는 실정에 이렀다는 점에서 이전의 양상과는 심각히 다르다고 말할 수 있겠다. 이런 공교육 위기의 원인으로 '적절한 가정교육의 부재, 입시위주의 교육현실, 사교육 시장의 지나친 확대, 학생에 대한 적절한 인성교육 및 생활지도의 부족' 등의 이유를 제시할 수 있으며, 이를 위한 대처방안으로 학교차원에서는 '다양한 진로 및 인성교육 프로그램 실시, 학생지도와 관련된 부서 및 교사의 적극적 활용(전문상담교사, 진로상담교사 등), 전체 교사의 학생지도 능력 향상을 위한 연수실시 및 연수기회 증대' 등의 정책을 시행하고, 교사 개인적 차원에서의 대처방안으로 '교사의 학생에 대한 개별 상담 및 인성지도 시간 확충, 가정과의 연계성 있는 지도' 등을 실시해야 한다.

또한 청소년들이 학교를 중도에 그만두고 떠나는 현상은 더 이상 각 학교에서 소수의 학생들에게서만 나타나는 문제가 아니라는 점이다. 교육통계연보(2000)의 자료에 따르면 한 해 약 7만 명의 학생들이 학교를 떠나고 있으며, 박창남과 그의 동료들(2001)은 학교를 포기하는 청소년들은 가정 경제적 이유나 비행 등의 전통적 요인으로 인해 학교를 떠나기보다는 현재의 학교교육이 자신의 진로, 적성, 인생 목표와 가치 등을 실현하는데 도움이 되지 못한다는 적극적인 문제인식에서 비롯된 경우가 많다고 보고하였다. 중도탈락 청소년들이 학교를 그만둔 시기로는 고등학교 1학년(35.4%)이 가장 높으며, 학교를 그만둔 결정에 미친 영향으로 자신의 진로나 학업과 관련하여 학교가 욕구를 충족시켜 주지 못했기 때문이라고 응답하였으며, 학교를 그만둔 당시에 필요했던 도움으로 진로상담이나 심리상담 등과 같은 전문적인 도움(41.0%)이 필요하다고 조사 · 보고하였다(안현의, 2002).

그리고 학교폭력의 문제가 심각해지고 있는데, 청소년백서(2002)의 2001년 학생범죄의 유형별 분포를 보면 폭력범이 40.0%, 절도범이 17.2%, 강력범이 2.0% 순으로 단순한 폭행과 상해범죄는 감소하거나 완만한 증가추세는 보이는 반면에 폭력처벌범죄가 1964년에 비해 18배로 급격한 증가를 보이고 있다고 보고하였다. 또한 전라북도 청소년종합상담실(2002)의 학교폭력 실태조사 결과에 의하면 중학생과 교사의

30~40%가 작년에 비해 올해 학교폭력이 더 심해진 것 같다고 응답하였다. 이러한 학교폭력의 문제는 특수한 개인, 가정, 학교 차원을 넘어서 이미 사회적으로 심각한 문제가 되고 있으며, 오경자와 그의 동료(1997)는 최근 몇 년간 학교주변에서 청소년들에 의해 점점 심각하게 일어나는 폭력 피해로 인하여 학부모, 교사, 카운슬러들은 물론 이 문제와 관련된 분야의 학자들, 정부관계 부처의 공무원들은 깊은 불안과 무기력을 동시에 경험하고 있다고 설명하였다. 이러한 학교폭력의 문제를 해결하기 위한 대안으로 중학생들은 처벌 및 대응책 강화, 청소년 보호법의 철저한 시행, 피해 신고 체제 확립 및 신고센터 운영의 활성화, 보복 방지대책 마련, 상담교사 확보 및 프로그램의 실시의 순으로 응답하였으며, 학부모는 상담교사 확보 및 프로그램 실시를 교사는 처벌 및 대응책 강화와 상담교사 확보 및 프로그램 실시를 효과적인 해결방안으로 제시하였다(전라북도 청소년종합상담실, 2002).

이처럼 공교육의 위기문제, 학교 중도탈락 및 학교폭력 등의 문제를 해결하기 위한 공통적인 방안으로 생활지도와 상담의 정상화를 위한 노력들이 더욱 필요하게 되었다. 이에 교육부(1999)에서는 공교육이 지향하고자 하는 인성교육의 회복과 청소년관련 문제해결에 부응하기 위해 교사의 전문성과 질적 수준을 제고시킬 방안으로서 '전문상담교사'의 필요성을 제기하면서 전문상담교사 정책을 시행하게 되었다. 이는 학교교육의 체재 내에서 인성교육의 핵심이라고 할 수 있는 생활지도를 이제 상담교사가 주도가 되어 전문적으로 담당하도록 하기 위한 방안으로 볼 수 있다.

한편, 우리 학교교육 현장에서 상담이라는 개념과 활동이 도입된지 50년이 지났다. 이제 우리 학교의 상담실은 학생의 학업과 진로, 그리고 사회성 발달을 돕는 학교상담을 총괄하는 역할을 수행하는 곳으로 학교상담 계획을 위한 기획, 학생 개개인의 이해와 지도, 학생지도 관련정보와 자료 보관 및 제공, 학생상담과 관련된 사안에 대한 연구, 학생상담과 관련된 교사 재교육, 학교와 가정 및 지역사회를 연결하는 역할을 제대로 담당해야 할 것이다. 그 기능이 충실히 수행되기 위해서는 학교상담실을 실제적으로 담당하게 될 상담교사의 전문적 자질 향상과 더불어 학교상담실이 제 기능을 발휘할 수 있도록 여건과 제도 및 상황적 여건이 갖추어져야 할 것이다.

탐구과제

1. 청소년의 성적 욕구에 대한 대처방식을 설명하시오.
2. 에릭슨은 청소년기의 단계를 자아정체감 대 역할혼란으로 제시하였는데 그 의미를 설명하시오.
3. 마르샤의 청소년 자아정체감 네 가지 유형을 설명하시오.
4. 학습자가 경험하는 학업과 관련된 문제의 유형을 제시하고 각각을 설명하시오.
5. 생활지도의 의미와 목표를 설명하시오.
6. 상담의 정의 속에 포함되어 있는 상담의 본질 다섯 가지를 설명하시오.
7. 상담의 기본원리를 설명하시오.
8. 정신분석, 인간중심, 그리고 행동수정에서 바라보는 건강한 상태를 무엇을 의미하는가?

읽을거리

김아영 외 5인(1997). 『교육심리학』. 서울 : 학문사.

김태련(1992). 『청소년기의 발달과 발달과정. 청소년 심리학』. 서울 : 한국청소년연구원.

도종수(1992). 『대중사회와 청소년 문제. 청소년 문제론』. 서울 : 한국청소년연구원.

박성수(1991). 『생활지도』. 서울 : 정민사.

송인섭 외(2000). 『교육심리학』. 서울 : 양서원.

심응철(1992). 『청소년의 일탈행위와 비행. 청소년 심리학』. 서울 : 한국청소년연구원.

여광응 외 3인(1992). 『교사를 위한 교육심리학』. 서울 : 양서원.

여광응 · 전영길 · 정종진 · 조인수(1992). 『교사를 위한 교육심리학』. 서울 : 양서원.

오경자(1992). 『청소년의 정신건강, 청소년 심리학』. 서울 : 한국청소년연구원.

유기섭 · 김태호(2001). 『교육심리학』. 서울 : 동문사.

윤운성(2002). 『교육의 심리적 이해』. 서울 : 양서원.

이달석(2001). 『교육심리학』. 서울 : 학지사.

이성진(1999). 『교육심리학서설』. 서울 : 교육과학사.

이장호(1995). 『상담심리학』. 서울 : 박영사

이형득 외(1992). 『상담의 이론적 접근』. 서울 : 형설출판사

정원식 외 2인(1991). 『현대교육심리학』. 서울 : 교육출판사.

최윤진(1992). 『청소년과 가치관. 청소년문화론』. 서울 : 한국청소년연구원.

최충옥(1992). 『가정과 청소년문제. 청소년문제론』. 서울 : 한국청소년연구원.

황응연 · 윤희준(1983). 『현대생활지도론』. 서울 : 교육출판사.

Allport, G. W. (1961). Pattern and Growth in Prsonality, N. Y. : Holt.

Allport, G. W. (1937). Personality, Henry Holt, pp. 303-311.
Atkinson, R. L., Atkinson, R. C., & Hilgard, E. R. (1983). Introduction to Psychology (8th ed.). NY : Harcourt Brace Jovanovich.
Freud, S. (1901). The Psychopathology of Everyday Life, Vol. 6.
Gibson, R. L., & Mitchell, M. H. (1981). Introduction to Guidance. NY : Macmillan.
Hall, C. S. & Lindzey, G. (1970). Theories of Personality (2nd ed.), NY : JohnWiley & Sons, p. 34.
Morrissey, M. (1998). Middle school counselors playing vital role in development of youth. Counseling Today, 4(11), 13-14.
Rogers, C. R.(1969), Freedom to Learn, Columbus Ohio : Merrill.
Rogers, C. R. (1970). On becoming a person : A therapist's view of psychotherapy. Boston : Houghton Mifflin-Sentry Edition.
Ross, D. M. (1996). Childhood bully and teasing : What school personnel, other professionals, and parents can do. Alexandria. American Counseling Association.
Shaffer, L. F. (1959). The psychology of adjustment. Boston : Houghton Mifflin Co.
Shertzer, B., & Stone, S. C. (1981). Fundamentals of Guidance(4th ed.). Boston : Houghton Mifflin.

CHAPTER 11

교직과 교사

제1절 교직의 개념과 중요성

교직이란 학생을 가르치는 직무를 말하고, 교직과정이란 교직에 관한 전문교육의 과정을 말한다.[1)]

우리가 살고 있는 이 지구상에는 수많은 직업의 종류가 있다. 육체적 노동만을 필요로 하는 노무직이 있는가 하면, 반대로 정신적 노동을 요구하는 직업이 있고 기계적인 반복연습을 요구하는 직업이 있다. 장기간의 훈련과정을 필요로 하는 직업이 있는가 하면, 별다른 훈련 없이도 감당할 수 있는 직업도 있다.

이와 같이 직업에는 여러 가지 특성이 있다는 점으로 볼 때 교직도 다른 일반적인 직업과 공통되는 점도 있겠으나 반면에 교직만이 요구하는 다른 점도 있다. 교직이 일반직에 비하여 다른 점을 구체적으로 살펴보면 다음과 같다.

첫째, 교직은 인간을 대상으로 하는 직업이다.

둘째, 교직은 인간의 정신생활을 대상으로 하는 직업이다.

셋째, 교직은 미성숙자를 대상으로 하는 직업이다.

넷째, 교직은 봉사하는 직업이다.

다섯째, 교직은 국가와 민족에 대해서 지대한 영향을 주는 직업이다.

여섯째, 교직은 사회진보에 있어 중대한 역할을 맡아야 하는 직업이다.[2)]

1) 이희승, 『국어사전』(서울 : 민중서관, 1976), p. 297.
2) 현대교육총서, 『교육과 교사』(서울 : 현대교육총서출판사, 1962), pp. 306~307.

위에서 밝힌 교직의 특성에 대하여 살펴본 내용을 종합하면 "교직이란 미성숙자를 대상으로 하여 바람직한 이상적인 인간으로 성장, 발달을 조성하고 국가와 민족의 중흥을 기하여 인류사회의 진보발전을 이룩할 수 있는 전문적이고 봉사적이며 공적인 직업이다"라고 정리할 수 있다.

우리 교육계는 계속적인 혁신으로 21세기를 맞으면서 교육을 통한 국제경쟁에서의 승리, 나아가서는 세계의 중심국가로 발돋움하기 위한 야심적인 발전을 교육혁명으로부터 찾으려고 하는 노력을 기울이고 있다. 정보화 사회, 지식기반 사회로 대변되는 새로운 문명과 시대의 도전에 대하여 적합한 대응책을 마련하지 못한다면 역사의 낙오자가 될 수밖에 없다는 절박한 현실을 인정하는 것은 매우 중요한 것이다. 과학기술은 물론 새로운 지식 그리고 새로운 문화의 창조력이야말로 다가오는 미래사회에 있어서 가장 결정적인 요소가 아닐 수 없으며 한 사회와 국가의 힘과 부, 개인의 생활수준은 기술, 정보, 지식 문화 등 지적 자산의 수준에 의해서 결정된다. 이러한 지적 자산은 본질적으로 국민의 학습능력과 창조력에 의존할 수밖에 없다. 그리고 이러한 국민의 지적 능력을 개발할 수 있는 것이 바로 교육이다.

따라서 미래문명을 위한 최선의 준비는 바로 교육의 틀을 세우는 일이 된다. 교육을 바로 세우지 않고 나라를 바로 세울 수 없다는 것은 동서고금을 통해 본 자명한 진리이다. 교육은 이제 국민 모두가 향유하는 권리인 동시에 삶의 질을 높이는 복지의 중요한 요소이다. 이와 같이 중요한 교육을 실제로 이끌어 가는 주체는 바로 교사이다. 우수한 교원을 확보하고 그들의 능력을 개발하여 교육활동에 전념할 수 있도록 여건을 조성하는 일은 교육개혁의 성공을 위하여 우선적으로 추진하여야 할 과제이다. 하지만 현재 우리 나라의 교원정책은 교원 양성기관의 난립과 정체성 미흡, 교원수급 불균형 등 헤아릴 수 없는 많은 문제로 인하여 교원정책의 근본적인 개혁이 요구되고 있는 실정이다.

교원 관련 정책의 난맥상은 우수한 교원을 확보하는 데 문제가 있을 뿐만 아니라 교원의 전문성을 약화시키고 사기를 떨어뜨림으로써 교육의 질적 효과의 저해요인으로 작용하고 있다. 그 동안 관련 부처 및 단체 등에서는 이러한 문제점을 개선하기 위한 노력을 기울여 오기도 하였지만 보다 근본적이고 종합적이며 장기적인 관점에서 개혁방안이 마련되지 못하고 오늘에 이르고 있는 것이 사실이다.

선진 각국에서는 교원 양성체제나 기타 교사와 관련된 체제의 개혁을 서두르고 있으며 그 추세는 각급 학교 교육을 대학원 수준에서 양성하는 제도로 개편을 서두르고 있다.

하지만 우리의 현실에서는 이와 같은 장기적이고 종합적인 대안은커녕 제대로 된 논의마저 기피하고 있는 실정이다. 교사문제가 교육에서 차지하는 비중이 절대적이라는 말만 할 뿐이지 교사와 관련한 실제적인 연구도 제대로 수행해 오지 못하고 있다. 외국의 경우처럼 세세한 문제에 대한 연구결과가 쌓여 교원정책에 반영되기는커녕 일반적인 문제도 제대로 파악하지 못하고 있다.

물론 효율적인 교사, 훌륭한 교사의 자질은 시대에 따라서 보는 관점에 의해서 달리 인식될 수 있다. 그러나 대체적으로 공통된 인식은 우리 시대의 효율적인 교사로서는 교직에 대한 바람직한 태도와 가치관을 가지고 있으면서도 교직 수행에 필요한 전문적인 지식 및 이해, 그리고 기술 등을 고루 갖춘 사람을 요구한다는 점이다.[3)]

제2절 교사의 자질과 역할

1. 교사의 자질

교육의 질을 높여 다음 세대들에게 풍부한 학습과 인간형성을 보장하기 위해서는 먼저 우수한 교사를 필요로 하며 우수한 교사란 교육자로서의 자질과 역량을 가져야 하는 동시에 자기 스스로의 노력으로 교권을 지키고 신장할 수 있는 신념이 요청되는 것이다.

오늘날 교육계에서 가장 시급하게 요청되고 있는 것은 새로운 교사상의 정립이다. 옛날의 교사와의 비교에서 지금의 교사가 못하다는 것은 지금의 교사들에게는 교직자로서의 교육애나 사명감이 결여된데 있다. 교직자의 참다운 상이 정립되어 있고 가장 훌륭한 사명감을 완수한다면 그가 가르치는 교육에 더 앞서는 교육은 없을 것이다.

참다운 교육자의 인간상이란 인간을 진실로 사랑할 줄 아는 인간교육자여야 한다. 자기의 친자식을 자기의 목숨보다 더 아끼고 사랑하는 어버이와 같이 내가 가르친 제자가 비록 남의 자식이라 하더라도 자기의 친자식을 사랑하는 것과 똑같이 참으로

3) 이칭찬, 『교사론』(서울 : 동문사, 1996), p. 18.

사랑할 줄 알면 교육적인 열정과 성의와 최선의 노력이 저절로 이루어지게 되는 것이다.

이렇게 되면 학생편에서 볼 때는 자기의 친부모는 자기의 육체적인 과거의 생을 낳아준 분이지만 교사란 자기의 미래의 생을 낳아 주는 어버이이기 때문에 사부일체 이상으로 더욱 그 존재의 의미가 깊다고 하겠다. 교사가 학생을 가르치고 나무라고 지도하는 것이 어떤 의무나 사명에 몰려서 뿐만 아니라 그들을 참으로 사랑하기 때문에 의무감이나 사명감 이상으로 더 애쓰고 가슴을 조이며 애타게 사랑의 교육을 하게 되는 것이다.

이런 교육애의 화신이 되는 참다운 교육자의 자질과 태도란 학생을 아끼고 사랑하는데서만 그치는 것이 아니라 자기 나라를 사랑하고 자기 민족을 사랑하는 국가민족애의 확대가 실현되는 것이다.

현대교육에 있어서는 무엇보다도 인간이 존중되고 모든 대상의 중심이 되어 자주적이고 자율적인 사회인으로 유능한 인간의 육성을 필요로 하고 있다.

"교사가 되기 전에 먼저 인간이 되라"는 말은 신교육의 표어이며 이것은 휴머니즘의 신인간관에서 기인한 것이다. 그 근저에는 미래의 교사와 양성방법에 대한 비판도 포함하고 있다.

크로우(Crow and Crow)는 교사의 자질로서 다음 다섯 가지의 조건을 들고 있다.

① 교육목표의 이해
② 동기유발
③ 민주적 태도의 함양
④ 교육기술의 개선
⑤ 인격형성(관용, 경애)

유상근은 '훌륭한 교사의 자질'을 들어

① 철학이 있어야 한다.
② 훌륭한 인격의 소유자라야 한다.
③ 교육(지도)의 기술이 있어야 한다.
④ 높은 수준의 학식이 있어야 한다.

또는 "대한교육연합회"에서 제정한 「한국교원윤리강령」(1958. 9. 19일 제정)과 "한국문화협회"에서 제정한 「사도강령」(1954. 10. 9일)에서도 교사의 자질을 상세하

게 나타내고 있다.[4)]

2. 교사의 역할

듀이는 교육의 기능과 역할을 교수(teaching)와 지도(guidance)의 두 가지로 나누고 있다. 교수(teaching)에 있어서 교사는 가르치는 내용에 정통함과 동시에 피교육자를 충분히 이해하여 그들의 준비도에 따라서 지도해야 하며, 지도(guidance)에 있어서의 교사는 당연히 피교육자보다도 곤란한 문제에 대해서 정확한 지식과 이해를 가질 것을 전제로 한다. 그러므로 교육적 지식이 교육활동의 원천이 되는 것이다. 교육적 지식은 단지 교사와 지도의 내용에 직접 관계될 뿐만 아니라 그 배경으로서의 개인생활, 가정환경, 사회환경을 이해하는 데 있어서도 필요하다.

이러한 지식과 이해를 기초로 하여 교수와 지도에 있어서 내용의 적절성, 기회의 적시성을 통찰하는 교사의 능력 곧 교육기술이 요구된다.

교육기술이란 교육목적을 효과적으로 달성하기 위하여 직접·간접적으로 필요한 교육과정의 합리적 방법과 순서를 말한다. 교사의 역할을 효과적으로 행하기 위해서는 교육방법, 학습지도, 교육평가, 조사연구, 학교조직, 학교경영, 교육계획, 학급운영 등에 대하여 정확하고 효율적인 기술이 필요하다.

교사의 역할을 좀더 구체적으로 설명하면 다음과 같다.

① 교사는 학습을 인도하는 지도자이다. 그러므로 학습계획을 세우고 학급을 경영하며 이들을 평가할 수 있는 능력과 자질을 갖추어야 한다.

② 교사는 학생의 직접·간접적인 상담에 응하고 지도할 수 있는 자이어야 한다. 그러므로 학생을 이해하고 연구하는 태도를 가져야 한다.

③ 교사는 인생의 안내자로서 학생들에게 사랑과 친절을 베풀어 줄 수 있어야 하며 신뢰성이 있어야 한다.

④ 교사는 학생사회의 일원으로서 교육의 커다란 목적을 위해서 상호 협동할 수 있는 마음을 가져야 한다.

⑤ 교사는 문화의 전수자로서 민주주의가 바라고 지향하는 이상과 가치를 익혀

4) 장덕삼, 『각과 지도를 위한 교육실습의 이론과 실제』(서울 : 교육연구사, 1984), p. 47.

실천해야 한다.

⑥ 교사는 학교와 지역사회의 연락인으로서 효과적인 유대관계를 유지해야 하며 이를 위해서는 의견의 상호교환이 이루어져야 한다.

⑦ 교사는 교직자의 한 동료로서 민중의 복지와 자질의 향상을 위해 계획하고 실천하는데 직접 참여해야 한다.[5)]

3. 교사의 사명감

국가민족의 흥망성쇠는 그 기본이 교육에 있다고 해도 과언이 아니다. 참다운 교육을 위한 훌륭한 교육자를 가진 나라는 흥하고 훌륭한 교육자를 갖지 못한 나라는 제대로 흥할 수 없는 것이다. 우리 나라는 어느 나라 못지않게 교육의 중요성이 강조되어 왔으며 학부모들이나 학생들의 높은 향학열은 세계 어느 나라 국민도 따를 수 없을 만큼 열열하고 경우에 따라서는 결사적이라는 표현까지 할 만하다. 한국의 교육이 민주주의 교육을 지향하겠다는 의욕이 앞선데 반해서 확고한 기반과 성숙한 교육철학이나 이론적인 체계가 교육실천으로 구현되는 데 아직도 미흡한 것은 우리의 자주적 교육이 시발된 뒤의 연륜이 짧기 때문이다. 또한 오랜 민주적 수난과 불가분적인 역경과 곤궁의 역학적인 물리작용이 교육의 정상적인 발전을 저해하였던 것도 불가피한 과거의 현실이었다.

한 나라 한 민족의 교육이란 아무리 탁월한 재능이나 기술을 가졌다 할지라도 하루아침에 이루어지는 것은 아니다. 마치 한 나무가 크게 자라서 열매를 맺기까지는 수 십년이 걸리듯이 어쩔 수 없이 연륜이 필요하게 되는 것이다.

한 인간을 민족의 건전한 후계자로서의 인재로 배양 완성하려면 적어도 20년은 걸린다. 그런데 여기서 우리가 주의 깊게 인식하지 않으면 안 될 사실은 교육이란 무턱대고 다 같은 것이라고 낙관적으로 생각해서는 안 된다는 사실이다.

우리가 급한 마음에 시급한 문제를 거론할 때 곧잘 경제문제나 사회문제를 먼저 생각하게 되고 이 문제만 해결하면 다른 모든 문제가 저절로 해결된다고 속단하는 습성을 가지고 있다.

그러나 우리가 지금까지 되풀이해 왔듯이 경제문제나 사회문제를 심각하게 연구하

5) 장덕삼, 상게서, p. 52.

고 다루다 보면 궁극적으로 부딪치는 더 큰 문제는 결국 인간의 문제로 귀착되게 되고 인간의 문제 가운데서도 인간의 정신문제와 마음의 자세문제로 집약되게 된다. 이것은 곧 인간의 교육문제가 가장 기본적인 문제로 된다는 것을 의미한다. 그렇기 때문에 우리 나라에서는 이미 인간의 정신문제와 철학문제를 경제의 바탕으로 자각하고 제2경제의 중요성을 거듭 강조하고 있다.

중요한 문제로서의 인간교육에 있어서 가장 근본 기초는 과연 무엇인가! 사람에 따라서는 교육철학을 말하고 교육이념을 말하고 교육목적과 교육내용과 교육방법을 차례대로 말하는 사람도 있다. 그러나 가장 중요한 것은 역시 그것을 다루는 교사상의 인간인 것이다. 교사라는 인간이 제대로 되어 있고 그 교사가 가장 훌륭한 인간으로 되어 있다면 그가 가르치는 교육에 더 앞서는 교육은 없을 것이다. 이러한 인간이 되는 것이 곧 오늘날 우리가 바라는 교사의 사명감이고 의무인 것이다.[6]

제3절　교원 윤리의 확립

Ⅰ. 교직원의 성격

우리 나라에서는 1958년 9월 19일 대한교육연합회 대의원회가 제정한 '교원윤리강령'이 있고 1945년 10월 9일 한국문화협회가 제정한 '사도강령', 그리고 1960년 11월 26일 대한교육연합회가 채택한 '교육행정가 신조'가 있으며 다시 1982년 5월 15일 스승의 날에 선포한 '사도헌장'과 '사도강령' 등이 있다.

일반적으로 전문직에는 그 직에 종사하는 전문인의 행동기준으로 반드시 윤리문제가 포함되고 있다. 따라서 교직자에게도 그 전문직적 성격을 유지 발전시키고 교직의 권익과 그 사회적 지위의 확보와 아울러 그 신장을 위하여 반드시 윤리문제가 요구된다.

그런데 교사직이 그들의 사회·경제적 지위를 확보하고 또는 지적인 수월성을 지녀야 함은 모두 중요한 것이겠지만 이러한 것보다도 더 중요한 것이 '교사의 윤리'라고 생각된다.

6) 장덕삼, 『중등교육론』, 서울 : 대방출판사, 1983, pp. 97-99.

그 이유는 교사의 본직은 사람을 가르치는 일이며, 가르친다는 것은 비단 지적·기술적 측면 뿐만이 아니라 사회·도덕적 측면까지도 포함되어야 하기 때문이다. 어느 의미로 보면 지적·기술적 측면도 사회·도덕의 올바른 인식과 적응을 위하여 그 가치가 있는 것이 아니냐고까지도 말할 수 있다. 이와 같은 점으로 보면 교사에게서 윤리와 도덕을 빼버린다면 그는 이미 교사가 아니라고 볼 수도 있다.

이는 마치 종교가에게서 윤리나 도덕의 개념을 뺄 수 없는 것과도 같은 것이다. 이와 같은 관점에서 교직의 윤리가 얼마나 중요한가를 생각하게 하는 것이다.

교직윤리는 교직에 종사하는 모든 인사들이 깊이 인식하고, 그 필요성을 인식하여 상·하가 다 함께 일치단결하여 대화의 기회를 가지고 교직윤리에 대한 진지한 논의와 검토를 거듭하여 참된 교직자들의 생활지침, 행동지침이 될 수 있도록 만들어 실천하도록 해야 한다.

2. 교직 윤리의 확립

가. 자기수양의 윤리

교사는 먼저 인격적인 자기수양을 하지 않으면 안 된다. 수기치인(修己治人)이란 말이 의미하는 것처럼 자기관리를 하고 난 다음에야 남을 다스릴 수 있듯이 교사는 자기 자신의 인격을 닦고 나서야 남을 가르칠 수 가 있을 것이다. 교사는 학생의 본이 되기 때문에 학생의 사표이며, 귀감이 되어야 한다. 그러므로 교사는 자기수양을 위한 윤리적 기준을 다음과 같이 갖추어야 할 것이다.

1) 자기가치관의 확립

교사는 자기가치관이 건전하게 확립되어 있어야 한다. 이러한 가치관은 민주적인 인간관에 기초한 것이어야 한다. 교사는 민주적인 가치관과 철학이 체질화되어 교직의 실천을 통해 그것이 구체적으로 구현되어야 한다.

민주적인 가치관과 철학이란 '자유', '평등', '박애'를 존중하는 사고와 행동의 실천을 말한다. 현대의 자유민주주의 사회에서 교사의 윤리적 기저는 자유의 실현, 평등의 구현, 박애의 실천에 있다. 민주주의에서는 인간의 존엄성을 신봉하고 개인을 존중한다. 전체주의에서와 같이 개인의 희생을 강요하지는 않는다. 개인의 인권도 존중되고 학생의 학습권도 존중되어야 한다. 이러한 민주적인 가치를 신뢰하고 실천하는 책임이 교사에게 있음을 항상 명심하고 교직에 임해야 한다. 민주주의의 우월성에 대한 확고한 신념에 입각하여 학생교육에 임해야 한다.

2) 확고한 국가관의 확립

우리 나라는 지정학적으로 불리한 여건에도 불구하고 오랜 역사 속에서 어려운 국난을 극복하면서 나라의 자주권과 생존권을 유지해 왔다. 또한 민족의 고유한 전통을 계승 발전시켜 왔다. 우리 민족은 일제 식민지의 통치하에 주권 없는 고통을 겪으면서도 나라를 지켜 주권회복을 위한 독립투쟁을 전개하여 오늘의 우리 국가가 형성되었음을 가르쳐야 한다.

21세기를 살고 있는 오늘날 우리는 근대화의 과업을 안고 있다. 이러한 과제는 자라나는 세대, 즉 교육받고 있는 세대에게 달려 있다. 교사는 이들에게 사명감 있는 확고한 국가관을 심어 주고 민족사관을 확립해야 한다. 따라서 교사의 확고한 국가관 확립이야 말로 교직자의 자기수양 윤리의 중요한 실천덕목인 것이다.

3) 건전한 교육관과 원만한 인격의 수양

교사는 학생들에게 인간다운 전형을 보여주는 사람이다. 그러므로 교사는 인간다운 인간이 되기 위하여 자기 자신의 수양을 부단히 해야 한다. 교사는 바르고 건전한 교직관을 가져야 한다. 교사가 교직자로서의 건전한 교육관과 원만한 인격을 갖기 위하여 계속적으로 부단히 노력하는 것은 교육자의 책무이다.

교육의 질은 교사의 질을 넘지 못한다. 때문에 교사는 최고의 인격 · 덕망 · 학식을 갖추도록 노력해야 한다. 교사가 바르고 건강한 인격으로 무장되고 확고한 신념의 교육관이 확립된다는 것은 학생의 교수-학습 및 생활지도를 위해서 필수 불가결한 것이다.

4) 차원 높은 교양의 함양

교사의 사고와 행동은 학생의 사표로서 모방의 대상이 된다. 그러므로 교사의 교직 실천행위는 교양이 풍부하고 품격이 있어야 한다. 따라서 교사가 사용하는 언어는 분명하고 세련된 것이어야 하며 거칠거나 저속하지 말아야 한다. 행동 또한 무게 있고 품위가 있어야 하며 깊이 생각하고 난 연후에 나타난 것이 되어야 한다.

이와 같은 품격과 교양은 하루 아침에 길러지는 것이 아니다. 오랫동안 지속적으로 수양을 통해 점진적으로 형성되는 것이다. 따라서 교양과 품격을 갖추기 위해서는 계속 배우고 훌륭한 스승을 찾아 끊임없이 수련을 쌓고 존경하는 어른이나 선배를 찾아 배워야 한다.

자기의 인격을 수양하기 위해 교사가 교양과 품격을 높이는 일은 교사의 자기 수양을 위한 중요한 윤리덕목의 하나이다.

5) 건강한 심신의 단련

교사는 정신적인 것 뿐만 아니라 신체적으로도 건강해야 한다. 정신과 신체의 건강은 모든 인간의 행복 조건이기 때문에 당연히 원하는 바이지만 교사에게 있어서는 한 단계 더 나아가 책임이며 의무이다. 교사가 만일 신체적으로 건강하지 못하다면 힘든 교직의 직무를 감당하지 못할 것이고 또 정신적으로 건강하지 못하다면 학생들을 지도하여 교육하지 못할 것이다.

신체적 건강은 인간행복의 원천이고 인간행동의 근본이다. 신체적 건강에 문제가 있는 사람은 정신적으로도 문제가 있다 신체적으로나 정신적으로 건강하지 못한 사람은 교사로서 적절하지 못하다. 건강한 신체와 정신을 유지하기 위해서라도 교사는 끊임없는 심신의 단련을 위해 노력하는 것도 자기수양을 위한 중요한 덕목 중의 하나이다.

6) 교과목 능력의 배양

실력 있는 교사란 자기교과목과 관련과목에 대하여 끊임없이 연구하고 노력하는 데서 이루어지는 것이다. 실력이 없다고 인정되는 교사는 교권이 서지 않는다. 그러므로 교사는 자기전공 교과에 대한 지식의 구조와 내용, 그 교수 및 평가 방법을 통달하고 있어야 한다.

교과능력의 배양은 교직에 몸담고 있는 평생 동안 지속되어야 한다. 현대와 같이 사회가 급속도로 변화하면서 지식의 양이 양산되는 시대에서는 평생교육의 차원에서 교사는 스스로 부단한 교과목에 대한 능력을 배양하지 않고서는 그 직무를 수행할 수 없다.

교과의 능력 배양이야 말로 교직자의 자기수양 윤리의 핵심 덕목이라고 하지 않을 수 없다.

7) 정치 · 종교의 중립성 유지

교사는 교육실천의 행동에서 정치 · 종교적인 면에 있어서는 중립적인 태도를 견지해야 한다. 교육활동에 있어서 정치 · 종교적인 중립을 유지하는 것은 교직의 중요한 윤리이다. 민주주의 사회는 종교의 자유를 침해하는 일이 있어서는 안 된다. 교사가 특정 종교를 가지는 것은 좋으나 교육의 실천에 있어서 특정 종교를 선전하거나 강요하는 일이 있어서는 안 된다.

정치적으로도 교사는 불편부당해야 한다. 교직자의 정치활동은 성문법으로 금지되어 있다. 즉 국가공무원법, 교육법 등에 정치활동을 비롯하여 공무 이외의 집단행위의 금지가 규정되어 있다.

8) 건실한 가정생활 유지

교사는 가정생활이 모범적이고 가족관계가 원만해야 한다. 사람들은 일반적으로 가족과 더불어 영위하는 가정생활을 한다. 가정은 사회의 기본단위이며 신체적 · 정신적인 안식처요 보호기관이다. 가정은 사랑의 원천이다.

행복한 가정생활을 영위하면서 아이를 낳고 길러본 경험이 있는 교사는 부모의 자녀에 대한 사랑을 쉽게 이해한다. 자녀에 대한 사랑이 교육애로 발전하고 교육에 더욱 열성적이게 한다. 건실한 가정을 유지해야 하는 것이 꼭 교직자에게 유지되어야 하는 것은 아니지만, 교사에게 있어서는 특히 더 건실하고 행복한 가정이 유지되어야 하는 것은 모든 윤리의 기초가 바로 가정에서 출발하기 때문에 가르치는 교사에게는 자기수양에 있어서 더 없이 필요한 덕목이다.

나. 학생과의 윤리

교사가 가르치는 학생은 미성숙자이다. 그러기 때문에 성숙자로서의 교사의 행동은 학생들의 모방의 대상이 된다. 따라서 교사는 학생들의 본보기가 된다. 학생의 교육적인 성취의 결과는 교사의 교육력을 반영하고 있다. 학생들이 이상행동의 결과를 보이고 있다면, 그러한 행동이 있게 한 일부분의 책임은 교사에게 있다고 해도 과언이 아니다. 이러한 관점에서 보면, 교사는 학생들의 행동을 직접 이해하고 배워야 한다. 교사의 사고와 행동은 직접·간접적으로 학생들에게 영향을 미친다.

교사의 행동이 학생들에게 크게 영향을 미친다는 사실을 명심하고 교사는 학생과의 관계를 사려 깊게 대처해야 한다.

학생들과의 관계에 있어서 교사의 행동규범은 무엇인가? 여기에서는 학생들과의 상호작용에서 교사가 보여야 할 윤리적 덕목을 살펴보기로 한다.

1) 솔선수범

교사의 모든 행동은 학생들에게 직·간접적으로 학습의 기준이 된다. 즉 교사의 말씨에서부터 표정에 이르기까지의 모든 것을 학생들은 듣고 배우고 본뜬다. 그러므로 교사의 행동은 사려 깊은 것이 되어야 한다. 교사는 학생행동의 본이며 수범자임을 항상 의식하고 있어야 한다. 학생과의 관계에 있어서 감정적인 행동이나 경거망동한 행동이 있어서는 안 된다. 항상 신중하고, 조심성이 있고, 사려 깊은 행동을 하도록 해야 한다. 교사의 실수는 학생들에게 실망과 함께 선생님에 대한 존경심을 잃게 할 뿐만 아니라, 이후의 교육적 효과에도 영향을 미친다는 사실을 명심하고 모든 행동거지에 솔선수범하는 자세를 견지해야 한다.

2) 인격과 개성의 존중

학생은 하나의 인격체이다. 따라서 각자의 개성과 인격이 존중되어야 함은 무엇보다도 중요하다. 학생들은 각자의 특성과 개성을 소유하고 있으며 개체로서의 자아를 소유하고 있다. 그렇기 때문에 학생 각각의 인격체는 가치 있는 것으로 취급되어야 한다. 교사는 학생을 진실로 좋아해야 하며, 학생과 친숙한 관계를 유지해야 한다. 그래야만이 학생을 이해할 수 있고, 이런 이해 가운데에서 학생의 인격과 개성을 제대로 발견할 수 있는 것이다.

학업성적이 부진하거나 생활지도의 측면에서 문제가 있다고 해서 문제아로 인식해 버리는 것은 교사의 교육적인 태도가 아니다. 끝까지 최선을 다해서 그 학생의 인격과 개성을 존중하고 그 학생의 입장에서 문제를 생각하고 대책을 강구하여 적절한 지도를 해야 한다. 교사가 학생과의 관계에 있어서 학생의 인격과 개성을 존중하는 것이야말로 또한 교사의 주요한 윤리덕목의 하나인 것이다.

3) 편견 없는 학생지도

교사에 있어서 학생에 대한 편애나 편견은 절대적인 금물이다. 교사는 학생과의 관계에 있어서 모든 학생에게 공평해야 한다. 학생을 대함에 있어서 공평무사하지 못하다고 인식되면 교사의 교권은 서지 못하며, 학급집단의 반목과 갈등을 초래할 우려가 있다.

물론 교사도 인간이기 때문에 인간적으로 좋고 싫음의 감정을 가질 수 있다. 공부를 잘하는 학생, 용모가 단정한 학생, 학급생활에 성실한 학생 등에게는 교사는 좋은 감정과 관심을 가질 수 있을 것이다. 그러나 이러한 감정이 편애의 감정이어서는 안 된다. 객관적인 평가의 눈으로 관심을 갖는 것이 중요하다. 즉 교육자적 양심으로 편애에 빠져 들지 않게 노력해야 한다.

다. 교사 상호간의 윤리

현대의 학교체제는 대부분 대규모의 조직체제 속에서 분업화되어 수행되고 있다. 학교의 대외적인 관계는 교육행정의 수직 체제인 교육부- 시·도교육청, 시·군 교육청과 같은 행정체제에서 나타나는 인간관계와 대내적으로는 학교 내에서 교장-교감-부장교사와 학급, 학년담당 교사간의 인간관계가 얽혀져 있다. 교사는 이와 같은 인간관계 속에서 지켜야 할 행동규범이 있다.

1) 학교 내의 수직적 관계

학교의 최고 책임자는 교장이며 그를 보좌하는 지위가 교감과 부장교사이다. 교육법에는 교장은 교무를 통괄하고 소속직원을 감독하며 학생을 교육하며, 교감은 교장 유고시에 교장을 대리하고, 교사는 교장의 명을 받아 학생을 교육한다. 여기에서 교장 및 교감과의 관계는 법적으로 상사와 부하와의 관계이다. 그러나 법규상의 이 관계가 교장 및 교감에 대한 기계적인 복종관계를 말하는 것은 아니다. 교육적으로 보아 합리적이라고 판단되지 않는 상사에 의한 복종의 강요는 진정한 의미의 순종이 이루어지지는 않을 것이다. 교장은 교사들의 마음으로부터 신뢰와 협조를 얻어 내야 할 것이다,

교장과 교사와의 관계가 인격적으로 형성되면 학교의 분위기가 화목해지고 교장은

교사를 믿고 교사는 교장을 존중하게 되어 학교의 교육력이 증진될 것이다.

2) 학교 내의 수평적 관계

학교에서의 수평적인 관계는 교사들 상호간의 관계이다. 이러한 상호관계의 기본은 화합과 협력이다. 화합과 협력은 학교조직의 화목을 위한 기본 전제이다.

학교는 많은 교사가 함께 모여 조직적으로 학생을 지도하게 되어 있다. 학교조직에서 교사 집단의 속성은 다양하다. 성별 · 출신학교 · 출신학과의 차이점 · 개인적인 적성 · 취미 · 기호도 각각 다르다. 연령적으로도 20대에서부터 60대까지가 다같이 교사라는 이름으로 활동하고 있다. 직위로는 같은 교사라고는 하지만 스승과 제자 사이일 수도 있고 선 · 후배의 관계일 수도 있고 동기동창인 경우도 있다. 여기에 교사라는 동일 직종 안에서 서로 다른 관계가 성립됨을 알 수 있다. 후배가 선배에 대한 예우, 동기동창이나 막연한 친구간의 관계에서 차이가 있다는 사실은 당연하다. 그러나 교사 상호간에 상호존중의 풍토가 조성되어야 하며 서로의 권위를 존중하고 예의를 지킬 것이 요구된다. 교사 상호간에 서로 협력하고 화합하는 관계를 발전시켜 나가기 위해 교사들은 신의, 겸손, 양보, 의리, 단결의 윤리를 실천해야 한다,

3) 일반 사무직원과의 관계

학교조직은 가르치는 교사 외에 관리행정을 담당하는 일반직원이 있다. 일반직원은 학교의 규모에 따라 행정을 담당하는 행정실장, 직원, 관리인 등이 있다.

학교경영에 있어서 일반 사무직원과 교사들과의 이해 협조는 대단히 중요하다. 행정은 교육의 목적을 효과적으로 달성하기 위한 조건 정비의 성격을 갖는 것으로 그 궁극적인 목표가 어디까지나 학생들의 보다 나은 성장과 발달을 돕는 데 있다. 그러므로 일반 사무직원은 교사들의 교수활동, 생활지도활동을 도와 주는 것을 주요 기능으로 하는 것이다. 사무직원들은 교직이 우선이고 우위에 위치한다고 볼 수도 있으나 학생교육을 위해서는 그 직위별로 차이가 없고 서로 인격을 존중해야 하는 관계에 있다고 해야 할 것이다.

4) 교육행정자와의 대외적 관계

교육부, 시 · 군 교육청에는 학교교육과 관련된 교육행정자들로 구성되어 있다.

이들은 학교와의 대외적인 관계 속에서 학교의 교육목적을 달성하기 위하여 정책을 수립하고 행정을 수행하는 사람들이다. 교사는 이들과의 어떤 관계를 유지해야 하는가? 교육행정가들은 궁극적으로 교사의 교육실천 행위를 지원해 주는 것을 본분으로 하는 사람들이다.

그러나 일반적으로 일선 교육행정자들은 학교교사들에 대하여 명령하고 지시하는 사람으로 생각하기 쉽다. 그러나 그들의 본래의 임무는 학교에서 전개되는 교사들의 교육활동을 지원하는 역할을 담당하고 있는 것이다. 교사는 그들을 서로 보완해 주는 협력자로서의 존경심을 가지고 대해야 한다.

라. 가정과 사회와의 윤리

교육은 학교를 주축으로 생각할 때, 가정과 사회의 상호 연계 속에서 이루어진다. 따라서 학교교육의 주체자인 교사는 가정과 사회와의 관계를 고려해야 한다. 가정과의 관계를 생각할 때는 교사는 각 가정의 귀중한 자녀들을 위탁받아서 그들을 교육한다. 결국 자녀교육에 대한 부모와의 공동책임이 확대되어진 의미에서 사회적인 책임과 관련된다. 그렇기 때문에 교사와 학부모와의 관계, 그리고 지역사회 주민들과의 관계에는 일정한 윤리와 규범이 형성되는 것이다. 이들을 살펴보기로 한다.

1) 학부모와 관계

교사는 학생을 매개로 하여 학부모와의 관계가 성립된다. 교사는 학생의 친권자인 학부모의 의견을 잘 수렴해야 하며 학부모는 교사를 신뢰하고 학생지도에 대한 노고에 감사하고 진심으로 교사를 존경하며 교사의 권위를 인정해 주고 교사의 지도방침에 협력해야 한다.

교사는 학생의 가정과 항상 긴밀한 연락을 유지해야 한다. 가정통신 등의 방법으로 학교의 교육프로그램과의 행사, 학생의 발달상황, 가정에서의 활동과 환경 등에 관한 사항을 파악하고 있어야 한다.

교사는 부모의 의견을 가급적 충분히 반영하여 학생을 지도해야 한다. 부모는 가정에서 자녀의 생활모습과 학습상황을 교사에게 알리고 교사에게 부모의 의견을 수시 개진해야 한다.

교사는 평가결과를 그때그때 가정에 통보하여 부모와 같이 학생의 성장·발달과 진로에 대해 협의를 하고 부모의 협조를 받아야 한다.

2) 지역사회와의 관계

학교는 지역사회의 영향을 받을 수밖에 없다. 지역사회와의 관계를 완전히 단절하고 존립하는 학교는 없다. 교사는 지역사회가 어떤 특징을 갖는 사회인가를 잘 파악하여 지역사회에 어울리는 행동을 해야 한다. 교사가 근무하는 지역사회는 도시사회일 수도 있으며 농어촌 사회일 수도 있다. 이러한 지역사회들은 각기 다른 문화적 전통을 가지고 있을 뿐만 아니라 관습과 행동이 다를 수도 있다. 따라서 교사는 그 지역에 맞는 행동을 해야 할 필요가 있다. 즉 지역의 주민과 어울리는 사람이 되어야 한다. 그렇게 되어야 교직 수행에 있어서 지역사회의 협조를 얻을 수 있을 것이다.

마. 직무수행상의 윤리

교직은 영리를 추구하는 집단이 아니다. 교사는 물질적 보수에 우선하여 도덕적인 보수의 직업이다. 이러한 도덕적인 보수를 충족하기 위하여는 교사는 주어진 직무에 충실해야 할 윤리를 지니고 있어야 한다. 이러한 교사의 직무수행을 원만히 해낼 때 거기에서 보람이 나타나며, 도덕적인 보수를 얻게 되는 것이다. 도덕적인 보수란 교사의 양심에 부그러움이 없이 떳떳할 수 있는 자기 자신에 대한 만족감이며, 훌륭한 제자를 길러낸 것에 대한 보람이다. 이것은 교사의 직무를 충실히 수행함으로써 얻어지는 교직에 대한 자긍심과 보람에서 나타나는 것이다.

이상에서 교사의 윤리확립이라는 측면에서 몇 가지 영역으로 나누어 개관해 보았다. 그러나 교사들이 이와 같은 윤리를 실천한다고 하여 교육이 다 잘되는 것은 아니다. 교육력의 바탕이 되는 교권은 상대적인 성격을 띠고 있기 때문에 윤리실천을 위한 교사의 노력만으로 교권이 확립되는 것이 아니라 가정과 사회가 교육을 바르게 이해하고 윤리적으로 성숙이 될 때 교사윤리의 실천도 가능해지고 발전될 것이다.

제4절 21세기 교사상 정립의 방향

현대사회는 그 어느 때 보다도 상호협동의 시대를 맞이하고 있다. 개인이나 집단이나 사회나 국가를 막론하고 고립주의와 배타정신으로는 살아갈 수 없는 세상이 되었다. 가족중심주의의 동양인의 생활은 점차로 사회중심 · 국가중심의 체제로 개편되어 가고 있다. 이 세상의 모든 사람들은 고립생활을 계속할 수 없음을 깨닫기 시작했다. 근래에 와서 국제 이해교육이 세계 각국의 교육과제로 등장되었다. 유네스코는 동서 문화 가치의 상호이해를 위한 장기계획을 수립하여 추진해 왔고, 한걸음 더 나아가 인간의 마음 속에 진정한 국제이해가 이루어질 때에 영구적인 국제평화가 가능하다고 생각하여 국제 협동학교 계획을 추진하여 왔다.

나라의 경제도 피부의 색깔도 종교 교리의 차이도, 언어의 장벽도, 그 어떠한 요소도 현대인의 상호부조성을 거부할 수는 없게 되었다. 세계는 이제 하나의 가족이 되어 가고 있다. 그렇기 때문에 세계 속의 한국 속에서의 나를 재발견하여 가정인으로부터 향토인, 국가인, 세계인으로 자아를 확대해 나가야 할 것이다.

모름지기 새 시대의 교사는 종전보다 차원 높은 교육관을 지녀야 할 것이 요청된다. 과거의 교사는 학생만을 교육하였고 그 활동범위는 학교 담 안으로 국한되었으며 교육내용은 교과서의 틀을 벗어나지 못했다. 새 시대의 교사가 관심을 가져야 할 것은 아동 뿐만 아니라 이 아동을 둘러 싼 물적 · 인적 환경까지 포함해야 하고 그 활동 범위는 학교 담을 털어서 지역사회에까지 확장되어야 하며 그 교재는 인간의 전 생활범위 모두를 포괄해야 한다. 세계는 그만큼 넓어져 단순한 현상유지의 태도로부터 진보적 적극적인 태도로 인류의 오랜 소원이던 꿈과 이상을 실현해 가야 한다.

새 시대의 교사는 민족이 직면한 위기와 국가사회의 요청을 돌보지 않고 마치 남의 일처럼 바라만 보아서는 안 된다. 기울어져 가는 나라를 구국하는 일이 물론 교사만의 책임은 아니다. 정치인은 정치를 잘해야 하고, 경제인은 산업을 일으켜야 하고, 군인은 나라를 외적으로부터 잘 지켜야 할 것이다. 그러나 훌륭한 정치가, 훌륭한 경제인, 훌륭한 군인을 만드는 일은 다름 아닌 교육자의 과제이다. 한 나라의 교육이 바로서서 그 사회를 선도할 때에 그 나라는 반 이상의 발전과업이 수행되었다고 보아도 무방할 것이다.

21세기의 교사는 국가발전의 초석을 닦는 겸손한 전문인의 결의를 재확인하면서 가족사랑, 사회사랑, 민족사랑, 국가사랑, 인류사랑의 마음을 간직하고 자기에게 주어진 막중한 임무를 정성되고 믿음직하게 수행해 나가야 할 것이다.[7)]

7) 김종철 외, 『최신교사론』(서울 : 교육과학사, 1996), p. 347.

탐구과제

1. 교직을 전문직으로 보는 근거를 설명하시오.
2. '훌륭한 교사'와 '효율적인 교사'의 특성에 대하여 설명하시오.
3. "교사가 되기 전에 먼저 인간이 되어야 한다."라는 말의 의미를 구체적으로 설명해 보시오.
4. 교사에게 특히 엄격한 윤리의식이 요구되는 이유를 설명하시오.

읽을거리

길병휘 외 (2004). 『교사교육 : 반성과 설계』. 서울 : 교육과학사.
오욱환 (2006). 『교사 전문성 : 교육 전문가로서의 교사에 대한 논의』. 서울 : 교육과학사.
이종인 역(2000). 『파커 J. 파머의 가르칠 수 있는 용기』. 서울 : (주)한문화 멀티미디어.

신교육학개론

초판발행 2007년 3월 5일
6판발행 2013년 8월 20일

저 자 김경현 · 김귀성 · 김헌수 · 손충기
안관수 · 이건인 · 이상기 · 장덕삼
발행인 김현태
발행처 태영출판사

주 소 (152-705) 서울 구로구 구로동 104-10 동남오피스텔 201호
전 화 02 · 839-3757, 839-3752
팩 스 02 · 837-3754

등 록 2005년 5월 30일 제12-421호
홈페이지 http://www.taeyeongbook.co.kr
E-mail tys2005@paran.com
typub@taeyeongbook.co.kr
ISBN 978-89-91777-67-5 93370
정 가 17,000원